Andreas Scheffold

Der Missbrauch einer marktbeherrschenden Stellung durch Hybridplattformen

Schriften zum Wettbewerbsrecht

herausgegeben von

Prof. Dr. Christian Alexander
(Universität Jena)

Prof. Dr. Jörg Fritzsche
(Universität Regensburg)

Prof. Dr. Tobias Lettl
(Universität Potsdam)

Band 12

LIT

Andreas Scheffold

Der Missbrauch einer marktbeherrschenden Stellung durch Hybridplattformen

LIT

∞

Gedruckt auf alterungsbeständigem Werkdruckpapier entsprechend
ANSI Z3948 DIN ISO 9706

Diese Dissertation wurde an der Friedrich-Schiller-Universität Jena zur Erlangung des akademischen Grades eines Doktors der Rechtswissenschaften (Dr. jur.) angefertigt.

Bibliografische Information der Deutschen Nationalbibliothek
Die Deutsche Nationalbibliothek verzeichnet diese Publikation in der Deutschen Nationalbibliografie; detaillierte bibliografische Daten sind im Internet über https://dnb.dnb.de abrufbar.

ISBN 978-3-643-15686-0 (br.)
ISBN 978-3-643-35686-4 (PDF)
Zugl.: Jena, Univ., Diss., 2025

Verlagskontakt:
Fresnostr. 2 D-48159 Münster
Tel. +49 (0) 2 51-62 03 20
E-Mail: lit@lit-verlag.de https://www.lit-verlag.de

Auslieferung:
Deutschland: LIT Verlag, Fresnostr. 2, D-48159 Münster
Tel. +49 (0) 2 51-620 32 22, E-Mail: vertrieb@lit-verlag.de

Vorwort

Diese Arbeit wurde von der Rechtswissenschaftlichen Fakultät der Friedrich-Schiller-Universität Jena im Wintersemester 2024/2025 als Dissertation angenommen. Gesetzgebung, Rechtsprechung und Schrifttum konnten bis August 2024 berücksichtigt werden.

Mein besonderer Dank gilt zunächst meinem Doktorvater Herrn *Professor Dr. Michael Brenner* für seine herausragende Unterstützung und sein persönliches Engagement bei der Betreuung dieser Arbeit. Durch seine ständigen Bereitschaft zu einem fachlichen Austausch und seine hilfreichen Anmerkungen hat er maßgeblich zum Gelingen dieser Arbeit beigetragen.

Ebenfalls bedanken möchte ich mich bei Herrn *Professor. Dr. Christian Alexander* für die Übernahme und schnelle Erstellung des Zweitgutachtens sowie die Aufnahme in die von ihm, Herrn *Professor Dr. Jörg Fritzsche* und Herrn *Professor Dr. Tobias Lettl* herausgegebene Schriftenreihe.

Ein ganz besonderer Dank gilt meiner Freundin *Anne*, die für mich ein unverzichtbarer Rückhalt ist und mich während meiner Promotion zu jeder Zeit uneingeschränkt unterstützt hat.

Bedanken möchte ich mich auch bei allen meinen Freunden, die zum Gelingen meiner Dissertation beigetragen haben. Hervorheben möchte ich meinem Studienfreund *Nicolas*, dessen fundierten fachlichen Anmerkungen und bereichernden Fachgespräche für mich von unschätzbarem Wert waren.

Mit allergrößter Wertschätzung danke ich schlussendlich meinen Eltern *Barbara* und *Stefan* für die vorbehaltlose Unterstützung auf meinem bisherigen Lebensweg und die Ermöglichung meiner Ausbildung. Ebenso bedanken möchte ich mich bei meinen Schwestern *Veronika* und *Cornelia* und meiner Oma *Gisela*.

Meiner Familie, meiner Freundin und meinen Freunden ist dieses Werk gewidmet.

Freiburg i. Br., im Januar 2025 *Andreas Scheffold*

Inhaltsverzeichnis

Inhaltsübersicht

ABKÜRZUNGSVERZEICHNIS

Abl.	Amtsblatt der Europäischen Union
Abs.	Absatz
AEUV	Vertrag über die Arbeitsweise der Europäischen
Aufl.	Auflage
Art.	Artikel
B2B	Business-to-Business
BeckOK	Beck'scher Online-Kommentar
BeckRS	Beck-Rechtsprechung
BegrRegE	Begründung Gesetzesentwurf der Bundesregierung
Beschl.	Beschluss
BGB	Bürgerliches Gesetzbuch
BGH	Bundesgerichtshof
BGHZ	Entscheidungen des Bundesgerichtshofes in Zivilsachen
BKartA	Bundeskartellamt
BRegEntw.	Gesetzesentwurf der Bundesregierung
BT-Drs.	Bundestags-Drucksache
BVerfG	Bundesverfassungsgericht
bzw.	Beziehungsweise
C2C	Consumer-to-Consumer
DMA	Digital Markets Act
DSGVO	Datenschutzgrundverordnung (Verordnung (EU) 2016/679 des Europäischen Parlamentes und des Rates vom 27.04.2016 zum Schutz natürlicher Personen bei der Verarbeitung personenbezogener Daten, zum freien Datenverkehr
ebd.	Ebenda
Entsch.	Entscheidung
EU	Europäische Union
EU-WirtschaftsR-HdB	Handbuch des EU-Wirtschaftsrechts
EuG	Europäisches Gericht
EuGH	Europäischer Gerichtshof

EUV	Vertrag über die Europäische Union
EuZW	Europäische Zeitschrift für Wirtschaftsrecht
EWR	Europäischer Wirtschaftsraum
Et al.	Et aliter
EU	Europäische Union
EuCML	Journal of European Consumer and Market Law
EuZW	Europäische Zeitschrift für Wirtschaftsrecht
f./ff.	Folgende/fortfolgende
FKVO	Fusionskontrollverordnung (Verordnung (EG) Nr. 139/2004 des Rates vom 20.01.2004 über die Kontrolle von Unternehmenszusammenschlüssen)
GRUR	Gewerblicher Rechtsschutz und Urheberrecht
GRUR Int.	Gewerblicher Rechtsschutz und Urheberrecht International
GRUR-Prax	Gewerblicher Rechtsschutz und Urheberrecht in der Praxis
GWB	Gesetz gegen Wettbewerbsbeschränkungen
Hrsg.	Herausgeber
Inc.	Incorporated
KG	Kammergericht
K&R	Kommunikation & Recht
Kommission	Europäische Kommission
LG	Landgericht
NJW	Neue Juristische Wochenschrift
NJW-RR	Neue Juristische Wochenschrift Rechtsprechungs-Report
NZBau	Neue Zeitschrift für Baurecht und Vergaberecht
NZKart	Neue Zeitschrift für Kartellrecht
OLG	Oberlandesgericht
Reg.Begr.	Regierungsbegründung
RDi	Recht Digital

Rn.	Randnummer
Rs.	Rechtsache
Rspr.	Rechtsprechung
SEO	Search Engine Optimization
SSNIP	Small but Significant and Non-Transitory Increase in Price
SSRN	Social Science Research Network
U.a.	Unter anderem
Urt.	Urteil
v.	vom
Verb. Rs.	Verbundene Rechtssachen
vgl.	Vergleiche
VO	Verordnung
WRP	Wettbewerb in Recht und Praxis
WuW	Wirtschaft und Wettbewerb
z.B.	Zum Beispiel
ZHR	Zeitschrift für das Gesamte Handels- und Wirtschaftsrecht
ZEuP	Zeitschrift für Europäisches Privatrecht
ZUM	Zeitschrift für Urheber- und Medienrecht
ZVertriebsR	Zeitschrift für Vertriebsrecht
ZWeR	Zeitschrift für Wettbewerbsrecht

A. EINLEITUNG

> *„Das digitale Zeitalter eröffnet Unternehmen, Verbraucherinnen und Verbrauchern, Bürgerinnen und Bürgern ganz neue Möglichkeiten. Plattformen können helfen, Arbeitsplätze zu finden und neue Geschäftsideen auszutesten. Bei all diesen Vorteilen dürfen wir aber nicht vergessen sicherzustellen, dass unsere europäischen Werte auch in der digitalen Wirtschaft zum Tragen kommen. Wir müssen dafür sorgen, dass diese neuen Formen der Arbeit nachhaltig und fair bleiben.“* [1]
>
> ***Margarethe Vestager*** (EU-Kommissarin für Wettbewerb)

I. Anlass der Untersuchung

Plattformen haben unsere immer digitaler werdende Gesellschaft in vielen Bereichen nachhaltig verändert. Soziale Netzwerke, Vergleichs- und Bewertungsportale, Suchmaschinen und Online-Marktplätze bestimmen nicht nur unseren Alltag, sondern nehmen Einfluss auf die wirtschaftliche und gesellschaftliche Entwicklung.[1] Während Handelsmärkte heute von Online-Marktplätzen wie dem *Amazon Marketplace* oder *eBay* dominieren werden, belief sich der Anteil des gesamten Onlinehandels am Handels- und Gastgewerbemarkt zu Beginn des 21. Jahrhunderts noch auf verschwindend geringe 0,2 %.[2] Die Erfindung der Suchmaschine hat unsere Art zu denken und zu kommunizieren nachhaltig verändert. Während wir früher andere Personen um Rat gefragt und Enzyklopädien zum Nachschlagen von Informationen verwendet haben, verlassen wir uns heute auf

---

[1] Europäische Kommission Pressemitteilung IP/21/686 vom 24.02.2021, abrufbar unter https://ec.europa.eu/social/main.jsp?langId=de&catId=89&furtherNews=yes&newsId=9932, zuletzt abgerufen am 23.08.2024.

[1] Bundesministerium für Wirtschaft und Klimaschutz, Digitale Plattformen, abrufbar unter https://www.bmwk.de/Redaktion/DE/Artikel/Digitale-Welt/digitale-plattformen.html, zuletzt abgerufen am 23.08.2024.

[2] *Fischer*, Zur Beobachtung der Entwicklung des E-Commerce, Statistisches Bundesamt - Wirtschaft und Statistik 2003, 314 (316).

die Ergebnisse von Suchmaschinen. Da diese uns eine schier unermessliche Menge an Informationen liefern, haben wir gelernt, dass nicht die Information selbst, sondern der Nachschlageort von entscheidender Bedeutung ist.

Begünstigt wird das Wachstum der Plattformen durch die voranschreitende Digitalisierung. Den Betreibern großer digitalen Plattformen war es in den letzten Jahren möglich, in kurzer Zeit ein enormes Wachstum zu generieren. Heute gehören die gemeinsam als *GAFAM*-Unternehmen bezeichneten Konzerne Alphabet (Google), Amazon, Meta (Facebook), Apple und Microsoft[3] zu den Top 10 der nach Marktkapitalisierung wertvollsten Unternehmen der Welt. Einige dieser Unternehmen haben neben ihrer Größe eine erhebliche Machtpositionen auf ihren Märkten erlangt.[4] Außerdem verfügen sie über eine immense Datenmacht, die dazu führt, dass Daten teilweise als neue Währung im Geschäftsverkehr angesehen werden.[5]

Vor diesem Hintergrund hat der Missbrauch einer marktbeherrschenden Stellung sowohl national als auch international an Bedeutung gewonnen. Die EU-Kommission hat gezeigt, dass die Wettbewerbsbehörden auch vor großen Digitalkonzernen nicht zurückschrecken. Die 2017 von der Kommission gegen den Suchmaschinenanbieter Google verhängte Rekordstrafe in Höhe von 2,42 Milliarden Euro wurde jüngst vom EuG bestätigt.[6] Der in diesem Verfahren aufgestellte Bußgeldrekord war jedoch nur von kurzer Dauer, da bereits kurze Zeit später ein neues Rekordbußgeld in Höhe von 4,34 Milliarden Euro gegen Google verhängt wurde. Hintergrund dieses Verfahrens war ein Verstoß gegen Art. 102 AEUV im Hinblick auf das vorinstallierte Betriebssystem *Android*.[7] Auch das Bundeskartellamt hat den

---

[3] Unter der Bezeichnung GAFAM-Unternehmen versteht man die Unternehmen Alphabet Inc. (Google), Amazon Inc., Meta Platforms, Inc. (Facebook), Apple Inc. und Microsoft Corporation; teilweise wird seit Facebooks Umfirmierung in Meta auch die Bezeichnung *GAMMA* verwendet.

[4] *Fuchs*, in: Immenga/Mestmäcker, Wettbewerbsrecht, 6. Aufl. 2019, AEUV Art. 102, Rn. 36.

[5] *Hoeren*, Personenbezogene Daten als neue Währung der Internetwirtschaft, WUW 2013, 463 (463).

[6] EuG, Urt. v. 10.11.2021, Rs. T-612/17, ECLI:EU:T:2021:763 – *Google Shopping*.

[7] EuG, Urt. v. 14.09.2022, Rs. T-604/18, ECLI:EU:T:2022:541 – *Google Android*.

Kampf mit den Digitalkonzernen aufgenommen. So wurde unter anderem gegenüber Facebook, dem größten sozialen Netzwerk der Welt, eine Abstellungsverfügung erlassen.[8] Immer häufiger befindet sich auch Amazon im Visier der Wettbewerbshüter.[9]

Neben den Wettbewerbsbehörden haben auch der europäische und deutsche Gesetzgeber die wettbewerbsrechtlichen Gefahren von Plattformen erkannt und mit dem Digital Markets Act (DMA) bzw. § 19a GWB Regelungen erlassen, die insbesondere digitale Plattformen adressieren. Ziel des DMA ist es, die Bestreitbarkeit und Fairness der Märkte sicherzustellen.[10] § 19a GWB soll schnell einsetzende Konzentrationstendenzen verhindern, die auf digitalen Märkten aufgrund von Netzwerkeffekten, Datenvorteilen und damit verbundenen Selbstverstärkungseffekten entstehen.[11] Durch ein frühzeitiges Eingreifen möchte der Gesetzgeber sicherstellen, dass ein offener, nicht durch Behinderungspraktiken verfälschter Leistungswettbewerb Innovationen antreibt und Machtstellungen bestreitbar bleiben.[12]

Aufgrund ihrer besonderen Struktur, die sich insbesondere durch eine vertikale Integration des Plattformbetreibers auszeichnet, stellt die Gruppe der Hybridplattformen die Wettbewerbshüter sowohl wettbewerbsökonomisch als auch rechtsdogmatisch vor besondere Herausforderungen.[13] Da die Betreiber von Hybridplattformen auf dem nachgelagerten Markt mit einer auf der Plattform vertretenen Nutzergruppe in Wettbewerb treten, besteht insbesondere die Gefahr der Begünstigung eigener Dienste. Darüber hinaus

---

[8] BKartA, Beschl. v. 06.02.2019, B6-22/16 – *Facebook*.

[9] Während das Bundeskartellamt Amazon als Unternehmen mit marktübergreifenden Bedeutung nach § 19a GWB eingestuft hat (BKartA, Fallbericht v. 06.07.22, B7-61/21 - *Amazon*), ist die Kommission in den Verfahren *Amazon Marketplace* und *Amazon Buy Box* gegen missbräuchliche Verhaltensweisen von Amazon vorgegangen (Europäische Kommission, Beschl. v. 20.12.2022, C(2022) 9442 final – *Amazon Marketplace* und *Amazon Buy Box*).

[10] *Käseberg/Gappa*, in: Podszun, Digital Markets Act, 1. Aufl. 2023, DMA Art. 1, Rn. 5.

[11] *Wolf*, in: Münchener Kommentar zum Wettbewerbsrecht, 4. Aufl. 2022, GWB § 19a, Rn. 2.

[12] Reg.Begr. zur 10. GWB-Novelle, BT-Drs. 19/23492, 73.

[13] *Thomas*, Die digitale Ökonomie zwischen vertikaler und horizontaler Wettbewerbsbeschränkung, ZHR 2020, 222 (239).

kann die Verfügbarkeit nicht öffentlicher Geschäftsdaten zu wettbewerbsrechtlichen Problemen führen. Insgesamt gilt es zu untersuchen, inwiefern die vertikale Integration einer Hybridplattform missbräuchliche Verhaltensweisen ermöglicht oder erleichtert und damit eine Gefahr für den Wettbewerb darstellt.

II. Gang der Untersuchung

Die nachfolgende Analyse gliedert sich im Anschluss an die Einleitung (A.) in sechs Teile.

Gegenstand der Untersuchung ist zunächst die Frage, was unter einer Hybridplattform zu verstehen ist und wie eine solche von anderen digitalen Plattformen abgegrenzt werden kann (B.). Hierzu bedarf es einer für das Kartellrecht operablen Plattformdefinition. Anschließend werden die Besonderheiten von Hybridplattformen herausgearbeitet. Das hierbei geschaffene Verständnis ist unerlässlich für die weitere Analyse.

Im dritten Teil werden die Grundlagen des Missbrauchs einer marktbeherrschenden Stellung dargestellt (C.), bevor im vierten Teil die Untersuchung der Marktabgrenzung erfolgt (D.). Hierbei werden zunächst die allgemeinen Grundlagen der Marktabgrenzung erläutert, bevor sich die Arbeit mit der Marktabgrenzung auf Plattformmärkten beschäftigt. Anschließend werden die gewonnenen Erkenntnisse auf Hybridplattformen übertragen, wobei der Schwerpunkt auf der Einordnung der Fallbeispiele Amazon und Google liegt.

Der fünfte Teil widmet sich der marktbeherrschenden Stellung von Unternehmen (E.). Auch hierbei werden zunächst die allgemeinen Grundlagen dargestellt, bevor eine Betrachtung der Besonderheiten auf Plattformmärkten erfolgt. Kern dieses Kapitels ist die Übertragung der gewonnenen Erkenntnisse auf Hybridplattformen anhand der Fallbeispiele Amazon und Google.

Der sechste Teil beschäftigt sich mit dem Missbrauch der marktbeherrschenden Stellung (F.). Nach einer kurzen Einführung wird der Marktmachtmissbrauch auf Plattformmärkten analysiert. Hierbei werden insbesondere die neu eingeführten plattformbezogenen Vorschriften des DMA und § 19a GWB dargestellt und ihre potenzielle Auswirkung auf das zukünftige Vorgehen der Wettbewerbsbehörden skizziert. Die anschließende Auseinandersetzung mit dem Marktmachtmissbrauch von Hybridplattformen beschäftigt sich mit der Selbstbevorzugung und der Behinderung durch Datenverarbeitung. Nachfolgend werden die gewonnenen Erkenntnisse auf die Fallbeispiele Amazon und Google übertragen. Hierbei werden die Verfahren *Amazon Buy Box* (Selbstbevorzugung) und *Amazon Marketplace* (Datenverarbeitung) näher untersucht. In Bezug auf Google erfolgt eine Betrachtung der durch das EuG entschiedenen Verfahren *Google Shopping* und *Google Android*, in denen sich sowohl das Gericht als auch die Kommission ausführlich mit der Fallgruppe der Selbstbevorzugung auseinandergesetzt haben.

Im siebten Teil werden die Ergebnisse der Untersuchung zusammengefasst. Abschließend wird eine Schlussbetrachtung vorgenommen (G.).

B. HYBRIDPLATTFORMEN

Um den Missbrauch einer marktbeherrschenden Stellung von Hybridplattformen bewerten zu können, muss zunächst mithilfe einer vertieften Betrachtung der Internetökonomie und deren Zusammensetzung ein grundlegendes Verständnis von Hybridplattformen geschaffen werden. Hierzu wird untersucht, was aus kartellrechtlicher Sicht unter einer Plattform zu verstehen ist (I.), welche Plattformarten zu unterscheiden sind (II.) und welche Besonderheiten Hybridplattformen aufweisen (III.). Das Zwischenfazit (IV.) schafft ein gemeinsames Verständnis für den weitergehenden Prüfungsverlauf.

I. Plattformen im Kartellrecht

Trotz der prägenden Rolle von Plattformen in unserer Gesellschaft besteht bislang keine einheitlich anerkannte kartellrechtliche Plattformdefinition. Stattdessen werden verschiedene Ansätze diskutiert, die nachfolgend näher beleuchtet werden. Anschließend wird auf dieser Grundlage eine für das Kartellrecht operable Definition herausgearbeitet.

1. Definition einer Plattform

Der Begriff der Plattform ist bereits seit vielen Jahren Teil der ökonomischen Forschung. Anstelle des Plattformbegriffs wird oftmals auch der Terminus des zweiseitigen oder mehrseitigen Marktes verwendet, da die Plattformbetreiber zwischen zwei Nutzergruppen stehen.[1] Während die grundsätzlichen Unterschiede zwischen mehrseitigen und einseitigen Märkten nicht in Zweifel gezogen werden, konnte hinsichtlich der konkreten Abgrenzung der verschiedenen Märkte und der Herleitung einer allgemeingültigen Definition bislang kein Konsens erreicht werden.[2] Im Folgenden werden die führenden Ansätze dargestellt.

a) Indirekte Netzwerkeffekte

Nach *Caillaud/Jullien*, *Armstrong* und *Evans/Noel* liegt eine Plattform vor, wenn zwischen unterschiedlichen Nutzergruppen indirekte

---

[1] BKartA, Arbeitspapier – Marktmacht von Plattformen und Netzwerken, 8.

[2] *Katz/Sallet*, Multisided Platforms and Antitrust Enforcement, The Yale Law Journal 2018, 2142 (2148).

Netzwerkeffekte wirken, die zu externen Effekten führen.[3] Grundlage dieses Ansatzes ist das Vorliegen indirekter Netzwerkeffekte, die von direkten Netzwerkeffekten zu unterscheiden sind.

Unter direkten Netzwerkeffekten versteht man die Relation zwischen der Anzahl der Nutzer eines Produkts oder einer Dienstleistung innerhalb einer Nutzergruppe und deren daraus resultierendem Nutzen.[4] Der Nutzen eines Produktes steigt für jeden Nutzer, wenn andere Nutzer dieses Produkt ebenfalls nachfragen.[5] Neben diesem Effekt, der als positiver direkter Netzwerkeffekt bezeichnet wird, können negative direkte Netzwerkeffekte auftreten, wenn die Anzahl der Nutzer sinkt und sich hierdurch Auswahlmöglichkeiten minimieren. Liegen ausschließlich direkte Netzwerkeffekte vor, so handelt es sich nicht um eine Plattform, sondern um ein Netzwerk.[6] Nur wenn direkte Netzwerkeffekte mit indirekten Netzwerkeffekten zusammenwirken, kann eine Plattform angenommen werden. Direkte Netzwerkeffekte liegen unter anderem bei Betriebssystemen vor, bei denen Nutzer davon profitieren, dass andere Nutzer dasselbe Betriebssystem verwenden, da die Nutzer sich gegenseitig helfen und untereinander austauschen können.[7] Computerbetriebssysteme werden von direkten

---

[3] *Caillaud/Jullien*, Chicken & Egg: Competition among Intermediation Service Providers, The RAND Journal of Economics 2003, 309 (309); *Armstrong*, Competition in two-sided markets, The RAND Journal of Economics 2006, 668 (674); *Evans/Noel*, Defining Antitrust Markets When Firms Operate Two-Sided Platforms, Columbia Business Law Review 2005, 102 (120 ff.).

[4] *Wolf*, in: Münchener Kommentar zum Wettbewerbsrecht, 4. Aufl. 2022, § 18 GWB, Rn. 51.

[5] BGH, NZKart 2020, 473, Rn. 44 – *Facebook II,* BegrRegE, BT-Drs. 18/10207, 49; *Fuchs*, in: Immenga/Mestmäcker, Wettbewerbsrecht, 7. Aufl. 2024, GWB § 18, Rn. 143.

[6] *Wolf*, in: Münchener Kommentar zum Wettbewerbsrecht, 4. Aufl. 2022, GWB § 18, Rn. 51; BKartA, Arbeitspapier – Marktmacht von Plattformen und Netzwerken, 102.

[7] BKartA, Arbeitspapier – Marktmacht von Plattformen und Netzwerken, 9.

Netzwerkeffekten geprägt, da sich mit zunehmender Verbreitung des Programms dessen Kompatibilität in absoluten Zahlen erhöht.[8]

Während direkte Netzwerkeffekte klar abgrenzbar sind, lässt sich das Vorliegen indirekter Netzwerkeffekte nicht ebenso einfach bestimmen. Der Begriff wird in der ökonomischen Literatur nicht einheitlich verwendet. Nach einer in Teilen der Literatur vertretenen Ansicht werden indirekte Netzwerkeffekte angenommen, wenn Mitglieder einer Nutzergruppe mittelbar von einem Mitgliederzuwachs innerhalb ihrer Nutzergruppe profitieren, da hierdurch der Anreiz für eine andere Nutzergruppe entsteht, stärker auf der Plattform vertreten zu sein.[9] So profitieren Nutzer eines Computerbetriebssystems von einer höheren Nutzeranzahl, da der Anreiz für Softwareentwickler gesteigert wird, ein Programm für dieses Betriebssystem zu entwerfen.

Ein anderer Definitionsansatz stellt darauf ab, ob der Nutzen einer Gruppe von der Zahl der Nutzer aus der anderen Gruppe abhängen kann.[10] Hierbei soll unterschieden werden, ob Nutzer davon profitieren, dass eine andere Gruppe stärker auf der Plattform vertreten ist (positive Netzwerkeffekte) oder der Nutzen sinkt, wenn eine andere Gruppe weniger stark vertreten ist (negative Netzwerkeffekte). Gleichzeitig können negative Netzwerkeffekte auch dann vorliegen, wenn der Nutzen für den einzelnen Teilnehmer

---

[8] Europäische Kommission, Entsch. v. 24.03.2004, COMP/C-3/37.792, Rn. 533, 1062 – *Microsoft*; *Kühnen*, in: Loewenheim/Meessen/ Riesenkampff/Kersting/Meyer-Lindemann, Kartellrecht, 4. Aufl. 2020, GWB § 18, Rn. 106.

[9] *Shy*, A Short Survey of Network Economics, Review of Industrial Organization 2011, 119 (119), *Podszun*, Empfiehlt sich eine stärkere Regulierung von Online-Plattformen und anderen Digitalunternehmen?, Verhandlungen des 73. Deutschen Juristentages, Band 1, Teil F, S. 12.

[10] *Beckmann/Müller*, in: Handbuch Multimedia-Recht, 59. Aufl. 2023, Teil 10 - Kartellrecht, Rn. 16; *Rochet/Tirole*, Platform Competition in Two-Sided Markets, Journal of the European Economic Association 2003, 990 (990 f.); *Filistrucchi/Geradin/van Damme*, Identifying Two-Sided Markets, World Competition 2013, 33 (37); m.w.N. *Zinndorf*, Internetsuchmaschinen in der unionskartellrechtlichen Missbrauchskontrolle 2020, 172; m.w.N. BKartA, Arbeitspapier – Marktmacht von Plattformen und Netzwerken, 10.

mit wachsender Nutzerzahl sinkt.[11] Die Effekte können entweder einseitig auftreten, wenn nur eine Nutzergruppe profitiert, oder wechselseitig, wenn zwei oder mehr Nutzergruppen profitieren. Im Gegensatz zu der ersten Literaturansicht ist keine Wirkung innerhalb einer Gruppe notwendig, sondern stattdessen auf die Wirkung zwischen zwei unterschiedlichen Nutzergruppen abzustellen. Als Beispiel für negative Netzwerkeffekte kann eine zu extensive Werbung herangezogen werden. Zwar ist es für TV-Werbetreibende positiv, wenn mehr Zuschauer vorhanden sind, doch können zu viele Werbetreibende zu einem beeinträchtigten Fernseherlebnis für die Zuschauer führen.[12]

Die Kommission hat im Rahmen ihrer Entscheidung *Google Shopping* einen weiteren Definitionsansatz herangezogen. Indirekte Netzwerkeffekte können demnach auch dann vorliegen, wenn Werbeeinnahmen es ermöglichen, stärker in die Entwicklung neuer Technologien zu investieren und damit neue Nutzer gewonnen werden können.[13] Diesem Ansatz ist entgegenzutreten, da er die Abgrenzungseigenschaft der Definition aufweicht und damit ihre Operabilität gefährdet. Aufgrund des Umstands, dass nahezu jedes Unternehmen einen beachtlichen Teil seiner Gewinne reinvestiert, um ein konstantes Wachstum zu erhalten, wird das Merkmal der indirekten Netzwerkeffekten durch eine derartige Auslegung verwässert.

Zusammenfassend lässt sich festhalten, dass direkte Netzwerkeffekte zwischen gleichartigen Nutzern auftreten, während bei indirekten Netzwerkeffekten unterschiedliche Nutzergruppen voneinander profitieren.[14] Indirekte Netzwerkeffekte entstehen dabei sowohl wenn der Zuwachs einer Gruppe Auswirkungen auf eine andere Nutzergruppe hat als auch wenn die positiven Netzwerkeffekte innerhalb einer Gruppe wechselseitig auch auf der anderen Nutzerseite auftreten.

---

[11] Hierzu im Gesamten: *Wolf*, in: Münchener Kommentar zum Wettbewerbsrecht, 4. Aufl. 2022, GWB § 18, Rn. 52.

[12] BKartA, Arbeitspapier – Marktmacht von Plattformen und Netzwerken, 10.

[13] Europäische Kommission, Beschl. v. 27.06.2017, C(2017) 4444 final, Rn. 296 – *Google Shopping*.

[14] *Wolf*, in: Münchener Kommentar zum Wettbewerbsrecht, 4. Aufl. 2022, GWB § 18, Rn. 52.

Caillaud/Jullien, *Armstrong* und *Evans/Noel* definieren den Plattformbegriff als Zusammenspiel von zwei oder mehr Nutzergruppen, zwischen denen indirekte Netzwerkeffekte bestehen, welche durch die Plattform zumindest teilweise aufgenommen werden.[15] Netzwerkeffekte können dabei nicht nur wechselseitig zwischen allen Plattformseiten wirken, sondern auch einseitig von einer Nutzergruppe in Richtung der anderen.[16] So gehen bei einer Suchmaschine zwar positive indirekte Netzwerkeffekte von den Nutzern in Richtung der Werbetreibenden aus, doch gilt gleiches nicht umgekehrt, da eine Suchmaschine mit mehr Werbekunden für Suchnutzer weniger attraktiv erscheint. Die durch die Plattform generierten Preise basieren insbesondere auf der Externalität der betreffenden Nutzergruppe auf die andere Nutzergruppe.[17] Dabei ist es möglich, dass eine Plattform von einer Nutzergruppe keinen monetären Preis verlangt, da von dieser Nutzergruppe eine ausgeprägte Externalität auf die andere Nutzergruppe ausgeht. Ein Beispiel hierfür sind Suchmaschinenanbieter, deren Zugang für den Suchnutzer kostenfrei ist, während der Werbetreibende einen monetären Preis bezahlen muss. Teilweise wird angezweifelt, dass es sich in einem solchen Fall um eine Plattform handelt. *Luchetta* vertritt die Auffassung, dass der Suchmaschinenanbieter in diesem Fall als Datenhändler zu qualifizieren ist.[18] Der Suchmaschinenanbieter erhält im Austausch für Suchergebnisse Daten und kann diese an Werbekunden verkaufen. Dem widersprechen *Filistrucchi et al.*, die richtigerweise davon ausgehen, dass nur in eine Richtung wirkende Netzwerkeffekte der Annahme einer Zweiseitigkeit und damit dem Vorliegen einer Plattform nicht entgegenstehen.[19]

---

[15] *Caillaud/Jullien*, Chicken & Egg: Competition among Intermediation Service Providers, The RAND Journal of Economics 2003, 309 (310); *Armstrong*, Competition in two-sided markets, The RAND Journal of Economics 2006, 668 (674); *Evans/Noel*, Defining Antitrust Markets When Firms Operate Two-Sided Platforms, Columbia Business Law Review 2005, 102 (120 ff.).

[16] *Volmar*, Digitale Marktmacht 2019, 78.

[17] BKartA, Arbeitspapier – Marktmacht von Plattformen und Netzwerken, 11.

[18] *Luchetta*, Is the Google-Plattform a two-sided market?, Journal of Competition Law and Economics 2014, 185 (185, 197 ff.).

[19] *Filistrucchi/Geradin/van Damme*, Identifying Two-Sided Markets, World Competition 2013, 33 (42).

b) Fehlende Neutralität der Preisstruktur

Auf Plattformmärkten findet oftmals eine Quersubventionierung zwischen den Plattformseiten statt. Dabei finanziert eine Nutzerseite die Plattform durch die Zahlung eines monetären Preises, während die andere Nutzerseite diese Nutzer durch ihre Anwesenheit auf die Plattform zieht. So zahlen beispielsweise Werbetreibende auf einer Suchmaschinenplattform für den Zugang zu Suchnutzern, während Suchnutzer keinen monetären Preis zu entrichten haben.

Ward definiert eine Plattform anhand der Möglichkeit, von den verschiedenen Nutzergruppen unterschiedliche Preise zu verlangen.[20] *Rochet/Tirole* stellen in ihrer Pionierarbeit zu zweiseitigen Märkten hingegen auf die Preisstruktur und das aggregierte Preisniveau ab.[21] Ausgangspunkt dieser Überlegung ist die Annahme, dass Plattformen die Transaktion zweier Nutzergruppen ermöglichen und hierfür einen transaktionsbasierten Preis erhalten.

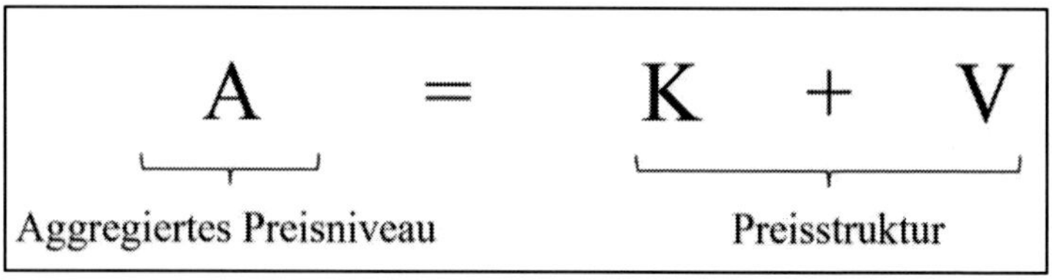

Abbildung 1: Preisniveau und Preisstruktur

Im Rahmen einer Transaktion bezahlen sowohl Käufer (K) als auch Verkäufer (V) einen Preis. Die Preisstruktur beschreibt die Relation der Einzelpreise, welche die unterschiedlichen Nutzergruppen zu entrichten haben. Das aggregierte Preisniveau (A) beschreibt die Summe beider Einzelpreise. Hängt das Volumen der Transaktion nur vom aggregierten

---

[20] *Ward*, Testing for Multisided Platform Effects in Antitrust Market Definition, The University of Chicago Law Review 2017, 2059 (2061).

[21] Hierzu im Gesamten: *Rochet/Tirole*, Two-Sided Markets: An Overview, 10 f.; *Rochet/Tirole*, Two-sided markets: a progress report, The RAND Journal of Economics 2006, 645 (648).

Preisniveau ab, so liegt *Rochet/Tirole* zu Folge ein einseitiger Markt vor.[22] Die Parteien reagieren nicht auf eine Preisänderung einer Seite, sondern auf die absolute Erhöhung des aggregierten Preises. Ändert sich jedoch das Transaktionsvolumen aufgrund der Erhöhung eines Einzelpreises durch K oder V, ohne dass dieser Vorgang Auswirkungen auf den Preis A hat, ist von einem zweiseitigen Markt auszugehen. Grund hierfür ist das Vorliegen einer nicht neutralen Preisstruktur. Dies bedeutet, dass Veränderungen der Preisstruktur bei gleichbleibendem aggregiertem Preisniveau einen Einfluss auf das Transaktionsvolumen der Plattform haben. Ein zweiseitiger Markt liegt demnach immer dann vor, wenn es durch Änderungen der Preisstruktur möglich ist, das Mengenvolumen der Plattform im Gleichgewicht zu verändern. Zum Beispiel ist eine Reduktion des Transaktionsvolumens zu erwarten, wenn Google beginnt, von Suchnutzern einen Preis zu verlangen und stattdessen den Preis der Werbenutzer um den gleichen Betrag kürzt. Obwohl das aggregierte Preisniveau in diesem Fall gleichbleibt, ist ein sinkendes Transaktionsvolumen zu erwarten, da die Suchnutzer mit sehr hoher Wahrscheinlichkeit auf andere Suchanbieter ausweichen.[23]

Dieser Versuch, eine Plattform zu definieren, wird in der Literatur kritisiert.[24] Anbieter, die nach allgemeinem Verständnis als Plattform angesehen werden, fallen nach dieser Ansicht aus der Definition heraus. Dies betrifft insbesondere Plattformen wie *eBay*, bei denen sich die Parteien die Plattformgebühr aufteilen. Da der Verkäufer die Funktionsweise von *eBay* kennt, bei der allein er eine Vermittlungsgebühr zu entrichten hat, kann er vorab den Kaufpreis um diese Gebühr erhöhen. Für den Käufer ist es unerheblich, ob der Verkäufer die Gebühr auf seinen Kaufpreis aufschlägt oder ob er die Gebühr selbst an *eBay* zu entrichten hat. Erhöht *eBay* die Käufergebühr K und senkt gleichzeitig die Verkäufergebühr V, so bleibt das aggregierte Preisniveau A gleich. Im Gegensatz zum Beispiel der Suchplattform hat dieser Vorgang jedoch keinen Einfluss auf das Transaktionsvolumen. Damit wäre dieser Definition zu Folge *eBay* fälschlicherweise nicht als Plattform zu qualifizieren.

---

[22] *Rochet/Tirole*, Two-sided markets: a progress report, The RAND Journal of Economics 2006, 645 (648).
[23] Ebenso: *Volmar*, Digitale Marktmacht 2019, 83.
[24] Zur Kritik im Gesamten: *Volmar*, ebd., 83.

c) Ermöglichung direkter Gruppeninteraktionen

Hagiu und *Hagiu/Wright* ziehen für ihre Plattformdefinition eine differenzierende Abgrenzung zwischen Händlern und Plattformbetreibern heran und stellen auf die Ermöglichung einer Gruppeninteraktion ab.[25] Ein Händler erwirbt zunächst ein Produkt bei einem Produzenten, um es anschließend an einen anderen Händler oder einen Verbraucher zu veräußern. Dabei findet keine direkte Transaktion zwischen dem Produzenten und dem Verbraucher statt. Der Händler hat die Kontrolle über den Ablauf der Transaktion inklusive der Möglichkeit, die Preise zu bestimmen. Bei einer Plattform beschränkt sich die Aufgabe der Plattform in der Ermöglichung der Transaktion zwischen zwei Nutzergruppen. Die Plattform hat somit im Unterschied zu einem Händler keinen Einfluss auf die wesentlichen Transaktionsvariablen.

Auf diese Grunddifferenzierung aufbauend definieren *Hagiu/Wright* eine Plattform als Ermöglicher oder Vermittler einer direkten Transaktion zwischen zwei Nutzergruppen einer Plattform.[26] Die beteiligten Nutzer besitzen die Kontrolle über die wesentlichen Transaktionsvariablen. Es ist jedoch erforderlich, dass beide Seiten mit der Plattform verbunden sind. Für die Möglichkeit der Plattformnutzung sind die Nutzer dabei bereit, plattformspezifische Investitionen wie eine Nutzungsgebühr oder die Anmeldung mit persönlichen Daten in Kauf zu nehmen. Die Autoren führen als Vorteil ihrer Definition die zweckdienlichere Verwendung an. So liegen auch bei einem Supermarkt indirekte Netzwerkeffekte vor, da Kunden von einem größeren Umfang an Lieferanten in Form eines vergrößerten Angebots profitieren. Trotzdem ist bei einem Supermarkt nicht von einer Plattform auszugehen, da der Supermarktbetreiber die wesentlichen Transaktionsvariablen selbst in den Händen hält.

d) Plattformdefinition des Bundeskartellamts

Das Bundeskartellamt sieht zur Herausarbeitung einer operable Plattformdefinition die Kombination der oben dargestellten Ansätze als geeignet

---

[25] *Hagiu*, Merchant or Two-Sided Platform?, Review of Network Economics 2007, 115 (118); *Hagiu/Wright*, Multi-Sided Platforms, International Journal of Industrial Organization 2015, 162 (164).

[26] *Hagiu/Wright*, Multi-Sided Platforms, International Journal of Industrial Organization 2015, 162 (164).

an.[27] Lediglich die von *Rochet/Tirole* vertretene Ansicht, die auf die fehlende Neutralität der Preisstruktur abstellt, erscheint für eine Begriffsbestimmung aus Sicht des Bundeskartellamts weniger geeignet. Das Modell, das in der Theorie wertvolle Ansätze liefert, führt in der Praxis zu den oben beschriebenen Problemen.[28] Die Herausarbeitung eines Zusammenhangs zwischen der Preisstruktur und dem Transaktionsvolumen ist in der Praxis nur mit unverhältnismäßigem Aufwand möglich. Dies gilt insbesondere im Falle des Bestehens indirekter Netzwerkeffekte. Vor diesem Hintergrund sieht das Bundeskartellamt zur Bestimmung einer Plattform folgende Definition als geeignet an:

> „*Als Plattformen sind Unternehmen anzusehen, die als Intermediäre die direkte Interaktion zweier oder mehr Nutzerseiten, zwischen denen indirekte Netzwerkeffekte bestehen, ermöglichen.*“[29]

Die Definition liefert gute Anhaltspunkte, bedarf jedoch einer Konkretisierung. Das Kriterium der indirekten Netzwerkeffekte ist insbesondere bei digitalen Plattformen geeignet, eine Abgrenzung zu ermöglichen, da hiermit Wechselbeziehungen zwischen verschiedenen Nutzergruppen erfasst werden können. Außerdem ist die Ermittlung von Netzwerkeffekten im Gegensatz zur Ermittlung des Fehlens einer neutralen Preisstruktur in der Praxis mit vertretbarem Aufwand möglich. Das Bundeskartellamt legt einen weiten Begriff der indirekten Netzwerkeffekte zugrunde, der auch einseitige oder asymmetrisch ausgeprägte Netzwerkeffekte umfasst. Hierdurch können auch werbefinanzierte Produkte erfasst werden, die insbesondere in der Internetökonomie auftreten. Das Bundeskartellamt hält es nicht für erforderlich, dass Netzwerkeffekte ein bestimmtes Ausmaß erreichen. Ob die Effekte spürbar, erheblich oder gar wesentlich sind, ist Frage einer möglichen Marktmacht und wird aus diesem Grund erst dort relevant.

Als zweites Definitionskriterium möchte das Bundeskartellamt die Frage heranziehen, ob eine direkte Gruppeninteraktion ermöglicht wird.[30]

---

[27] Hierzu im Gesamten: BKartA, Arbeitspapier – Marktmacht von Plattformen und Netzwerken, 14.

[28] Hierzu ausführlich: B.I.1.b).

[29] BKartA, Arbeitspapier – Marktmacht von Plattformen und Netzwerken, 14.

[30] Hierzu im Gesamten: BKartA, Arbeitspapier – Marktmacht von Plattformen und Netzwerken, 15.

Hierdurch kann eine Plattform, die die Rolle eines Intermediärs einnimmt, von einem Händler unterschieden werden. Ein zweites Abgrenzungskriterium ist notwendig, da die Prüfung der indirekten Netzwerkeffekte für die Abgrenzung zwischen Intermediär und Händler teilweise nicht ausreicht. So können im Fall eines Supermarktes oder Warenhauses die dort auftretenden Sortimentseffekte den indirekten Netzwerkeffekten ähnlich sein und zu Abgrenzungsschwierigkeiten führen. Außerdem stehen Plattformen, bei denen eine Transaktion vermittelt wird, Handelsbeziehungen nahe und erfüllen in Bezug auf den Transaktionsmarkt eine Vertriebsfunktion. Dem Bundeskartellamt zu Folge liegt im Hinblick auf das Vorliegen einer direkten Gruppeninteraktion immer dann eine Plattform vor, wenn zwischen zwei Nutzergruppen eine direkte Interaktion möglich ist.[31] Eine direkte Interaktion bedeutet in diesem Kontext, dass die Plattform weder ökonomisch noch juristisch an der Interaktion oder Transaktion beteiligt ist. Der Plattformbetreiber besitzt keine unmittelbare Kontrolle über die wesentlichen Transaktionsparameter wie den Preis oder die vereinbarten Konditionen. Das Produkt der Plattform kann vielfältiger Natur sein. Zum einen kann – wie im Falle von Dating-Plattformen – die Bereitstellung einer technischen Möglichkeit zur Interaktion erfolgen. Zum anderen können Plattformen transaktionsbegleitende Dienstleistungen wie den Versand oder die Zahlungsabwicklung übernehmen.

e) Stellungnahme und Definition

Eine Plattform im kartellrechtlichen Sinne liegt vor, wenn drei Voraussetzungen kumulativ vorliegen. Erstens müssen auf einer Plattform mehrere Nutzergruppen anwesend sein. Zweitens bedarf es einer Interaktion zwischen diesen Nutzergruppen und drittens müssen indirekte Netzwerkeffekte vorliegen, durch die die jeweiligen Nutzergruppen miteinander verbunden sind.

Die Anwesenheit mehrerer Nutzergruppen ist für das Vorliegen einer Plattform unerlässlich. Da beinahe jedes Unternehmen auf irgendeine Weise mehrere Nutzergruppen verbindet, bedarf es jedoch weiterer Abgrenzungskriterien. Um eine Plattform von klassischen Handelsgeschäften abgrenzen zu können, ist Interaktion zwischen den verschiedenen Nutzergruppen notwendig. Hierbei tritt der Plattformbetreiber als Vermittler der Interaktion

---

[31] BKartA, Arbeitspapier – Marktmacht von Plattformen und Netzwerken, 15.

auf, während die Nutzergruppen die Kontrolle über die wesentlichen Variablen der Interaktion innehalten. Der Plattformbetreiber kann die Grundvariablen der Transaktion vorgeben, doch muss den Nutzergruppen ein ausreichender Handlungsspielraum für die Ausgestaltung der Interaktion verbleiben. Hierdurch können Plattformleistungen von Handelskäufen, bei denen der Händler die Transaktionsvariablen selbst bestimmt, unterschieden werden. Die Interaktion erfolgt zumeist in Form einer Transaktion. Eine solche ist jedoch nicht zwingend erforderlich, da eine Plattform auch dann vorliegt, wenn – wie bei Dating-Portalen – die Interaktion mittels eines sozialen Kontakts erfolgt. Auch bei Werbeplattformen ist fraglich, ob bei der reinen Wahrnehmung von Werbung eine Transaktion im eigentlichen Sinne erfolgt.[32]

Als drittes Abgrenzungskriterium bedarf es indirekter Netzwerkeffekte. Da indirekte Netzwerkeffekte Wechselbeziehungen zwischen verschiedenen Nutzergruppen einer Plattform erfassen, können insbesondere internetbasierte Dienste mithilfe dieses Kriteriums charakterisiert werden. Hierbei ist der Auffassung des Bundeskartellamts zu folgen, das einen weiten Begriff der indirekten Netzwerkeffekte zugrunde legt. Nur wenn auch einseitig oder asymmetrisch ausgeprägte Netzwerkeffekte berücksichtigt werden, können werbefinanzierte Dienste wie Suchmaschinenanbieter von der Definition erfasst werden. Unter Zugrundelegung dieser Ausführungen erscheint eine Ergänzung der Definition des Bundeskartellamts sinnvoll:

> *Als Plattformen sind Unternehmen anzusehen, die als Intermediäre eine direkte Interaktion zweier oder mehr Nutzerseiten ermöglichen. Die zwischen den Nutzerseiten bestehenden positiven oder negativen indirekten Netzwerkeffekte können sowohl wechselseitig als auch einseitig ausgeprägt sein.*

2. Fallbeispiele für Plattformen

Insbesondere in der digitalen Geschäftswelt streben viele Unternehmen danach, eine Plattform zu erschaffen, um mehrere Nutzergruppen anzusprechen. Da viele Unternehmen sich bereits aufgrund ihres digitalen

---

[32] Kritisch zum Vorliegen einer Transaktion in diesem Fall: *Volmar*, Digitale Marktmacht 2019, 75; *Volmar*, Marktabgrenzung bei mehrseitigen Online-Plattformen, ZWeR 2017, 386 (395 f.).

Geschäftsmodells als Plattformen bezeichnen, erfährt der Begriff eine teils inflationäre Verwendung. Umso wichtiger ist es, die Grundlagen der Einstufung als Plattform im kartellrechtlichen Sinn anhand zweier Fallbeispiele darzustellen. Im Folgenden werden hierzu Geschäftsmodelle der amerikanischen Tech-Unternehmen Amazon und Google analysiert.

a) Amazon

Der Aufstieg des US-Konzerns Amazon hat den Online-Handelsmarkt nachhaltig verändert. Wie die folgende Ausführung zeigt, hat Amazon sein Wachstum insbesondere mit der Erschaffung seiner Handelsplattform erreicht.

(1) Geschichte Amazons

Die Geschichte Amazons begann im Jahr 1994, als *Jeff Bezos* das Unternehmen Amazon.com in seiner Garage in Seattle gründete.[33] Den Namen leitete er vom Amazonas – dem längsten Fluss der Welt – ab, um die große Auswahl zu symbolisieren, die Amazon seinen Kunden bieten möchte. Als Online-Buchhandel gestartet, baute Amazon sein Sortiment rasch aus und wagte bereits 1997 den Schritt an die Börse. Nur ein Jahr später begann das Unternehmen seine Produkte auch in Deutschland zu vertreiben. Eine nachhaltige Veränderung des Geschäftsmodells erfuhr Amazon im Jahr 2002 mit der Gründung des *Amazon Marketplace*.[34] Fortan war es anderen Händlern möglich, ihre Waren direkt neben den von Amazon angebotenen Produkten auf Amazons Online-Marktplatz zu vertreiben. Ein weiterer Meilenstein in der Geschichte des Unternehmens war die Erschaffung von *Amazon Prime*. Dieser Kundenservice versprach Nutzern zunächst die kostenlose Lieferung am nächsten Tag. Heute umfasst das Programm viele weitere Vorteile, wie das Streamen von Filmen und Serien über *Amazon Prime Video*. Eine weitere wichtige Neuerung war die Gründung des *Cloud-Computing*-Dienstleisters *Amazon Web Service* (AWS) im Jahr 2006.[35] Dieser entwickelte sich in den folgenden Jahren zum Marktführer

---

[33] Hierzu im Gesamten: Die Geschichte Amazons, abrufbar unter https://www.aboutamazon.de/news/ueber-amazon/unsere-geschichte-was-aus-einer-garagen-idee-werden-kann, zuletzt abgerufen am 23.08.2024.

[34] Im Folgenden auch als "*Marketplace*" bezeichnet.

[35] „*Cloud Computing* bezeichnet das dynamisch an den Bedarf angepasste Anbieten, Nutzen und Abrechnen von IT-Dienstleistungen über ein Netz.“

im Bereich des Cloud-Computing und ermöglicht es Amazon, sehr große Mengen an Daten zu speichern und verarbeiten.[36] Bis heute entwickelt Amazon kontinuierlich neue Systeme, um einen umfassenden Einflussbereich rund um das Unternehmen zu schaffen und seine Geschäftstätigkeiten auszubauen. Amazons Aufstieg ist von einem aggressiven Investitionsmodell geprägt. Obwohl Amazon Jahr für Jahr ein starkes Umsatzwachstum verzeichnet, werden nur selten Gewinne erzielt.

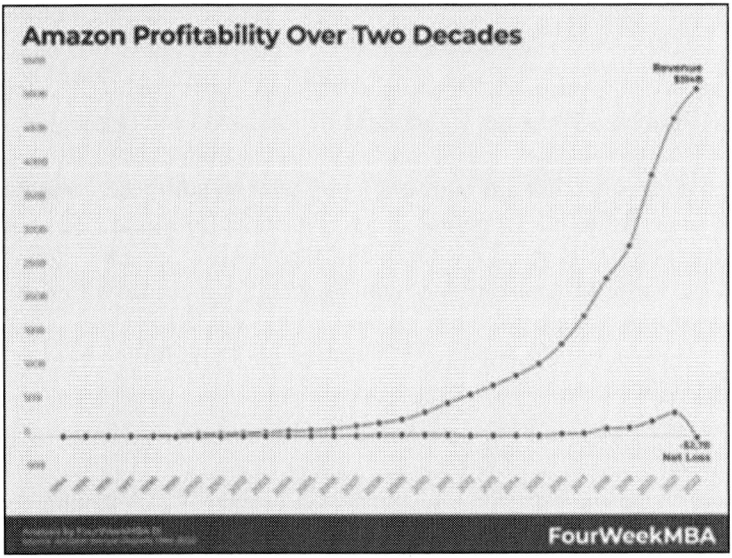

Abbildung 2: Umsatz und Gewinn Amazons 1994 bis 2022[37]

Was ist Cloud Computing?, abrufbar unter https://www.bsi.bund.de/DE/Themen/Unternehmen-und-Organisationen/Informationen-und-Empfehlungen/Empfehlungen-nach-Angriffszielen/Cloud-Computing/Grundlagen/grundlagen_node.html, zuletzt abgerufen am 23.08.2024.

[36] Cloud-Geschäft wächst und wächst – Big-Tech besitzt 80 Prozent Marktanteil, abrufbar unter https://www.heise.de/news/Cloud-Geschaeft-waechst-und-waechst-Big-Tech-besitzt-80-Prozent-Marktanteil-7133549.html, zuletzt abgerufen am 23.08.2024.

[37] Ist Amazon profitabel? Amazon Rentabilität 1994-2022, abrufbar unter https://fourweekmba.com/de/ist-amazon-profitabel/, zuletzt abgerufen am 23.08.2024.

Die niedrigen Gewinne sind dabei nicht auf die fehlende Profitabilität zurückzuführen, sondern beruhen auf dem Geschäftsmodell Amazons. Potenzielle Gewinne werden umgehend reinvestiert, um neue Geschäftszweige zu erschließen und den Einfluss auf den Märkten zu stärken, auf denen Amazon bereits vertreten ist. Mithilfe dieser Strategie gelang es *Jeff Bezos*, Amazon mit einer Marktkapitalisierung von 1,66 Billionen Dollar im Jahr 2022 unter die fünf wertvollsten börsennotierten Unternehmen der Welt zu führen.[38]

(2) Funktionsweise der Handelsplattform

Für die nachfolgende kartellrechtliche Betrachtung liegt der Fokus auf dem Handelsgeschäft Amazons. Zwar sieht sich Amazon auch bezüglich anderer Geschäftspraktiken und Geschäftsfelder wettbewerbsrechtlichen Bedenken ausgesetzt, doch nimmt das Unternehmen auf diesen Märkten zumeist keine Rolle als Betreiber einer Hybridplattform ein. Das Kerngeschäftsmodell im Bereich des Onlinehandels besteht aus zwei Elementen. Zunächst vertreibt Amazon über den eigenen Onlineshop Waren an Endkunden (Onlineshop) und zum anderen bietet das Unternehmen anderen Händlern die Möglichkeit, ihre Waren über die Handelsplattform *Marketplace* zu verkaufen.

(a) Amazon-Onlineshop

Im eigenen Onlineshop tritt Amazon als klassischer Warenhändler auf. Die zu veräußernden Produkte werden entweder bei Herstellern oder bei anderen Händlern eingekauft und anschließend an Endkunden weiterveräußert. Der Hersteller oder Händler, den Amazon als *Vendor* bezeichnet,[39] tritt beim Verkauf an Endkunden nicht selbst als Verkäufer auf, da er weder Kontakt zu den Kunden noch Einfluss auf die Preisgestaltung oder die Produktdarstellung hat. Stattdessen werden alle Verkaufsvorgänge von Amazon selbst abgewickelt. Die *Vendoren* profitieren davon, dass Amazon alle Aufgaben wie den Kundensupport, das Retourenmanagement und die

---

[38] PricewaterhouseCoopers, Ranking der 100 wertvollsten Unternehmen 2023, abrufbar unter https://www.pwc.de/de/deals/Ranking-der-100-wertvollsten-unternehmen/2023/pwc-global-top-100-companies-2023.pdf, zuletzt abgerufen am 23.08.2024.

[39] Amazon Vendor – Was ist das?, abrufbar unter https://amz-marketing.de/amazon-vendor-was-ist-das/, zuletzt abgerufen am 23.08.2024.

Umsatzüberwachung übernimmt und durch seine Bekanntheit und Reichweite zum Absatz beiträgt.[40] Nachteilig für *Vendoren* ist, dass die Margen für sie weitaus weniger attraktiv sind als für Dritthändler auf dem *Marketplace*. Neben den Produkten der *Vendoren* verkauft Amazon unter seiner Eigenmarke *Amazon Basics* auch eigene Produkte.[41]

(b) *Marketplace*

Neben dem *Vendoren*-Programm bietet Amazon Drittanbietern, die Amazon selbst als *Seller* bezeichnet, die Möglichkeit, ihre Produkte auf dem *Marketplace* anzubieten.[42] Drittanbieter vertreiben ihre Produkte eigenständig an Endkunden. Sie sind für die Preissetzung und die Produktgestaltung selbst verantwortlich. Amazon fungiert bei den Verkäufen als Intermediär, der beide Seiten zusammenbringt. Für Drittanbieter ist der *Marketplace* aufgrund seiner immensen Reichweite attraktiv. Außerdem bietet Amazon eine erhebliche Reihe an Serviceleistungen, die zur Vereinfachung des Vertriebs beitragen können. Insbesondere kleinere Unternehmen profitieren von Amazons gut ausgebauter Vertriebsstruktur. Unter anderem bietet Amazon an, Leistungen wie die Zahlungsabwicklung oder das Bestellverfahren zu übernehmen und beim Versand und der Rückabwicklung unterstützend tätig zu sein.[43]

(c) Vorteile der Kombination der Verkaufsmöglichkeiten

Ziel der Kombination aus Onlineshop und Online-Marktplatz ist es, die Kundenzufriedenheit durch eine möglichst große Produktauswahl sicherzustellen und hierdurch zum Wachstum des Unternehmens beizutragen.[44] Aus diesem Grund versucht Amazon, seine Plattform möglichst

---

[40] Zu Amazons Eigenhandelsgeschäft: *Fischer/Zerres/Zerres*, Kritische Analyse des Geschäftsmodells von Amazon mit einem Fokus auf wettbewerbsrechtliche Aspekte, Arbeitspapiere für Marketing und Management 2021, 1 (7).

[41] Amazon Basics, abrufbar unter https://www.amazon.de/stores/AmazonBasics/AmazonBasics/page/879785AB-711B-4ACB-9864-46D17B651117, zuletzt abgerufen am 23.08.2024.

[42] Entgegen Amazons Eigenbezeichnung als „Seller“, wird nachfolgend der Begriff „Drittanbieter“ verwendet.

[43] Hierzu im Gesamten: *Fischer/Zerres/Zerres*, Kritische Analyse des Geschäftsmodells von Amazon mit einem Fokus auf wettbewerbsrechtliche Aspekte, Arbeitspapiere für Marketing und Management 2021, 1 (7).

[44] *Fischer/Zerres/Zerres*, ebd., 1 (7).

kundenfreundlich zu gestalten und Einkäufe zu erleichtern. Hierzu hat das Unternehmen eine Reihe an verkaufsfördernden Maßnahmen entwickelt, zu denen insbesondere *Amazon Prime* zählt. Amazon garantiert für *Prime*-Kunden einen schnellen Gratisversand von *Prime*-Produkten. Die Premiumkunden können darüber hinaus über *Prime Video* tausende Filme und Serien abrufen oder mit *Prime Music* über zwei Millionen Songs streamen. Durch das *Prime*-Programm möchte Amazon die Loyalität der Kunden erhöhen und ihre Bereitschaft steigern, Geld auszugeben. Dass diese Taktik aufgeht, zeigen die Ausgaben der *Prime*-Kunden. Im Schnitt geben diese in den USA fast viermal so viel Geld auf der Plattform aus wie Kunden, die nicht über eine Premiummitgliedschaft verfügen.

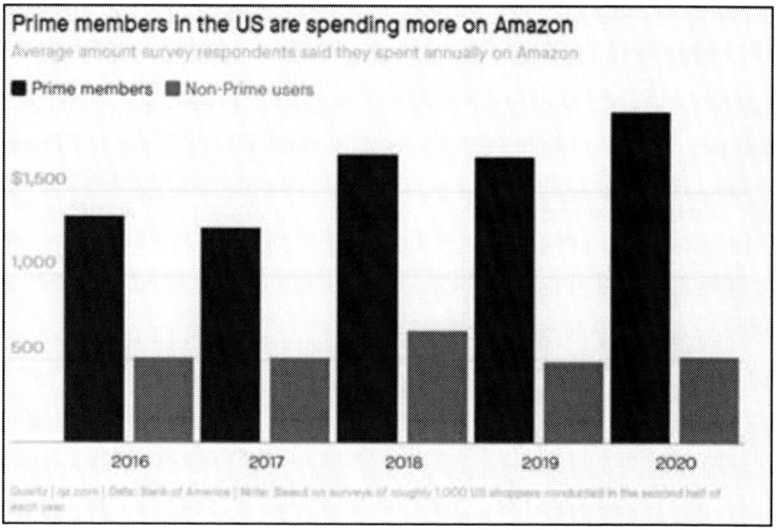

Abbildung 3: Ausgaben der Amazon-Nutzer in den USA[45]

(3) Einordnung als Plattform

Damit der *Marketplace* als Plattform im Sinne des Kartellrechts qualifiziert werden kann, müssen indirekte Netzwerkeffekte vorliegen. Um die Effekte

[45] *Prime* has never been more important to Amazon, abrufbar unter https://qz.com/2004369/the-pandemic-made-prime-even-more-valuable-to-amazon, zuletzt abgerufen am 23.08.2024.

herausarbeiten zu können, bedarf es einer gesonderten Betrachtung der verschiedenen Nutzergruppen. Zunächst ist die Gruppe der Drittanbieter näher zu beleuchten. Zu ihren Gunsten bestehen einseitig positive indirekte Netzwerkeffekte. Je mehr Nutzer auf dem *Marketplace* aktiv sind, desto attraktiver wird es für Drittanbieter, selbst auf dem *Marketplace* vertreten zu sein.[46] Durch ein Anwachsen der Kundengruppe vergrößert sich die Absatzmöglichkeit der Drittanbieter. Für die Gruppe der Nutzer lassen sich indirekte Netzwerkeffekte nicht ebenso einfach feststellen. Das Bundeskartellamt ist der Ansicht, dass das Verhalten der Nutzer auf den ersten Blick nicht für das Vorliegen indirekter Netzwerkeffekte spricht.[47] Ein Nutzer, der ein bestimmtes Produkt erwerben will, kann nur einen recht geringen Nutzen daraus ziehen, wenn neben dem gewünschten Produkt weitere Produkte angeboten werden. Betrachtet man die Konstellation, in der ein Nutzer auf dem *Marketplace* nach einem ganz bestimmten Produkt sucht, ist dieser Auffassung im Ergebnis zuzustimmen.

Die theoretische und isolierte Betrachtung des Bundeskartellamts entspricht jedoch nur selten der Realität. Die Annahme gilt nämlich nur für den Fall, dass das gewünschte Produkt nur von einem Drittanbieter zu einem festen Preis angeboten wird. Bieten hingegen mehrere Drittanbieter dasselbe Produkt an, steigert die Auswahlmöglichkeit die Attraktivität, auf dem *Marketplace* nach dem Produkt zu suchen. Dies gilt insbesondere, wenn sich die verschiedenen Drittanbieter im Preis unterscheiden, da der Preis als wesentliches Entscheidungskriterium verbleibt, wenn mehrere Drittanbieter gleichzeitig dasselbe Produkt anbieten. Der Wettbewerb unter Drittanbietern führt im Regelfall dazu, dass einzelne Drittanbieter versuchen, die Nutzer durch Vergünstigungen für sich zu gewinnen. Auch wird es nicht selten vorkommen, dass sich eines der alternativ angebotenen Produkte trotz kleinerer Abweichungen von der Ausgangsvorstellung im Ergebnis als attraktiver erweist. Die Vorteile, die Nutzer aus einer breiteren

---

[46] Teilweise werden in der Literatur die Begriffe „*Käufer*“ oder „*Kunde*“ verwendet. Um eine einheitliche Darstellung zu gewährleisten, wird in dieser Arbeit auf den Begriff „*Nutzer*“ zurückgegriffen sofern nicht ausnahmsweise ein anderer Begriff erforderlich ist.
[47] Hierzu im Gesamten: BKartA, Arbeitspapier – Marktmacht von Plattformen und Netzwerken, 17.

Anbietergruppe ziehen können, sind demzufolge als indirekte Netzwerkeffekte zu qualifizieren.

Für den Fall, dass der Nutzer vorab noch nicht entschieden ist, geht auch das Bundeskartellamt davon aus, dass indirekte Netzwerkeffekte bestehen.[48] Die Produktauswahl ist umso größer, je mehr Drittanbieter auf der Plattform vertreten sind. Auch wird hierdurch nicht selten ein Preisdruck auf die Drittanbieter ausgehen, da der Preis für die meisten Nutzer ein entscheidender Erwerbsfaktor ist. Des Weiteren erhöht sich durch eine größere Drittanbietervielfalt auch die Wahrscheinlichkeit, das passende Produkt auf dem *Marketplace* zu finden.

Im Ergebnis lässt sich feststellen, dass auf dem *Marketplace* wechselseitige indirekte Netzwerkeffekte vorzufinden sind. Da auf dem *Marketplace* direkte Nutzerinteraktionen beider Nutzergruppen vorliegen, während diese bei den Eigenverkäufen nicht zu verzeichnen sind, ist der *Marketplace* als Plattform einzuordnen, während die Eigenverkäufe ein klassisches Handelsgeschäft darstellen. Die hierdurch hervorgerufenen Besonderheiten werden im weiteren Verlauf dieser Arbeit ausführlich betrachtet.

b) Google

Ein weiteres Beispiel einer Plattform stellt der Suchmaschinenanbieter Google dar. *Luchetta*, der sich näher mit der Rolle Googles im Wettbewerbsrecht auseinandergesetzt hat, beschreibt Googles Einfluss auf die Gesellschaft wie folgt:

> „*Google is the gateway to the entire Internet, holding the key to one of the most important inventions of the twentieth century. Given the state of today's web infrastructure, if Google went down, much of the Internet would become de facto inaccessible.*“[49]

[48] BKartA, Arbeitspapier – Marktmacht von Plattformen und Netzwerken, 17.

[49] *Luchetta*, Is the Google-Plattform a two-sided market?, Journal of Competition Law and Economics 2014, 185 (185): „*Google ist das Tor zum gesamten Internet und der Schlüssel zu einer der wichtigsten Erfindungen des zwanzigsten Jahrhunderts. Angesichts des Zustands der heutigen Web-Infrastruktur würde ein Ausfall von Google einen Großteil des Internets de facto unzugänglich machen*.“

(1) Geschichte Googles

Die Geschichte Googles begann 1995, als sich die Unternehmensgründer *Sergey Brin* und *Larry Page* an der Stanford University kennenlernten.[50] Bald schon entwickelten die Gründer in ihren Wohnzimmern eine Suchmaschine, die schneller und leichter bedienbar sein sollte als alle bislang auf dem Markt verfügbaren Alternativen. Die Suchmaschine – die anfänglich den Namen *BackRub* erhielt – bewertete die Wichtigkeit von Webseiten nicht nach deren Inhalt, sondern danach, wie viele themenverwandte Webseiten über einen Hyperlink auf diese Webseite verweisen. Die Gründung der Google Inc. erfolgte im Jahr 1998. Der Name Google leitet sich von der mathematischen Bezeichnung *Googol* ab, die für eine 1 mit 100 Nullen steht. Er soll die Mission der Gründer symbolisieren, die gesamten Informationen der Welt zu organisieren und für alle und zu jeder Zeit zugänglich und nutzbar zu machen. Schon bald wurde Google zur führenden Suchmaschine im Markt. Grund für den anfänglichen Erfolg war jedoch nicht die inhaltliche Überlegenheit, sondern die oftmals kürzere Ladezeit der schlicht aufgebauten Suchmaschine. Um die steigenden Nutzerzahlen zu kapitalisieren, erfolgte im Jahr 2000 der Start des Werbeprogramms *Google AdWords*. Das Programm ermöglicht es, bezahlte Online-Werbung zu schalten. Kurz darauf begann Google die Werbeplätze an bestimmte Suchbegriffe zu koppeln, um mit den Anzeigen die gewünschten Adressaten zielgenau zu erreichen. *Brin* und *Page* hatten nur wenige Jahre zuvor diese Art der kommerziellen Nutzung von Suchmaschinen noch heftig kritisiert.[51] Doch der Erfolg gab ihnen Recht. Noch heute generiert Google fast 90 % seines Umsatzes über Online-Werbung.[52]

---

[50] Hierzu im Gesamten: Von der Garage zum Googleplex, abrufbar unter https://about.google/intl/ALL_de/our-story/;
Die Geschichte von Google, abrufbar unter https://www.web-werkstatt.eu/die-geschichte-von-google/, beide zuletzt abgerufen am 23.08.2024.

[51] Hierzu im Gesamten: Wie die Zeit vergeht mit … Google, abrufbar unter https://www.spiegel.de/fotostrecke/15-jahre-google-die-geschichte-des-suchmaschine-von-page-und-brin-fotostrecke-110448.html, zuletzt abgerufen am 23.08.2024.

[52] GoogleWatchBlog – Google-Quartalszahlen unter der Lupe, abrufbar unter https://www.googlewatchblog.de/2022/07/google-quartalszahlen-lupe-alphabet/, zuletzt abgerufen am 23.08.2024.

Auch die weitere Unternehmensentwicklung Googles kann im Wesentlichen als Erfolg gewertet werden. Unter anderem akquirierte das Unternehmen 2005 das anfänglich für Digitalkameras entwickelte Betriebssystem *Android* und baute es zu einem Betriebssystem für Mobiltelefone aus.[53] Heute ist *Android* mit einem Marktanteil von knapp 70 % das weltweit meistgenutzte Betriebssystem.[54] Auch der Erwerb von *YouTube* im Jahr 2006 hat zum Unternehmenserfolg beigetragen. Die Plattform, die sich ebenfalls über Werbung finanziert, ist mit ca. 103 Milliarden Zugriffen im Monat nicht nur die größte Videoplattform der Welt, sondern nach Google auch die meistbesuchte Website der Welt.[55] Um die verschiedenen Geschäftsbereiche zu vereinigen, erfolgte im Jahr 2015 die Gründung der Holding Alphabet. Die Dachorganisation wurde geschaffen, um die verschiedenen Unternehmen und Beteiligungen des früheren Google-Konzerns zu bündeln.[56] Mit einem Jahresumsatz von 283 Milliarden Dollar gehört Alphabet zu den größten Unternehmen der Welt.

(2) Funktionsweise der Suchmaschine

Für die kartellrechtliche Betrachtung der Plattformmärkte wird im Folgenden nicht auf das Geschäftsmodell der gesamten Google-Unternehmensgruppe abgestellt. Stattdessen richtet diese Untersuchung den Fokus ausschließlich auf die Suchmaschine *Google Search*. Die Funktionsweise von *Google Search* ist aus technischer Sicht komplex. Um ein grundlegendes Verständnis zu schaffen, erfolgt nachfolgend eine vereinfachte Erläuterung.

---

[53] Wie die Zeit vergeht mit … Google, abrufbar unter https://www.spiegel.de/fotostrecke/15-jahre-google-die-geschichte-des-suchmaschine-von-page-und-brin-fotostrecke-110448.html, zuletzt abgerufen am 23.08.2024.

[54] Mobile Operating System Market Share Worldwide (Mar 2023 - Mar 2024), abrufbar unter https://gs.statcounter.com/os-market-share/mobile/worldwide, zuletzt abgerufen am 23.08.2024.

[55] *Schneider*, Youtube - Die grösste Schule der Welt, abrufbar unter https://www.nzz.ch/gesellschaft/youtube-die-groesste-schule-der-welt-ld.1760003, zuletzt abgerufen am 23.08.2024.

[56] Hierzu im Gesamten: Alphabet Inc. - das Dach über dem Google-Imperium, abrufbar unter https://www.trend.at/unternehmensprofile/alphabet-inc, zuletzt abgerufen am 23.08.2024.

(a) *Google Search*

In einem ersten Schritt durchsucht Google das gesamte Internet, um festzustellen, welche Seiten im Web existieren (*Crawling*).[57] Da es an einem zentralen Webseitenverzeichnis fehlt, muss Google andauernd nach neuen und aktualisierten Seiten suchen und diese einer Liste der bekannten Seiten hinzufügen (*URL-Erkennung*). Sobald Google eine URL erkennt, kann der *Crawler* die Seite aufrufen und die Inhalte der Seite ermitteln.

In einem zweiten Schritt versucht Google zu verstehen, worum es auf der Webseite geht. Hierzu werden Inhalte und Adressen der Webseiten verarbeitet und gespeichert (*Indexierung*). Anschließend werden alle Seiten – mit Ausnahme von Duplikaten – gruppiert und nach ähnlichen Inhalten in sogenannte *Cluster* eingeteilt. Google wählt sodann mithilfe eines Algorithmus die Seite aus, die das Suchergebnis innerhalb eines *Clusters* am besten repräsentiert.

In einem dritten Schritt stellt Google die Suchergebnisse für Suchnutzer bereit. Gibt ein Suchnutzer eine Anfrage ein, sucht Google im Index nach einer übereinstimmenden Seite und präsentiert dem Suchnutzer das aus Sicht von Google relevanteste Ergebnis. Der Inhalt des Suchergebnisses richtet sich nach Hunderten von Faktoren wie dem Standort oder der Sprache. Wichtig ist, dass das hierbei erfolgende Ranking automatisch erfolgt und eine höhere Einstufung nicht erworben werden kann.

Abbildung 4: Funktionsweise der Google-Suchmaschine

---

[57] Hierzu im Gesamten: Leitfaden zur Funktionsweise der Google Suche, abrufbar unter https://developers.google.com/search/docs/fundamentals/how-search-works?hl=de, zuletzt abgerufen am 23.08.2024.

(b) Werbung auf *Google Search*

Um profitabel zu sein, hat Google die allgemeine Suchmaschine *Google Search* für den Werbemarkt geöffnet. Werbetreibenden bieten sich dabei zwei Möglichkeiten, um bezahlte Werbung auf den Suchergebnisseiten zu schalten.[58] Zum einen können zahlungspflichtige Werbeanzeigen veröffentlicht werden. Die Werbetreibenden zahlen hierbei für die Zurverfügungstellung einer Werbefläche auf der Suchergebnisseite und streben nach der Aufmerksamkeit von Suchnutzern. Diesen wird neben dem angestrebten Suchergebnis Werbung des Werbetreibenden eingeblendet. Sie bezahlen für das Suchergebnis keinen monetären Preis, stellen Google durch ihre Suchanfrage aber Informationen über ihr Suchverhalten, ihre Interessen und damit auch über ihre Vorlieben zur Verfügung. Neben dieser Werbeform ist es auch möglich, für die priorisierte Einblendung von Suchergebnissen zu bezahlen. Da eine Verbesserung des Rankings durch die Entrichtung eines monetären Preises an Google nicht möglich ist, können Werbetreibende nur auf diese Weise erreichen, dass ihr Suchergebnis im Ranking der Suchergebnisse an oberer Stelle erscheint. Die priorisierten Suchergebnisse werden den organischen Suchergebnissen vorangestellt und als Anzeige gekennzeichnet. Hierdurch soll verhindert werden, dass Suchnutzer das Ergebnis als Teil des offiziellen Rankings wahrnehmen.

(3) Einordnung als Plattform

Die Einordnung von *Google Search* als Plattform im kartellrechtlichen Sinne bedarf einer genaueren Betrachtung des Suchmaschinenmarktes. Während teilweise von einem einseitigen Markt ausgegangen wird, ordnen andere den Suchmaschinenmarkt als Plattformmarkt ein.

(a) Theorie des einseitigen Marktes

Luchetta geht in seiner Analyse des Suchmaschinenmarktes von einem einseitigen Markt aus.[59] Seine Einordnung basiert auf der Annahme, dass es im Rahmen der Geschäftsbeziehungen zwischen Google und den Such- und Werbemärkten zwei Klassen von Nutzern gibt. Die Suchnutzer und

---

[58] Hierzu im Gesamten: *Dewenter/Rösch/Terschüren*, Abgrenzung zweiseitiger Märkte am Beispiel von Internetsuchmaschinen, NZKart 2014, 387 (391).

[59] Hierzu im Gesamten: *Luchetta*, Is the Google-Plattform a two-sided market?, Journal of Competition Law and Economics 2014, 185 (185 ff.).

die Werbetreibenden. Gegen die Annahme eines zweiseitigen Marktes spricht aus seiner Sicht zunächst, dass zwei voneinander zu trennende Transaktionen stattfinden. Einerseits nutzen Suchende *Google Search*, um Anfragen zu stellen und Suchergebnisse zu erhalten. Auf der anderen Seite kaufen Werbetreibende Platz für Suchanzeigen.[60] Da beide Vorgänge separat verlaufen, fehlt es *Luchettas* Ansicht zu Folge an einer gemeinsamen Transaktion. Dies stellt einen wesentlichen Unterschied zu zweiseitigen Märkten dar. Für die Annahme eines einseitigen Marktes spricht auch, dass die gleichzeitige Anwesenheit auf dem Such- und Werbemarkt kein strukturelles Merkmal Googles ist, sondern vielmehr eine Geschäftsstrategie. Google steht alternativ die Möglichkeit zur Verfügung, Einnahmen von Suchnutzern oder Webseiten zu erzielen und auf Werbung vollständig zu verzichten. Dies zeige sich bereits daran, dass Google selbst lange Zeit nicht auf dem Werbemarkt tätig war, sondern versucht hat, über die Lizenzierung der Suchtechnologie ausreichend Einnahmen zu generieren.[61]

Nach *Luchetta* fehlt es auch an den für Plattformmärkte kennzeichnenden wechselseitigen Netzwerkeffekten. [62] Werbetreibende profitieren von positiven Netzwerkeffekten, die sich durch die Vergrößerung des Werbepublikums bei steigender Nutzerzahl ergeben. Hinsichtlich der Suchnutzer fehlt es hingegen an indirekten Netzwerkeffekten, da Werbeanzeigen den Suchnutzern in den meisten Fällen keinen Mehrwert bringen und oftmals nicht mit dem Ziel der Suche übereinstimmen. Lediglich bei transaktionsbezogenen Suchanfragen besteht aufgrund der sich überschneidenden Ergebnisse positive externe Effekte, doch macht dieser Suchanfragentyp nur ca. 10 % der gesamten Suchanfragen aus.[63] Auch die externen Effekte können eine Zweiseitigkeit *Luchettas* Ansicht nach nicht begründen. Zwar trifft es zu, dass eine große Zahl an Suchanfragen aufgrund des Google-Algorithmus die Qualität des Suchmechanismus fortlaufend verbessert, doch stellt dies keinen Netzwerkeffekt dar, da es an einer Korrelation zwischen dem Nutzwert des Nutzers und künftigen Nutzerzahlen fehlt. Die Qualität einer Suche heute hängt von den vergangenen und nicht von den

---

[60] *Luchetta*, ebd., 185 (194).

[61] Hierzu in Gesamten: *Luchetta*, ebd., 185 (193ff.).

[62] Hierzu im Gesamten: *Luchetta*, ebd., 185 (195f.).

[63] *Jansen/Booth/Spink*, Determining the informational, navigational, and transactional intent of Web queries, Information Processing & Management 2008, 1251 (1262).

zukünftigen Suchanfragen ab. Da es an einer Gegenseitigkeit der Netzwerkeffekte fehlt, ist dieser Ansicht nach ein mehrseitiger Markt abzulehnen.

(b) Theorie des mehrseitigen Marktes

Die überwiegende Literaturansicht, der sich auch die europäische Rechtsprechung[64] und das Bundeskartellamt[65] angeschlossen haben, sieht Suchmaschinenmärkte als Plattformmärkte an.[66] Dieser Einordnung wird die Annahme zugrundegrunde gelegt, dass das Geschäftsmodell von Suchmaschinen auf die Verknüpfung der Suchanfragen von Internetnutzern mit Informationen von Inhalteanbietern und Werbetreibenden ausgerichtet ist.[67] Zusammenfassend könnte man Suchmaschinen als Kommunikationsplattformen definieren, die Internetnutzer zur Befriedigung ihrer Informationsbedürfnisse nutzen (Suchebene) und die gleichzeitig den Werbetreibenden (Werbeebene) sowie den Anbietern digitaler Inhalte (Inhalteebene) die Möglichkeit gibt, die Aufmerksamkeit von Internetnutzern zu erlangen.

Die Plattformdefinition wird bei Suchmaschinen zunächst durch das Verhältnis von Suchnutzern zu Werbetreibenden erfüllt, da von einer wachsenden Suchnutzergruppe positive indirekte Netzwerkeffekte auf die Gruppe der Werbetreibenden ausgehen.[68] Je mehr Suchnutzer die Suchmaschine nutzen, desto häufiger wird Werbung von Suchnutzern

---

[64] Europäische Kommission, Entsch. v. 18.02.2010, COMP/M. 5727, Rn. 47, 100 – *Microsoft/Yahoo!*.

[65] BKartA, Arbeitspapier – Marktmacht von Plattformen und Netzwerken, 18.

[66] *Devine*, Preserving Competition in Multi-Sided Innovative Markets: How Do You Solve a Problem Like Google, North Carolina Journal of Law and Technology 2008, 59 (79 ff.); *Höppner/Grabenschröer*, Marktabgrenzung bei mehrseitigen Märkten am Beispiel der Internetsuche, NZKart 2015, 162 (164); *Dewenter/Rösch/Terschüren*, Abgrenzung zweiseitiger Märkte am Beispiel von Internetsuchmaschinen, NZKart 2014, 387 (391).

[67] Hierzu im Gesamten: *Höppner/Grabenschröer*, Marktabgrenzung bei mehrseitigen Märkten am Beispiel der Internetsuche, NZKart 2015, 162 (164).

[68] BKartA, Arbeitspapier – Marktmacht von Plattformen und Netzwerken, 18.

wahrgenommen, wodurch die Attraktivität einer kostenpflichtigen Werbung für Werbetreibenden steigt.[69]

Entgegen der Ansicht von *Luchetta* bestehen jedoch zugunsten von Suchnutzern – jedenfalls bis zu einem gewissen Grad – positive indirekte Netzwerkeffekte. Google kann die zusätzlich generierten Werbeeinnahmen in die Finanzierung interner Innovationen und den Erwerb ergänzender Technologien investieren. Suchnutzer profitieren von einem besseren Produkt, was zu einer steigenden Anzahl an Suchnutzern führt.[70] Auch kann Werbung für Suchnutzer bis zu einem gewissen Grad einen positiven Nutzen mit sich bringen. Erst wenn das Ausmaß der Werbung einen kritischen Punkt überschreitet, wird diese von Suchnutzern als lästig empfunden und führt zu negativen indirekten Netzwerkeffekten.[71] Die weite Definition indirekter Netzwerkeffekte deckt auch diese Konstellation asymmetrischer Effekte ab.

Schwieriger gestaltet sich die Plattformdefinition im Hinblick auf die Beziehung zwischen den in den Ergebnislisten aufgeführten Webseiten – die als Inhalteanbieter bezeichnet werden – und den Suchnutzern. Google tritt in dieser Konstellation als Intermediär zwischen den Suchnutzern und den Inhalteanbietern auf. Nach Auffassung des Bundeskartellamts ist es fraglich, ob hierbei von einer Plattform auszugehen ist.[72] Die Zweifel beruhen auf der Annahme, dass alle beteiligten Parteien aktiv auf die Plattform zugehen und somit auf das Wachstum der anderen Nutzergruppe reagieren müssen. Diese Voraussetzung ist im Fall der Inhalteanbieter nicht erfüllt. Diese gehen nicht auf die Plattform zu, da das *Crawling* einseitig durch Google erfolgt. Es findet keine direkte Reaktion der Inhalteanbieter auf eine wachsende Anzahl an Suchnutzern statt. Alternativ wäre es nach Ansicht des Bundeskartellamts jedoch möglich, die Ansicht zu vertreten, dass Google mit den Inhalten der Webseiten frei verfügbare Vorprodukte für das Angebot der Suchmaschine gegenüber dem Suchnutzer verwendet und

---

[69] *Devine*, Preserving Competition in Multi-Sided Innovative Markets: How Do You Solve a Problem Like Google, North Carolina Journal of Law and Technology 2008, 59 (83).
[70] *Devine*, ebd., 59 (83).
[71] BKartA, Arbeitspapier – Marktmacht von Plattformen und Netzwerken, 18.
[72] Hierzu im Gesamten: BKartA, Arbeitspapier – Marktmacht von Plattformen und Netzwerken, 18 f.

damit ein Beschaffungsvorgang vorliegt.[73] Die Voraussetzung eines aktiven Zugehens wird in der Literatur zumeist nicht vorgenommen. Für die Annahme einer Marktgegenseite soll es ausreichen, dass Inhalteanbieter die Indexierung und Aufnahme ihrer Inhalte in die organischen Suchergebnisse begehren.[74] Andere stellen allein darauf ab, ob die Plattform die Möglichkeit für beide Seiten schafft, gemeinsam zu interagieren.[75]

(c) Stellungnahme

Der Annahme eines einseitigen Marktes ist zu widersprechen. Dass Netzwerkeffekte grundsätzlich auch vonseiten der Werbetreibenden auf die Suchnutzergruppe ausgehen können, bestreitet auch *Luchetta* nicht. Auch wenn diese Effekte nicht so ausgeprägt sind wie in der umgekehrten Konstellation, handelt es sich dennoch um indirekte Netzwerkeffekte. Dass die Menge an Werbung ab einem gewissen Kipppunkt als lästig angesehen wird, hindert das grundsätzliche Vorliegen indirekter Netzwerkeffekte nicht. Wäre Werbung für Suchnutzer gänzlich lästig, wären diese vermutlich bereits zu einer nicht werbefinanzierten Suchmaschine abgewandert. Die Frage der Preissetzung kann sogar als Argument für das Vorliegen indirekter Netzwerkeffekte herangezogen werden. Beeinflusst eine Preiserhöhung auf einer Seite die Anzahl der Kunden auf der anderen Seite, sind hierfür zumeist indirekte Netzwerkeffekte verantwortlich. Würde Google von Suchnutzern einen monetären Preis verlangen, würde dies aller Voraussicht nach zu einem Abwandern der Kunden zu einem kostenlosen Dienst eines Wettbewerbers führen. Mit sinkender Suchnutzerzahl wird Google für Werbekunden weniger attraktiv, sodass diese sich vermehrt einer kostenlosen Alternativsuchmaschine zuwenden.

Auch die Annahme, dass externe Effekte wie die Verbesserung des Suchmechanismus durch eine große Anzahl an Suchanfragen nicht berücksichtigt werden können, geht fehl. Die Anzahl zukünftiger Anfragen hängt wesentlich mit der Qualität der Suchergebnisse vergangener Anfragen zusammen, die wiederum durch vorherige Anfragen bestimmt wird. Dieser

---

[73] BKartA, Arbeitspapier – Marktmacht von Plattformen und Netzwerken, 19.
[74] *Höppner/Grabenschröer*, Marktabgrenzung bei mehrseitigen Märkten am Beispiel der Internetsuche, NZKart 2015, 162 (164).
[75] *Dewenter/Rösch/Terschüren*, Abgrenzung zweiseitiger Märkte am Beispiel von Internetsuchmaschinen, NZKart 2014, 387 (391).

laufende Prozess einer Optimierung der Suchergebnisse durch eine möglichst große Anzahl an Suchnutzern kann in die Bewertung der Netzwerkeffekte einfließen, da sich die Anzahl der Nutzer auf einer Seite direkt auf die Anzahl der Nutzer auf der anderen Seite auswirkt. Durch den verbesserten Service werden neue Suchnutzer angezogen, welche die Plattform wiederum für Werbekunden attraktiver machen.

Ein aktives Tätigwerden der Plattform ist nicht zu verlangen. Es reicht aus, wenn der Plattformbetreiber als Intermediär die Interaktion zwischen beiden Nutzergruppen ermöglicht. Die einschränkende Auffassung übersieht, dass die Inhalteanbieter zwar nicht direkt am *Crawling* beteiligt sind, ihre Internetseite aber oftmals speziell auf *Google Search* ausrichten. Inhalteanbieter investieren viel Kapital in Suchmaschinenoptimierung (*SEO*), um eine möglichst hohe Platzierung im Ranking zu erzielen. Hierzu wird unter anderem versucht, möglichst viele Verlinkungen zur eigenen Webseite zu generieren, um eine bestmögliche Rankingposition zu erreichen.

II. Plattformarten

Um die Funktionsweise einer Plattform verstehen zu können, ist es notwendig, die verschiedenen Erscheinungsformen von Plattformen näher zu erläutern. In einer kartellrechtlichen Prüfung können sich dabei je nach Plattformart relevante Unterschiede im Bereich der Marktabgrenzung ergeben. Alle Plattformen haben gemeinsam, dass sie unterschiedliche Nutzergruppen zu einer Interaktion zusammenführen. Diese Interaktion fällt je nach Plattformart unterschiedlich aus. Bei einer Kaufentscheidung auf einer Handelsplattform sind andere Parameter zu berücksichtigen als bei einer Suchanfrage bei einer Suchmaschine.

1. Unterteilung von Plattformen

Eine allgemeingültige Einteilung der Plattformen in verschiedene Untergruppen hat sich bislang nicht herauskristallisiert. Stattdessen werden in der Literatur und Praxis unterschiedliche Versuche unternommen, Plattformen anhand bestimmter Merkmale zu kategorisieren.

a) Unterscheidung in der Literatur

In der ökonomischen Literatur wird die Unterscheidung verschiedener Plattformarten teilweise entsprechend der Zielsetzung der verschiedenen

Nutzergruppen vorgenommen.[76] Die Ökonomen *Filistrucchi et al.*[77] unterscheiden ebenso wie *Luchetta*[78] zwischen Transaktionsplattformen auf der einen Seite und Nicht-Transaktionsplattformen auf der anderen Seite.

Eine Transaktionsplattform liegt *Filistrucchi et al.* zufolge immer dann vor, wenn der Markt durch das Vorliegen einer Transaktion zwischen den Gruppen von Plattformnutzern gekennzeichnet ist.[79] Infolgedessen kann der Plattformbetreiber nicht nur einen Preis für den Zutritt zur Plattform, sondern auch einen Preis für die Nutzung des Plattformdienstes erheben. Dies bedeutet, er kann einen zweiteiligen Tarif verlangen. Als Beispiel für derartige Transaktionsmärkte nennen *Filistrucchi et al.* Zahlungskarten sowie virtuelle Marktplätze und Betriebssysteme. *Esser* geht davon aus, dass Transaktionsplattformen unter Berücksichtigung individueller Präferenzen Kontakte zwischen zwei oder mehr Nutzerseiten vermitteln, um eine Transaktion im ökonomischen Sinn herbeizuführen.[80] Dabei zielt die Nutzung der Plattform durch beide Seiten auf das kongruente Ziel einer Transaktion ab.

Die Vermittlungsleistung durch die Plattform setzt voraus, dass beide Seiten eine Vermittlung begehren.[81] Damit eine Plattform funktioniert, sind aus diesem Grund beide Nutzergruppen existenziell notwendig. Dies stellt Plattformbetreiber bei Gründung ihrer Plattform vor die grundlegende

---

[76] *Filistrucchi/Geradin/van Damme/Affeldt*, Market Definition in two-sided markets: Theory amd practice, Journal of Competition Law and Economics 2014, 293 (295 ff.).

[77] *Filistrucchi/Geradin/van Damme/Affeldt*, ebd., 293 (296 ff.).

[78] *Luchetta*, Is the Google-Plattform a two-sided market?, Journal of Competition Law and Economics 2014, 185 (192, 207).

[79] *Filistrucchi/Geradin/van Damme/Affeldt*, Market Definition in two-sided markets: Theory amd practice, Journal of Competition Law and Economics 2014, 293 (298).

[80] *Esser*, in: Münchener Kommentar zum Wettbewerbsrecht, 4. Aufl. 2023, A. Versicherungswirtschaft, Rn. 142.

[81] Hierzu im Gesamten: BKartA, Arbeitspapier – Marktmacht von Plattformen und Netzwerken, 20.

Herausforderung, die in der Literatur als *Henne-Ei-Problem* bekannt ist.[82] Gleich der bekannten Frage, ob zuerst das Ei oder die Henne da war, müssen die Plattformen beide Seiten als Nutzergruppen an Bord bringen, um ein funktionierendes Plattformsystem zu erschaffen. Die Ausgangsproblematik der Frage, welcher Anreiz erforderlich ist, um beide Seiten vom Nutzen der Plattform zu überzeugen, muss von jedem Plattformbetreiber bereits zu Beginn gelöst werden. Nur wenn hinreichend positive indirekte Netzwerkeffekte bestehen, kann eine Plattform erfolgreich Wachstum generieren. Zieht man das Beispiel des *Marketplace* heran, so haben die Drittanbieter keinen Anreiz, auf dem *Marketplace* vertreten zu sein, ohne dass eine bestimmte Anzahl an Nutzern ebenfalls vertreten ist. Umgekehrt werden Nutzer nur auf dem *Marketplace* aktiv, wenn das Angebot der Drittanbieter eine ausreichende Auswahlmöglichkeit bietet.

Nicht-Transaktionsplattform werden *Filistrucchi et al.* zu Folge durch das Fehlen einer Transaktion zwischen den beiden Marktseiten gekennzeichnet.[83] Selbst wenn eine Interaktion stattfindet, ist diese in der Regel nicht beobachtbar, sodass eine Gebühr pro Transaktion (oder pro Interaktion) oder ein zweiteiliger Tarif nicht möglich erscheint. Als Beispiel nennen *Filistrucchi et al.* Medienmärkte. Findet dennoch eine Transaktion statt, weil jemand ein Produkt erwirbt, nachdem er die Werbeanzeige in der Zeitung gesehen hat, ist diese Transaktion verzögert. Außerdem fehlt es zumeist an der Identifizierbarkeit der Transaktion, da sich schwer feststellen lässt, ob jemand das Produkt allein aufgrund der Werbeanzeige gekauft hat. *Filistrucchi et al.* erkennen jedoch, dass diese Annahme aus dem analogen Werbezeitalter nicht ohne weiteres auf digitale Märkte übertragen werden kann. Durch die Möglichkeit des *Online-Tracking* ist es heute möglich, den Werbetreibenden eine Gebühr für eine Transaktion in Rechnung stellen, nachdem die Transaktion erfolgt ist.

---

[82] Hierzu im Gesamten: *Caillaud/Jullien*, Chicken & Egg: Competition among Intermediation Service Providers, The RAND Journal of Economics 2003, 309 (310); *Evans*, Competition and regulatory policy for multi-sided plattforms with applications to the web economy, 2008, 6.

[83] Hierzu im Gesamten: *Filistrucchi/Geradin/van Damme/Affeldt*, Market Definition in two-sided markets: Theory amd practice, Journal of Competition Law and Economics 2014, 293 (298).

Während bei einer Transaktionsplattform beide Seiten das Ziel haben, eine Transaktion durchzuführen, verfolgen die Nutzer bei einer Nicht-Transaktionsplattform unterschiedliche Ziele, wodurch die indirekten Netzwerkeffekte auseinanderfallen.[84] Der Werbetreibende versucht mit seiner Werbung möglichst viele Kunden zu erreichen. Der Suchnutzer möchte das von ihm nachgefragte Suchergebnis erfahren und nimmt die Werbung als Beiprodukt in Kauf. Ein Suchnutzer nutzt die Plattform jedoch voraussichtlich nie, um über zu bewerbende Produkte oder Dienstleistungen informiert zu werden. Für den Plattformbetreiber entsteht aus diesem Grund kein anfängliches *Henne-Ei-Problem*. So könnte zum Beispiel eine Onlinezeitung die Preise für Leser erhöhen und sodann vollständig auf Werbung verzichten. *Luchetta* sieht daher den Aufbau solcher Nicht-Transaktionsplattformen als strategische Unternehmensentscheidung an und nicht, wie bei Transaktionsplattformen, als Ausdruck der Marktstruktur.[85]

b) Unterscheidung durch das Bundeskartellamt

Das Bundeskartellamt, das seine Plattformkategorisierung auf die kartellrechtlichen Besonderheiten zugeschnitten hat, hält eine Unterteilung in Aufmerksamkeitsplattformen und *Matching*-Plattformen für zielführend.[86] Es geht davon aus, dass eine Aufspaltung in Transaktionsplattformen und Nicht-Transaktionsplattformen sich nicht für alle Sachverhalte eignet. Dies gilt insbesondere für die Fallkonstellationen, in denen zwar ein *Matching* der Nutzergruppen stattfindet, sich daran aber keine Transaktion, sondern eine anders gelagerte Interaktion anschließt.[87] In diesen Fällen ist eine Zuordnung zu einer der Gruppen nicht zweifelsfrei möglich.

---

[84] Hierzu im Gesamten: BKartA, Arbeitspapier – Marktmacht von Plattformen und Netzwerken, 21.

[85] *Luchetta*, Is the Google-Plattform a two-sided market?, Journal of Competition Law and Economics 2014, 185 (192).

[86] Hierzu im Gesamten: BKartA, Arbeitspapier – Marktmacht von Plattformen und Netzwerken, 22.

[87] Der Begriff des „*Matching*" bezeichnet im Kartellrecht die gezielte Vermittlung von Interaktionen zwischen Nutzern unterschiedlicher Gruppen, BKartA, Arbeitspapier – Marktmacht von Plattformen und Netzwerken, 22.

Als Beispiel zieht das Bundeskartellamt eine Dating-Plattform mit Männern und Frauen heran.[88] Zunächst ist es erforderlich, dass beide Gruppen auf der Plattform vertreten sind. Die Plattform vermittelt sodann den Kontakt zwischen den Nutzergruppen. Dieser Aspekt spricht zunächst für eine Transaktionsplattform. Dagegen ist jedoch einzuwenden, dass nach der Vermittlungsleistung keine Transaktion im ökonomischen Sinne erfolgt. Die Zielsetzung der Plattform ist somit nicht auf eine Transaktion, sondern auf ein *Matching* der Nutzergruppen ausgerichtet. Das *Matching* ist das entscheidende plattformspezifische Element, das bei genauerer Betrachtung die kartellrechtlich relevanten indirekten Netzwerkeffekte auslöst. Das Bundeskartellamt nimmt aus diesem Grund folgende Aufteilung vor:

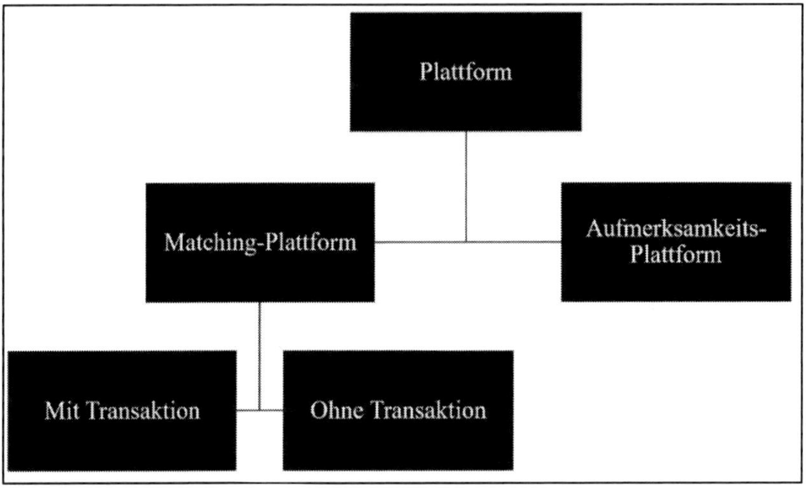

Abbildung 5: Plattformunterscheidung durch das Bundeskartellamt

(1) *Matching*-Plattformen

Das Bundeskartellamt definiert eine *Matching*-Plattform als Plattform, die auf individuelle Präferenzen der Nutzer abgestimmt ist und allen Nutzergruppen eine Vermittlung zwischen Mitgliedern und anderen

[88] Hierzu im Gesamten: BKartA, Arbeitspapier – Marktmacht von Plattformen und Netzwerken, 22 f.

Nutzergruppen ermöglicht.[89] Die Plattform kann zum einen so gestaltet sein, dass Nutzer die von der anderen Nutzergruppe unterbreiteten Angebote aktiv untersuchen können. Es ist gleichwohl eine Ausgestaltung in der Form möglich, dass die Plattform den Nutzern auf Grundlage der von ihnen übermittelten individuellen Präferenzen einen Vermittlungsvorschlag unterbreitet.

Auf Grundlage der nachgelagerten Interaktion zwischen den Plattformnutzern wird – wie aus dem obigen Schaubild ersichtlich – eine Unterteilung in Plattformen mit einer nachfolgenden Transaktion und solche, die keine Transaktion nach sich ziehen, unterschieden. Dabei stellt die im Rahmen der Literatur bereits definierte Gruppe der Transaktionsplattformen aus Sicht des Bundeskartellamts eine Untergruppe der *Matching*-Plattformen dar.[90] Im Gegensatz zur oben dargestellten Literaturansicht werden jedoch auch Plattformen erfasst, die eine andere Art der Interaktion mit sich bringen. So findet bei Dating-Plattformen keine Transaktion statt. Stattdessen können die Nutzer im Anschluss an die Vermittlung Kontakt zueinander aufnehmen und sich anschließend persönlich treffen.

Betrachtet man die nachfolgende Transaktion genauer, so kann eine weitere Unterscheidung vorgenommen werden. Häufig stellen die Plattformen lediglich den direkten Kontakt zwischen den Nutzergruppen her und sind an der nachfolgenden Transaktion nicht beteiligt. Teilweise wickeln die Plattformbetreiber jedoch die gesamte Transaktion ab und übernehmen hierbei Aufgaben wie die Zahlungsabwicklung oder den Versand. Für eine kartellrechtliche Prüfung kann eine Unterscheidung relevant sein, wenn sich aus der Abwicklung der Transaktion für den Betreiber mittelbar oder unmittelbar Vorteile ergeben. So erhält der Plattformbetreiber durch die Abwicklung der Transaktion Daten, die für die Begründung oder den Erhalt einer Marktmacht evident sein können.

(2) Aufmerksamkeitsplattformen

Eine Aufmerksamkeitsplattform ermöglicht es Werbetreibenden, die Aufmerksamkeit einer anderen Nutzergruppe zu erlangen und hierdurch

---

[89] Hierzu im Gesamten: BKartA, Arbeitspapier – Marktmacht von Plattformen und Netzwerken, 23 f.

[90] BKartA, Arbeitspapier – Marktmacht von Plattformen und Netzwerken, 24.

Reichweite zu generieren.[91] Aus diesem Grund werden sie oftmals auch als Werbeplattformen bezeichnet. Als Folge des Werbekontaktes wird zwischen den Nutzern und Werbetreibenden eine Interaktion ermöglicht, sofern der Nutzer die Werbung weiterverfolgt. Die Interaktion kann zum einen auf direktem Weg durch das Anklicken der Werbung erfolgen. Zum anderen ist eine indirekte Interaktion möglich, wenn ein Nutzer aufgrund der wahrgenommenen Werbeinformation zu einem späteren Zeitpunkt auf den Werbetreibenden zurückkommt.

Aus Sicht des Bundeskartellamts beschreibt der Begriff Aufmerksamkeits- oder Werbeplattform die Plattformleistung besser als der von der Literatur herangezogene Begriff der Nicht-Transaktionsplattformen.[92] Dies gilt insbesondere aufgrund der auch bei Werbeplattformen bestehenden Möglichkeit einer nachfolgenden Transaktion. Aufmerksamkeitsplattformen zeichnen sich durch das Bestehen indirekter Netzwerkeffekte aus. Mit zunehmender Zahl an Plattformnutzern wächst die Attraktivität, dort Werbung zu schalten. Die dort vorliegenden Netzwerkeffekte sind im Unterschied zu denen auf *Matching*-Plattformen zumeist asymmetrisch und wirken vor allem in Richtung der Werbetreibenden. Nutzer wollen die von der Webseite angebotenen Inhalte konsumieren und besuchen diese nicht aufgrund der dort auffindbaren Werbung.

(3) Kritik an der Einordnung des Bundeskartellamts

Die Einteilung des Bundeskartellamts in Aufmerksamkeits- und *Matching*-Plattformen wird von Teilen der Literatur kritisch gesehen. *Volmar* kritisiert, dass der Begriff des *Matchings* zu undifferenziert sei, um eine zweifelsfreie Zuordnung zu ermöglichen.[93] Während der Begriff der Transaktion die rechtliche Bindung klar definiert, fällt unter den Begriff des *Matchings* auch eine Vielzahl an unverbindlichen Kontakten und

[91] Hierzu im Gesamten: BKartA, Arbeitspapier – Marktmacht von Plattformen und Netzwerken, 24 f.

[92] Hierzu im Gesamten: BKartA, Arbeitspapier – Marktmacht von Plattformen und Netzwerken, 24 f.

[93] Zur Kritik an der Einordnung durch das Bundeskartellamt im Gesamten: *Volmar*, Digitale Marktmacht 2019, 157 ff.

Interaktionen. Dadurch verliert der Begriff an Trennschärfe.[94] Auch das Bundeskartellamt hat in früheren Entscheidungen den Begriff der Transaktionsplattformen verwendet, um eine Transaktion zwischen zwei Nutzergruppen zu beschreiben.[95] Dieser Begriff wurde jedoch im Rahmen der Entscheidung über den Zusammenschluss zweier Dating-Plattformen aufgegeben und durch den Begriff der „*Matchingplattform*" ersetzt.[96] Eine Anpassung hielt das Bundeskartellamt für erforderliche, da auf diesen Plattformen keine Transaktion im eigentlichen Sinn stattfindet.

Volmar geht davon aus, dass sich das Problem insbesondere bei der Abgrenzung von Werbeplattformen, die ein *Matching* herbeiführen, ergibt.[97] Werbeplattformen sind nach der Abgrenzung des Bundeskartellamts den Aufmerksamkeitsplattformen zuzuordnen. Viele dieser Plattformen vermitteln jedoch neben ihrer Finanzierung durch Werbung auch ein *Matching*. So verschafft beispielsweise die Videoplattform *YouTube* Inhalteanbietern die Möglichkeit, durch das Hochladen von Videos ein *Matching* zwischen ihnen und den Nutzern herbeizuführen. Aus der Sicht von *Volmar* ist es daher nicht möglich, Werbeplattformen zweifelsfrei als *Matching*- oder Aufmerksamkeitsplattformen einzuordnen. Stattdessen müssen die verschiedenen Ebenen separat betrachtet werden.[98] Eine separate Betrachtung ist jedoch schwierig, wenn ein Werbefolgekontakt vorliegt. Darunter versteht man eine Transaktion, die auf der Weiterleitung eines Nutzers auf die Seite des Werbetreibenden beruht. In diesem Fall ist es schwer nachzuvollziehen, aus welchem Grund eine Transaktion letzten Endes erfolgt ist.

---

[94] *Ellger*, Digitale Herausforderungen für das Kartellrecht, ZWeR 2018, 272 (281); *Volmar*, Digitale Marktmacht 2019, 158; *Volmar*, Marktabgrenzung bei mehrseitigen Online-Plattformen, ZWeR 2017, 386 (395).

[95] BKartA, Fallbericht v. 24.07.2015, B8-67/15, 2 – *Verivox/ProSiebenSat.1*; BKartA, Fallbericht v. 20.03.2015, B6-39/15, 1 – *Immonet/Immowelt*.

[96] BKartA, Beschl. v. 22.10.2015, B6-57/15, 2, Rn. 76 ff.– *Online-Dating*.

[97] Hierzu im Gesamten: *Volmar*, Digitale Marktmacht 2019, 159.

[98] *Klasse/Wiethaus*, Digitalisierungsvorschriften in der 9. GWB-Novelle, WuW 2017, 354 (360); *Volmar*, Marktabgrenzung bei mehrseitigen Online-Plattformen, ZWeR 2017, 386 (396); *Volmar*, Digitale Marktmacht 2019, 159.

c) Stellungnahme

Für das Kartellrecht ist eine Aufteilung in *Matching*- und Aufmerksamkeitsplattformen vorzugswürdig. Dies beruht zunächst darauf, dass diese Einteilung die tatsächliche Plattformleistung betrifft, während die Einteilung in Transaktions- und Nicht-Transaktionsplattformen die Folgen der Plattformleistung beschreibt. Die Leistung der Plattform besteht bei *Matching*-Plattformen nicht darin, eine Transaktion durchzuführen, sondern zwischen zwei Nutzergruppen zu vermitteln. Bei Aufmerksamkeitsplattformen möchte die Plattform Aufmerksamkeit generieren. Zwar kann es für die kartellrechtliche Bewertung eine erhebliche Rolle spielen, ob eine Transaktion stattfindet, doch ist dieser Umstand nicht im Rahmen der Einteilung der Plattformarten zu berücksichtigen. Stattdessen kann das Vorliegen einer Transaktion bei der Marktabgrenzung, der Marktmacht oder deren Missbrauch in die Bewertung einfließen.

Die Unterscheidung in Transaktions- und Nicht-Transaktionsplattformen führt in der Praxis zu Abgrenzungsschwierigkeiten, wenn eine unspezifische Interaktion von einer Transaktion zu differenzieren ist. Dies gilt insbesondere dann, wenn zwischen der Plattformleistung Zwischenschritte erfolgen, die den Anschein erwecken, es handele sich nicht um eine Transaktion. Auch die Annahme, dass auf Transaktionsplattformen das gleiche Ziel einer Transaktion verfolgt wird, während sich die Ziele der Nutzergruppen auf einer Nicht-Transaktionsplattform oftmals unterscheiden, trifft nur eingeschränkt zu. Auch auf *Matching*-Plattformen, auf denen keine anschließende Transaktion stattfindet, begehren beide Nutzerseiten zunächst eine Vermittlung durch die Plattform.

Entgegen der Kritik lässt sich mit wenigen Ausnahmen eine klare Zuordnung zu den Kategorien des Bundeskartellamts vornehmen. Bei Werbeplattformen, die neben der Aufmerksamkeit auch ein *Matching* herbeiführen, ist es möglich, die einzelnen Vorgänge separat zu betrachten und auf dieser Grundlage eine passende Zuordnung vorzunehmen. Lediglich der Werbefolgekontakt, bei dem bei genauer Betrachtung Aufmerksamkeit und *Matching* zusammenfallen, bereitet im Rahmen der Abgrenzung Probleme. Die Abgrenzungsschwierigkeiten spielen kartellrechtlich jedoch erst auf der Stufe der Marktabgrenzung eine ausschlaggebende Rolle und können dort behoben werden, indem die Abgrenzung nicht streng auf

Grundlage der Kategorien Aufmerksamkeits- und *Matching*-Plattform erfolgt, sondern andere Faktoren in die Bewertungsentscheidung einfließen.

2. *Einordnung der Fallbeispiele*

Während der *Marketplace* als Handelsplattform eine typische *Matching*-Plattform darstellt, ist *Google Search* als Aufmerksamkeitsplattform zu qualifizieren.

a) Der *Marketplace* als Matching-Plattform

Der *Marketplace* stellt eine *Matching*-Plattform mit anschließender Transaktion dar. Der Plattformbetreiber Amazon tritt als Vermittler von Interaktionen zwischen den Nutzern und den Drittanbietern auf, wobei der Transaktionsvertrag direkt zwischen Drittanbieter und Nutzer zustande kommt. Amazon nimmt keinen Einfluss auf die Preissetzung, da diese autonom durch die Drittanbieter selbst erfolgt. Amazon bietet jedoch den Kaufprozesses begleitende Dienstleistungen an. Dies umfasst insbesondere die Zahlungsabwicklung, die Versendung der Ware sowie die Rückabwicklung von Verträgen. Für diese Leistungen erhebt Amazon Gebühren. Ein Drittanbieter hat als Grundgebühr einen monatlichen Verkaufstarif in Höhe von 39 Euro zu entrichten.[99] Hinzu kommt eine Verkaufsgebühr, die Amazon für jeden verkauften Artikel erhebt. Der Anteil hängt von der Produktkategorie ab und beträgt üblicherweise zwischen 8 % und 15 % des Verkaufspreises. Zusätzlich fällt eine Versandgebühr für Drittanbieter an, die sich dafür entscheiden, den Verkauf nicht selbst zu übernehmen, sondern Amazon mit der Abwicklung des Versandvorgangs zu beauftragen. Zu diesen grundsätzlichen Kosten kommen häufig weitere Gebühren für die Lagerung und optionale Programme wie Werbung und Premiumdienstleistungen hinzu.

b) *Google Search* als Aufmerksamkeitsplattform

Google ermöglicht es Werbetreibenden, die Aufmerksamkeit von Suchnutzer zu erlangen und hierdurch Reichweite zu generieren. Um Werbung auf der Suchmaschinenwebseite veröffentlichen zu können, müssen Werbetreibende mit Google Werbeverträge abschließen. Zur Monetarisierung

---

[99] Hierzu im Gesamten: Preisgestaltung bei Amazon für Ihr Unternehmen, abrufbar unter https://sell.amazon.de/preisgestaltung, zuletzt abgerufen am 23.08.2024.

dieser Werbung verwendet Google das sogenannte *Keyword Advertising*.[100] Dabei werden die werbefinanzierten Anzeigen neben oder über den Trefferlisten angezeigt, wenn bestimmte Schlüsselwörter (*Keywords*) eingegeben werden. Werbetreibende bezahlen dabei keinen festen Preis, sondern pro Klick auf die veröffentlichte Werbeanzeige.[101] Die Einteilung als Aufmerksamkeitsplattform ist kein Ausdruck der Marktstruktur, sondern eine unternehmerische Entscheidung. Google könnte statt der Werbekunden auch die Suchnutzer zur Kasse bitten und für einzelne Suchanfragen oder einen monatlichen Abonnementdienst eine monetäre Gegenleistung verlangen. Zwar haben sich Kunden an kostenlose Suchdienste gewöhnt, doch zeigen jüngste Überlegungen von Google, dass eine Änderung des Geschäftsmodells nicht ausgeschlossen erscheint. Laut einem Bericht prüft Google, bestimmte Bereiche seiner Suche mit KI-Funktionen hinter eine Bezahlschranke zu stellen.[102]

III. Hybridplattformen

Hybridplattformen stellen eine Untergruppe der Plattformen dar und treten insbesondere in der Digitalökonomie auf. Bevor eine wettbewerbsrechtliche Analyse vorgenommen werden kann, muss erörtert werden, was unter einer Hybridplattform zu verstehen ist.

1. Definition der Hybridplattform

Eine allgemeingültige Definition für Hybridplattformen existiert bislang nicht. Dies ist insbesondere darauf zurückzuführen, dass die meisten Hybridplattformen erst in den letzten beiden Jahrzehnten entstanden bzw. zu einer wettbewerbsrelevanten Größe angewachsen sind. In der Literatur existieren vielversprechende Ansätze, die im Folgenden analysiert werden.

---

[100] Hierzu im Gesamten: *Hasselblatt/Witschel*, in: Gloy/Loschelder/Danckwerts, Wettbewerbsrecht, 5. Aufl. 2019, § 52 Gezielte Behinderung, Rn. 38.

[101] Google ads, abrufbar unter https://ads.google.com/intl/de_de/home/, zuletzt abgerufen am 23.08.2024.

[102] Künstliche Intelligenz: Google erwägt angeblich Bezahl-Option für KI-Suche, abrufbar unter https://www.handelsblatt.com/technik/ki/kuenstliche-intelligenz-google-erwaegt-angeblich-bezahl-option-fuer-ki-suche/100030030.html, zuletzt abgerufen am 23.08.2024.

Während die ursprünglichen Plattformmodelle darauf abzielten, Anbieter und Nachfrager bestimmter Waren und Dienstleistung zusammenzuführen, stellt die immer weitergehende vertikale Integration der Plattformanbieter in diesen Prozess eine neue Entwicklung dar.[103] Die Literatur versteht unter einer Hybridplattform eine Plattform, bei der der Betreiber nicht nur als Intermediär mehrere Nutzergruppen zusammenführt, sondern darüber hinaus eigene Waren oder Dienstleistungen anbietet.[104] Das Bundeskartellamt beschreibt Plattformen im Bereich des Onlinehandels als Hybridplattformen, wenn diese einerseits als Intermediäre für Onlinehändler und andererseits als autorisierter Händler für dieselben Produkte agieren.[105] Entscheidendes Kriterium ist nach beiden Definitionen, dass der Plattformbetreiber zum einen die Interaktion verschiedener Nutzer vermittelt und zum anderen selbst auf der Plattform als Anbieter tätig ist. Er tritt damit in Konkurrenz zu den anderen Anbietern auf seiner Plattform. Hybridplattformen verfügen sowohl über ein vertikales als auch über ein horizontales Element. Auf vertikaler Ebene agiert der Plattformbetreiber als Anbieter und der Plattformnutzer als Nachfrager. Auf horizontaler Ebene konkurrieren Plattformbetreiber und Plattformnutzer um die andere Nutzergruppe.

2. *Vertikale Integration auf Hybridplattformen*

Da es sich bei einer Hybridplattform um eine Sonderform einer Plattform handelt, sind die allgemeinen Methoden zur Plattformbestimmung anzuwenden. Es kommt demnach zunächst darauf an, ob die Plattform als Intermediär die Interaktion zweier oder mehr Nutzerseiten ermöglicht, wobei zwischen den Nutzerseiten indirekte Netzwerkeffekte bestehen müssen.

---

[103] *Hoffer/Lehr*, Onlineplattformen und Big Data auf dem Prüfstand – Gemeinsame Betrachtung der Fälle Amazon, Google und Facebook, NZKart 2019, 10 (11).

[104] *Mäger*, Hybride EU-Plattformregulierung?, NZKart 2022, 41 (41); für das Beispiel Zalando im Ergebnis ebenso *Naumann/Rodenhausen*, Die P2B-Verordnung aus Unternehmenssicht: Herausforderungen für europäische Plattformen am Beispiel einer Hybrid-Online-Plattform, ZEuP 2020, 768 (780 f.), *Podszun*, Empfiehlt sich eine stärkere Regulierung von Online-Plattformen und anderen Digitalunternehmen?, Verhandlungen des 73. Deutschen Juristentages, Band 1, Teil F, S. 20.

[105] BKartA, Wettbewerbsbeschränkungen im Internetvertrieb nach Coty und Asics – wie geht es weiter?, 6.

Daneben tritt bei Hybridplattformen das Bestimmungskriterium der vertikalen Integration hinzu.

a) Vertikale Integration

Weder im deutschen noch im europäischen Kartellrecht ist die vertikale Integration explizit gesetzlich normiert, obwohl sie für die Prüfung der Marktbeherrschung[106] eine entscheidende Rolle spielt. Eine vertikale Integration liegt nach *Khan* vor, wenn zwei oder mehr aufeinanderfolgende Stufen der Produktion und/oder des Vertriebs eines Produkts unter derselben Kontrolle zusammengefasst werden.[107] Insbesondere der Zugang zu den Beschaffungs- und Absatzmärkten wird maßgeblich durch eine vertikale Integration beeinflusst. Im deutschen Kartellrecht wird der Zugang deshalb als wichtiger Parameter für die Bewertung der Marktstellung eines Unternehmens angesehen.[108] Auch im europäischen Kartellrecht wird die vertikale Integration im Rahmen des Zugangs zu den Beschaffungs- und Absatzmärkten geprüft.[109] Vertikale Integration bedeutet hierbei, dass Leistungen, die zwischen aufeinander folgenden Wirtschaftsstufen zu erbringen sind, unternehmensintern abgewickelt werden.[110] Die vertikale Integration kann zum einen durch den Zusammenschluss eines Unternehmens mit einem anderen Unternehmen, das entweder auf dem vor- oder nachgelagerten Markt tätig ist, herbeigeführt werden. Zum anderen kann vertikale Integration entstehen, wenn ein Unternehmen die Tätigkeit auf einem vor- oder nachgelagerten Markt aufnimmt.[111]

---

[106] Teilweise wird aus Gründen der einfacheren Darstellung an Stelle des Begriffs „*marktbeherrschende Stellung*" der Begriff „*Marktbeherrschung*" verwendet.

[107] *Khan*, Amazon's Antitrust Paradox, Yale Law Journal 2017, 712 (731).

[108] *Ackermann*, in: Die 10. GWB-Novelle, 1. Aufl. 2021, Kapitel 1, Rn. 340; m.w.N. *Hampe*, Der Begriff der vertikalen Integration als Schlüssel zum Verständnis des modernen Vertriebsrechts, ZVertriebsR 2013, 21 (21).

[109] *Mestmäcker/Schweitzer*, in: Mestmäcker/Schweitzer, Europäisches Wettbewerbsrecht, 3. Aufl. 2014, § 26. Untersagung und Freistellung von Zusammenschlüssen, Rn. 168.

[110] *Mestmäcker/Schweitzer*, in: Europäisches Wettbewerbsrecht, 3. Aufl. 2014, § 26. Untersagung und Freistellung von Zusammenschlüssen, Rn. 168.

[111] Hierzu im Gesamten: *Hampe*, Der Begriff der vertikalen Integration als Schlüssel zum Verständnis des modernen Vertriebsrechts, ZVertriebsR 2013, 21 (21).

b) Vertikale Integration auf Hybridplattformen

Im Hinblick auf Hybridplattformen muss das Merkmal der vertikalen Integration modifiziert werden. Es ist nicht ausreichend, dass ein Unternehmen sowohl auf dem Beschaffungs- als auch auf dem Absatzmarkt tätig ist. Ansonsten würde jeder Händler, der die von ihm vertriebenen Waren selbst herstellt, eine Hybridplattform betreiben. Stattdessen ist maßgeblich auf die vertikale Integration auf der Plattform selbst abzustellen. Unter vertikaler Integration auf einer Hybridplattform ist die Anwesenheit des Plattformbetreibers auf seiner eigenen Plattform zu verstehen, wobei dieser neben anderen Unternehmen die Plattform nutzt, indem er dort Waren oder Dienstleistungen anbietet. Der Plattformbetreiber ist damit sowohl in den vorgelagerten Prozess des Anbietens einer Plattformdienstleistung als auch in den nachgelagerten Prozess des Anbietens einer Waren- oder Dienstleistung eingebunden.

Das Merkmal der hybridplattformspezifischen vertikalen Integration hilft, Hybridplattformen von herkömmlichen Plattformen abzugrenzen. *Matching*-Plattformen ohne anschließende Transaktion stellen grundsätzlich keine Hybridplattformen dar. Der Plattformbetreiber nimmt eine Vermittlungsleistung vor, ist aber nicht auf der nachgelagerten Marktstufe tätig. Es erscheint nahezu ausgeschlossen, dass der Plattformanbieter selbst als Nutzer einer Marktseite auftritt und von der eigenen Plattform eine Vermittlung anstrebt. Im Falle von *Matching*-Plattformen mit anschließender Transaktion tritt eine vertikale Integration immer dann auf, wenn der Plattformanbieter als Akteur auf dem Transaktionsmarkt agiert und mit anderen Anbietern konkurriert, die auf eine Vermittlung mit der anderen Nutzergruppe abzielen.

Aufmerksamkeitsplattformen können ebenfalls als Hybridplattformen ausgestaltet sein. Auch hier ist auf das Merkmal der hybridplattformspezifischen vertikalen Integration abzustellen. Eine solche liegt vor, wenn der Plattformbetreiber selbst auf der Plattform vertreten ist, um dort Aufmerksamkeit von Nutzern zu erlangen. Der Plattformbetreiber tritt in diesem Fall in Konkurrenz zu anderen Unternehmen, die ebenfalls auf der Plattform nach Aufmerksamkeit streben. Auf der nachgelagerten Stufe ist der Plattformbetreiber damit Wettbewerber der Nutzer seiner eigenen Plattform. Aus diesen Erkenntnissen lässt sich aufbauend auf der herausgearbeiteten Plattformdefinition folgende Definition für Hybridplattformen ableiten.

Als Hybridplattformen sind Unternehmen anzusehen, die als Intermediäre eine direkte Interaktion zweier oder mehr Nutzerseiten ermöglichen, während sie zugleich auf dieser Plattform vertikal integriert sind. Die zwischen den Nutzerseiten bestehenden positiven oder negativen indirekten Netzwerkeffekte können sowohl wechselseitig als auch einseitig ausgeprägt sein.

3. *Einordnung der Fallbeispiele*

Dass die vertikale Integration nicht nur unter dem bisher in der Literatur begutachten Prüfungspunkt der Beschaffungs- und Absatzmärkte eine wichtige Rolle spielt, sondern auch ausschlaggebend für die Definition einer Hybridplattform ist, lässt sich anhand folgender Beispiele näher erläutern.

a) *Marketplace*

Für die Einstufung des *Marketplace* als Hybridplattform bedarf es einer vertieften Betrachtung der vertikalen Integration. Hierfür ist das Geschäftsmodell im Hinblick auf den Vertrieb von Waren näher zu beleuchten. [112] Dieses enthält zunächst ein Handelsgeschäft, bei dem Amazon Waren über den eigenen Onlineshop verkauft. Zwar stellt Amazon einen Teil der verkauften Waren selbst her, doch reicht diese vertikale Integration in den Beschaffungsprozess allein nicht aus, um eine Einordnung als Hybridplattform zu rechtfertigen. Neben dem Onlineshop betreibt Amazon mit dem *Marketplace* eine Handelsplattform, auf der Drittanbieter Waren verkaufen können. Drittanbieter streben dabei eine Vermittlung durch Amazon an. Um eine hybridplattformspezifische vertikale Integration zu erreichen, müsste Amazon die Leistungen der eigenen Vertriebsplattform nutzen, indem Amazon auf dem *Marketplace* selbst Waren anbietet. Dies ist bei genauerer Betrachtung nicht der Fall, da Amazon zwar auf der Webseite *www.amazon.de*, nicht aber auf dem *Marketplace* agiert. Der *Marketplace* ist als Handelsplattform ausgestaltet, auf der ausschließlich externe

---

[112] Nähere Ausführungen zum Geschäftsmodell von Amazon: B.I.2.a)(2).

Unternehmen Waren anbieten. Bei einer rein technischen Betrachtung sind demnach zwei getrennte Erwerbsmöglichkeiten zu unterscheiden.

Diese Betrachtung spiegelt die tatsächlichen Gegebenheiten nur unvollständig wider. Aus kartellrechtlicher Sicht darf nicht allein auf die technische Betrachtung abgestellt werden. Stattdessen müssen die Gesamtumstände des Einzelfalls in die Bewertung einfließen. Für eine vertikale Integration spricht, wenn aus Sicht der Nutzer eine einheitliche Verkaufsplattform vorliegt. Hierbei kommt es maßgeblich darauf an, wie ein verständiger Durchschnittskunde die Plattform wahrnimmt. Für einen Nutzer ist es optisch auf den ersten Blick nicht möglich, den *Marketplace* vom Amazon-Onlineshop zu unterscheiden. Die grafische Gestaltung des Shops lässt eine Unterscheidung zwischen Eigengeschäft und *Marketplace* nicht zu.

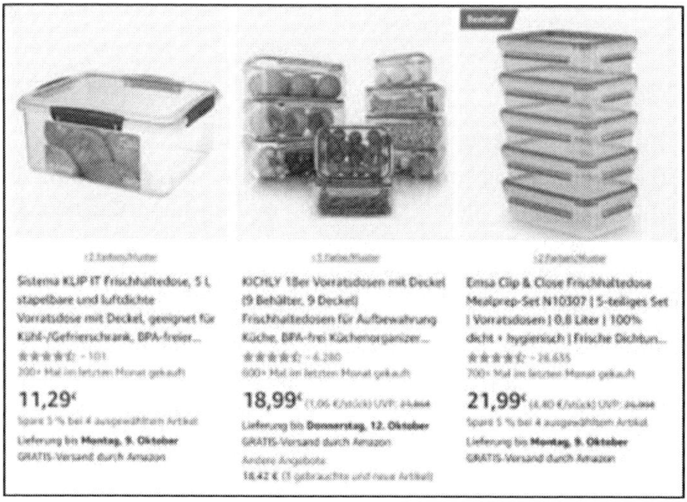

Abbildung 6: Angebote für „Tupperboxen“[113]

[113] Ergebnisse für die Suche nach „Tupperbox“ bei Amazon, abrufbar unter https://www.amazon.de/s?k=Tupperbox&__mk_de_DE= %C3 %85M %C3 %85 %C5 %BD %C3 %95 %C3 %91&crid=JN92HDDLD5QJ&sprefix=tupperbox %2Caps %2C131&ref=nb_sb_noss_1, zuletzt abgerufen am 23.08.2024.

Der hier abgebildete Auszug einer Amazon-Produktliste zeigt, dass die von Amazon angebotenen Produkte direkt neben denen der *Marketplace*-Drittanbieter auftauchen und optisch nicht von diesen zu unterscheiden sind. Während es sich bei dem mittleren und rechten Produkt um Angebote von Drittanbietern handelt, wird das linke Produkt durch Amazon selbst vertrieben und ist somit kein *Marketplace*-Produkt. Dies lässt sich jedoch nur erkennen, wenn das Produkt aufgerufen und die Herstellerinformationen näher betrachtet werden.

Abbildung 7: Detailinformationen Produktverkauf[114]

[114] Abbildung links (bearbeitet), abrufbar unter: https://www.amazon.de/Sistema-Lebensmittelbeh %C3 %A4lter-transparent-blauen %20Clips/dp/B00284AG5K/ref=sr_1_6?__mk_de_DE= %C3 %85M %C3 %85 %C5 %BD %C3 %95 %C3 %91&crid=JN92HDDLD5QJ&keywords=Tupperbox&sprefix=tupperbox %2Caps %2C131&sr=8-6&th=1&tag=t7g-21&ie=UTF8;
Abbildung rechts (bearbeitet), abrufbar unter: https://www.amazon.de/KICHLY-Plastic-Container-Containers-Transparent/dp/B084Q5MXHV/ref=sr_1_7?__mk_de_DE= %C3 %85M %C3 %85 %C5 %BD %C3 %95 %C3 %91&crid=JN92HDDLD5QJ&keywords=Tupperbox&sprefix=tupperbox %2Caps %2C131&sr=8-7&tag=um2-21&ie=UTF8&th=1, beide zuletzt abgerufen am 23.08.2024.

Neben der einheitlichen grafischen Oberfläche spricht auch die einheitliche Domain für eine vertikale Integration. Sowohl der *Marketplace* als auch der Amazon-Onlinehandel werden über die Webadresse *www.amazon.de* aufgerufen. Dies suggeriert Kunden, dass es sich um eine einheitliche Plattform handelt. Am wichtigsten ist jedoch, dass Amazon informatorisch in den Plattformbetrieb eingebunden ist. Amazon kennt die Verkaufszahlen der Drittanbieter auf dem *Marketplace*, die hinsichtlich des Verkaufs von Produkten direkte Wettbewerber sind. Außerdem erfolgt eine vertikale Integration durch die Abwicklung von Zahlung und Versand für Drittanbieter. Während die Zahlung immer von Amazon abgewickelt wird, können Drittanbieter bezüglich des Versands eigene Lösungen anbieten. Dennoch ist feststellbar, dass viele Drittanbieter auch in diesem Fall auf Dienstleistungen von Amazon zurückgreifen. Im obigen Beispiel nutzt der Drittanbieter *Utopia Deals Europe* den Versandservice von Amazon.

Im Ergebnis lässt sich festhalten, dass Amazon trotz theoretischer Eigenständigkeit von *Marketplace* und Amazon-Onlinehandel vertikal integriert ist. Hierfür sprechen sowohl das äußere Erscheinungsbild als auch die gemeinsame Domain. Außerdem ist Amazon informatorisch in den *Marketplace* eingebunden, während gleichzeitig Waren an Endkunden vertrieben werden.

b) *Google Search*

Grundsätzlich stellt Google im Hinblick auf die allgemeine Suchmaschine *Google Search* keine Hybridplattform dar. Da Google als Plattformbetreiber den Suchnutzern und Werbetreibenden gegenübersteht, fehlt es zumeist an einer vertikalen Integration. Etwas anderes gilt, wenn Google auf der eigenen Plattform als Werbetreibender agiert. In dieser Konstellation tritt Google zum einen als Plattformbetreiber auf und steht auf der anderen Seite in Konkurrenz zu den anderen Werbetreibenden. Dies lässt sich mit folgendem Beispiel veranschaulichen. Google vertreibt online das selbst entwickelte Mobiltelefon *Google Pixel*. Da ein Verkauf über den eigenen Onlineshop aufgrund höherer Margen besonders attraktiv ist, wird der eigene Shop beworben. Google tritt hierbei auf dem Werbeanzeigenmarkt in Wettbewerb mit anderen Anbietern des *Google Pixel*. Gleichzeitig ist das Unternehmen als Intermediär auf dem vorgelagerten Plattformmarkt tätig. Google ist damit vertikal in den vorgelagerten Markt integriert.

Ähnlich gestaltet sich die Situation im Verhältnis des allgemeinen Suchdienstes zu Googles spezialisierten Suchdiensten. Google ist mit seinem spezialisierten Suchdienst vertikal in den allgemeinen Suchdienst integriert. Kartellrechtlich besonders interessant ist der Preisvergleichsdienst *Google Shopping*, der durch das vom EuG entschiedene Verfahren mediale Aufmerksamkeit erlangt hat. Sowohl die Kommission als auch das EuG haben sich im gleichnamigen Verfahren *Google Shopping* ausführlich mit einem Marktmachtmissbrauch auf digitale Plattformen beschäftigt.[115]

Spezialisierte Suchdienste für den Kauf von Produkten, die als Preisvergleichsdienste bezeichnet werden, verkaufen selbst keine Produkte, sondern vergleichen diese und wählen Angebote von Händlern aus, die das Produkt im Internet anbieten.[116] Google trat mit dem separaten Suchdienst *Froogle*, die seit 2012 *Google Shopping* heißt, im Jahr 2002 in diesen Markt ein.[117] Neben *Google Shopping* gibt es zahlreiche andere Preisvergleichsdienste wie *Idealo* oder *Kelkoo*.[118] Darüber hinaus bieten andere Suchmaschinen wie *Yahoo* oder *Bing* ebenfalls Preisvergleichsdienste an.

Die vertikale Integration entsteht, indem Google sowohl als Betreiber des allgemeinen Suchdienstes als auch als Betreiber des spezialisierten Suchdienstes auf dem Markt agiert. Da Google neben den Ergebnissen anderer Preisvergleichsdienste auch die des eigenen Vergleichsdienstes auflistet, ist das Unternehmen auf nachgelagerten Märkten tätig. Es findet eine vertikale Integration zwischen dem Markt für allgemeine Suchdienste und dem Markt für Preisvergleichsdienste statt.

---

[115] Hierzu ausführlich: G.II.1.

[116] EuG, Urt. v. 10.11.2021, Rs. T-612/17, ECLI:EU:T:2021:763, Rn. 3 – *Google Shopping*.

[117] Hierzu im Gesamten: *Google Shopping*, abrufbar unter https://www.seobility.net/de/wiki/Google_Shopping#:~:text=Im %20Jahr %202007 %20wurde %20der,dann %20den %20Name n %20Google %20Shopping, zuletzt abgerufen am 23.08.2024.

[118] idealo internet GmbH; KELKOO Deutschland GmbH.

Abbildung 8: Marktabgrenzung Suchdienste und Preisvergleichsdienste

IV. Zwischenfazit Hybridplattformen

Bislang besteht keine allgemeingültige Plattformdefinition. In der Literatur und Rechtsprechung wurden jedoch hinreichend viele Kriterien herausgearbeitet, um die Bestimmung einer Plattform im kartellrechtlichen Sinne zu ermöglichen. Zur Einordnung bedarf es dreier Voraussetzungen, die kumulativ vorliegen müssen. Erstens müssen auf einer Plattform mehrere Nutzergruppen vertreten sein. Zweitens bedarf es einer Interaktion zwischen diesen Nutzergruppen und drittens müssen indirekte Netzwerkeffekte vorliegen, durch welche die Nutzergruppen miteinander verbunden sind. Während die ersten beiden Kriterien zumeist ohne Probleme feststellbar sind, kann das Vorliegen indirekter Netzwerkeffekte im Einzelfall Probleme bereiten.

Indirekte Netzwerkeffekte sind zum einen anzunehmen, wenn eine Nutzergruppe mittelbar von einem Mitgliederzuwachs innerhalb ihrer Gruppe profitiert, da hierdurch der Anreiz für eine andere Nutzergruppe entsteht, stärker auf der Plattform vertreten zu sein. Zum anderen liegen indirekte Netzwerkeffekte vor, wenn eine Nutzergruppe von einem Zuwachs der anderen Nutzergruppe profitiert. Gleichzeitig können negative indirekte Netzwerkeffekte auftreten, wenn der Nutzen einer Nutzergruppe durch einen Zuwachs der anderen Nutzergruppe absinkt. Wichtig ist, dass indirekte Netzwerkeffekte sich auf unterschiedliche Nutzergruppen auswirken, während direkte Netzwerkeffekte zwischen gleichartigen Nutzern auftreten. Unerheblich ist, ob die indirekten Netzwerkeffekte nur einseitig oder wechselseitig ausgeprägt sind, da auch werbefinanzierte Dienste von der Definition umfasst sein müssen.

Vor dem Hintergrund dieser Ausführungen ist folgende auf der Definition des Bundeskartellamts aufbauende Definition geeignet, eine Plattform zu bestimmen:

> *Als Plattformen sind Unternehmen anzusehen, die als Intermediäre eine direkte Interaktion zweier oder mehr Nutzerseiten ermöglichen. Die zwischen den Nutzerseiten bestehenden positiven oder negativen indirekten Netzwerkeffekte können sowohl wechselseitig als auch einseitig ausgeprägt sein.*

Innerhalb der Plattformen können verschiedene Erscheinungsformen voneinander abgegrenzt werden. Während in der Literatur teilweise zwischen Transaktionsplattformen und Nicht-Transaktionsplattformen differenziert wird, sollte vorzugsweise der Abgrenzung des Bundeskartellamts gefolgt werden, das zwischen *Matching*-Plattformen und Aufmerksamkeitsplattformen unterscheidet. Letztere Einteilung ist vorzugswürdig, da sie die tatsächliche Plattformleistung betrifft, während die Einteilung in Transaktions- und Nicht-Transaktionsplattformen die Folge der Plattformleistung beschreibt. Die Leistung der Plattform liegt nicht in einer Transaktion, sondern in der Vermittlung zwischen zwei Nutzergruppen oder darin, Aufmerksamkeit zu generieren. Klassisches Beispiel einer *Matching*-Plattform ist die Handelsplattform *Marketplace*, auf der Nutzer mit Drittanbietern zusammengeführt werden. Typischer Fall einer Aufmerksamkeitsplattform ist die Suchmaschine *Google Search*, bei der Werbetreibende durch die Schaltung von Werbeanzeigen versuchen, die Aufmerksamkeit von Suchnutzern zu erlangen.

Hybridplattformen stellen eine Untergruppe der Plattformen dar, die besonders häufig in der Digitalökonomie auftritt. Obwohl einige der größten Konzerne der Welt Hybridplattformen betreiben, wurde in der Literatur bislang keine allgemeingültige Definition entwickelt. Die meisten Definitionen verlangen, dass der Plattformbetreiber auf der eigenen Plattform

Waren oder Dienstleistungen anbietet. Um diese Voraussetzung zu abstrahieren, ist auf die vertikale Integration des Plattformbetreibers abzustellen. Diese liegt vor, wenn der Plattformbetreiber mit einer auf seiner Plattform vertretenen Nutzergruppe im Hinblick auf deren auf der Plattform angebotene Leistung in Wettbewerb tritt. Während dies bei *Matching*-Plattformen das Angebot eigener Waren oder Dienstleistungen ist, ist auf Aufmerksamkeitsplattformen das Streben des Plattformbetreibers nach Aufmerksamkeit erforderlich. Die Plattformdefinition lässt sich unter Berücksichtigung dieser Erwägungen wie folgt erweitern:

> *Als Hybridplattformen sind Unternehmen anzusehen, die als Intermediäre eine direkte Interaktion zweier oder mehr Nutzerseiten ermöglichen, während sie zugleich auf dieser Plattform vertikal integriert sind. Die zwischen den Nutzerseiten bestehenden positiven oder negativen indirekten Netzwerkeffekte können sowohl wechselseitig als auch einseitig ausgeprägt sein.*

C. GRUNDLAGEN DES MISSBRAUCHS EINER MARKTBEHERRSCHENDEN STELLUNG

In diesem Abschnitt werden die Grundlagen des Missbrauchs einer marktbeherrschenden Stellung dargestellt. Hierzu werden die Struktur, der Zweck und das Anwendungsverhältnis der europäischen und deutschen Missbrauchsnormen erörtert (I.) und anschließend ein Zwischenfazit gezogen (II.).

I. Allgemeines

Das Verbot des Missbrauchs einer marktbeherrschenden Stellung stellt sowohl im europäischen Recht gem. Art. 102 AEUV als auch im deutschen Recht in Gestalt von §§ 19, 20 GWB eine maßgebliche Säule des Kartellrechts dar. Die Europäische Union hat das Ziel vorgegeben, ein System zu schaffen, das „*Wettbewerb innerhalb des Binnenmarktes vor Verfälschungen schützt*“.[1]

1. Anwendungsverhältnis

Verbotsnormen, die den Missbrauch einer marktbeherrschenden Stellung verhindern sollen, sind in nahezu jedem Industriestaat Teil der Rechtsordnung.[2] Aufgrund der angestrebten Harmonisierung des Wettbewerbsrechts entsprechen die Rechtsvorschriften vieler EU-Jurisdiktionen inhaltlich der des Art. 102 AEUV.[3] Das europäische Verbot des Missbrauchs einer marktbeherrschenden Stellung ist gem. Art. 102 AEUV immer dann anwendbar, wenn die fragliche Maßnahme dazu geeignet ist, den Handel zwischen Mitgliedstaaten zu beeinträchtigen. Ist eine bestimmte Verhaltensweise nur nach Art. 102 AEUV, nicht jedoch nach nationalem Wettbewerbsrecht verboten, findet aufgrund des Unionsrechtsvorrangs

---

[1] Protokoll Nr. 27 zum Vertrag von Lissabon v. 09.05.2008, ABl. C 115, 309.

[2] *Fuchs*, in: Immenga/Mestmäcker Wettbewerbsrecht, 6. Aufl. 2019, Art. 102 AEUV, Rn. 35.

[3] Unter anderem enthält Article L420-2 French Code de commerce (FCC) ein Missbrauchsverbot, welches mit dem deutschen und europäischen Missbrauchsverbot inhaltlich weitestgehend übereinstimmt.

ausschließlich Art. 102 AEUV unmittelbar Anwendung.[4] Ergeben sich zugleich Auswirkungen im Geltungsbereich des GWB, dann gilt gem. § 22 Abs. 3 S. 1 GWB das deutsche neben dem europäischen Missbrauchsverbot. Soweit es in diesem Fall zur Anwendung der GWB-Vorschriften kommt, muss gem. Art. 3 Abs. 1 S. 2 VO 1/2003 zur Beurteilung Art. 102 AEUV herangezogen werden. Damit soll sichergestellt werden, dass der AEUV im gesamten Anwendungsbereich der EU einheitlich ausgelegt wird.[5] Führt das deutsche Missbrauchsverbot zu einer milderen Beurteilung der fraglichen Maßnahme, setzt sich das europäische Missbrauchsverbot aufgrund des Unionsrechtsvorrangs durch.

§ 19 GWB steht nach dem Willen des Gesetzgebers in einem inneren Zusammenhang mit Art. 102 AEUV.[6] Aus diesem Grund sind beide Vorschriften trotz fehlender ausdrücklicher gesetzlicher Anordnung einheitlich auszulegen. Die parallele Anwendung beider Rechtsnormen darf jedoch nicht dazu führen, dass die einheitliche Anwendung sowie die volle Wirksamkeit der EU-Vorschriften beeinträchtigt wird.[7] Aus diesem Grund entfalten die Zielsetzungen der Unionsverträge in Form von Auslegungsprinzipien ihre Wirkung sowohl auf das Primär- und Sekundärrecht als auch auf das nationale Recht.[8] Nach Art. 3 Abs. 1 S. 2 VO 1/2003 ist es dem nationalen Gesetzgeber gestattet, auch in Fällen, die den zwischenstaatlichen Handel berühren, weitergehende Missbrauchstatbestände und strengere Vorschriften zu statuieren. Die Ausweitung darf nicht dazu führen, dass den Mitgliedstaaten ein Verhalten untersagt wird, das auf Ebene

---

[4] *Bien*, in: Münchener Kommentar zum Wettbewerbsrecht, 3. Aufl. 2020, AEUV Art. 102, Rn. 62.

[5] Hierzu im Gesamten: *Fuchs*, in: Immenga/Mestmäcker, Wettbewerbsrecht, 7. Aufl. 2024, GWB § 18, Rn. 15.

[6] Bereits in den Erwägungen zur 1. GWB-Novelle ging der Gesetzgeber davon aus, dass sich die Generalklausel des Missbrauchsverbots für marktbeherrschende Unternehmen am europäischen Vorbild orientiere (Reg.Begr., BT-Drs. IV/2564, 15 f.); im Ergebnis ebenso BGH, WuW/E DE-R 4037, Rn. 51 – *VBL-Gegenwert*.

[7] Vgl. EugH, Urt. v. 13.02.1969, Rs. 14-68, ECLI:EU:C:1969:4, 1. Leitsatz – *Walt Wilhelm*.

[8] *Wolf*, in: Münchener Kommentar zum Wettbewerbsrecht, 4. Aufl. 2022, GWB § 19, Rn. 8.

der EU als wettbewerbskonform angesehen wird, weil es eine markterschließende oder wettbewerbsfördernde Handlung betrifft.[9]

2. *Normzweck*

Art. 102 AEUV verfolgt zwei Aspekte des Wettbewerbsschutzes, die zu unterscheiden sind. Zum einen werden Handelspartner und Verbraucher vor unmittelbaren Schädigungen durch den Einsatz leistungsfremder Geschäftspraktiken geschützt, welche auf der marktbeherrschenden Stellung des agierenden Unternehmens beruhen.[10] Zum anderen ergibt sich aus der Zielvorgabe des Protokolls Nr. 27 zum EUV und AEUV, dass der Wettbewerb als Institution geschützt werden soll. Die deutsche Vorschrift § 19 GWB verfolgt einen ähnlichen Zweck und soll sowohl dem individuellen Schutz der vom Missbrauch betroffenen Unternehmen und Verbraucher als auch dem Allgemeininteresse an der Aufrechterhaltung des Systems eines freien Wettbewerbs dienen.[11]

Die Missbrauchsvorschrift verhindert nicht den Erwerb oder das Innehalten einer marktbeherrschenden Stellung, sondern lediglich den Missbrauch einer solchen Marktbeherrschung auf dem relevanten Markt.[12] Selbst das bloße Ausnutzen einer beherrschenden Stellung wird grundsätzlich hingenommen, da § 19 GWB und Art. 102 AEUV nur den Missbrauch erfassen. Den beherrschenden Unternehmen sind nicht alle Verhaltensweisen untersagt, zu denen es allein aufgrund seiner Stellung in der Lage ist. Die Missbräuchlichkeit verbietet stattdessen nur einzelne Verhaltensweisen, die der Freiheit des Wettbewerbs zuwiderlaufen und aus diesem Grund von der Rechtsordnung missbilligt werden.[13] Der EuGH spricht in diesem Zusammenhang von einer „*besonderen Verantwortung*“ die marktbeherrschende

---

[9] *Wolf*, ebd. Rn. 8.

[10] Hierzu im Gesamten: *Fuchs*, in: Immenga/Mestmäcker, Wettbewerbsrecht, 6. Aufl. 2019, AEUV Art. 102, Rn. 4 f. ebenso *Kling/Thomas*, Kartellrecht, 2. Aufl. 2016, 198; exemplarisch aus der Rechtsprechung EuGH, Urt. v. 14.02.1978, Rs. 27/76, ECLI:EU:C:1978:22, Rn.248 ff. – *United Brands*.

[11] BGH, NJW 1976, 801 (802) – *Rossignol zu § 20 GWB (=§ 26 Abs. 2 a.F.)*; *Wolf*, in: Münchener Kommentar zum Wettbewerbsrecht, 4. Aufl. 2022, GWB § 19, Rn. 1.

[12] *Wolf*, in: Münchener Kommentar zum Wettbewerbsrecht, 4. Aufl. 2022, GWB § 18, Rn. 2.

[13] *Wolf*, ebd. Rn. 2.

Unternehmen dafür tragen, dass der Wettbewerb durch ihr Verhalten nicht noch weiter beeinträchtigt wird.[14]

§ 19 GWB folgt wie auch Art. 102 AEUV dem Konzept eines offenen und dynamischen Wettbewerbsprozesses. Im Vordergrund steht deshalb die Verhinderung von Verhaltensweisen, die die Funktionsfähigkeit des Marktes beeinträchtigen.[15] Die Schwierigkeit besteht darin, einen normativen Bewertungsmaßstab zu finden. Ein solcher Maßstab kann ein Vergleich zwischen den gesetzlich vorgesehenen Verhaltensweisen und Marktergebnissen mit den durch das Verhalten tatsächlich herbeigeführten Verhaltensweisen und Marktergebnissen sein.[16]

3. *Prüfungssystematik und Normadressaten*

Grundlage des Marktmachtmissbrauchs ist das Vorliegen einer marktbeherrschenden Stellung, die sowohl auf deutscher als auch auf europäischer Ebene in einem Doppelschritt geprüft wird.[17] Hierfür muss zunächst der relevante Markt in sachlicher, räumlicher sowie in zeitlicher Hinsicht abgegrenzt werden. Sodann wird überprüft, ob das Unternehmen auf diesem relevanten Markt eine beherrschende Stellung einnimmt.[18] Die Marktbeherrschung kann dabei entweder von einem (Einzelmarktbeherrschung) oder von mehreren Unternehmen gemeinsam (kollektive Marktbeherrschung) eingenommen werden.[19]

---

[14] EuGH, Urt. v. 14.10.2010, Rs. C-280/08 P, ECLI:EU:C:2010:603, Rn. 83, 176 – *Deutsche Telekom*; EuGH, Urt. v. 09.11.1983, Rs. 322/81, ECLI:EU:C:1983:313, Rn. 57 – *Michelin.*

[15] *Wolf*, in: Münchener Kommentar zum Wettbewerbsrecht, 4. Aufl. 2022, GWB § 19, Rn. 5.

[16] *Wolf*, ebd. Rn. 5.

[17] Vgl. EuG, Urt. v. 06.07.2000, Rs. T-62/98, ECLI:EU:T:2000:180, Rn. 230 – *Volkswagen; Fuchs*, in: Immenga/Mestmäcker, Wettbewerbsrecht, 6. Aufl. 2019, AEUV Art. 102, Rn. 42.

[18] Vgl. *Fuchs*, ebd. Rn. 42.

[19] *Bergmann/Fiedler/Huttenlauch*, in: Loewenheim/Meessen/ Riesenkampff/Kersting/Meyer-Lindemann, Kartellrecht, 4. Aufl. 2020, AEUV Art. 102, Rn. 113, 144; *Jung*, in: Grabitz/Hilf/Nettesheim, Das Recht der Europäischen Union, 81. Aufl. 2024, AEUV Art. 102, Rn. 70 f.

Normadressaten sind sowohl bei Art. 102 AEUV als auch bei § 19 GWB Unternehmen mit einer marktbeherrschenden Stellung. Der Unternehmensbegriff, der aufgrund der einheitlichen Anwendung in den Mitgliedstaaten unabhängig von deren Rechtsordnung gebildet wird, umfasst nach ständiger Rechtsprechung jede wirtschaftliche Tätigkeit unabhängig von ihrer Rechtsform und der Art ihrer Finanzierung.[20] Unter wirtschaftlicher Tätigkeit versteht der EuGH „*jede Tätigkeit, die darin besteht, Güter oder Dienstleistungen auf einem bestimmten Markt anzubieten*“.[21] Eine wirtschaftliche Tätigkeit ist nach Ansicht des EuGH immer dann abzulehnen, wenn die Tätigkeit hoheitlicher, sozialer oder privater Natur ist, da es in diesem Fall an einem Bezug zum Wirtschaftsleben mangelt.[22]

Sofern das Unternehmen über eine marktbeherrschende Stellung verfügt, ist zweites zentrales Tatbestandsmerkmal die missbräuchliche Ausnutzung dieser Stellung. Art. 102 AEUV enthält neben der Generalklausel nicht abschließende Regelbeispiele, deren praktische Bedeutung jedoch beschränkt ist, da sich Kommission und Rechtsprechung frühzeitig von einer engen Auslegung gelöst haben.[23] Auch das deutsche Pendant § 19 GWB verfügt über eine Generalklausel, die mithilfe eines Katalogs an ebenfalls nicht abschließenden Regelbeispielen konkretisiert wird.[24]

II. Zwischenfazit Grundlagen des Missbrauchs einer marktbeherrschenden Stellung

Die zwei Tatbestandsmerkmale des Marktmachtmissbrauchs werden sowohl im europäischen als auch im deutschen Recht in drei Schritten

---

[20] U.a. EuGH, 21.09.1999, Rs. C-67/96, ECLI:EU:C:1999:430, Rn. 77 – *Albany*; EuGH, 23.04.1991, Rs. C-41/90, ECLI:EU:C:1991:161, Rn. 21 – *Höfner und Elser*.

[21] M.w.N. EuGH, Urt. v. 10.01.2006, Rs. C-222/04, ECLI:EU:C:2006:8, Rn. 108 – *Cassa di Risparmio di Firenze*.

[22] EuGH, Urt. v. 19.02.2002, Rs. C-309/99, ECLI:EU:C:2002:98, Rn. 57 – *Wouters*; EuGH, Urt. v. 28.02.2013, Rs. C-1/12, ECLI:EU:C:2013:127, Rn. 40 – *Ordem dos Técnicos*.

[23] *Fuchs*, in: Immenga/Mestmäcker, Wettbewerbsrecht, 6. Aufl. 2019, AEUV Art. 102, Rn. 132.

[24] *Fuchs*, in: Immenga/Mestmäcker, Wettbewerbsrecht, 7. Aufl. 2024, GWB § 19, Rn. 8.

geprüft. Zunächst ist es erforderlich, den relevanten Markt in räumlicher, sachlicher und zeitlicher Hinsicht abzugrenzen. Sodann ist zu ermitteln, ob das betroffene Unternehmen auf dem relevanten Markt über eine marktbeherrschende Stellung verfügt. Da allein das Innehalten einer derartigen Stellung weder im deutschen noch im europäischen Recht für sanktionswürdig erachtet wird, bedarf es eines Missbrauchs der marktbeherrschenden Stellung. § 19 GWB steht nach dem Willen des Gesetzgebers in einem inneren Zusammenhang mit Art. 102 AEUV. Aus diesem Grund sind beide Vorschriften trotz fehlender ausdrücklicher gesetzlicher Anordnung einheitlich auszulegen. Ist eine Verhaltensweise von beiden Rechtsordnungen erfasst, so gelten beide Missbrauchsverbote nebeneinander, wobei bei einer Anwendung der deutschen Vorschrift gem. Art. 3 Abs. 1 S. 2 VO 1/2003 die europäische Missbrauchsnorm berücksichtigt werden muss. Hiermit soll sichergestellt werden, dass der AEUV im gesamten Anwendungsbereich der EU einheitlich ausgelegt wird.

D. MARKTABGRENZUNG

Die Marktabgrenzung hat eine besondere Bedeutung für die Prüfung des Marktmachtmissbrauchs.

> „*Market Definition would not be so important, if it were not so important.*“[1]

Im Folgenden werden die Grundlagen der Marktabgrenzung sowohl im europäischen als auch im deutschen Recht dargestellt (I.). Anschließend werden die Besonderheiten der Marktabgrenzung auf Plattformmärkten herausgearbeitet (II.). Eine gesonderte Betrachtung erfährt hierbei die Gruppe der Hybridplattformen (III.). Abschließend erfolgt ein Zwischenfazit zur Marktabgrenzung (IV.).

I. Grundlagen der Marktabgrenzung

Die Bestimmung des relevanten Marktes als Ausgangspunkt der Prüfung eines Marktmachtmissbrauchs ist zentraler Baustein des europäischen und deutschen Kartellrechts. Sie wurde im *Antitrust Law* der Vereinigten Staaten entwickelt und später durch den europäischen und deutschen Gesetzgeber übernommen.[2] Der BGH möchte mithilfe der Marktabgrenzung die Wettbewerbskräfte ermitteln, denen die beteiligten Unternehmen ausgesetzt sind.[3]

Die Kommission hat die jeweilige Praxis in der *Bekanntmachung der Kommission über die Definition des relevanten Marktes im Sinne des Wettbewerbsrechts der Union* zusammengefasst.[4] Auch wenn die Bekanntmachung nicht bindend ist, berücksichtigt der BGH sie sowohl bei der

---

[1] *Evans*, Lightening Up Market Definition, Research Handbook on the Economics of Antitrust Law 2012, 1 (25).

[2] *Bien*, in: Münchener Kommentar zum Wettbewerbsrecht, 4. Aufl. 2023, AEUV Art. 102, Rn. 81.

[3] Vgl. BGHZ 156, 379 (384) – *Strom und Telefon I*; BGHZ 170, Rn. 19 – *National Geographic II*.

[4] Europäische Kommission, Bekanntmachung der Kommission über die Abgrenzung des relevanten Marktes im Sinne des Wettbewerbsrechts der Union v. 08.02.2024, C(2023) 6789 final.

Auslegung des Unionsrechts als auch bei der des GWB.[5] Zu beachten ist, dass es sich bei der Marktabgrenzung in erster Linie um eine tatsächliche Frage handelt.[6] Die rechtliche Überprüfung beschränkt sich auf die Fragen, ob die zutreffenden rechtlichen Maßstäbe angewandt und die wesentlichen Umstände ausreichend beachtet wurden. Bei der Bewertung dieser Umstände sind sachliche, räumliche und zeitliche Kriterien zu berücksichtigen.

Seit einigen Jahren versucht die Kommission auch im Rahmen der Auslegung von Art. 102 AEUV, unter dem Stichwort des *more economic approach*, ökonomischen Bewertungsfaktoren und den konkreten Auswirkungen des Verhaltens der Unternehmen eine größere Bedeutung zuzumessen.[7] Ziel ist es, eine modernere Wettbewerbspolitik zu betreiben und Normadressaten hierdurch die Selbsteinschätzung zu erleichtern.[8] Im Hinblick auf Plattformen und andere digitale Unternehmen ist dieser Ansatz von erheblicher Bedeutung. Der in diesem Umfeld besonders schnell voranschreitende Wandel der Wettbewerbsbedingungen zwingt die Wettbewerbshüter dazu, Märkte mithilfe neuer Ansätze abzugrenzen. So ist es aufgrund des hohen Innovationsdrucks und der Mehrseitigkeit der Märkte oftmals schwierig, sachliche und räumliche Märkte zu definieren. Trotz der sich verändernden Umstände sind die gängigen Methoden nicht unbrauchbar, sondern dienen weiterhin als Grundlage für eine Bestimmung des relevanten Marktes.

---

[5] BGHZ 175, 333, Rn. 69 – *Krankenhaus Bad Neustadt*; BGH WuW/E DE-R 2905, Rn. 43 – *Phonak/GN Store*; BGHZ 192, 18, Rn. 32 – *Total/OMV*.

[6] *Bien*, in: Münchener Kommentar zum Wettbewerbsrecht, 4. Aufl. 2023, AEUV Art. 102, Rn. 82.

[7] *Fuchs*, in: Immenga/Mestmäcker, Wettbewerbsrecht, 6. Aufl. 2019, AEUV Art. 102, Rn. 8; zum „more economic approach“ auch *Dittert*, Missbrauch einer marktbeherrschenden Stellung: auf dem Weg zu einem „more economic approach“ in der Rechtsprechung des EuGH? – Anmerkung zum Urteil des EuGH vom 27. 03.2012, Rs. C-209/10 (Post Danmark), EuR 2012, 570 (572); *Böni/Regenthal*, Die Beurteilung einer marktbeherrschenden Stellung unter besonderer Berücksichtigung des „more economic approach“, WuW 2006, 1230 (1237).

[8] *Fuchs*, in: Immenga/Mestmäcker, Wettbewerbsrecht, 6. Aufl. 2019, AEUV Art. 102, Rn. 8.

1. Marktabgrenzung im europäischen Recht

Der relevante Markt ist in sachlicher, räumlicher und zeitlicher Hinsicht abzugrenzen.

a) Sachlich relevanter Markt

Sowohl die Kommission als auch die europäische Rechtsprechung stellen zur Abgrenzung des sachlich relevanten Marktes insbesondere auf die Austauschbarkeit des Produktes ab und legen damit im Ausgangspunkt das Bedarfsmarktkonzept zugrunde.[9] Neben dem Bedarfsmarktkonzept werden die Kreuzpreiselastizität und die Angebotsumstellungsflexibilität als weitere Abgrenzungsmethoden herangezogen.[10]

(1) Bedarfsmarktkonzept

Nach der ständigen Rechtsprechung des EuGH umfasst der relevante Markt alle Erzeugnisse, die sich aufgrund ihrer Merkmale zur Befriedigung eines gleichbleibenden Bedarfs besonders eignen und nur in geringerem Maße mit anderen Erzeugnissen oder Dienstleistungen austauschen lassen.[11] Die Kommission geht davon aus, dass der sachlich relevante Produktmarkt sämtliche Erzeugnisse und/oder Dienstleistungen umfasst, die von den Verbrauchern hinsichtlich ihrer Eigenschaften, Preise und ihres vorgesehenen Verwendungszwecks als austauschbar oder substituierbar

---

[9] Vgl. EuGH, Urt. v. 21.02.1973, Rs. C-6/72, ECLI:EU:C:1973:22, Rn. 32 – *Continental Can*; EuGH, Urt. v. 14.02.1978, Rs. 27/76, ECLI:EU:C:1978:22, Rn. 11 – *United Brands*; EuGH, Urt. v. 11.12.1980, Rs. C-31/80, ECLI:EU:C:1980:289, Rn. 25 – *L'Oréal*; Europäische Kommission, Bekanntmachung der Kommission über die Abgrenzung des relevanten Marktes im Sinne des Wettbewerbsrechts der Union v. 08.02.2024, C(2023) 6789 final, Rn. 12.

[10] Für das deutsche Recht u.a. *Götting*, in: BeckOK Kartellrecht, 12. Edition 2020, GWB § 18, Rn. 28, 30; für das europäische Recht u.a. *Fuchs*, in: Immenga/Mestmäcker, Wettbewerbsrecht, 6. Aufl. 2019, AEUV Art. 102, Rn. 50, 64.

[11] St. Rspr. EuGH, Urt. v. 21.02.1973, Rs. C-6/72, ECLI:EU:C:1973:22, Rn. 32 – *Continental Can*; EuGH, Urt. v. 14.02.1978, Rs. 27/76, ECLI:EU:C:1978:22, Rn. 11 – *United Brands*; EuGH, Urt. v. 11.12.1980, Rs. C-31/80, E-CLI:EU:C:1980:289, Rn. 25 – *L'Oréal*; EuGH, Urt. v. 09.11.1983, Rs. 322/81, ECLI:EU:C:1983:313, Rn. 41, 44 – *Michelin*.

angesehen werden.[12] Trotz kleinerer Unterschiede zwischen dem Vorgehen der Rechtsprechung und der Kommission stellen beide im Wesentlichen auf die funktionelle Austauschbarkeit aus Sicht der Marktgegenseite ab. Nur Produkte oder Dienstleistungen, die von der Marktgegenseite als austauschbar angesehen werden, stehen miteinander im Wettbewerb.[13] Während die Kommission bei ihrer Bewertung insbesondere die Intention der Nachfrager in den Vordergrund stellt, ziehen die europäischen Gerichte das objektive Kriterium des Bedarfs heran.[14] Danach besteht der sachlich relevante Markt aus der Gesamtheit aller Erzeugnisse, „*die sich auf Grund ihrer Merkmale zur Befriedigung eines gleichbleibenden Bedarfs besonders eignen und mit anderen Erzeugnissen nur in geringem Maße austauschbar sind.*“[15]

Der EuGH hält eine vollkommene Austauschbarkeit nicht für notwendig, sondern erachtet einen hinreichenden Grad an Austauschbarkeit insbesondere mit Blick auf die Verwendung des Produktes oder der Dienstleistung für ausreichend.[16] Inhaltlich werden dabei im Wesentlichen drei Kriterien zur Bestimmung der Austauschbarkeit einer Leistung herangezogen. Die technischen Eigenschaften, die Verwendungsmöglichkeiten und der Preis.[17] Hinzu treten weitere Parameter wie Struktur von Angebot und Nachfrage sowie die Wettbewerbsbedingungen. Die Feststellung des „*hinreichenden Grades von Austauschbarkeit*“ bedarf einer wertenden

---

[12] Europäische Kommission, Bekanntmachung der Kommission über die Abgrenzung des relevanten Marktes im Sinne des Wettbewerbsrechts der Union v. 08.02.2024, C(2023) 6789 final, Rn. 12.

[13] Vgl. EuGH, Urt. v. 14.02.1978, Rs. 27/76, ECLI:EU:C:1978:22, Rn. 12, 22 – *United Brands*; EuGH, Urt. v. 13.02.1979, Rs. C-85/76, ECLI:EU:C:1979:36, Rn. 28 – *Hoffmann-La Roche*; *Jung*, in: Grabitz/Hilf/Nettesheim, Das Recht der Europäischen Union, 81. Aufl. 2024, AEUV Art. 102, Rn. 38.

[14] EuGH, Urt. v. 09.11.1983, Rs. 322/81, ECLI:EU:C:1983:313, Rn. 37, 42 – *Michelin.*

[15] St. Rspr. EuGH, Urt. v. 21.02.1973, Rs. C-6/72, ECLI:EU:C:1973:22, Rn. 32 – *Continental Can;* EuGH, Urt. v. 11.12.1980, Rs. C-31/80, ECLI:EU:C:1980:289, Rn. 27, 30 – *L'Oréal.*

[16] Vgl. EuGH, Urt. v. 13.02.1979, Rs. C-85/76, ECLI:EU:C:1979:36, Rn. 28 – *Hoffmann-La Roche.*

[17] Vgl. EuGH, Urt. v. 09.11.1983, Rs. 322/81, ECLI:EU:C:1983:313, Rn. 37, 42 – *Michelin*; ebenso *Jung*, in: Das Recht der Europäischen Union, 80. Aufl. 2023, AEUV Art. 102, Rn. 38.

Betrachtung. Hierbei sind einerseits die Bedürfnisse der Käufer und die hieraus resultierende Nachfrage sowie andererseits der Preis des Produktes entscheidend.

(2) Kreuzpreiselastizität und *SSNIP*-Test

Bestehen bei zwei oder mehreren Produkten, die sich alle für denselben Verwendungszweck eignen, signifikante Preisdifferenzen, so kann dies aus Sicht der Marktgegenseite eine Austauschbarkeit einschränken oder ausschließen.[18] Um diese Frage beurteilen zu können wurde das Kriterium der Kreuzpreiselastizität entwickelt. Diese zeigt die Korrelation zwischen relativen Preisveränderungen an.[19] Die Analyse erfolgt im Rahmen eines gedanklichen Experimentes, das unter dem Namen *hypothetical monopolist test* bekannt ist. Hierbei wird geprüft, ob bereits geringfügige, aber signifikante und dauerhafte Preiserhöhungen zu einer Verlagerung der Nachfrage auf ein anderes Produkt führen. Ist dies der Fall, so liegt darin ein starkes Indiz für die Austauschbarkeit der Produkte. In der Praxis wird hierfür der *SSNIP*-Test (*small but significant non-transitory increase in price*) verwendet, der eine Preiserhöhung von 5 % bis 10 % unterstellt.[20] Der Test beruht auf folgender Annahme: Durch den Wegfall eines Teils der Nachfrager wird die Preiserhöhung unrentabel. Wenn ein hypothetischer Monopolist die Preise nicht über den Wettbewerbspreis anheben kann, so kann auch kein anderes Unternehmen über eine marktbeherrschende Stellung verfügen.

Die Verwendung dieses *SSNIP*-Tests ist jedoch aus dogmatischer Sicht nur mit Vorbehalten anzuerkennen.[21] Dies liegt zum einen daran, dass in der Praxis oftmals geeignete Daten fehlen. Zum anderen können die

---

[18] *Fuchs*, in: Immenga/Mestmäcker - Kommentar zum Europäischen Kartellrecht, 6. Aufl. 2019, AEUV Art. 102, Rn. 50.

[19] Hierzu im Gesamten: *Fuchs*, ebd. Rn. 50.

[20] Europäische Kommission, Bekanntmachung der Kommission über die Abgrenzung des relevanten Marktes im Sinne des Wettbewerbsrechts der Union v. 08.02.2024, C(2023) 6789 final, Rn. 29; zur Aufnahme des *SSNIP*-Tests in die europäische Rechtsprechung EuG, Urt. v. 15.12.2010, Rs. T-427/08, E-CLI:EU:T:2010:517, Rn. 69 – *CEAHR*.

[21] Hierzu im Gesamten: *Fuchs*, in: Immenga/Mestmäcker, Wettbewerbsrecht, 6. Aufl. 2019, AEUV Art. 102, Rn. 50; ebenso kritisch *Kling/Thomas*, Kartellrecht, 2. Aufl. 2016, 206, 334.

abweichende Zahlungsbereitschaft der Abnehmer und ein womöglich bereits überzogener Ausgangspreis die Ergebnisse verfälschen. Insbesondere in den kartellrechtlich relevanten Wirtschaftsbereichen, die von einem hohen Innovationsdruck geprägt sind, stoßen sowohl das Bedarfsmarktkonzept als auch der *SSNIP*-Test an ihre Anwendungsgrenzen.[22]

(3) Angebotsumstellungsflexibilität

Das Bedarfsmarktkonzept erfasst in seinem klassischen Zuschnitt aktuelle Wettbewerbsbeziehungen und ist daher insbesondere für die Bestimmung der Nachfragemacht und die Abgrenzung der relevanten Nachfragemärkte von zentraler Bedeutung.[23] Die Praxis verwendet darüber hinaus das Kriterium der Angebotsumstellungsflexibilität.[24] Während sich die nachfragebezogene Marktabgrenzung auf aktuelle Wettbewerbsverhältnisse bezieht, stellt man im Rahmen der Angebotsumstellungsflexibilität darauf ab, ob Anbieter ähnlicher Produkte in der Lage sind, ihr Angebot ohne spürbaren Kosten- und Zeitverlust umzustellen.[25] Nur wenn der Anbieter des benachbarten Marktes bereit und in der Lage ist, das Angebot kurzfristig und mit vertretbarem wirtschaftlichem Aufwand umzustellen, kann er bereits gegenwärtig genügend Wettbewerbsdruck auf die aktuell auf diesem Markt tätigen Unternehmen ausüben, um wie ein aktueller Wettbewerber behandelt zu werden.[26] Die Kommission will die Angebotssubstituierbarkeit jedoch nur dann heranziehen, wenn sich die Substituierbarkeit auf der Angebotsseite genauso stark wie die auf der Nachfragerseite auf die

---

[22] *Fuchs*, in: Immenga/Mestmäcker, Wettbewerbsrecht, 6. Aufl. 2019, AEUV Art. 102, Rn. 50; ausführlich *Dreher*, Die Kontrolle des Wettbewerbs in Innovationsmärkten, ZWeR 2009, 149 (157).

[23] *Füller*, in: Münchener Kommentar zum Wettbewerbsrecht, 4. Aufl. 2023, AEUV Art. 102, Rn. 111.

[24] Europäische Kommission, Bekanntmachung der Kommission über die Abgrenzung des relevanten Marktes im Sinne des Wettbewerbsrechts der Union v. 08.02.2024, C(2023) 6789 final, Rn.32 ff., die den Begriff „*Angebotssubstitution*“ verwendet; EuGH, Urt. v. 09.11.1983, Rs. 322/81, ECLI:EU:C:1983:313, Rn. 41, 44 – *Michelin*.

[25] *Füller*, in: Münchener Kommentar zum Wettbewerbsrecht, 4. Aufl. 2023, AEUV Art. 102, Rn. 112.

[26] Hierzu im Gesamten: Europäische Kommission, Bekanntmachung der Kommission über die Abgrenzung des relevanten Marktes im Sinne des Wettbewerbsrechts der Union v. 08.02.2024, C(2023) 6789 final, Rn.32 ff.

Wettbewerbsposition des Anbieters auswirkt. Auch die europäische Rechtsprechung sieht in der Angebotsumstellungsflexibilität eine zusätzliche und absichernde Kontrolle für die Marktabgrenzung.[27]

b) Räumlich relevanter Markt

Im Rahmen der räumlichen Marktabgrenzung wird die Ausdehnung der Märkte ermittelt. Im Ergebnis ist sowohl die Abgrenzung eines rein regionalen Marktes als auch die eines nationalen oder gar weltweiten Marktes möglich. Grundvorrausetzung der räumlichen Bestimmung ist eine sachliche Marktabgrenzung, da das Absatzgebiet nur für die sachlich austauschbaren Waren und Dienstleistungen ermittelt werden kann.[28] Art. 9 Abs. 7 FKVO[29] enthält eine Definition des relevanten Marktes, die der EuGH in der Entscheidung *United Brands* entwickelt und seitdem mehrfach verwendet hat.[30] Aus rechtsdogmatischen Gründen kann sie jedoch nicht direkt auf Art. 102 AEUV angewendet werden. Eine vollständige Gleichsetzung kann nicht erfolgen, da es bei der Fusionskontrolle um künftige Auswirkungen einer Veränderung der Marktstruktur auf den Wettbewerb geht, während Art. 102 AEUV auf die Beurteilung eines in

---

[27] EuGH, Urt. v. 09.11.1983, Rs. 322/81, ECLI:EU:C:1983:313, Rn. 41, 44 – *Michelin.*

[28] *Füller*, in: Münchener Kommentar zum Wettbewerbsrecht, 4. Aufl. 2023, AEUV Art. 102, Rn. 115.

[29] Art. 9 Abs. 7 Verordnung (EG) Nr. 139/2004 des Rates vom 20.01.2004 über die Kontrolle von Unternehmenszusammenschlüssen (FKVO): „*Der räumliche Referenzmarkt besteht aus einem Gebiet, auf dem die beteiligten Unternehmen als Anbieter oder Nachfrager von Waren oder Dienstleistungen auftreten, in dem die Wettbewerbsbedingungen hinreichend homogen sind und das sich von den benachbarten Gebieten unterscheidet; dies trifft insbesondere dann zu, wenn die in ihm herrschenden Wettbewerbsbedingungen sich von denen in den letztgenannten Gebieten deutlich unterscheiden. Bei dieser Beurteilung ist insbesondere auf die Art und die Eigenschaften der betreffenden Waren oder Dienstleistungen abzustellen, ferner auf das Vorhandensein von Zutrittsschranken, auf Verbrauchergewohnheiten sowie auf das Bestehen erheblicher Unterschiede bei den Marktanteilen der Unternehmen oder auf nennenswerte Preisunterschiede zwischen dem betreffenden Gebiet und den benachbarten Gebieten.*“.

[30] EuGH, Urt. v. 14.02.1978, Rs. 27/76, ECLI:EU:C:1978:22, Rn. 11 – *United Brands*, ebenso: EuGH, Urt. v. 09.11.1983, Rs. 322/81, ECLI:EU:C:1983:313, Rn. 37 – *Michelin.*

der Vergangenheit liegenden Verhaltens abstellt.[31] Trotzdem ist im Grundsatz von dieser Definition auszugehen, da sie den zu Art. 102 AEUV entwickelten Grundsätzen entspricht und sowohl Gerichte als auch Kommission diese Definition zugrunde legen.

Auch die räumliche Abgrenzung richtet sich nach dem Bedarfsmarktkonzept. Die Sicht der Nachfrager entscheidet, innerhalb welchen Gebietes ein bestimmtes Produkt nachgefragt wird.[32] Grundsätzlich umfasst der räumliche Markt dabei das Absatzgebiet der Waren und Dienstleistungen. Lässt sich der räumlich relevante Markt nicht derart einfach ermitteln, bedarf es der Analyse weiterer Merkmale wie insbesondere der Transportkosten, der Abnehmergewohnheiten sowie der rechtlichen und tatsächlichen Marktzutrittsschranken.[33]

c) Zeitlich relevanter Markt

Ob es einer zeitlichen Abgrenzung bedarf, ist umstritten, da bereits die Bestimmung des relevanten Produktmarktes verlangt, dass die betreffende Leistung der „*Befriedigung eines gleichbleibenden Bedarfs*" dient.[34] Da die zeitliche Dimension eines Marktes bereits bei der sachlichen Abgrenzung eine entscheidende Rolle spielt, wird ihr in der Literatur im Hinblick

---

[31] *Jung*, in: Grabitz/Hilf/Nettesheim, Das Recht der Europäischen Union, 81. Aufl. 2024, AEUV Art. 102, Rn. 53; mit Verweis auf Europäische Kommission, Bekanntmachung über die Definition des relevanten Marktes im Sinne des Wettbewerbsrechts der Gemeinschaft, ABl. 1997 C 372, Rn. 12.

[32] Hierzu im Gesamten: *Füller*, in: Münchener Kommentar zum Wettbewerbsrecht, 4. Aufl. 2023, AEUV Art. 102, Rn. 116; *Fuchs*, in: Immenga/Mestmäcker, Wettbewerbsrecht, 6. Aufl. 2019, AEUV Art. 102, Rn. 65.

[33] *Körber*, in: Immenga/Mestmäcker, Wettbewerbsrecht, 6. Aufl. 2020, FKVO Art. 2 Beurteilung von Zusammenschlüssen, Rn. 147; *Füller*, in: Münchener Kommentar zum Wettbewerbsrecht, 4. Aufl. 2023, AEUV Art. 102, Rn. 116; zu den Kriterien ebenso Europäische Kommission, Bekanntmachung der Kommission über die Abgrenzung des relevanten Marktes im Sinne des Wettbewerbsrechts der Union v. 08.02.2024, C(2023) 6789 final, Rn.38 ff.

[34] *Jung*, in: Grabitz/Hilf/Nettesheim, Das Recht der Europäischen Union, 81. Aufl. 2024, AEUV Art. 102, Rn. 54.

auf die Marktabgrenzung zumeist keine weitergehende Bedeutung zugemessen.[35]

2. *Marktabgrenzung im deutschen Recht*

Auch im deutschen Recht wird zur Abgrenzung des relevanten Marktes auf die räumlich, sachlich und zeitlichen Kriterien zurückgegriffen. Diese Abgrenzung stellt trotz aller Schwierigkeiten ein praktisch handhabbares Konzept dar, an dem sich Gerichte, Wettbewerbsbehörden und Unternehmen orientieren können.[36] Für die sachliche Marktabgrenzung hat sich auch im deutschen Recht das Bedarfsmarktkonzept und das Konzept der funktionellen Austauschbarkeit durchgesetzt. Hierbei wird – wie auch im europäischen Recht – auf die verständige Sicht der Abnehmer abgestellt.[37] In Fällen, in denen das Bedarfsmarktkonzept an seine Grenzen stößt, berücksichtigt auch die deutsche Rechtsprechung die Angebotsumstellungsflexibilität als ergänzendes Kriterium.[38]

Für den räumlich relevanten Markt besteht im deutschen Recht keine Legaldefinition. Sowohl die Literatur als auch die Rechtsprechung greifen aus diesem Grund auf die Definition aus Art. 9 Abs. 7 FKVO zurück.[39] Mit Einführung des § 18 Abs. 2 GWB im Zuge der 8. GWB-Novelle hat der deutsche Gesetzgeber klargestellt, dass sich der Markt nicht auf den Geltungsbereich des Gesetzes beschränkt. Der zeitlich relevante Markt spielt ebenso wie im europäischen Recht eine untergeordnete Rolle, da die

---

[35] *Füller,* in: Münchener Kommentar zum Wettbewerbsrecht, *4. Aufl. 2023,* AEUV Art. 102, Rn. 132; *Fuchs*, in: Immenga/Mestmäcker, Wettbewerbsrecht, 6. Aufl. 2019, AEUV Art. 102, Rn. 68.

[36] *Fuchs*, in: Immenga/Mestmäcker, Wettbewerbsrecht, 7. Aufl. 2024, GWB § 18, Rn. 32.

[37] Aus der Rspr. des BGH: U.a. BGH NJW-RR 186, 525 (526); BGH NJW-RR 1988, 484 (485) – *Gruner+Jahr – Zeit II*; aus der Literatur *Fuchs*, ebd. Rn. 37.

[38] U.a. BGHZ 170, 299, Rn. 19 – *National Geographic II*; BGH, WuW 2017, 283, Rn. 25 – *VBL-Gegenwert II*.

[39] BGH, WuW/E DE-R, 2327, Rn. 69 – *Kreiskrankenhaus Bad Neustadt*; KG, NZBau 2015, 323 (327); *Fuchs*, in: Immenga/Mestmäcker, Wettbewerbsrecht, 7. Aufl. 2024, GWB § 18, Rn. 58.

zeitliche Dimension bereites ein wichtiger Aspekt der sachlichen Marktabgrenzung ist.[40]

3. Vergleich des europäischen und deutschen Rechts

Eines ausführlichen Rechtsvergleichs zwischen deutschem und europäischem Recht bedarf es im Rahmen der Marktabgrenzung nicht, da keine spürbaren Unterschiede zwischen den Rechtssystemen vorliegen. Beide legen der Marktabgrenzung das Bedarfsmarktkonzept zugrunde und ziehen ergänzend die Kriterien der Angebotsumstellungsflexibilität und der Kreuzpreiselastizität heran.

II. Marktabgrenzung auf Plattformmärkten

Bevor eine Bewertung der Marktstellung vorgenommen werden kann, muss auch auf Plattformmärkten zunächst der relevante Markt in sachlicher und räumlicher Hinsicht abgegrenzt werden.

1. Bedarfsmarktkonzept

Grundlage der Marktabgrenzung ist auch auf Plattformmärkten das Bedarfsmarktkonzept.[41] Bei der Bewertung sind insbesondere indirekte Netzwerkeffekte zu berücksichtigen, da diese Einfluss auf die funktionelle Austauschbarkeit mit einem Konkurrenzprodukt haben. Der Nutzen, den ein Nutzer aus einem bestimmten Gut oder einer Dienstleistung zieht, steigt oftmals an, wenn viele andere Nutzer dieses Gut oder diese Dienstleistung ebenfalls nachfragen.[42] Fehlen entsprechende Netzwerkeffekte, so besteht die Möglichkeit, dass es vom Nutzerkreis nicht mehr als austauschbar angesehen wird, da es keine ebenso attraktive und vergleichbare Alternative darstellt. Die hohe Innovationsgeschwindigkeit auf diesen Märkten kann

---

[40] *Fuchs*, ebd. Rn. 66.

[41] *Höppner/Grabenschröer*, Marktabgrenzung bei mehrseitigen Märkten am Beispiel der Internetsuche, NZKart 2015, 162 (164); *Volmar*, Digitale Marktmacht 2019, 169; *Dreher*, Die Kontrolle des Wettbewerbs in Innovationsmärkten, ZWeR 2009, 149 (155).

[42] *Fuchs*, in: Immenga/Mestmäcker, Wettbewerbsrecht, 7. Aufl. 2024, GWB § 18, Rn. 41.

dazu führen, dass Waren oder Dienstleistungen schon nach kurzer Zeit nicht mehr als Substitut angesehen werden.[43]

a) Einheitliche oder getrennte Märkte

Auf Plattformmärkten stellt sich zunächst die grundlegende Frage, ob von einem einheitlichen Markt ausgegangen werden kann oder ob beide Seiten der Plattform getrennten Märkten zuzuordnen sind. Auf der einen Seite ist es denkbar, die verschiedenen Marktseiten aufgrund der unterschiedlichen Bedürfnisse der Nutzer getrennten Märkten zuzuordnen. Auf der anderen Seite könnte – aufgrund der Wechselbeziehungen zwischen den Marktseiten – ein einheitlicher Markt angenommen werden.

(1) Ansicht der Literatur

In der Literatur bestehen unterschiedliche Ansichten, anhand welcher Voraussetzungen eine Einordnung vorzunehmen ist. Für *Filistrucchi et al.*, die zwischen Transaktionsplattformen und Nicht-Transaktionsplattformen unterscheiden, hängt die Einordnung davon ab, wie ausgeprägt die Auswirkungen der Zweiseitigkeit sind.[44] Bei Transaktionsplattformen kann ihrer Ansicht nach grundsätzlich von einem einheitlichen Markt ausgegangen werden, da im Regelfall positive indirekte Netzwerkeffekte vorliegen. Auch *Evans* geht von einem eigenständigen Markt für die Vermittlung bestimmter Dienste und Produkte aus.[45]

Weite Teile der Literatur widersprechen dieser einheitlichen Marktabgrenzung und gehen stattdessen davon aus, dass Austauschbeziehungen grundsätzlich für jede Seite separat zu ermitteln sind und damit im Ansatz für jede Nutzergruppe mit eigenständigen Bedürfnissen ein eigenständiger

---

[43] *Dreher*, Die Kontrolle des Wettbewerbs in Innovationsmärkten, ZWeR 2009, 149 (156).

[44] Hierzu im Gesamten: *Filistrucchi/Geradin/van Damme/Affeldt*, Market Definition in two-sided markets: Theory amd practice, Journal of Competition Law and Economics 2014, 293 (302 ff.).

[45] *Evans*, The Antitrust Economics of Multi-Sided Platform Markets, Yale Journal on Regulation 2003, 325 (340 f.).

Markt abzugrenzen ist.[46] Hiervon ausgenommen sind *Matching*-Plattformen ohne anschließende Transaktion, bei denen ein einheitlicher Bedarf beider Seiten nach einer Vermittlungsleistung vorliegt. Die Annahme eigenständiger Teilmärkte für die jeweiligen Marktseiten (marktseitenspezifische Marktabgrenzung) ist für die wettbewerbsrechtliche Bewertung von entscheidender Bedeutung, da auf jedem dieser Teilmärkte eine Marktbeherrschung bestehen kann.[47] Durch eine getrennte Abgrenzung soll verhindert werden, dass Verhaltensweisen, die sich auf der einen Seite positiv und auf der anderen negativ auswirken, in der Gesamtschau als neutral angesehen werden.[48] *Dewenter et al.* machen die einheitliche Marktabgrenzung nicht von der Plattformart abhängig, sondern stellen auf die Ausprägung der indirekten Netzwerkeffekte ab.[49]

Auch *Volmar* geht grundsätzlich von einer getrennten Marktabgrenzung aus.[50] Eine Abgrenzung einheitlicher Märkte ist seiner Ansicht nach ausnahmsweise dann angezeigt, wenn auf den jeweiligen Plattformseiten die gleichen Wettbewerbsbedingungen vorliegen.[51] Dies ist der Fall, wenn auf beiden Seiten positive indirekte Netzwerkeffekte wirken, da in diesem Fall beide Nutzergruppen die gleichen Interessen und Verhandlungspositionen gegenüber der Plattform haben. Würde man bei strenger Anwendung des Bedarfsmarktkonzeptes die Märkte aufgrund fehlender Austauschbarkeit der Leistungen getrennt betrachten, würde dies zu einer doppelten Prüfung der Märkte mit gleichen Wettbewerbsbedingungen führen. Um dies zu vermeiden, erachtet es *Volmar* für sinnvoll, Märkte mit homogenen

---

[46] *Lohse*, Marktmachtmissbrauch durch Internetplattformen?, ZHR 2018, 321 (332); *Hoffer/Lehr*, Onlineplattformen und Big Data auf dem Prüfstand – Gemeinsame Betrachtung der Fälle Amazon, Google und Facebook, NZKart 2019, 10 (14 f.); *Höppner/Grabenschröer*, Marktabgrenzung bei mehrseitigen Märkten am Beispiel der Internetsuche, NZKart 2015, 162 (163); im Ergebnis auch *Dewenter/Rösch/Terschüren*, Abgrenzung zweiseitiger Märkte am Beispiel von Internetsuchmaschinen, NZKart 2014, 387 (398 ff.).

[47] *Hoffer/Lehr*, Onlineplattformen und Big Data auf dem Prüfstand – Gemeinsame Betrachtung der Fälle Amazon, Google und Facebook, NZKart 2019, 10 (14).

[48] *Schweitzer/Haucap/Kerber/Welker*, Modernisierung der Missbrauchsaufsicht für marktmächtige Unternehmen 2018, 95 f.

[49] *Dewenter/Rösch/Terschüren*, Abgrenzung zweiseitiger Märkte am Beispiel von Internetsuchmaschinen, NZKart 2014, 387 (388).

[50] Hierzu im Gesamten: *Volmar*, Digitale Marktmacht 2019, 169 ff.

[51] *Volmar*, ebd., 174.

Wettbewerbsbedingungen zu einem einheitlichen Markt zusammenzufassen. Diese Überlegung wirft die Frage auf, unter welchen Voraussetzungen homogene Wettbewerbsbedingungen angenommen werden können. *Volmar* möchte hierzu ein konkretisiertes Bedarfsmarktkonzept anwenden, das insbesondere dann von einem einheitlichen Markt ausgeht, wenn die Produkte einen reziproken Bedarf bedienen.[52] Ein reziproker Bedarf liegt vor, wenn es beiden Nutzergruppen gerade darauf ankommt, mit der jeweils anderen Gruppe in Kontakt zu kommen und sich damit ihre Bedürfnisse wechselseitig gegenüberstehen. Das Kriterium der Reziprozität bedarf einer Konkretisierung.[53] Insbesondere bei Werbeplattformen wie Suchmaschinen stellt sich die Frage, wann von einer Wechselseitigkeit auszugehen ist und welche Auswirkungen ein Werbefolgekontakt hat. Da der Suchnutzer in diesem Fall die Werbung der Suchmaschine wertschätzt, bestehen ausnahmsweise positive indirekte Netzwerkeffekte. Die Reziprozität muss daher nach der Mehrheit der Nutzer bestimmt werden. Bei Werbung auf einer Suchplattform ist davon auszugehen, dass die Mehrheit der Nutzer kein Interesse an einem Werbefolgekontakt hat. Als weiteres Indiz für einen reziproken Bedarf kann die Kostenverteilung herangezogen werden, da in diesem Fall davon auszugehen ist, dass beide Seiten eine Interaktion mit der anderen Nutzergruppe anstreben.[54] Bezahlt – wie bei der Werbung auf einer Suchmaschine – nur eine Seite die Kosten der Vermittlung spricht dies für einen unterschiedlichen Bedarf und damit eine separate Marktabgrenzung.[55] Im Hinblick auf das Maß an Wechselseitigkeit lässt *Volmar* es ausreichen, wenn die Kern- und Hauptleistung der Plattform darin besteht, den Kontakt zwischen den Seiten herzustellen und die Nutzer hauptsächlich eine Vermittlung durch die Plattform begehren. Eine vollständige Identität zwischen den Leistungen auf beiden Seiten, wie es die Kommission in ihrer Entscheidung *MasterCard I* gefordert hat,[56] ist nicht erforderlich. Eine Ausnahme vom konkretisierten

---

[52] Hierzu im Gesamten: *Volmar*, ebd., 174 ff.

[53] Hierzu im Detail: *Volmar*, ebd., 180.

[54] *Volmar*, ebd., 181; im Ergebnis ähnlich *Wright*, One-sided Logic in Two-sided Markets, Review of Network Economics 2004, 44 (62).

[55] *Volmar*, Digitale Marktmacht 2019, 181.

[56] Europäische Kommission, Beschl. v. 19.12.2007, COMP/34.579, Rn. 270 ff. – *MasterCard I.*

Bedarfsmarktkonzept erkennt *Volmar* an, wenn ein *competitive bottleneck* vorliegt.[57] Hierbei vermittelt ein Unternehmen eine Transaktion zwischen zwei Nutzergruppen, von denen eine Gruppe *Single-Homing* und die anderen Gruppe *Multi-Homing* betreibt.[58] Bei dieser Kombination von *Multi-* und *Single-Homing* sind die Wettbewerbsbedingungen trotz eines reziproken Bedarfs nicht homogen und erfordern eine getrennte Marktabgrenzung.[59]

(2) Ansicht der Kommission und der europäischen Rechtsprechung

Die Kommission geht in ihrer überarbeiteten Bekanntmachung zur Marktabgrenzung davon aus, dass sowohl ein einheitlicher Markt für sämtliche von der Plattform angebotenen Produkte als auch getrennte Märkte abgegrenzt werden können.[60] Getrennte Märkte sind anzunehmen, wenn auf den verschiedenen Plattformseiten erhebliche Unterschiede bezüglich der Substitutionsmöglichkeiten bestehen. Ob derartige Unterschiede vorliegen, kann anhand verschiedener Faktoren geprüft werden. Unter anderem kann entscheidend sein, ob verschiedene Unternehmen substituierbare Produkte für jede Nutzergruppe anbieten, welcher Grad an Produktdifferenzierung auf jeder Seite vorliegt oder welche verhaltensbezogenen Faktoren festzustellen sind. Besonders schwierig gestaltet sich die Abgrenzung, wenn die Leistung einer Seite zum monetären Nullpreis angeboten wird. In diesem Fall sind nicht preisliche Parameter wie der Verwendungszweck, die Wechselkosten oder die Produktfunktion von besonderer Relevanz. In der Entscheidung *Google/DoubleClick* hat die Kommission – trotz Annahme einer zweiseitigen Plattform – offengelassen, ob der Markt zur

---

[57] Zu dieser Thematik ausführlich: E.II.3.c)(1); auch *Volmar*, Die Intermediationsmacht von Competitive Bottlenecks, NZKart 2020, 170 (171).

[57] *Volmar*, Digitale Marktmacht 2019, 192.

[58] Der Begriff des „*Singe-Homing*" beschreibt das Verhalten von Nutzern, die ausschließlich eine einzige Plattform zur Befriedigung ihres Bedarfs verwenden; der Begriff des „Multi-Homing" bezeichnet das Verhalten von Nutzern, die gleichzeitig auf mehrere Plattformen zurückgreifen, BKartA, Arbeitspapier – Marktmacht von Plattformen und Netzwerken, 63.

[59] *Volmar*, Digitale Marktmacht 2019, 192.

[60] Hierzu im Gesamten: Europäische Kommission, Bekanntmachung der Kommission über die Abgrenzung des relevanten Marktes im Sinne des Wettbewerbsrechts der Union v. 08.02.2024, C(2023) 6789 final, Rn. 94 ff.

Vermittlung von Online-Werbung als einheitlicher Markt zu definieren ist.[61] In der Entscheidung *MasterCard I* hat sie hingegen das Vorliegen eines einheitlichen Marktes für „*MasterCard-Dienstleistungen*" abgelehnt, da dies der komplexen vertikalen Struktur des Marktes nicht gerecht werden würde.[62]

In der Rechtssache *CEAHR* hat das EuG Kriterien festgelegt, die eine Abgrenzung zwischen getrennten und einheitlichen Märkten ermöglichen soll.[63] Von einem einheitlichen Markt ist demzufolge auszugehen, wenn Preiserhöhungen auf dem einen Markt dazu führen, dass die Kunden auf einem anderen Markt einen Anbieterwechsel vornehmen. In der Literatur wird teilweise angenommen, dass diese Abgrenzungsregel grundsätzlich auf Plattformen übertragbar ist.[64] Verlassen die Nutzer auf einer Seite (A) die Plattform aufgrund einer Preiserhöhung auf der anderen Seite (B), so ist davon auszugehen, dass die Nutzer der einen Seite (A) ihre Konsumentscheidung nach der Anzahl der Nutzer der anderen Seite ausrichten. Grundvoraussetzung dieses Tests ist, dass auf beiden Seiten Netzwerkeffekte wirken und homogene Wettbewerbsbedingungen vorliegen. Der *CEAHR*-Test ist auf Internetplattformen nur eingeschränkt anwendbar.[65] Wird nur auf einer Seite ein monetärer Preis gezahlt, so fehlt es an Daten in Bezug auf das Wechselverhalten der Nutzer. Diese sind aber erforderlich, um die Anwesenheit beiderseitiger positiver indirekter Netzwerkeffekte und damit das Vorliegen homogener Wettbewerbsbedingungen festzustellen.

In der Entscheidung *Google Shopping* hat das EuG getrennte Märkte angenommen. Das EuG bestätigte die Auffassung der Kommission, dass neben einem allgemeinen Markt für Internetsuchdienste ein spezieller Markt

---

[61] Europäische Kommission, Beschl. v. 11.03.2008, COMP/M.4731, Rn. 57 ff. – *Google/DoubleClick*.

[62] Europäische Kommission, Beschl. v. 19.12.2007, COMP/34.579, Rn. 261 – *MasterCard*.

[63] Hierzu im Gesamten; EuG, Urt. v. 15.12.2010, Rs. T-427/08, ECLI:EU:T:2010:517, Rn. 105 ff. – *CEAHR*.

[64] Hierzu im Gesamten: *Volmar*, Digitale Marktmacht 2019, 153 ff.

[65] *Volmar*, ebd., 154.

für Preisvergleichsdienste besteht.[66] Die getrennte Marktabgrenzung führte die Kommission insbesondere auf die fehlende nachfrage- und angebotsseitige Substituierbarkeit zurück.

(3) Ansicht des Bundeskartellamts

Das Bundeskartellamt stellt bei der Frage, ob ein einheitlicher Markt vorliegt, im Wesentlichen auf die Abgrenzung zwischen *Matching*- und Aufmerksamkeitsplattformen ab. Bei *Matching*-Plattformen kommt eine einheitliche Abgrenzung immer dann in Betracht, wenn die Nutzergruppen einen im Wesentlichen einheitlichen Bedarf nach einer Vermittlung zur anderen Seite der Plattform haben.[67] In diesem Fall weisen beide Seiten eine gleiche oder zumindest weitestgehend gleiche Sicht auf die funktionale Austauschbarkeit auf. Für eine einheitliche Abgrenzung lässt sich anführen, dass die Plattformleistung in der Vermittlung zwischen den verschiedenen Nutzergruppen liegt. Die Plattform benötigt für ihre Funktionsfähigkeit zwingend beide Seiten. Würde man die einzelnen Seiten getrennt voneinander betrachten, würde dies den tatsächlichen wirtschaftlichen Geschehensablauf fehlerhaft abbilden und die ausgeprägten Wechselwirkungen zwischen den Seiten außer Acht lassen. Aus Sicht des Bundeskartellamts kommt es nicht auf das Produkt an, für das die Plattform den Kontakt und die möglicherweise anschließende Transaktion vermittelt. Vielmehr ist auf die eigenständige Vermittlungsleistung abzustellen.

Das Bedarfsmarktkonzept erfordert nach Ansicht des Bundeskartellamts keine Aufteilung der beiden Marktseiten.[68] Stattdessen kann die Marktgegenseite ebenso wie auf vielen einseitigen Märkten auch aus zwei oder mehreren Nutzergruppen bestehen. Die konsequente Anwendung des Bedarfsmarktkonzeptes spricht insbesondere dann für eine einheitliche Betrachtung, wenn man die Plattform als Anbieter der Vermittlungsleistung ansieht und die Nutzer als Nachfrager dieser Dienstleistung. In diesem Fall haben beide einen weitestgehend einheitlichen Bedarf. Bereits bei der

---

[66] EuG, Urt. v. 10.11.2021, Rs. T-612/17, ECLI:EU:T:2021:763, Rn. 469 ff. – *Google Shopping*; wie bereits zuvor Europäische Kommission, Beschl. v. 27.06.2017, C(2017) 4444 final, Rn. 154 ff. – *Google Shopping*.

[67] Hierzu im Gesamten: BKartA, Arbeitspapier – Marktmacht von Plattformen und Netzwerken, 31.

[68] Hierzu im Gesamten: BKartA, Arbeitspapier – Marktmacht von Plattformen und Netzwerken, 32.

Marktabgrenzung sind indirekte Netzwerkeffekte zu berücksichtigen, da diese einen direkten Einfluss auf die Bedarfsbestimmung der Nutzer haben. Zwar erfüllt die Plattformleistung für beide Seiten oftmals eine unterschiedliche Funktion, doch hängt die Bedarfserfüllung für die eine Gruppe davon ab, ob sie auch den Bedarf der anderen Gruppe erfüllt. Dieser Umstand rechtfertigt es aus Sicht des Bundeskartellamts, die Nutzergruppen als einheitliche Marktgegenseite im Sinne des Bedarfsmarktkonzeptes zu behandeln, ohne dabei die Mehrseitigkeit des Marktes außer Acht zu lassen.

Eine andere Beurteilung ist aus Sicht des Bundeskartellamts erforderlich, wenn die Nutzergruppen deutlich abweichende Austauschmöglichkeiten aufweisen. In diesem Fall müssen die Märkte getrennt voneinander betrachtet werden, da ansonsten möglicherweise wichtige Wettbewerber außer Acht gelassen werden.[69] Dabei kommt es maßgeblich darauf an, ob bei einer angestrebten Transaktion die vorgelagerte Vermittlungsleistung zwingend notwendig ist oder ob die Transaktion auch ohne diese Vermittlung zustande gekommen wäre. Letzteres dürfte nur in Ausnahmefällen anzunehmen sein. Ein solcher Ausnahmefall kann vorliegen, wenn aus Sicht einer Nutzergruppe unterschiedliche Vermittlungsleistungen in Betracht kommen. Hierbei kann es notwendig sein, zu prüfen, ob unterschiedliche Nutzungsverhalten – eine Seite betreibt vorwiegend *Single-Homing* und die andere Seite überwiegend *Multi-Homing* – im Hinblick auf die unterschiedlichen Wettbewerbsbedingungen eine Trennung der Märkte rechtfertigen.

Bei Aufmerksamkeitsplattformen ist eine einheitliche Plattformbetrachtung nach Auffassung des Bundeskartellamts nicht geboten.[70] Im Gegensatz zu *Matching*-Plattformen entsteht der Plattformdienst nicht erst dann, wenn die andere Seite an Bord gebracht wird. Stattdessen wird ein vorhandenes Produkt monetarisiert und gegebenenfalls ein weiters Produkt (z.B. eine Werbefläche) geschaffen. Aufgrund der dargestellten asymmetrischen indirekten Netzwerkeffekte ist es ohne weiteres möglich, die

---

[69] Hierzu im Gesamten: BKartA, Arbeitspapier – Marktmacht von Plattformen und Netzwerken, 32.

[70] BKartA, Arbeitspapier – Marktmacht von Plattformen und Netzwerken, 33.

Austauschmöglichkeiten durch die verschiedenen Nutzergruppen nicht einheitlich zu beurteilen.

In der Fallpraxis hat das Bundeskartellamt diese Überlegungen umgesetzt und in einem Fusionsfall zwei Online-Immobilienplattformen als *Matching*-Plattformen mit anschließender Transaktion eingestuft.[71] Auf dieser Grundlage ging das Bundeskartellamt von einem einheitlichen Markt für Immobilienplattformen aus. In Anwendung des Bedarfsmarktkonzeptes haben beide Seiten einen weitestgehend einheitlichen Bedarf, da die Vermittlungsleistung das Kernelement der nachgefragten Leistung darstellt. In einem Beschluss zur Freigabe einer Fusion zweier Online-Dating-Plattformen nahm das Bundeskartellamt explizit einen einheitlichen Markt an.[72] Es stützte seine Entscheidung auf die Überlegung, dass Online-Dating-Plattformen als Intermediäre die direkte Interaktion der beiden Nutzergruppen – zumeist Männer auf der einen Seite und Frauen auf der anderen Seite – ermöglichen, wobei zwischen beiden Seiten indirekte Netzwerkeffekte herrschen.

(4) Stellungnahme

Die Beurteilung, ob ein einheitlicher oder getrennter Markt vorliegt, kann nicht pauschal anhand der Plattformart getroffen werden. Die Annahme, dass bei *Matching*-Plattformen grundsätzlich von einem einheitlichen Markt auszugehen ist, ist nicht differenziert genug. Bereits die exakte Einordnung einer Plattform kann Schwierigkeiten bereiten. Die Abgrenzung muss stattdessen anhand der Ausprägung der indirekten Netzwerkeffekte erfolgen.

Grundsätzlich ist von einer getrennten Marktabgrenzung auszugehen. Das Bedarfsmarktkonzept muss auch hier die Grundlage der Überlegung bilden. Auf einer mehrseitigen Plattform hat jede Nutzerseite ihre eigenen Bedürfnisse und sieht eine andere Leistung als funktional austauschbar an. Würde man trotzdem von einem einheitlichen Markt ausgehen, so besteht die Gefahr, wichtige Wettbewerber bei der Bewertung unberücksichtigt zu lassen. Eine zu weite Marktabgrenzung könnte auch dazu führen, dass das Vorliegen einer marktbeherrschenden Stellung fälschlicherweise

---

[71] BKartA, Fallbericht v. 20.04.2015, B6-39/15, 1 f.
[72] BKartA, Beschl. v. 22.10.2015, B6-57/15, Rn. 71 ff.

abgelehnt wird. Außerdem besteht die Gefahr, dass eine missbräuchliche Verhaltensweise in der Gesamtschau fälschlicherweise als zulässig erachtet wird, da positive Effekte auf einer Marktseite dem gesamten Markt zugeordnet werden.

Eine Ausnahme hiervon ist für *Matching*-Plattformen zu machen, bei denen beide Seiten einen einheitlichen Bedarf nach einer Vermittlung haben. Hier dürfen die beiden Marktseiten nicht einzeln betrachtet werden, da ein einheitlicher Markt für Vermittlungsleistungen besteht. Entgegen der Ansicht des Bundeskartellamts sollte auch in Fällen, in denen sich eine Transaktion an die vorgelagerte Vermittlungsleistung anschließt, grundsätzlich von getrennten Märkten ausgegangen werden. Die beiden Nutzergruppen, Anbieter und Nachfrager, haben unterschiedliche Bedürfnisse und sehen verschiedene Leistungen als funktional austauschbar an. Nur wenn die Vermittlungsleistung das zentrale Kernelement der Plattformleistung ist, ist ein einheitlicher Markt anzunehmen.

b) Unentgeltliche Märkte

Auf digitalen Märkten entscheiden sich Plattformbetreiber oftmals dazu, von einer Marktseite keinen monetären Preis für die Plattformleistung zu verlangen. Dies gilt insbesondere für werbefinanzierte Plattformen. Dort wird in der Regel nur von der werbetreibenden Nutzergruppe ein Entgelt verlangt, während die andere Nutzergruppe die Leistung der Plattform kostenlos in Anspruch nehmen kann. Für Plattformbetreiber ist es möglicherweise sogar lohnend, den Service zunächst für alle Nutzergruppen kostenlos anzubieten und erst ab dem Erreichen einer gewissen Nutzerzahl von einer Marktseite ein Entgelt zu verlangen. Im Hinblick auf die Marktabgrenzung drängt sich hierbei die Frage auf, ob auch ohne einen monetären Zahlungsverkehr ein Markt angenommen werden kann und ob nicht-monetäre Leistungen wie insbesondere die Preisgabe von Nutzerdaten eine Marktqualität begründen können.

(1) Ansicht der Literatur

In der Literatur gehen die Ansichten zur Behandlung unentgeltlicher Märkte oder Marktseiten auseinander. Teilweise wird eine Marktqualität gänzlich abgelehnt, sofern es an einem monetären Zahlungsverkehr mangelt.[73] Dies wird insbesondere damit begründet, dass es bei einer unentgeltlichen Marktbeziehung an einer rechtlichen Bindung fehlt und die Bedeutung der Nutzerzahlen auch auf dem Werbemarkt berücksichtigt werden kann. Besteht ein rein tatsächliches Verhältnis, in dem keiner der Beteiligten eine rechtliche Bindung eingeht, sei es nicht angemessen, einen kartellrechtlich relevanten Markt anzunehmen.

Andere Stimmen in der Literatur setzen bereits an der Frage an, wann überhaupt eine Unentgeltlichkeit vorliegt.[74] Ihrer Ansicht nach kann auch dann ein Markt angenommen werden, wenn der Nutzer statt einer monetären Leistung andere Güter zur Verfügung stellt, die von der Plattform aufgrund ihres wirtschaftlichen Wertes später zu Geld gemacht werden können. Dies gilt insbesondere für die Preisgabe (werbe-)relevanter, kommerzialisierbarer persönlicher Daten über Interessen, Neigungen und das Nutzerverhalten. Diese können von der Plattform ausgewertet werden und dem Werbekunden eine zielgenauere Werbung ermöglichen, woraus sich eine individuelle Geschäftsbeziehung ableiten lässt. Insofern liegt dieser Ansicht nach eine hinreichende entgeltliche Austauschbeziehung vor, welche die Annahme eines eigenständigen wettbewerbsrechtlich relevanten Marktes rechtfertigt. Teilweise wird für eine hinreichende entgeltliche Austauschbeziehung verlangt, dass ein unmittelbarer Kontakt zwischen Plattform und Nutzer erfolgen muss.[75] Eine Unterscheidung ist dieser Ansicht zu Folge notwendig, da die Aufmerksamkeit allein nicht für die Annahme eines eigenständigen Marktes ausreicht. Auf Werbemärkten wie dem für Zeitungs- und Fernsehwerbung fehlt es an einer anschließenden Interaktion und damit an einer hinreichenden Marktbeziehung.

Dewenter et al. sehen die Hingabe von Aufmerksamkeit als eine „*hedonistische*“ Form des Preises an.[76] Ihrer Ansicht nach reicht es aus, wenn

---

[73] Hierzu im Gesamten: *Kersting/Dworschak*, Google als Marktbeherrscher? – Zur (geringen) Aussagekraft hoher Nutzerzahlen im Internet, Ifo Schnelldienst 2014, 1 (3 f.).

[74] *Paal*, Immaterialgüter, Internetmonopole und Kartellrecht, GRUR 2013, 873 (876).

[75] *Höppner/Grabenschröer*, Marktabgrenzung bei mehrseitigen Märkten am Beispiel der Internetsuche, NZKart 2015, 162 (163).

[76] Hierzu im Gesamten: *Dewenter/Rösch/Terschüren*, Abgrenzung zweiseitiger Märkte am Beispiel von Internetsuchmaschinen, NZKart 2014, 387 (389).

zumindest von einer Marktseite ein Preis verlangt wird, der eine Finanzierung der Plattform ermöglicht, da der relevante Markt immer über alle Marktseiten hinweg entsteht. Die konkrete Preissetzung ist nach ihrer Ansicht nur eine wirtschaftliche Entscheidung zur Internalisierung von Netzwerkeffekten. Lässt man die nicht in Geld bepreiste Seite bei der Betrachtung und deren Effekte auf den Markt außer Acht, führt dies zu einer Fehleinschätzung bei der Marktabgrenzung. Für die Begründung eines Marktes reicht es aus, wenn die Nutzer anstelle eines pekuniären Preises eine andere Gegenleistung entrichten müssen. Nutzer einer Aufmerksamkeitsplattform zahlen bereits mit ihrer Aufmerksamkeit für Inhalte und Werbung. Darüber hinaus hinterlassen die Nutzer Informationen über ihr Such- und Einkaufsverhalten und ihre Präferenzen. Diese Informationen sind aus Sicht der Aufmerksamkeitsplattformen besonders wertvoll, da Inhalte und Werbeangebote zielgerichtet auf Nachfrager ausgerichtet werden können. Sofern zumindest von einer Marktseite ein Preis zur Finanzierung der Plattform verlangt wird, entsteht ein relevanter Markt für alle Marktseiten.

(2) Ansicht der Kommission

Die Kommission geht ebenso wie die europäische Rechtsprechung davon aus, dass auch unentgeltliche Leistungen Märkte im Sinne des Kartellrechts darstellen können.[77] So hat die Kommission in der Fusionsentscheidung *Facebook/Whatsapp* bei ihrer Prüfung verschiedene Internetmärkte voneinander abgegrenzt, obwohl dort nahezu alle Leistungen kostenfrei zur Verfügung gestellt werden.[78] In einem gegen Microsoft gerichteten Missbrauchsverfahren nahm die Kommission Märkte für einen Webbrowser und einen Mediaplayer an, obwohl diese im *Windows* Betriebssystem integriert sind und größtenteils kostenlos zur Verfügung gestellt werden.[79] Im Missbrauchsverfahren *Google Shopping* hat die Kommission dieses Verständnis bestätigt, indem sie von einem Missbrauch einer marktbeherrschenden Stellung Googles auf dem Markt für allgemeinen

---

[77] Europäische Kommission, Bekanntmachung der Kommission über die Abgrenzung des relevanten Marktes im Sinne des Wettbewerbsrechts der Union v. 08.02.2024, C(2023) 6789 final, Rn. 97.

[78] Europäische Kommission, Entsch. v. 03.10.2014, COMP/M.7217, Rn. 20 ff. – *Facebook/WhatsApp*.

[79] Europäische Kommission, Entsch. v. 24.03.2004, COMP/C-3/37.792, Rn. 402 ff. – *Microsoft*.

Internetsuchanbieter ausgegangen ist, obwohl die Suchen für Nutzer durchweg kostenlos angeboten werden.[80] Das EuG hat sich dieser Auffassung angeschlossen.[81]

(3) Ansicht des Bundeskartellamts und der deutschen Rechtsprechung

Auf nationaler Ebene hat der Gesetzgeber durch die Einführung des § 18 Abs. 2a GWB im Rahmen der 9. GWB-Novelle klargestellt, dass auch die unentgeltliche Bereitstellung einer Leistung der Annahme eines Marktes nicht entgegensteht. Damit erfolgte eine Abkehr von der früheren Rechtsprechung, die unentgeltliche Leistung nicht als Marktbeziehung behandelt und einen Markt nur bei einer entgeltlichen Leistung angenommen hat.[82] Das OLG Düsseldorf ging in der *HRS*-Entscheidung noch davon aus, dass bei einer teilweise unentgeltlichen und teilweise entgeltlichen Leistung nur Letztere als Teil des Marktes anzusehen ist. Die unentgeltliche Seite könne das Marktgeschehen aber für entgeltlich vertriebene Leistungen oder Produkte beeinflussen.

Das Bundeskartellamt geht ebenfalls davon aus, dass eine Nutzerseite, von der die Plattform keine monetäre Leistung verlangt, als Markt im Sinne des GWB anzusehen ist.[83] Dies gilt jedenfalls dann, wenn diese Nutzerseite mit einer anderen zahlungspflichtigen Nutzerseite verknüpft ist. Ob die Tätigkeiten gegenüber den einzelnen Seiten einem einheitlichen Markt oder gesonderten Märkten zuzuordnen sind, bleibt aus Sicht des Bundeskartellamts davon unberührt. Maßgeblich für diese Einschätzung ist die Erwägung, dass aufgrund der auf einer Plattform herrschenden indirekten Netzwerkeffekte ein einheitlicher Erwerbszweck anzunehmen ist. Insbesondere bei *Matching*-Plattformen, bei denen die Leistung gerade in der Vermittlung der beiden Seiten zueinander besteht, ist eine Tätigkeit auf beiden Seiten zwingend erforderlich. Die einseitige Unentgeltlichkeit ist Ausdruck einer differenzierten Bepreisungsstrategie, die der Verstärkung

---

[80] Europäische Kommission, Beschl. v. 27.06.2017, C(2017) 4444 final, Rn.155 ff. – *Google Shopping*.

[81] EuG, Urt. v. 10.11.2021, Rs. T-612/17, ECLI:EU:T:2021:763 – *Google Shopping*.

[82] OLG Düsseldorf, Beschl. v. 09.01.2015, VI Kart 1/14 (V), Rn. 50 – *HRS*.

[83] Hierzu im Gesamten: BKartA, Arbeitspapier – Marktmacht von Plattformen und Netzwerken, 40.

indirekter Netzwerkeffekte dient. Für den Fall, dass ein mehrseitig tätiges Unternehmen in der Startphase von keiner Seite Geld verlangt, hält es das Bundeskartellamt für ausreichend, wenn eine Monetarisierung innerhalb des der Kartellrechtsprüfung zugrunde liegenden Zeitraums zu erwarten ist. Die Frage, ob nicht-monetäre Gegenleistungen als marktqualifizierende Leistungen in Betracht kommen, stellt sich aus Sicht des Bundeskartellamts in der Regel nicht.[84] Die nicht-monetär bepreiste Nutzergruppe ist zumeist mit einer zahlungspflichtigen Nutzergruppe verknüpft, sodass die Unentgeltlichkeit Ausfluss der Bepreisungsstrategie des Plattformbetreibers ist und hierdurch an Marktqualität gewinnt.

(4) Stellungnahme

Auch Nutzerseiten, die keinen monetären Preis für die Leistung der Plattform bezahlen, müssen als Markt im Sinne des Kartellrechts angesehen werden. Hierbei gilt es zunächst die Frage zu klären, ob überhaupt eine unentgeltliche Leistung vorliegt. Jedenfalls bei Aufmerksamkeitsplattformen, auf denen die Nutzer als Gegenleistung persönliche Daten preisgeben, ist dies kritisch zu sehen. Zwar wird kein direkter monetärer Preis für die Plattformleistung entrichtet, die Plattform kann Daten aber auf indirektem Wege monetarisieren. Zum einen ist es dem Plattformbetreiber möglich, die Daten für personalisierte Werbung zu nutzen. Der Plattformbetreiber kann von Werbetreibenden einen wesentlich höheren Preis verlangen als für nicht personalisierte Werbung. Zum anderen kann die Plattform mithilfe der Nutzerdaten auch ihre eigene Leistung optimieren. Rechtlich besteht dabei eine entgeltliche Austauschbeziehung zwischen Plattformbetreiber und Nutzer.[85] Der Plattformbetreiber unterbreitet ein Angebot, indem er die Plattform (kostenlos) zur Verfügung stellt. Er verlangt als Gegenleistung hierfür persönliche Daten der Nutzer. Durch die Verwendung der Plattform gibt der Nutzer seine Daten preis und nimmt das Angebot an. Die Entscheidung des Plattformbetreibers, von einer Seite kein Geld zu verlangen, beruht dabei allein auf betriebswirtschaftlichen Erwägungen und hat keinen Einfluss auf die Marktabgrenzung.

---

[84] BKartA, Arbeitspapier – Marktmacht von Plattformen und Netzwerken, 41.

[85] Zur entgeltlichen Austauschbeziehung im Verhältnis von Suchende, Webseitenbetreiber und Werbetreibenden: *Lohse*, Marktmachtmissbrauch durch Internetplattformen?, ZHR 2018, 321 (329).

Als praxisrelevanteste Beispiel für die Annahme eines Marktes trotz unentgeltlicher Leistung kann *Google Search* herangezogen werden.[86] Suchnutzer, die *Google Search* verwenden, um Informationen zu erhalten, zahlen hierfür keinen monetären Preis. Durch die Suchanfrage werden persönliche Daten übermittelt, die Google zu einem späteren Zeitpunkt monetarisieren kann. Sucht ein Nutzer beispielsweise über *Google Search* nach „*Beste vegetarische Hundenahrung*" so kann Google allein aus dieser Anfrage mehrere Informationen ableiten. Zum einen besitzt der Suchende voraussichtlich einen Hund. Zudem möchte er diesen vegetarisch ernähren. Dies erhöht die Wahrscheinlichkeit, dass auch der Nutzer selbst auf Fleisch verzichtet. Diese Informationen kann Google nutzen, um von einem Unternehmen, das vegetarische Hundenahrung bewerben möchte, einen wesentlich höheren Preis für die Anzeige von Werbung zu verlangen, als dies im Falle einer nicht personalisierten Werbeanzeige der Fall wäre. Auch für das werbende Unternehmen lohnt sich personalisierte Werbung. Die Wahrscheinlichkeit, einen neuen Kunden für Hundenahrung zu gewinnen, erhöht sich um ein Vielfaches, wenn der Nutzer bereits zuvor hiernach gesucht hat. Google kann die Information zusätzlich an andere Unternehmen verkaufen, die Hundeprodukte herstellen, da auch deren Interesse an dem Nutzer aufgrund dessen Suchanfrage gestiegen ist.

Auch die Ansicht, dass das für die Nutzer kostenlose Angebot nur Ausdruck einer ökonomischen Unternehmensentscheidung ist, lässt sich am Beispiel von *Google Search* aufzeigen. Google hat die Möglichkeit, auf Werbung weitestgehend zu verzichten und stattdessen für jede Suchanfrage einen monetären Preis zu verlangen. Hierdurch würde sich das Geschäftsmodell gänzlich ändern, da auch die Suchnutzerseite zur Kasse gebeten wird. Da zu erwarten ist, dass bei diesem Schritt viele Nutze zu einer anderen Suchmaschine abwandern würden, hat Google bislang auf eine derartige Anpassung des Geschäftsmodells verzichtet. Auf anderen Plattformen wird bereits ein monetärer Preis für einst kostenlose Leistungen verlangt. Der Videodienst *YouTube* bietet seit 2015 neben seiner kostenlosen Basisversion eine Premiumversion an, die durch einen monatlichen

---

[86] Hierzu auch: BKartA, Arbeitspapier – Marktmacht von Plattformen und Netzwerken, 42 f.

Abonnementpreis finanzierten wird.[87] Während die kostenlose Version durch Werbeeinblendungen finanziert wird, verzichtet *YouTube* bei der Premiumversion gänzlich auf Werbung. Die Nutzer können selbst entscheiden, welches Geschäftsmodell sie wählen möchten.

2. SSNIP-Test

Der *SSNIP*-Test ist sowohl in seiner originären als auch in seiner abgewandelten Fassung auf Plattformmärkten mit erheblichen Schwierigkeiten verbunden.

a) Anwendbarkeit des *SSNIP*-Tests

Der Anwendbarkeit des *SSNIP*-Tests werden in der ökonomischen Literatur Bedenken entgegengebracht.[88] Zum einen stellt sich die Frage, auf welcher Seite der Plattform die Preiserhöhung durchgeführt werden muss. Zum anderen ist zu klären, wie Netzwerkeffekte bei der Anwendung berücksichtigt werden, da diese die Wirkungen der Preiserhöhung verstärken können. Das dritte Problem ist die Anwendbarkeit des *SSNIP*-Tests auf unentgeltliche Märkte, auf denen eine Preiserhöhung nicht möglich ist.

(1) Maßgebliche Seite für Preiserhöhungen

Ergeben sich bei der Marktabgrenzung getrennte Märkte, so muss der Preis auf der Marktseite erhöht werden, auf der eine Marktbeherrschung geprüft wird.[89] Bei der Beurteilung dieser Preiserhöhung darf nicht allein die Profitabilität auf dieser Seite berücksichtigt werden, sondern es muss ebenfalls geprüft werden, welche Auswirkungen die Preiserhöhung auf die andere Seite hat. Erhöht beispielsweise Amazon die Preise für seine Nutzer, so verliert das Unternehmen Teile dieser Nutzergruppe, was sich auch auf die

---

[87] Red Dawn - The Verge, abrufbar unter https://www.theverge.com/2015/10/21/9566973/youtube-red-ad-free-offline-paid-subscription-service, zuletzt abgerufen am 23.08.2024.

[88] *Dewenter/Rösch/Terschüren*, Abgrenzung zweiseitiger Märkte am Beispiel von Internetsuchmaschinen, NZKart 2014, 387 (390); *Volmar*, Digitale Marktmacht 2019, 193.

[89] *Evans/Noel*, The Analysis of Mergers that Involve Multisided Platform Businesses, Journal of Competition Law and Economics 2008, 663 (665); Digitale Marktmacht 2019, 194; *Kehder*, Konzepte und Methoden der Marktabgrenzung und ihre Anwendung auf zweiseitige Märkte 2013, 76 ff.

Profitabilität auf der Seite der Drittanbieter auswirken kann. Erst wenn eine Preiserhöhung im Hinblick auf die gesamte Plattform profitabel ist, ist die Marktabgrenzung vollendet.[90]

Bei einer einheitlichen Marktabgrenzung stellt sich die Frage, auf welcher Nutzerseite im Rahmen des *SSNIP*-Tests die Preise erhöht werden müssen. Es ist möglich, entweder das aggregierte Preisniveau oder die Preisstruktur zu ändern.[91] Teile der Literatur möchten auf das Preisniveau abstellen, da die Summe der Preise das Äquivalent zu den Einzelpreisen auf herkömmlichen Märkten ist.[92] Die Befürworter dieser Ansicht begründen dies unter anderem damit, dass nur die Erhöhung des Gesamtpreises den Gewinn beeinflusst. Bei der Betrachtung der Preisstruktur ist es hingegen möglich, dass die Profitabilität unverändert bleibt, wenn auf einer Seite die Preise erhöht, aber auf der anderen Seite gesenkt werden. Die Kommission hat diese Auffassung in der Entscheidung *MasterCard I* mit der Begründung abgelehnt, die Betrachtung sei zu vereinfachend, da sie nicht berücksichtige, dass Kreditkarteninhaber nicht unmittelbar mit Kreditkartenunternehmen in Verbindung stehen.[93] *Filistrucchi et al.*, die zwischen Transaktionsplattformen und Nicht-Transaktionsplattformen unterscheiden, schlagen vor, bei Letzteren auf die Profitabilität jeder einzelnen Preiserhöhung auf einer der beiden Marktseiten abzustellen. Auf Transaktionsplattformen soll hingegen das aggregierte Preisniveau, also die Summe der entrichteten Preise beider Seiten maßgeblich sein.[94] *Volmar* folgt dieser Ansicht und möchte ebenfalls auf das Preisniveau abstellen. Betrachtet man nur die Preisstruktur, so kann eine Änderung dieser Struktur bei gleichbleibendem Preisniveau dazu führen, dass die Veränderung eine höhere Profitabilität zur Folge hat, wenn die neue Preisstruktur die Preiselastizität der

---

[90] *Volmar*, Digitale Marktmacht 2019, 194.

[91] Zu den Begriffen Preisstruktur und aggregiertes Preisniveau ausführlich: B.I.1.b).

[92] *Emch/Thompson*, Market Definition and Market Power in Payment Card Networks, 5 Rev. Network Econ. 2006, 1 (1 ff.).

[93] Europäische Kommission, Beschl. v. 19.12.2007, COMP/34.579, Rn. 271 f. – *MasterCard I*.

[94] *Filistrucchi/Geradin/van Damme/Affeldt*, Market Definition in two-sided markets: Theory amd practice, Journal of Competition Law and Economics 2014, 293 (329 ff.).

verschiedenen Seiten besser widerspiegelt.[95] In diesem Fall werden die Preiserhöhungen nur in seltensten Fällen unprofitabel sein. Ein derartiges Vorgehen würde zu einer zu engen Marktabgrenzung führen, da bestehende Ausweichmöglichkeiten nicht in die Marktabgrenzung einbezogen werden.

Die Ansichten, die sich inhaltlich nur unwesentlich unterscheiden, stellen im Ergebnis alle auf das Preisniveau ab. Dem ist zuzustimmen, da der Preisstruktur keine verlässliche Aussage über die Profitabilität entnommen werden kann. Aus diesem Grund ist allein die Heranziehung des Preisniveaus für den *SSNIP*-Test geeignet.

(2) Netzwerkeffekte als verstärkender Faktor

Bestehen auf einer Plattform Netzwerkeffekte, können diese im Rahmen des *SSNIP*-Tests zu Problemen führen. Netzwerkeffekte sind in der Lage, die Wirkung einer Preiserhöhung zu verstärken. Dies kann zu einer Fehlinterpretation der Auswirkungen einer Preiserhöhung führen, wodurch die Operabilität des *SSNIP*-Tests gefährdet ist.

(a) Grundlagen der Anwendungsproblematik

Die Anwendbarkeit des *SSNIP*-Tests auf Plattformmärkten bereitet erhebliche Schwierigkeiten.[96] Die Verstärkung der Effekte einer Preiserhöhung kann bei beiderseitig wirkenden positiven Netzwerkeffekten auftreten. Wird auf einem mehrseitigen Markt auf einer Nutzerseite (A) der Preis erhöht, so wirkt sich dies indirekt auch auf die andere Seite (B) aus. Verlässt auf Seite (A) aufgrund der Preiserhöhung ein Teil der Nutzer die Plattform, so wird die Plattform auch für Nutzer der anderen Seite (B) weniger attraktiv. Dies kann zur Folge haben, dass auch ein Teil der Nutzer (B) die Plattform verlässt, obwohl der Preis für diese Nutzer unverändert bleibt. Dieser

---

95 *Volmar*, Digitale Marktmacht 2019, 195.

96 Vgl. BKartA, Arbeitspapier – Marktmacht von Plattformen und Netzwerken, 44 f.; *Evans/Noel*, The Analysis of Mergers that Involve Multisided Platform Businesses, Journal of Competition Law and Economics 2008, 663 (667); *Filistrucchi/Geradin/van Damme/Affeldt*, Market Definition in two-sided markets: Theory amd practice, Journal of Competition Law and Economics 2014, 293 (330 f.).

Effekt kann wiederum dazu führen, dass weitere Nutzer (A) die Plattform verlassen, da diese an Attraktivität verliert.[97]

Dieser Vorgang lässt sich gut anhand des Onlinehändlers Amazon veranschaulichen. Erhöht Amazon die Preise für Drittanbieter durch Anhebung der Grundgebühr oder der variablen Kosten, werden sich einige Drittanbieter die Anwesenheit auf der Plattform nicht mehr leisten können. Es kommt zu einer Reduktion des Angebots. Aufgrund des Bestehens indirekter Netzwerkeffekte wirkt sich dieser Vorgang nicht nur auf die Seite der Drittanbieter, sondern auch auf die der potenziellen Käufer aus. Verliert die Plattform eine spürbare Anzahl an Drittanbietern, so verringert sich die Attraktivität der Plattform für potenzielle Käufer. Aus diesem Grund wird sich deren Anwesenheit auf der Plattform reduzieren. Diese Reduktion kann wiederum zu einer abnehmenden Zahl an Drittanbietern führen, da die Anwesenheit auf der Plattform aufgrund eines verkleinerten potenziellen Nutzerkreises an Attraktivität verliert. Die Auswirkung einer Preiserhöhung kann demnach einen wesentlich stärkeren Gesamteffekt haben, als dies bei der Anwendung des *SSNIP*-Tests normalerweise der Fall ist. Betrachtet man die Preiserhöhung an sich, so erscheint diese auf den ersten Blick profitabler, als sie unter Berücksichtigung der Rückkopplungseffekte ist. Im Ergebnis führt dies zu einer zu engen Marktabgrenzung.

Die verstärkenden Netzwerkeffekte können auch Probleme bereiten, wenn auf der einen Seite (A) positive indirekte und auf der anderen Seite (B) negative indirekte Netzwerkeffekte bestehen. Dieser Effekt tritt *Volmar* zu Folge auf Werbeplattformen auf.[98] Erhöht eine Plattform den Preis gegenüber den Werbetreibenden (B), wird ein Teil der Werbetreibenden die Plattform verlassen. Hierdurch nehmen die negativen Aspekte für die Nutzerseite (A) ab, weil Nutzer die Werbung größtenteils als störend empfinden.[99] Aufgrund der reduzierten Werbung werden mehr Kunden (A) die Plattform nutzen, was diese wiederum für Werbetreibende (B) attraktiver macht. Die Wirkung der Preiserhöhung kann im Ergebnis zu einem geringeren Absatzrückgang führen, als bei erster Betrachtung ersichtlich ist. Sie

---

[97] *Volmar*, Digitale Marktmacht 2019, 210.

[98] Hierzu im Gesamten: *Volmar*, ebd., 211.

[99] BKartA, Arbeitspapier – Marktmacht von Plattformen und Netzwerken, 25; *Volmar*, Marktabgrenzung bei mehrseitigen Online-Plattformen, ZWeR 2017, 386 (390).

kann im Ergebnis kurzfristig unprofitabler erscheinen, als sie eigentlich ist. In diesem Fall wird ein zu weiter Markt abgegrenzt. Auf der anderen Seite kann dieser Effekt dazu führen, dass bei einem Zuwachs der Werbetreibenden (B) die Plattform wieder unattraktiver für die Nutzer (A) wird. Dieser von *Volmar* als „*Ping-Pong-Effekt*“ beschriebene Vorgang führt dazu, dass sich die Mitgliederzahlen langfristig einpendeln, wobei es seiner Ansicht nach auszuschließen ist, dass die Mitgliederverluste auf der Werbeseite (B) durch den Zuwachs der Nutzer (A) vollständig kompensiert werden.[100] Entsprechend verhält es sich bei einer Preiserhöhung auf der Nutzerseite (A), da in diesem Fall Werbetreibende (B) die Plattform verlassen, was diese wiederum für Nutzer (A) attraktiver macht.

(b) Auffassungen in der Literatur

Um die dargestellten Probleme zu umgehen, schlagen *Fililstrucchi et al.* einen modifizierten *SSNIP*-Test vor.[101] Ziel ist es, den besonderen Eigenschaften zweiseitiger Märkte Rechnung zu tragen. Der hypothetische Monopolist soll nach jeder Preiserhöhung die Preisstruktur anpassen können, da auch ein echter Monopolist versucht, eine optimale Preiselastizität zu erreichen. Im Ergebnis werden mehrere aufeinander folgende Preiserhöhungen vorgenommen.

Blaschczok will den Test aufgrund der entstehenden Probleme entweder gar nicht oder nur sehr eingeschränkt anwenden.[102] Wenn überhaupt, lasse der Test folgenden Rückschluss zu: Wird ein Markt aufgrund der positiven indirekten Netzwerkeffekte meistens zu eng abgegrenzt, kann im tatsächlich vorliegenden weiteren Markt erst recht keine beherrschende Stellung oder Wettbewerbsbeeinträchtigung bestehen. Auch die Monopolkommission hält den originären *SSNIP*-Test nicht für anwendbar, da dieser die

---

[100] *Volmar*, Digitale Marktmacht 2019, 212.

[101] *Filistrucchi/Geradin/van Damme/Affeldt*, Market Definition in two-sided markets: Theory amd practice, Journal of Competition Law and Economics 2014, 293 (332).

[102] Hierzu im Gesamten: *Blaschczok*, Kartellrecht in zweiseitigen Wirtschaftszweigen: Eine Untersuchung vor dem Hintergrund der ökonomischen Forschung zu „two-sided markets“ 2015, 74 f.

typischen Wechselwirkungen zwischen den Nutzergruppen mehrseitiger Märkte nicht erfassen kann.[103]

Volmar hält die Grundannahme, dass der *SSNIP*-Test nur kurzfristige Preisentwicklungen berücksichtigt, für fehlerhaft.[104] Stattdessen sei im Rahmen des Testverfahrens eine nicht nur vorübergehende (*non-transitory*) Preiserhöhung erforderlich. Er geht davon aus, dass der *SSNIP*-Test die mittelbaren Rückkopplungseffekte, welche durch die Netzwerkeffekte ausgelöst werden, bereits berücksichtigt. Die angeführten Probleme bezeichnet er daher als „*Scheinprobleme*".

(c) Stellungnahme

Betrachtet man die Grundlage dieser Problematik, so sind Rückkopplungseffekte bei beiderseitig wirkenden indirekten positiven Netzwerkeffekten in der Praxis regelmäßig zu erwarten. Die Abwanderung von Nutzern auf der einen Seite bei einer Reduktion der Nutzer auf der anderen Seite tritt jedenfalls dann ein, wenn die Vorteile der Plattform mit der Anwesenheit möglichst vieler Nutzer zusammenhängen. Anders gestaltet sich die Situation jedoch, wenn einerseits positive und andererseits negative indirekte Netzwerkeffekte zusammentreffen. Bei einer Werbeplattform führt eine Reduktion der Anzahl der Werbetreibenden in den seltensten Fällen zu einem Rückgang an Werbeanzeigen. Nur wenn sich die Plattform aus autonomen Gründen dazu entscheidet, weniger Werbung zu schalten oder hierzu aufgrund des Rückgangs der Werbekunden gezwungen ist, wird der Kunde tatsächlich weniger Werbung erhalten. *Volmar* erkennt diese Problematik, ist jedoch der Ansicht, dass aufgrund der entstehenden Konkurrenz um die verbleibenden Werbeplätze eine individuellere Werbung ermöglicht wird, die für den Nutzer vorteilhaft ist.[105] In der Praxis wird jedoch nicht zu erwarten sein, dass die Plattform hierdurch tatsächlich an Attraktivität gewinnt. Die Werbung ist, selbst wenn sie personalisiert ist, ein im Wesentlichen störendes Beiprodukt der eigentlichen Plattformleistung, die der Nutzer begehrt. Aus negativen Aspekten einer zu extensiven

---

[103] *Monopolkommission*, Würdigung der kartellrechtlichen Entscheidungspraxis, 2020, Rn. 632.

[104] Hierzu im Gesamten: *Volmar*, Digitale Marktmacht 2019, 214.

[105] Vgl. *Volmar*, ebd., 213.

Werbung kann nicht automatisch auf positive Aspekte bei individualisierter Werbung geschlossen werden.

Im Hinblick auf die Anwendbarkeit des *SSNIP*-Tests ist *Volmar* im Ergebnis zuzustimmen. Betrachtet man die Auswirkungen der Preiserhöhung über einen Zeitraum von mindestens einem Jahr, so lassen sich die Auswirkungen der durch die indirekten Netzwerkeffekte verursachten Rückkopplungseffekte im Rahmen des Testverfahrens berücksichtigen. Aus diesem Grund ist eine von *Filistrucchi et al.* geforderte Anpassung nicht notwendig und würde den Test nur unnötig verkomplizieren. Der *SSNIP*-Test kann damit grundsätzlich auch auf mehrseitigen Märkten angewandt werden.

(3) Anwendbarkeit auf unentgeltlichen Märkten

Grundvoraussetzung des *SSNIP*-Tests ist die Erhöhung des Preises. Dies wirft die Frage auf, wie Plattformen zu behandeln sind, auf denen nur eine der Seiten einen monetären Preis bezahlt. Eine Preiserhöhung ist auf der Seite, die keinen monetären Preis bezahlt, nicht möglich. In der Literatur werden verschiedene Modifikationen des *SSNIP*-Tests diskutiert, die zu einer praktikableren Alternative führen sollen.

(a) Lösungsansätze

Teilweise wird vertreten, an Stelle einer absoluten Preiserhöhung einen geringen Preis zu verlangen.[106] In diesem Fall würde für das bislang kostenfreie Angebot erstmals ein Preis erhoben. Dies führt jedoch sofort zu der Frage, welcher Preis verlangt werden kann, um eine kleine, aber signifikante Preiserhöhung zu ersetzen. Auf vielen Internetplattformen könnte aufgrund der Kostenloskultur des Internets bereits ein kleiner Preis zu einem erheblichen Rückgang der Nutzer führen. *Volmar* schlägt deswegen vor, Vergleichswerte zu entwickeln, an denen sich die Preisfestsetzung orientieren kann.[107] So bieten viele Plattformen wie *Spotify* oder *YouTube* gleichzeitig eine werbefinanzierte und eine kostenpflichtige Version an.

---

[106] *Volmar*, Digitale Marktmacht 2019, 198 f.
[107] *Volmar*, ebd., 199.

Andere schlagen vor, den Preis anhand des Verhältnisses von Nutzern und Umsatz zu errechnen.[108]

Daneben wird diskutiert, anstelle einer Änderung des Preises auf eine Änderung der Qualität abzustellen.[109] Dem liegt die Annahme zugrunde, dass eine Preiserhöhung im Rahmen des *SSNIP*-Tests zugleich eine Verschlechterung des Preis-Leistungs-Verhältnisses darstellt.[110] Der gleiche Effekt kann demnach erzielt werden, wenn aufseiten der unentgeltlichen Leistung die Qualität des Dienstes verschlechtert wird. Statt einem „*increase in price*" soll deshalb auf einen „*decrease in quality*" abgestellt werden, weswegen der Test auch als *SSNDQ*-Test („*Small but Significant Non-transitory Decrease in Quality*") bezeichnet wird.[111] Ist die Qualitätsverschlechterung profitabel, sollen die Wechselprodukte demselben Markt zugeordnet werden. Die Liste der potenziellen Qualitätsfaktoren, die hierbei betrachtet werden können, ist lang. Es ist unter anderem möglich, auf die Verlässlichkeit einer Webseite abzustellen, d.h. wie stabil die Verbindung ist oder ob es Passwortprobleme gibt.[112] Auch die Menge an Werbung oder die Verschlechterung der Datenschutzbedingungen zu Lasten der Nutzer stellen Faktoren dar, die zu einer Minderung der Qualität einer Webseite beitragen können.[113]

---

[108] *Klasse/Wiethaus*, Digitalisierungsvorschriften in der 9. GWB-Novelle, WuW 2017, 354 (360).

[109] Hierzu im Gesamten: *Gebicka/Heinemann*, Social Media & Competition Law, World Competition 37, 2014, 149 (156 ff.); zusammenfassend *Podszun/Schwalbe*, Digitale Plattformen und GWB-Novelle: Überzeugende Regeln für die Internetökonomie?, NZKart 2017, 98 (102).

[110] *Baker*, Market Definition: An Analytical Overview, Antitrust Law Journal 2007, 129 (146 f.).

[111] *Podszun/Schwalbe*, Digitale Plattformen und GWB-Novelle: Überzeugende Regeln für die Internetökonomie?, NZKart 2017, 98 (102); *Volmar*, Digitale Marktmacht 2019, 200.

[112] *Gebicka/Heinemann*, Social Media & Competition Law, World Competition 37, 2014, 149 (158 f.).

[113] OECD, Quality considerations in digital zero-price markets, DAF/COMP(2018)14, 11.

(b) Kritik an den Lösungsansätzen

Das Problem der Erhebung eines erstmaligen Preises liegt in der Berechnung dieses Preises. Es benötigt eine große Menge an Marktdaten, um den Preis zu ermitteln, der dieselbe Wirkung hat wie eine geringfügige Preiserhöhung. Zusätzlich dazu kann selbst die geringfügigste Preisänderung auf bestimmten Märkten aufgrund der Erwartungshaltung der Kunden, keinen monetären Preis zahlen zu müssen, bedeutende Auswirkungen haben. Betrachtet man das Beispiel der Suchmaschinen, so ist zu erwarten, dass die Nutzer auf eine andere Suchplattform als *Google Search* umsteigen, sobald Google anfängt, einen monetären Preis zu verlangen. Der Test kann jedoch wertvolle Anhaltspunkte liefern, wenn der Plattformbetreiber neben der kostenlosen Version eine Alternative anbietet, bei der die Nutzer an Stelle der Werbung einen monetären Preis bezahlen.

Auch das Abstellen auf eine Reduzierung der Qualität bringt Probleme mit sich. Dies ist vor allem darauf zurückzuführen, dass Qualität ein subjektives Merkmal ist. Jeder Nutzer bewertet die Qualitätskriterien unterschiedlich und misst ihnen eine andere Bedeutung zu. Darüber hinaus funktioniert der *SSNDQ*-Test nur, wenn die Nutzer auch tatsächlich auf eine Änderung der Qualität reagieren.[114] So tendieren beispielsweise viele Nutzer von Suchmaschinen dazu, die standardmäßig festgelegte Suchmaschine beizubehalten.[115] *Dewenter et al.* halten den modifizierten *SSNIP*-Test jedenfalls bei dynamischen Internetmärkten für wenig geeignet.[116]

b) Stellungnahme

Die Anwendung des *SSNIP*-Tests ist aufgrund der aufgeführten Probleme in der Praxis nur unter Einschränkungen möglich. Die ursprüngliche Form des Tests wurde für einseitige Märkte entwickelt und ist aufgrund abweichender Bedingungen nur schwer auf mehrseitige Märkte übertragbar. Bereits auf einseitigen Märkten wird für eine bestimmungsgemäße Anwendung eine Vielzahl an Daten benötigt, die oftmals nicht in ausreichendem

---

[114] *Schweitzer/Haucap/Kerber/Welker*, Modernisierung der Missbrauchsaufsicht für marktmächtige Unternehmen 2018, 32.

[115] Europäische Kommission, Entsch. v. 18.2.2010, COMP/M.5727, Rn. 221 ff. – *Microsoft/Yahoo!*.

[116] *Dewenter/Rösch/Terschüren*, Abgrenzung zweiseitiger Märkte am Beispiel von Internetsuchmaschinen, NZKart 2014, 387 (390).

Maße vorliegen. Aufgrund der Struktur mehrseitiger Märkte und der beschriebenen Verstärkungseffekte durch indirekte Netzwerkeffekte werden für Plattformmärkte noch mehr Daten benötigt, um eine verlässliche Aussage treffen zu können. Dies gilt insbesondere für Märkte, auf denen eine Seite keinen monetären Preis bezahlt, da auf dieser Marktseite eine Preiserhöhung nicht ohne weiteres möglich ist.

Die pauschale Ablehnung des *SSNIP*-Tests aufgrund der aufgeführten Anwendungsschwierigkeiten ist abzulehnen. Die Grundkonzeption des *SSNIP*-Tests kann in abgewandelter Form auch auf Plattformmärkten zu wertvollen Erkenntnissen führen. Der *SSNIP*-Test sollte dabei als ergänzendes Abgrenzungskriterium angesehen werden, dessen Ergebnis aufgrund der Besonderheiten mehrseitiger Märkte kritisch zu hinterfragen ist.

3. Angebotsumstellungsflexibilität

Fraglich ist zudem, ob sich das Konzept der Angebotsumstellungsflexibilität auf Plattformmärkte übertragen lässt. Dazu müssten Plattformbetreiber bereit und in der Lage sein, ihr Angebot kurzfristig und ohne großen wirtschaftlichen Aufwand auf benachbarte Dienstleistungen umzustellen. Auf Plattformmärkten ist es grundsätzlich nicht möglich, eine kurzfristige Umstellung ohne größeren Aufwand durchzuführen. Dies liegt vor allem daran, dass eine kritische Masse auf einem Markt häufig nicht auf einen anderen Markt übertragen werden kann. Insbesondere kann nicht pauschal davon ausgegangen werden, dass eine große Plattform wie Amazon oder Google ohne weiteres in der Lage ist, in benachbarte Märkte einzudringen und dort denselben Erfolg zu haben.[117]

In der Praxis zeigt sich häufig, dass eine erzielte Reichweite auf einer Plattform nicht auf einen anderen Dienst mitgenommen werden kann. Selbst wenn die Plattform möglicherweise technisch leicht auf ein anderes Produkt umstellen kann, beginnt sie hinsichtlich der kritischen Masse wieder von vorn.[118] Das Erreichen der kritischen Masse ist aber notwendig, um von indirekten Netzwerkeffekten profitieren zu können. Dies lässt sich gut anhand des Musikdienstes *Amazon Music* veranschaulichen. Im Jahr 2007

---

[117] BKartA, Arbeitspapier – Marktmacht von Plattformen und Netzwerken, 48.
[118] BKartA, Arbeitspapier – Marktmacht von Plattformen und Netzwerken, 48.

startete Amazon seinen Musikstreaming-Dienst in den USA.[119] Seit 2014 ist der Dienst in das *Amazon Prime* Abonnement integriert. Mittlerweile ist neben *Amazon Prime* auch eine erweiterte Version namens *Amazon Music Unlimited* verfügbar, die insbesondere durch die Musikqualität in HD überzeugen soll. Insgesamt bietet Amazon *Prime* den Mitgliedern laut eigenen Angaben Zugriff auf über 100 Millionen Songs.[120] Im Hinblick auf die Nutzerzahlen kommt Amazon mit seinem Musikdienst im zweiten Quartal 2021 auf knapp 68 Millionen Nutzer weltweit.[121] *Spotify* als größter Konkurrent auf dem Musikstreaming-Markt kommt hingegen im zweiten Quartal 2021 mit 365 Millionen *Monthly Acitve User* bereits auf mehr als fünfmal so viele Nutzer.[122] Der Vergleich der Nutzerzahlen zeigt, dass es Amazon trotz intensiver finanzieller Bemühungen nicht gelungen ist, seine starke Stellung auf anderen Märkten in entsprechender Weise auf den Markt für Musikstreaming zu übertragen. Dies erstaunt, weil *Amazon Prime*-Kunden *Amazon Music* kostenlos nutzen können.

Noch besser lassen sich die Probleme der Übertragbarkeit anhand Googles Versuchs, mit *Google+* ein soziales Netzwerk zu etablieren, aufzeigen. Trotz einer marktübergreifenden wirtschaftlichen Machtposition gelang es Google nicht, auf dem Markt für soziale Netzwerke Fuß zu fassen.[123] *Google+* startete im Jahr 2011 und war zu Beginn das am stärksten wachsende soziale Netzwerk der Welt.[124] Aufgrund mangelnden Erfolges und

---

[119] Hierzu im Gesamten: Amazon Music, abrufbar unter https://artists.amazonmusic.com/de/about-amazon-music.

[120] Wie unterscheiden sich die Amazon Music-Mitgliedschaften?, abrufbar unter https://www.amazon.de/gp/help/customer/display.html?nodeId=GW3PHAUCZM8L7W9L, zuletzt abgerufen am 23.08.2024.

[121] How Many People Use Amazon Music In 2024? (U.S. & World), abrufbar unter https://thesmallbusinessblog.net/amazon-music-users/, zuletzt abgerufen am 23.08.2024.

[122] *Spotify* – Bericht an die Aktionäre, abrufbar unter https://s29.q4cdn.com/175625835/files/doc_financials/2021/q2/Shareholder-Letter-Q2-2021_FINAL.pdf, zuletzt abgerufen am 23.08.2024.

[123] Bezüglich die Marktposition: BKartA, Fallbericht v. 06.07.2022, B7 – 61/21, 2.

[124] Google Plus: Das neue Netzwerk wächst rasant, abrufbar unter https://www.stuttgarter-zeitung.de/inhalt.google-plus-das-neue-netzwerk-waechst-rasant.9f5c94e4-2f34-402d-992e-c50970c2378e.html, zuletzt abgerufen am 23.08.2024.

Datenpannen musste Google den Betrieb im April 2019 jedoch gänzlich einstellen.[125] Google hatte es nicht geschafft, die riesige Reichweite auf dem Markt für Suchmaschinenbetreiber auf den Markt sozialer Netzwerke zu übertragen, um dort mithilfe von Netzwerkeffekten Marktführer zu werden.

4. Räumliche Marktabgrenzung auf digitalen Plattformen

Auch die räumliche Marktabgrenzung weist auf digitalen Plattformen einige Besonderheiten auf. Angesichts der fehlenden territorialen Begrenzung des Internets stellt sich insbesondere die Frage, ob die herkömmlichen Methoden zur Bestimmung der geografischen Marktabgrenzung unverändert angewandt werden können. Das Internet verleiht der Welt eine globale Dimension, indem es nationale Grenzen durch den nahezu uneingeschränkten Zugang von praktisch jedem Ort auf der Welt aus überwindet.[126] Dies verleitet dazu, anzunehmen, dass Märkte grundsätzlich überregional oder gar weltweit zu bestimmen sind. Dieser Annahme steht entgegen, dass Faktoren wie Sprache, rechtliche Barrieren, nationale Präferenzen, kulturelle Besonderheiten sowie beim Onlineversand auch die Notwendigkeit eines physischen Transports oftmals allenfalls zu nationalen Märkten führen.

Ausgangspunkt der räumlichen Marktabgrenzung ist auch auf digitalen Plattformen die Austauschbarkeit der Produkte aus Sicht der Nutzer unter Berücksichtigung der tatsächlichen Nutzergewohnheiten. In der Praxis wird zwischen verschiedenen Geschäftsmodellen digitaler Plattformen unterschieden. Bei Internetzugangsmärkten nimmt die Kommission aufgrund der nationalen Ausrichtung der Internetzugang anbietenden Telekommunikationsunternehmen zumeist einen nationalen Markt an.[127] Dies wird vor allem damit begründet, dass der Nutzer immer auf ein physisches Netz sowie die Dienste des Netzbetreibers angewiesen ist, die nationaler Natur

---

[125] The future of Currents and the next generation of collaboration in Spaces, abrufbar unter https://support.google.com/googlecurrents/answer/9217723?hl=de#:~:text=genau %20ist %20geplant %3F-,Am %202.,Ihre %20Inhalte %20herunterladen %20und %20speichern, zuletzt abgerufen am 23.08.2024.

[126] *Wandtke/Ohst*, Praxishandbuch Medienrecht, 3. Aufl. 2014, Rn. 338.

[127] Europäische Kommission, Entsch. v. 20.07.2000, COMP/JV.48, Rn 34, 37 – *Vodafone/Vivendi/Canal Plus*.

sind.[128] Auch Märkte für Inhalteanbieter grenzt die Praxis zumeist national ab. So geht der BGH in seiner Entscheidung bezüglich der sozialen Plattform *Facebook* von einem deutschlandweiten Markt aus. Dabei wird insbesondere auf die Sprachanforderungen und das Nutzerverhalten abgestellt.[129]

Im Kontext der Märkte für elektronische Marktplätze ist eine Unterscheidung zwischen physischen und digitalen Produkten erforderlich. Während digitale Produkte direkt im Internet verfügbar sind, werden physische Produkte zwar im Internet angeboten, müssen aber im Fall von Waren physisch geliefert werden oder als Dienstleistungen physisch erbracht werden.[130] Für eine Unterscheidung spricht zum einen, dass digitale Produkte kostengünstig über Grenzen und globale Distanzen hinweg geliefert werden können, während der Absatz physischer Produkte durch geografische Hemmnisse wie den Transport eingeschränkt ist. Zum anderen haben digitale Produkte oftmals sehr niedrige variable Kosten, die sowohl den Markteintritt als auch den Marktaustritt erleichtern. Für digitale Produkte ist aufgrund der Möglichkeit des weltweiten Vertriebs daher grundsätzlich von einem globalen Markt auszugehen. Zu dieser Einordnung tendierte auch die Kommission, auch wenn Sie in der Entscheidung *AOL/Time Warner*

---

[128] *Wandtke/Ohst*, Praxishandbuch Medienrecht, 3. Aufl. 2014, Rn. 340.

[129] BGH, GRUR 2020, 1318, Rn. 35 - *Facebook*: „*Aufgrund der Sprachbarrieren und der von den Nutzern geteilten Inhalte mit einem regionalen oder nationalen Bezug sowie der Werbung, die in deutscher Sprache verfasst und auf die Interessen deutscher Nutzer zugeschnitten ist, ist die Abgrenzung eines nationalen relevanten Markts durch das* BKartA *nicht zu beanstanden. Dabei ist ohne entscheidende Bedeutung, dass soziale Netzwerke häufig weltweit verfügbar und wie facebook.com auch auf eine weltweite Nutzung angelegt sind. Denn die Spracheinstellungen unterscheiden sich nach der jeweiligen Nutzerregion. Da nach dem Ergebnis der vom* BKartA *in Auftrag gegebenen Nutzerbefragung mehr als drei Viertel aller Nutzer ihre für das Netzwerk relevanten Freunde und Bekannten innerhalb der nationalen Grenzen haben, besteht für sie grundsätzlich kein Anlass, Dienste in Anspruch zu nehmen, die keine deutschen Spracheinstellungen zur Verfügung stellen. Für eine nationale Marktabgrenzung spricht auch die unbeanstandet gebliebene Feststellung des* BKartA, *dass das Nutzerverhalten inländischer Nutzer sich von dem anderer unterscheidet*."

[130] Hierzu im Gesamten: *Wandtke/Ohst*, Praxishandbuch Medienrecht, 3. Aufl. 2014, Rn. 345.

die Abgrenzungsfrage im Ergebnis offengelassen hat.[131] Eine andere Bewertung ist vorzunehmen, wenn sprachliche Barrieren oder rechtliche Einschränkungen bestehen. In diesem Fall ist von einem nationalen Markt auszugehen.

Im Hinblick auf physische Produkte ist grundsätzlich von einem nationalen oder regionalen Markt auszugehen. Dies ist insbesondere auf die räumliche Nähe zwischen Anbietern und Nachfragern zurückzuführen, die sich auf die Höhe der Lieferkosten sowie die Lieferzeit auswirkt.[132] Im Einzelfall kann jedoch anderes gelten, wenn die Produkte in mehreren Ländern oder global vertrieben werden.

5. Zusammenfassung

Auch auf Plattformmärkten ist zur Abgrenzung des relevanten Marktes in erster Linie das Bedarfsmarktkonzept heranzuziehen. Grundsätzlich ist von einer getrennten Marktabgrenzung der verschiedenen Seiten einer Plattform auszugehen. Nur ausnahmsweise bedarf es einer einheitlichen Abgrenzung, wenn beide Seiten einen einheitlichen Bedarf an einer Vermittlungsleistung haben und die Vermittlung das zentrale Kernelement der Plattformleistung darstellt.

Die auf anderen Märkten ergänzend verwendeten Kriterien haben auf Plattformmärkten nur eine geringe Bedeutung. Quantitative Methoden stoßen auf Plattformmärkten zumeist an ihre Grenzen. Gerade der *SSNIP*-Test, der bereits auf analogen Märkten kritisch gesehen wird, lässt sich in seiner originären Fassung kaum auf Plattformmärkte übertragen. Bei einer rein monetären Betrachtung können die für Plattformen mitentscheidenden Netzwerkeffekte nicht entsprechend abgebildet werden. Auch der von *Fililstrucchi et al.* vorgeschlagene modifizierte *SSNIP*-Test lässt sich in der Praxis nur selten anwenden. Gerade auf Märkten, auf denen eine Seite keinen Preis bezahlt, sind Auswirkungen einer Preiserhöhung nicht darstellbar. Den *SSNIP*-Test noch weiter zu modifizieren, ist in der Theorie möglich. Die Operabilität seiner Durchführung muss jedoch aufgrund theoretischer und praktischer Probleme mit Bedenken versehen werden. Trotz

---

[131] Europäische Kommission, Entsch. v. 11.10.2000, COMP/M.1845, Rn 27 – *AOL/Time Warner*.

[132] *Wandtke/Ohst*, Praxishandbuch Medienrecht, 3. Aufl. 2014, Rn. 348.

dieser Bedenken können die im Rahmen eines originären oder modifizierten *SSNIP*-Tests gewonnenen Erkenntnisse eine Marktabgrenzung im Einzelfall erleichtern. Die Angebotsumstellungsflexibilität kann als ergänzendes Abgrenzungskriterium herangezogen werden. In der Praxis hat sich aber gezeigt, dass die Umstellung nicht ohne weiteres möglich ist, da sich Netzwerkeffekte zumeist nicht übertragen lassen. Die Angebotsumstellungsflexibilität spielt aus diesem Grund eine eher untergeordnete Rolle.

III. Marktabgrenzung bei Hybridplattformen

Die Marktabgrenzung bereitet in der Praxis nicht selten Probleme, wenn es sich bei einer Plattform um eine Hybridplattform handelt. Aufgrund der Tatsache, dass Hybridplattformbetreiber Anbieter auf ihrer eigenen Plattform sind, verschwimmen die Marktgrenzen. Darüber hinaus sind die Daten, die für die Abgrenzung notwendig sind, häufig nicht in ausreichendem Maße verfügbar. Davon abgesehen führt die fortschreitende Digitalisierung der Märkte selbst bei perfekter Datenlage zu Abgrenzungsschwierigkeiten.

1. Besonderheiten der Marktabgrenzung bei Hybridplattformen

Auf Plattformmärkten mit Hybridplattformen stellt die Marktabgrenzung aufgrund der vertikalen Integration des Plattformbetreibers eine besondere Herausforderung dar. Als Grundlage der Abgrenzung ist auch hier das Bedarfsmarktkonzept heranzuziehen. Darüber hinaus sind die Besonderheiten der Marktabgrenzung auf Plattformmärkten anwendbar. Insbesondere im Hinblick auf die Frage der einheitlichen oder getrennten Abgrenzung ergeben sich jedoch relevante Unterschiede.

Grundsätzlich ist auch bei Hybridplattformen von einer getrennten Marktabgrenzung auszugehen, da jede Seite ihre eigenen Bedürfnisse hat und eine andere Leistung als funktional austauschbar ansieht. Insoweit ist auf die ausführlichen Ausführungen im Rahmen der Darstellung der Plattformmärkte zu verweisen. Dieser Grundsatz ist jedoch für Hybridplattformen aufgrund der vertikalen Integration des Plattformbetreibers zu hinterfragen. Die Integration könnte aufgrund ihres Verknüpfungselements zur Annahme eines einheitlichen Marktes führen.

Aus Sicht der Nutzer ist es zumeist egal, ob sie die nachgefragte Leistung vom Plattformbetreiber selbst oder von einem Drittanbieter erhalten. Ihnen kommt es weniger auf die Vermittlungsleistung selbst als auf das Produkt oder die Dienstleistung an, die auf der Plattform angeboten werden. Stellt man allein auf ihren Bedarf ab, so wäre von einem einheitlichen Plattformmarkt auszugehen, da die Leistungen des Plattformbetreibers einen im Wesentlichen gleichen Bedarf wie die der Drittanbieter abdecken. Anders ist die Situation zu beurteilen, wenn man die Bedürfnisse der Unternehmen berücksichtigt, die auf dem Plattformmarkt eigene Leistungen anbieten und damit als Wettbewerber des Plattformbetreibers auftreten. Aus ihrer Sicht kann das Angebot des Plattformbetreibers nicht mit dem eigenen substituiert werden. Die Drittanbieter sind auf die Vermittlungsleistung der Plattform angewiesen, ohne die ihr Geschäftsmodell oftmals nicht funktioniert. Die Marktseite besteht nur, da der Plattformbetreiber andere Unternehmen auf die Plattform holt, damit diese ihre Leistung dort neben der Leistung des Plattformbetreibers anbieten können. Da die Definition eines Marktes nur einheitlich erfolgen kann, ist unter Berücksichtigung des Bedarfs aller Marktseiten von zwei getrennten Märkten auszugehen.

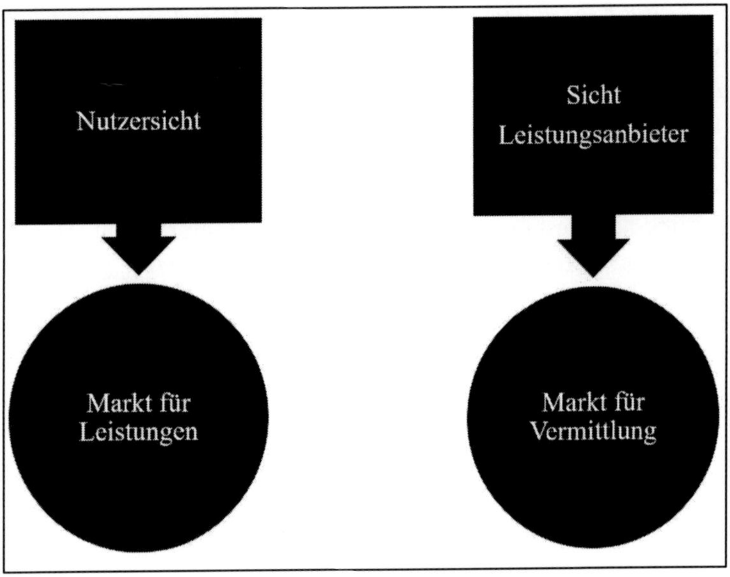

Abbildung 9: Markt 1 (links) und Markt 2 (rechts)

Zum einen besteht ein Markt für die angebotene Leistung, bei dem es maßgeblich auf die Sicht der Nutzer ankommt (*Markt 1*). Zum anderen existiert ein weiterer Markt, bei dem auf den Zugang zum Plattformmarkt abzustellen ist (*Markt 2*). Bei Letzterem kommt es im Hinblick auf das Bedarfsmarktkonzept maßgeblich auf die Seite der anbietenden Unternehmen an, die eine Vermittlungsleistung des Plattformbetreibers anstreben. Zieht man das Beispiel einer Handelsplattform heran, so besteht Markt 1 aus allen Unternehmen, die ihre Waren auf der Plattform anbieten. Aus Sicht der Plattformnutzer handelt es sich um eine im Wesentlichen gleiche Leistung, da es für sie unerheblich ist, ob sie die Produkte vom Plattformbetreiber selbst oder von einem Drittanbieter erwerben. Im Hinblick auf Markt 2 tritt der Betreiber der Handelsplattform mit allen Unternehmen in Wettbewerb, die es Drittanbietern ebenfalls ermöglichen, ihre Waren auf einer Plattform anzubieten. Auf diesem Markt ist auf die Vermittlungsleistung abzustellen.

2. Fallbeispiele

Die Komplexität der Marktabgrenzung wird nachfolgend anhand der Fallbeispiele Amazon und Google näher erläutert. Hiermit sollen die theoretischen Überlegungen praktisch veranschaulicht werden.

a) Amazon

Amazon ist im Hinblick auf den *Marketplace* als Intermediär auf einer *Matching*-Plattform mit anschließender Transaktion zu qualifizieren. Im eigenen Onlineshop tritt Amazon hingegen als klassischer Händler auf. Aus dieser Konstellation ergeben sich verschiedene Abgrenzungsfragen.

(1) Anzahl der Märkte

Zunächst stellt sich die Frage, wie viele Märkte voneinander zu unterscheiden sind. Das Bundeskartellamt geht davon aus, dass getrennte Märkte anzunehmen sind, wenn den Nutzergruppen unterschiedliche Austauschmöglichkeiten zur Verfügung stehen. Hierbei soll insbesondere darauf abgestellt werden, ob eine vorhergehende Vermittlungsleistung für die anschließende Transaktion zwingend erforderlich ist.[133] Überträgt man diese Überlegungen auf den *Marketplace*, so spricht zunächst einiges für eine einheitliche Marktabgrenzung. Der Amazon-Onlineshop ist grafisch in den

[133] BKartA, Arbeitspapier – Marktmacht von Plattformen und Netzwerken, 31.

Marketplace integriert und für Kunden sind die unterschiedlichen Märkte auf den ersten Blick nicht zu unterscheiden. Nutzer werden den Amazon-Onlineshop und den *Marketplace* deshalb aller Voraussicht nach als austauschbar ansehen. Das Bundeskartellamt vertritt in seinem Arbeitspapier die Ansicht, dass aus Sicht der Kunden eine vorhergehende Vermittlungsleistung durch den *Marketplace* nicht erforderlich ist, da die Vermittlungsleistung nicht notwendigerweise im Vordergrund steht. Sie können auf die Vermittlung verzichten und stattdessen die Ware direkt über den Onlineshop von Amazon beziehen.[134]

Diese Annahme lässt außer Acht, dass neben dem Bedarf der Kunden auch auf den Bedarf der Drittanbieter abzustellen ist. Diese begehren von Amazon eine Vermittlungsleistung, an deren Ende eine Transaktion mit den Nutzern stattfinden soll. Ohne die Vermittlungsleistung ist ein Kontakt zu Endkunden nicht möglich, sodass die Drittanbieter zwingend auf den Intermediär angewiesen sind. Amazon, das auf dem Markt für den Erwerb von Produkten mit den Drittanbietern im Wettbewerb steht, sieht sich auf dem Markt für die Erbringung von Marktplatzdienstleistungen für gewerbliche Händler der Konkurrenz anderer Handelsplattformen ausgesetzt. Unter Berücksichtigung dieser Rahmenbedingungen sind verschiedene Märkte abzugrenzen. Neben Online-Handelsmärkten für Produkte oder Produktgruppen besteht ein Marktplatzdienstleistungsmarkt.

Dieser Einordnung folgt der BGH und nimmt zwei voneinander zu trennende Märkte an.[135] Soweit Amazon im eigenen Onlineshop selbst Waren anbietet, wird hierdurch bei den Endkunden ein anderer Bedarf als bei den Drittanbietern abgedeckt. Während der Bedarf der Endkunden auf den Erwerb eines Produktes ausgerichtet ist, streben Drittanbieter nach einem Zugang zu einem Kundenpotenzial. Auch das Landgericht München geht von einem zweiseitigen Markt aus, bei dem jede Marktseite als eigenständiger Markt zu behandeln ist. In seiner Entscheidung hinsichtlich der Sperrung von Händlerkonten auf dem *Marketplace* nahm das Landgericht an, dass es an einem einheitlichen Bedarf beider Marktseiten fehlt.[136] Während für Händler ein Engpass bezüglich der Vermittlungsangebote besteht, stehen

---

[134] BKartA, Arbeitspapier – Marktmacht von Plattformen und Netzwerken, 35.
[135] Hierzu im Gesamten: BGH, Beschl. v. 23.04.2024, KVB 56/22, Rn. 121 – *Amazon.*
[136] LG München, BeckRS 2021, 10613, Rn. 49 – *Amazon Kontensperrung II.*

den Nutzern für ihre Nachfrage nach konkreten Produkten Substitutionsmöglichkeiten wie der integrierte Amazon-Onlineshop oder der stationäre Handel zur Verfügung.

Auch die Kommission geht von zwei getrennten Märkten aus. Aus ihrer Sicht besteht neben einem Markt für die Bereitstellung von Online-Marktplatzdiensten für Drittanbieter ein Markt für die Bereitstellung von Online-Marktplatzdiensten für Nutzer.[137] Die Märkte sind zu trennen, da Plattformen für den elektronischen Handel mindestens zwei verschiedene Kundengruppen bedienen. Zum einen bieten sie Nutzern die Möglichkeit, Drittanbieter und ihre jeweiligen Produktangebote auf der Plattform zu finden und diese Produkte direkt auf dem *Marketplace* zu kaufen. Zum anderen bieten sie Drittanbietern eine breite Palette von Dienstleistungen an, um ihre Online-Einzelhandelsaktivitäten aufzubauen oder zu erleichtern, insbesondere indem sie ihnen ermöglichen, Produkte direkt auf dem *Marketplace* zu listen und an eine breite Nutzerbasis zu verkaufen. Da beide Gruppen unterschiedliche Nachfragen an die Plattform haben, die nicht gegenseitig austauschbar sind, handelt es sich um zwei getrennte Märkte. Die Trennung ergibt sich darüber hinaus auch aus den unterschiedlichen Dienstleistungen, die Amazon den verschiedenen Kundengruppen anbietet. Während für die Nutzerseite die Hauptleistung in der Vermittlung liegt, werden Drittanbietern weitere Dienstleistungen wie Zahlungsdienste, Bearbeitung von Beschwerden, Lagerung, Verpackung und Lieferung zur Verfügung gestellt.

---

[137] Hierzu im Gesamten: Europäische Kommission, Beschl. v. 20.12.2022, C(2022) 9442 final, Rn. 56 ff. – *Amazon Marketplace* und *Amazon Buy Box*; teilweise wird an Stelle des Begriffs „*Nutzer*" der Begriff „*Verbraucher*" verwendet.

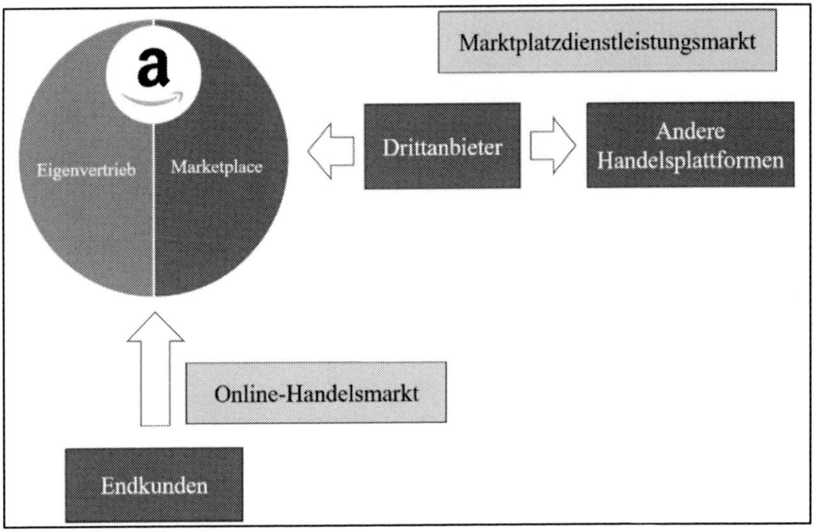

Abbildung 10: Anzahl der Märkte

(2) Online-Handelsmärkte

Hinsichtlich der Handelsmärkte für Produkte oder Produktgruppen stellt sich die Frage, ob der stationäre Handel Teil eines solchen Marktes ist oder ob eigenständige Online-Handelsmärkte bestehen. Die Kommission nimmt an, dass die Mehrheit der Kunden Produktangebote verschiedener Vertriebswege miteinander vergleicht und nicht unbedingt denjenigen Vertriebsweg nutzt, über den sie erstmals auf das Produkt aufmerksam wurden.[138] Sie tendiert trotz dieser Feststellung dazu, den Markt für Versandhandel unter Einbeziehung des Katalogversands vom stationären Handel zu unterscheiden. Dabei wird insbesondere auf die beachtenswerten Unterschiede zwischen den verschiedenen Handelsformen hingewiesen. Der stationäre Handel hat den Vorteil, dass Waren inspiziert werden können und bei Bedarf zumeist fachliche Beratung zur Verfügung steht. Außerdem stehen die Waren sofort zur Verfügung und können umgehend mitgenommen werden. Auf der anderen Seite ist der Einkauf im Onlinehandel 24/7 möglich und weist zumeist keine Einschränkungen hinsichtlich der

[138] Hierzu im Gesamten: Europäische Kommission, Beschl. v. 16.02.2010, M. 5721, Rn. 24 ff. – *Otto/Primondo.Assets*.

Produktpalette oder der Warenmenge auf. Auch herrschen im Fernabsatzgeschäft besonders verbraucherfreundliche Regelungen, die es Drittanbietern ermöglichen, den Kaufvertrag ohne Angabe von Gründen zu widerrufen und die Ware zurückzusenden.

Becker/Müller stellen für die Frage der Austauschbarkeit von Onlinehandel und stationärem Handel auf die Wechselbeziehungen zwischen den Erwerbsmöglichkeiten ab.[139] Umso eher Kunden bestimmte Produkte teilweise im stationären Handel und teilweise per Online-Bestellung kaufen, ist nach ihrer Auffassung eine Austauschbarkeit und damit ein einheitlicher Markt anzunehmen. Wandern Kunden hingegen von einem Angebot zu einem anderen ab, so impliziert dies zwar eine gewisse Substitution, es ist aber zweifelhaft, ob beide Vertriebswege dem gleichen Markt angehören. Nicht selten verlieren bisher erfolgreiche Vertriebswege durch innovativere Angebote an Attraktivität. So wurden beispielsweise Katalogbestellungen weitgehend durch den Versandhandel verdrängt.

Das Bundeskartellamt geht in jüngeren Entscheidungen von einem erheblichen Wettbewerbsdruck des Online-Handels auf den stationären Handel aus.[140] Zwar unterscheidet sich der Druck zwischen den einzelnen Warengruppen, doch kann für jede Gruppe ein nicht unerheblicher Wettbewerbsdruck des Online-Handels auf die Filialgeschäfte ausgemacht werden.[141] Dies lässt nach Auffassung des Bundeskartellamts auf zusammenwachsende Märkte schließen. Der Versandhandel stellt aus Sicht der Nachfrager eine wirtschaftlich sinnvolle Bezugsalternative zum stationären Handel dar, da dort zumeist das gleiche Sortiment angeboten wird.[142]

In der Rechtsprechung wird einer Einbeziehung des stationären Einzelhandels widersprochen. Dies wird darauf zurückgeführt, dass stationäre Gewerberäume nicht die Visibilität und Kundenreichweite des Händlerangebots auf Online-Marktplätzen erreichen. Gerade kleinere Händler sind

---

[139] *Beckmann/Müller*, in: Handbuch Multimedia-Recht, 59. Aufl. 2023, Teil 10 - Kartellrecht, Rn. 51 ff.

[140] BKartA, Freigabe des Zusammenschlusses von Karstadt und Kaufhof, NZKart 2018, 598 (598).

[141] BKartA, ebd., 598 (598).

[142] BKartA, Freigabe des Erwerbs des apo-rot Versandhandels der Apotheke am Rothenbaum Birgit Dumke durch DocMorris, NZKart 2018, 551 (551).

weitgehend auf die Vermittlung der Online-Handelsplattformen angewiesen, um die lokale Begrenzung der Angebotsreichweite zu überwinden.[143] Auch der BGH sieht den stationären Vertrieb als nicht mit dem Online-Handel austauschbar an.[144] Begründet wird dies insbesondere mit den hohen Investitionskosten, die anders als transaktionsbezogene Verkaufsprovisionen auf Online-Marktplätzen schwerer planbar sind.

Aufgrund signifikanter Differenzen zwischen dem Onlinehandel und dem stationären Handel sind nach dem Ansatz der Kommission eigenständige Märkte im Handelssektor zu differenzieren. Zwar ist es zutreffend, dass der Onlinehandel erheblichen Druck auf den stationären Handel ausübt, doch darf dies nicht zur Annahme eines einheitlichen Marktes führen. Die Austauschbarkeit ist aus Sicht der Kunden aufgrund bestehender Abweichungen zwischen den Vertriebskanälen erheblich eingeschränkt. Neben den von der Kommission genannten Divergenzen kommen weitere Aspekte hinzu, die gegen eine im Wesentlichen gleiche Leistung sprechen. Der Onlinehandel unterliegt grundsätzlich keiner geografischen Beschränkung, sodass Kunden ihre Waren oftmals über Ländergrenzen hinweg erstehen können. Auch entstehen im Internet keine Wartezeiten, da beliebig viele Kunden gleichzeitig bedient werden können. Der aus Sicht der Kunden wohl bedeutendste Unterschied liegt in der Vielfalt des Produktsortiments und der Option eines unkomplizierten Produktvergleichs. Online-Kunden können zwischen tausenden Produkten wählen und diese mithilfe von Preisvergleichsdiensten und Kundenbewertungen in kürzester Zeit gegenüberstellen. Im stationären Handel muss der Kunde selbst in Städten mit einem vielfältigen Angebot viel Zeit aufwenden, um die einzelnen Kaufhäuser aufzusuchen und die Produkte zu vergleichen. Diese wesentlichen Abweichungen sorgen dafür, dass Onlinehandel und stationärer Handel trotz eines grundsätzlich gleichen Sortiments keinen wesentlich gleichen Bedarf abdecken und damit keinen einheitlichen Markt bilden.

Neben der Frage, ob der stationäre Handel Teil des Marktes ist, ist zu bestimmen, ob Webshops demselben Markt wie Online-Marktplätze zuzurechnen sind. Der BGH lehnt eine Austauschbarkeit ab, da der eigene Webshop nur ein sehr eingeschränktes Substitut für Einzelhändler

---

[143] LG Frankfurt/M., Urt. v. 12.2.2019, Rs. 3-06 O 94/18, Rn. 46.

[144] Hierzu im Gesamten: BGH, Beschl. v. 23.04.2024, KVB 56/22, Rn. 117 – *Amazon*.

darstellt.[145] Auf Online-Marktplätzen kann der Händler seine Produkte einem wesentlich größeren Kundenpublikum zugänglich machen. Mit einem eigenen Webshop kann eine derartig große Reichweite selbst dann nicht generiert werden, wenn Softwaretools wie *Shopify* in Anspruch genommen werden.[146] Die Trennung beider Märkte ergibt sich außerdem aus der konsequenten Anwendung des Bedarfsmarktkonzepts. Bei der Prüfung der Substituierbarkeit ist auf den konkreten Bedarf für die von Amazon angebotene Leistung (Angebot von Online-Marktplatzdienstleistungen) abzustellen und nicht auf die Frage, welche Vertriebskanäle einem gewerblichen Händler zur Verfügung stehen. Dieser getrennten Betrachtung ist zuzustimmen. Jedenfalls aus Sicht der Händler erfüllen Webshops und der *Marketplace* einen unterschiedlichen Bedarf.

(3) Marktplatzdienstleistungsmarkt

Im Hinblick auf den Marktplatzdienstleistungsmarkt stellt sich die Frage, ob Preisvergleichsportale, Preisvergleichsdienste von Suchmaschinen und Webshops demselben Markt zuzuordnen sind wie der *Marketplace*.

Die nationale Rechtsprechung nimmt an, dass das Vermittlungsangebot von Handelsplattformen weder durch Preisvergleichsportale und Suchmaschinen noch durch Webshops ersetzt werden kann.[147] Bei Preisvergleichsportalen und Suchmaschinen fehlt es im Gegensatz zu Handelsplattformen ganz überwiegend an der unmittelbaren Möglichkeit eines Transaktionsabschlusses und an einem *After-Sale-Support*.[148] Eine Einbeziehung der Webshops kommt ebenfalls nicht in Betracht, da aus Sicht der Händler keine nachgefragte gewerbliche Vermittlungsleistung vorliegt, die

---

[145] Hierzu im Gesamten: BGH, Beschl. v. 23.04.2024, KVB 56/22, Rn. 117 f. – *Amazon*.

[146] *Shopify* ist eine E-Commerce-Plattform, die es Unternehmen und Privatpersonen ermöglicht, Online-Shops zu erstellen und zu betreiben, über die Produkte und Dienstleistungen verkauft werden können.

[147] Hierzu im Gesamten: BGH, Beschl. v. 23.04.2024, KVB 56/22, Rn. 117 – *Amazon*; LG München, BeckRS 2021, 10613, Rn. 51 ff. – *Amazon Kontensperrung II*.

[148] Unter einem *After-Sale-Support* versteht man sämtliche Dienstleistungen, die ein Unternehmen nach dem Verkauf eines Produkts oder einer Dienstleistung erbringt. Hierzu gehören unter anderem technische Hilfeleistungen und die Abwicklung von Garantien.

funktional mit den Vermittlungsdienstleistungen des *Marketplace* austauschbar ist.

Die Kommission geht davon aus, dass Handelsplattformen nicht durch Preisvergleichsportale und Preisvergleichsdienste von Suchmaschinen substituiert werden können, da beide einen unterschiedlichen Zweck verfolgen. Während Handelsplattformen einen umfassenden Service wie Logistik und Versand anbieten, sorgen Preisvergleichsdienste ausschließlich für die Vermittlung zwischen Käufer und Händler.[149] Auch Webshops können nach Auffassung der Kommission nicht demselben Markt wie Handelsplattformen zugeordnet werden. Dies liegt unter anderem an der Fähigkeit von Handelsplattformen, Nutzer durch Treueprogramme an sich zu binden und von einem Wechsel zu Webshops abzuhalten.[150] Die hierdurch generierte Abhängigkeit führt dazu, dass auf der Plattform ein hoher Publikumsverkehr herrscht. Dies ist aus Sicht der Händler von entscheidender Bedeutung, da nur große Webshops ausreichend Publikumsverkehr generieren können, um wirtschaftlich unabhängig zu bleiben. Kleinere Händler sind hingegen auf die Vermittlungsleistung der Handelsplattform angewiesen.

Der Annahme eines eigenen Marktplatzdienstleistungsmarktes ist zuzustimmen. Aus Sicht der Händler sind der stationäre Handel und die eigenen Webshops nicht mit der Vermittlungsdienstleistung Amazons substituierbar. Den Webshops fehlt es bereits an einer Vermittlungsleistung und die Anmietung von Gewerbeflächen ist aufgrund der bereits oben ausgeführten Unterschiede zwischen dem Onlinehandel und dem stationären Handel nicht mit dem Verkauf auf einer Handelsplattform vergleichbar. Einzig der Ausschluss von Preisvergleichsdiensten vom relevanten Markt ist kritisch zu bewerten. Jedenfalls wenn Preisvergleichsdienste eine direkte Transaktion auf der Preisvergleichsseite ermöglichen, unterscheiden diese sich nur marginal von Handelsplattformen. In diesem Fall müssen sie aufgrund der Abdeckung eines im Wesentlichen gleichen Bedarfs demselben Markt zugeordnet werden.

---

[149] Siehe hierzu ausführlich: Europäische Kommission, Beschl. v. 27.06.2017, C(2017) 4444 final, Rn. 216 ff. – *Google Shopping*.

[150] Europäische Kommission, Beschl. v. 20.12.2022, C(2022) 9442 final, Rn. 66 – *Amazon Marketplace* und *Amazon Buy Box*.

(4) Räumliche Marktabgrenzung

Bei einer isolierten Betrachtung der jeweiligen Marktseiten sind die aus Sicht der Marktgegenseite bestehenden räumlichen Ausweichmöglichkeiten maßgeblich. Taugliche Anknüpfungspunkte bei der räumlichen Marktabgrenzung auf Marktplätzen sind neben dem wirtschaftlichen Schwerpunkt die Gebietspräsenz sowie die Gewohnheiten der Verbraucher.[151]

Der BGH nimmt ebenso wie das Landgericht München aufgrund des räumlichen Schwerpunkts Amazons einen räumlich abgrenzbaren Teilmarkt für Onlinevermittlungsdienste in Deutschland an.[152] Marktplätze mit ausländischen Domains stellen keine taugliche räumliche Alternative dar, sofern sie nicht (auch) als deutschsprachiges Angebot an den Endverbraucher gerichtet sind. Maßgeblich für die Einordnung ist der räumliche Wirkungskreis. Zwar sind Online-Marktplätze grundsätzlich weltweit abrufbar, doch ist der Internetauftritt der Domain *www.amazon.de* auf die deutsche Sprache voreingestellt. Dabei betrachtet das Landgericht München nicht – wie bei einer Marktabgrenzung nach dem Bedarfsmarktkonzept üblich – allein die Ausweichmöglichkeiten der Drittanbieter, sondern stellt ergänzend auf die Betrachtung der Nutzerseite ab. Auch wenn Marktseiten grundsätzlich getrennt voneinander zu betrachten sind, ist eine Analyse dieser Nutzergruppe gerechtfertigt, „*da für die Händlerperspektive in erster Linie diejenigen Portale als Vertriebsweg relevant sind, welche schwerpunktmäßig die Kundenzielgruppe erreichen.*“[153] Nach Feststellungen des Bundeskartellamts entfällt mehr als 95 % des Gesamthandelsvolumens von *www.amazon.de* auf deutsche und österreichische Kunden.[154] Die Ware wird folglich überwiegend an inländische Nutzer geliefert. Dies spricht nach Ansicht des Landgerichts München für die Annahme eines nationalen Marktes für Online-Vermittlungsdienstleistungen.[155]

Auch die Kommission geht von nationalen Märkten aus, da sich die überwiegende Mehrheit der Marktplätze auf Verbraucher konzentriert, die in

---

[151] Vgl. BKartA, Fallbericht v. 05.03.2014, B9-66/10, Rn. 121 – *HRS.*

[152] BGH, Beschl. v. 23.04.2024, KVB 56/22, Rn. 132 – *Amazon* ; LG München, BeckRS 2021, 10613, Rn. 59 ff. – *Amazon Kontensperrung II.*

[153] LG München, BeckRS 2021, 10613, Rn. 60. – *Amazon Kontensperrung II.*

[154] BKartA, Fallbericht v. 17.07.2019, B2-88/18, 11 – *Amazon.*

[155] LG München, BeckRS 2021, 10613, Rn. 60 – *Amazon Kontensperrung II* mit Verweis auf BKartA, Fallbericht v. 17.07.2019, B2-88/18, 11 – *Amazon.*

demselben Land ansässig sind, in dem der Marktplatz betrieben wird.[156] Die nationale Ausrichtung der Marktplätze lässt sich zum großen Teil durch Sprachpräferenzen, unterschiedliche Verbraucherbedürfnisse und gezielte nationale Werbung erklären.

Dieser nationalen Marktabgrenzung ist zuzustimmen. Dies gilt neben dem Marktplatzdienstleistungsmarkt auch für die Online-Handelsmärkte für bestimmte Waren oder Dienstleistungen. Kunden bestellen ihre Produkte überwiegend bei nationalen Handelsplattformen, da bei Bestellungen aus dem Ausland zumeist höhere Versandgebühren anfallen und internationale Plattformen erst dann in Erwägung gezogen werden, wenn Produkte auf dem nationalen Markt nicht verfügbar sind. Häufig scheitert der Erwerb auf ausländischen Handelsplattformen bereits daran, dass diese keinen Versand in andere Länder anbieten. Auch die Sprache der Webseite kann eine entscheidende Rolle spielen. Obwohl Plattformen zunehmend Übersetzungsmöglichkeiten anbieten, können Sprachbarrieren potenzielle Nutzer abschrecken.

b) Google

Anhand von Googles Aktivitäten auf dem Suchmaschinenmarkt lässt sich die Komplexität der Marktabgrenzung digitaler (Hybrid-)Plattformen aufzeigen. Die exakte Abgrenzung der einzelnen Märkte ist von Bedeutung für die anschließende Bewertung der Marktbeherrschung.

(1) Anzahl der Märkte

Bei Suchmaschinen handelt es sich um Aufmerksamkeitsplattform, sodass von einer getrennten Marktabgrenzung auszugehen ist. Da neben der Such- und Werbeebene eine Inhaltsebene besteht, stellt sich die Frage, wie viele

---

[156] Hierzu im Gesamten: Europäische Kommission, Beschl. v. 20.12.2022, C(2022) 9442 final, Rn. 74 ff. – *Amazon Marketplace* und *Amazon Buy Box*.

unterschiedlichen Märkte voneinander abzugrenzen sind.[157] Suchmaschinenanbieter qualifizieren ihr Geschäftsmodell zumeist als zweiseitige Plattform, die Suchnutzern und Werbetreibenden dient.[158] Diese Einordnung nehmen im Ergebnis auch *Dewenter et al.* vor. Sie gehen zwar davon aus, dass drei Produkte für unterschiedliche Nutzergruppen bestehen, wollen aber Werbekunden und Inhalteanbieter einem gemeinsamen Markt zuordnen, da beide das Ziel verfolgen, mithilfe der Suchmaschine aufgefunden zu werden.[159]

Eine andere Ansicht in der Literatur geht davon aus, dass bei einer konsequenten Anwendung des Bedarfsmarktkonzeptes eine dreiseitige Plattform vorliegt.[160] Während Inhalteanbieter versuchen, durch ein möglichst gutes Ranking und die Aufnahme ihrer Ergebnisse die Aufmerksamkeit der Nutzer zu erregen, schalten Werbetreibende separat Werbung auf der Webseite der Suchmaschine. Internetanbieter begründen deswegen mit ihrer Nachfrage nach Indexierung und Aufnahme ihrer Ergebnisse in die organischen Suchergebnisse eine eigene Gruppe. Für die Trennung der Märkte spricht, dass die organischen und die bezahlten Ergebnisse als unterschiedliche Produkte vermarktet werden.[161]

---

[157] Zur Unterscheidung der verschiedenen Ebenen: *Höppner/Grabenschröer*, Marktabgrenzung bei mehrseitigen Märkten am Beispiel der Internetsuche, NZKart 2015, 162 (164); *Körber*, Analoges Kartellrecht für digitale Märkte?, WuW 2015, 120 (125); ebenfalls unterscheidend *Paal*, Netz- und Suchmaschinenneutralität im Wettbewerbsrecht, AfP 2011, 521 (523 ff.); *Dewenter/Rösch/Terschüren*, Abgrenzung zweiseitiger Märkte am Beispiel von Internetsuchmaschinen, NZKart 2014, 387 (391 f.).

[158] Europäische Kommission, Entsch. v. 18.02.2010, COMP/M. 5727, Rn. 47, 100 – *Microsoft/Yahoo!*.

[159] *Dewenter/Rösch/Terschüren*, Abgrenzung zweiseitiger Märkte am Beispiel von Internetsuchmaschinen, NZKart 2014, 387 (391).

[160] *Körber*, Analoges Kartellrecht für digitale Märkte?, WuW 2015, 120 (125); *Paal*, Netz- und Suchmaschinenneutralität im Wettbewerbsrecht, AfP 2011, 521 (523 ff.); *Höppner/Grabenschröer*, Marktabgrenzung bei mehrseitigen Märkten am Beispiel der Internetsuche, NZKart 2015, 162 (164).

[161] *Höppner/Grabenschröer*, Marktabgrenzung bei mehrseitigen Märkten am Beispiel der Internetsuche, NZKart 2015, 162 (164 f.).

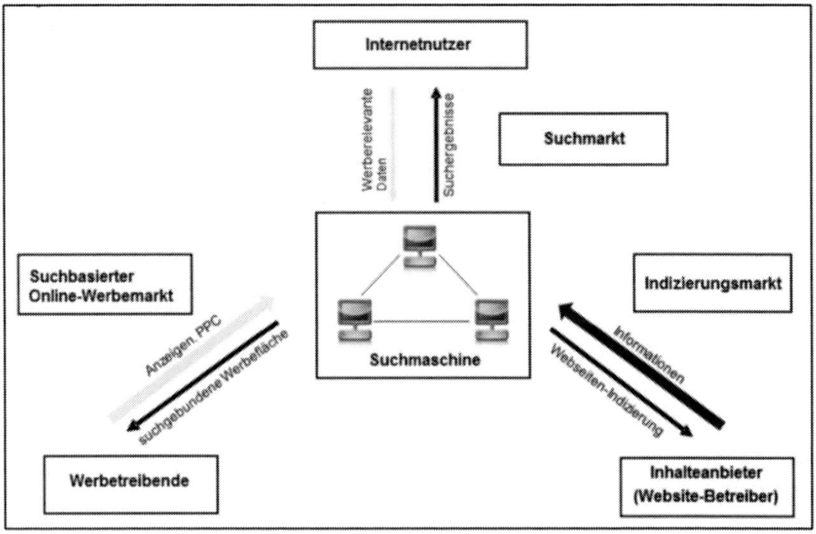

Abbildung 11: Abgrenzung eines dreiseitigen Marktes[162]

Der Unterscheidung zwischen dem Indexierungsmarkt und dem Werbemarkt ist im Ergebnis zuzustimmen. Wendet man das Bedarfsmarktkonzept konsequent an, so stellt man fest, dass aus Sicht der Werbetreibenden die Indexierung nicht mit der Schaltung von Werbeanzeigen vergleichbar ist. Auch Suchnutzer messen beiden Produkten eine unterschiedliche Funktion zu und halten diese nicht für substituierbar. Unabhängig von dieser Differenzierung ist im Ergebnis jedenfalls ein mehrseitiger Markt anzunehmen und *Google Search* als Plattform zu qualifizieren.

(2) Einheitlicher Suchmarkt

Eine weitere Thematik, mit der sich die Kommission und das EuG in ihrer Entscheidung *Google Shopping* intensiv befasst haben, ist die Frage, ob ein einheitlicher Suchmarkt vorliegt. Grundsätzlich können Suchmaschinenmärkte in horizontale und vertikale Suchmaschinen unterteilt werden. Unter horizontalen Suchmaschinen versteht man allgemeine Suchmaschinen wie *Google Search*, *Bing* oder *Yahoo*, die versuchen, alle Suchanfragen bestmöglich zu beantworten und hierzu das gesamte Internet

[162] *Höppner/Grabenschröer*, ebd., 162 (168).

durchsuchen.[163] Vertikale Suchmaschinen spezialisieren sich auf ein bestimmtes Sachgebiet wie Flüge, Kartendienste oder Preisvergleiche.

(a) Ansicht der Kommission und der europäischen Rechtsprechung

Das EuG und die Kommission gehen davon aus, dass der Markt für allgemeine Suchdienstleistungen und der Markt für Preisvergleichsdienste getrennte Märkte darstellen.[164] Grund hierfür ist die fehlende nachfrageseitige Substituierbarkeit der allgemeinen gegenüber der speziellen Suchdienstleistung.[165] Erstens unterscheidet sich die Suche des spezialisierten Suchdienstes (*specialised search service*) grundlegend von der allgemeinen Suche (*general search service*).[166] Während allgemeine Suchdienste umfassende Ergebnisse zu jeder Suchanfrage abliefern, ohne hierbei auf eine oder mehrere Inhaltskategorien beschränkt zu sein, konzentriert sich der spezialisierte Suchdienst auf die Bereitstellung spezifischer Informationen oder Kaufoptionen im jeweiligen Suchgebiet. Zweitens unterscheiden sich die Art der Suche und die dahinterstehenden technischen Merkmale. Im Gegensatz zu spezialisierten Suchdiensten, die lediglich Ergebnisse für bestimmte Bereiche anzeigen und häufig auf Benutzereingaben oder von Dritten bereitgestellte Informationen angewiesen sind, durchsuchen allgemeine Suchdienste das gesamte Internet nach Informationen, um eine möglichst umfassende Antwort zu liefern. Außerdem unterscheidet Google selbst zwischen der allgemeinen Suche *Google Search* und dem Preisvergleichsdienst *Google Shopping* als spezialisierter Suche, indem es beide Dienste als eigenständige Produkte mit unterschiedlichen Funktionen vermarktet und ihnen eine separate Funktionalität und einen separaten Zweck zuweist.[167]

---

[163] Hierzu im Gesamten: *Dewenter/Rösch/Terschüren*, Abgrenzung zweiseitiger Märkte am Beispiel von Internetsuchmaschinen, NZKart 2014, 387 (392).

[164] Europäische Kommission, Beschl. v. 27.06.2017, C(2017) 4444 final, Rn. 154 – *Google Shopping*.

[165] Europäische Kommission, Beschl. v. 27.06.2017, C(2017) 4444 final, Rn. 161 – *Google Shopping*.

[166] Hierzu im Gesamten: Europäische Kommission, Beschl. v. 27.06.2017, C(2017) 4444 final, Rn. 167 – *Google Shopping*.

[167] Europäische Kommission, Beschl. v. 27.06.2017, C(2017) 4444 final, Rn. 172. – *Google Shopping*.

(b) Kritik der Literatur

Diese Einordnung wird in der Literatur zum Teil kritisiert, da die Produktsuche auf *Google Shopping* sich in wesentlichen Punkten von einer Suche auf einem Preisvergleichsportal wie *Idealo* unterscheidet.[168] Zum einen enthalten die Relevanzkriterien des Suchalgorithmus keinen reinen Preisvergleich. Zum anderen fehlt es an einer für Preisvergleichsdienste typischen Entgeltlichkeit, da Onlinehändler kein Entgelt für die Indexierung ihrer Webseite bezahlen. Die Produktsuche wird stattdessen über Werbeeinblendungen finanziert.[169]

(c) Stellungnahme

Der Ansicht der Kommission, die eine Trennung des Marktes für allgemeine Suchdienstleistungen von dem der spezialisierten Suchdienstleistungen vornimmt, ist zuzustimmen. Beide Produkte werden aus Sicht der Marktgegenseite aufgrund ihres abweichenden Zwecks nicht als substituierbar betrachtet. Während der Suchnutzer bei einer allgemeinen Suche ein möglichst präzises Ergebnis auf seine Suchanfrage erwartet, möchte er auf einer Preisvergleichsseite den besten Preis für die angefragte Leistung erhalten. Für diese Ansicht spricht auch, dass sich – wie von der Kommission zutreffend festgestellt – die Art der Suche und die dahinterstehenden Algorithmen wesentlich unterscheiden.

Im Einklang mit der Kommissionsansicht ist auch die Frage zu beurteilen, ob *Google Shopping* dem gleichen Markt wie andere Preisvergleichsdienste zuzuordnen ist. Zwar enthält der Algorithmus keinen reinen Preisvergleichsdienst und es fehlt, wie von der Literatur kritisiert, an einer Entgeltlichkeit der Leistung, doch muss bei der Abgrenzung vor allem auf den Bedarf der Marktgegenseite abgestellt werden. Dabei ist – aufgrund der Zweiseitigkeit des Marktes – sowohl der Bedarf der Suchnutzer als auch der Onlinehändler, die im Preisvergleichsdienst gelistet werden wollen, zu berücksichtigen. Den Suchnutzern kommt es nicht auf die technische Struktur des Vergleichsdienstes an, sondern darauf, für ein nachgefragtes Produkt ein passendes Angebot zu erhalten. Für die Unternehmensausrichtung der Onlinehändler ist die Tatsache relevant, dass bei der allgemeinen

---

[168] *Lohse*, Marktmachtmissbrauch durch Internetplattformen?, ZHR 2018, 321 (340).
[169] *Lohse*, ebd., 321 (340).

Suche aufgrund der Finanzierung über Werbeeinblendungen für die Indexierung kein Entgelt zu entrichten ist. Diese Unterschiede führen jedoch nicht dazu, dass *Google Shopping* einem anderen Markt zuzuordnen ist. *Google Shopping* deckt aus Sicht der Onlinehändler einen im Wesentlichen gleichen Bedarf ab. Sowohl auf typischen Preisvergleichsdiensten wie *Idealo* als auch auf *Google Shopping* ist es Ziel dieser Unternehmen, im Ranking aufgenommen zu werden und hierdurch Kunden zu gewinnen. Im Übrigen lässt die Literaturansicht offen, welchem Markt *Google Shopping* ansonsten zugeordnet werden soll. Sie verkennt, dass die Bedarfsanforderungen nicht identisch sein müssen, sondern dass es ausreicht, wenn der Bedarf im Wesentlichen gleich einzustufen ist.

(3) Amazon als Teil des Marktes

Neben der Frage, ob getrennte Märkte anzunehmen sind, ist umstritten, ob Handelsplattformen wie der *Marketplace* oder *eBay* ebenfalls Teil dieses Marktes sind.

(a) Ansicht der Kommission und der europäischen Rechtsprechung

Die Kommission geht davon aus, dass Handelsplattformen wie der *Marketplace* oder *eBay* nicht dem Markt für Preisvergleichsdienste zugeordnet werden können.[170] Zwar bieten sowohl Preisvergleichsdienste als auch Handelsplattformen aus Sicht der Nachfragerseite eine Suchfunktion an, doch verfolgen sie hierbei einen anderen Zweck. Zum einen bietet *Google Shopping* den Kunden nicht die Möglichkeit, Produkte direkt auf der Webseite zu erwerben, sondern leitet die Nutzer stattdessen auf die Webseiten der Händler und Handelsplattformen weiter. Zum anderen lässt Google zwar Handelsplattformen, nicht aber konkurrierende Preisvergleichsdienste zur Teilnahme an *Google Shopping* zu. Darüber hinaus listet Google die Angebote der Handelsplattformen auf der Grundlage derselben Bedingungen auf, die auch für andere Händler gelten.

Entscheidend ist aus Sicht der Kommission vor allem der unterschiedliche Zweck.[171] Während Handelsplattformen den Händlern einen umfassenden

---

[170] Hierzu im Gesamten: Europäische Kommission, Beschl. v. 27.06.2017, C(2017) 4444 final, Rn. 216 ff. – *Google Shopping*.

[171] Hierzu im Gesamten: Europäische Kommission, Beschl. v. 27.06.2017, C(2017) 4444 final, Rn. 220 ff. – *Google Shopping*.

Service, zu dem oftmals Unterstützung in Logistik und Versand gehören, anbieten, sorgen Preisvergleichsdienste nur für die Vermittlung zwischen Käufern und Händlern. Letztere behalten die Kontrolle über ihre Einzelhandelsaktivität. Aus Sicht der Händler sind demnach Preisvergleichsdienste vor allem dann interessant, wenn größere Einzelhändler Daten über ihr Geschäft und ihre Kunden nicht Betreibern großer Handelsplattformen zu Verfügung stellen möchten, da sie diese als Wettbewerber betrachten.

Das EuG hat sich dieser Auffassung angeschlossen. Er führt ergänzend aus, dass es aus Sicht der Internetnutzer einen Unterschied mache, welches Suchwerkzeug verwendet wird, „*weil ein Preisvergleichsdienst konsultiert wird, um eine Auswahl von Produktangeboten aus dem gesamten Markt zu erhalten, während die von einer Händlerplattform bereitgestellte Preisvergleichsfunktion nur dazu dient, eine Auswahl von Angeboten allein dieser Plattform zu erhalten, allerdings mit der Möglichkeit, innerhalb dieser Auswahl sofort zum Kauf des gesuchten Produkts überzugehen.*“[172] Gegen einen einheitlichen Markt spricht aus Sicht des EuG auch das Verhältnis der Handelsplattformen und Preisvergleichsdienste. Es ist kaum vorstellbar, dass ein direkter Wettbewerber den Internetnutzern die Angebote der Handelsplattformen – oftmals in Gestalt von Werbung – präsentiert.[173]

(b) Kritik von Google und der Literatur

Diese Marktabgrenzung wird von Google abgelehnt. Sowohl Handelsplattformen als auch Preisvergleichsdienste bieten den Internetnutzern die Möglichkeit der Suche nach Produkten oder Dienstleistungen.[174] Aus diesem Grund ist Google der Ansicht, dass der *Marketplace* in den Markt für Preisvergleichsdienste einzubeziehen ist. Diese Einschätzung möchte Google durch mehrere Studien belegen, die zeigen, dass die überwiegende Mehrheit der Suchnutzer den *Marketplace* als Ersatz für die bekanntesten Preisvergleichsdienste ansieht. Die bestehenden tatsächlichen Unterschiede würden für einen Ausschluss der Substituierbarkeit nicht

[172] EuG, Urt. v. 10.11.2021, Rs. T-612/17, ECLI:EU:T:2021:763, Rn. 486 – *Google Shopping.*
[173] EuG, Urt. v. 10.11.2021, Rs. T-612/17, ECLI:EU:T:2021:763, Rn. 489 – *Google Shopping.*
[174] Hierzu im Gesamten: EuG, Urt. v. 10.11.2021, Rs. T-612/17, ECLI:EU:T:2021:763, Rn. 462 – *Google Shopping.*

ausreichen, da es entscheidend darauf ankommt, welche Bedeutung die Kunden diesen Unterschieden beimessen.

Die Literatur sieht die Einordnung der Kommission ebenfalls kritisch. Auch Amazon ermöglicht es, auf dem *Marketplace* Produkte zu suchen und anschließend zu vergleichen.[175] *Lohse* hält es nicht für nachvollziehbar, andere Preisvergleichsdienste trotz großer Unterschiede dem gleichen Mark wie *Google Search* zuzuordnen, während der *Marketplace* aufgrund der Ermöglichung eines direkten Produkterwerbs als Wettbewerber ausgeschlossen wird. *Körber* sieht die Erwerbsmöglichkeit als eine zusätzliche Funktion an.[176] Die hierdurch erreichte Senkung der Transaktionskosten der Nutzer und die damit verbundene Effizienzsteigerung lasse den *Marketplace* mehr und nicht weniger in den Wettbewerb mit *Google Search* treten. Diese Ansicht wird durch eine Studie von Forrester Research gestützt.[177] Die darin durchgeführte Untersuchung ergab, dass 30 % aller Online-Produktsuchen auf Amazons Webseite stattfinden, während Google als zweite Option nur auf 13 % kommt. 2009 hatte Google mit einem Anteil von 24 % noch knapp vor Amazon mit 18 % gelegen.

(c) Stellungnahme

Die Kritik an der Entscheidung der Kommission ist berechtigt. Es ist nicht nachvollziehbar, warum reine Preisvergleichsdienste trotz bestehender Unterschiede dem gleichen Markt wie *Google Shopping* zugeordnet werden, während der *Marketplace* hiervon ausgeschlossen wird. Die von der Kommission zutreffender Weise festgestellten Unterschiede reichen nicht aus, um Handelsplattformen als Wettbewerber von Preisvergleichsdiensten auszuschließen. Grundlage einer Marktabgrenzung ist auch auf digitalen Märkten das Bedarfsmarktkonzept, welches auf die Austauschbarkeit der Marktgegenseite abstellt. Da eine Vielzahl an Nutzern den *Marketplace* als mit den Produktvergleichsdiensten austauschbar ansieht, muss dieser demselben Markt zugerechnet werden. Darüber hinaus ist zu

---

[175] *Lohse*, Marktmachtmissbrauch durch Internetplattformen?, ZHR 2018, 321 (341).

[176] *Körber*, The Commission's „Next Big Thing"?, NZKart 2015, 415 (419).

[177] Hierzu im Gesamten: Amazon Passes Google as Top Destination for Shopping Research [Report], abrufbar unter https://www.searchenginewatch.com/2012/08/05/amazon-passes-google-as-top-destination-for-shopping-research-report/, zuletzt abgerufen am 23.08.2024.

berücksichtigen, dass auch Preisvergleichsdienste teilweise eine Kaufoption auf ihrer Webseite anbieten. So ermöglichte beispielsweise der Preisvergleichsdienst *Idealo* seinen Nutzern bis Ende 2022 den Erwerb von Produkten auf der Preisvergleichsseite.[178] Dies spricht gegen die Feststellung der Kommission und des EuG, die Nutzer würden aufgrund einer fehlenden Kaufoption zwischen Preisvergleichsdiensten und Händlerplattformen unterscheiden. Es muss bei der Bewertung auch Berücksichtigung finden, dass viele Kunden – insbesondere für kleinere und günstigere Produkte – den Preisvergleich direkt auf dem *Marketplace* durchführen. Aufgrund der großen Anzahl an Drittanbietern bietet der *Marketplace* ausreichend viele Auswahloptionen.

Zu beachten ist, dass im speziellen Fall des Verfahrens *Google Shopping* die Berücksichtigung der Handelsplattformen im Rahmen der Marktabgrenzung ohne entscheidende Auswirkung geblieben ist. Die Kommission wie auch das EuG haben allein auf den allgemeinen Suchmarkt und nicht auf den Preisvergleichsdienstmarkt abgestellt. Da sich Amazons Geschäftsmodell nicht auf den allgemeinen Suchmarkt erstreckt, hätte eine Berücksichtigung des *Marketplace* die Einstufung als marktbeherrschendes Unternehmen nicht tangiert.

(4) Markt trotz Unentgeltlichkeit

Es ist allgemein anerkannt, dass der Markt für allgemeine Suchdienstleistungen als Markt im kartellrechtlichen Sinne zu qualifizieren ist, obwohl Suchnutzer für die Suchdienstleistung keine monetäre Gegenleistung erbringen.[179] Durch die Suchanfrage werden persönliche Daten übermittelt, die Google zu einem späteren Zeitpunkt monetarisieren kann. Diese Informationen kann Google nutzen, um von einem Werbetreibenden einen erhöhten Preis für die Schaltung einer Anzeige zu verlangen, als dies bei einer nicht personalisierten Werbung möglich wäre. Auch das werbende Unternehmen profitiert von personalisierter Werbung. Die Wahrscheinlichkeit, einen neuen Kunden zu gewinnen, erhöht sich um ein Vielfaches,

---

[178] Informieren, vergleichen, bestellen - ohne Umwege mit idealo Direktkauf, abrufbar unter https://www.idealo.de/magazin/e-commerce/informieren-vergleichen-bestellen-ohne-umwege-mit-idealo-direktkauf, zuletzt abgerufen am 23.08.2024.

[179] Hierzu bereits ausführlich: D.II.1.b)(4).

wenn der Nutzer bereits zuvor nach einem bestimmten Produkt oder einer bestimmten Produktkategorie gesucht hat.

(5) Räumliche Marktabgrenzung

Die Kommission geht im Hinblick auf die Aufmerksamkeitsplattform Google sowohl für den Markt für allgemeine Suchdienste als auch den für den Markt für Preisvergleichsdienste von einem nationalen Markt aus.[180] Die Abgrenzung nationaler Märkte ergibt sich nach Ansicht der Kommission insbesondere daraus, dass Google lokalisierte Webseiten in verschiedenen Ländern in einer Vielzahl an Sprachversionen anbietet. Außerdem gibt es technische und finanzielle Hindernisse für eine Ausweitung der Suchtechnologie über nationale und sprachliche Grenzen hinweg. Dasselbe gilt für den Markt für Preisvergleichsdienste. Darüber hinaus kommt auf diesen Märkten hinzu, dass Preisvergleichsdienste in der Regel sprachspezifische Ergebnisse liefere und die vorgeschlagenen Links zu den nationalen Webseiten der betreffenden Onlinehändler führen.[181] Außerdem hat nicht jedes Produkt in verschiedenen Ländern den gleichen Erfolg und unterliege in manchen Nationen Werbe- oder Vermarktungsbeschränkungen.

Dieser räumlichen Marktabgrenzung ist zuzustimmen. Wie bereits am Beispiel Amazon näher erläutert, ergeben sich auch auf digitalen Märkten, auf denen der Zugriff von überall auf der Welt aus erfolgen kann, grundsätzlich nationale Märkte. Dies liegt insbesondere an den sprachlichen Barrieren. Für den Preisvergleichsdienst kommt hinzu, dass Kunden auf nationale Webseiten weitergeleitet werden möchten, da sie hier oftmals keine oder zumindest geringere Versandgebühren bezahlen.

IV. Zwischenfazit Marktabgrenzung

Grundlage der Marktabgrenzung bildet auch auf Plattformmärkten das Bedarfsmarktkonzept. Hierbei sind insbesondere indirekte Netzwerkeffekte zu berücksichtigen, da diese unmittelbaren Einfluss auf die funktionelle Austauschbarkeit mit einem Konkurrenzprodukt aufweisen. Gerade auf digitalen Märkten steigt der Nutzen, den ein Nutzer aus einem bestimmten

---

[180] Hierzu im Gesamten: Europäische Kommission, Beschl. v. 27.06.2017, C(2017) 4444 final, Rn. 251 – *Google Shopping*.

[181] Hierzu im Gesamten: Europäische Kommission, Beschl. v. 27.06.2017, C(2017) 4444 final, Rn. 259 ff. – *Google Shopping*.

Gut oder einer Dienstleistung zieht, oftmals an, wenn viele andere Nutzer dieses Gut oder diese Dienstleistung ebenfalls nachfragen.

Abgrenzungsschwierigkeiten ergeben sich hinsichtlich der Frage, ob von einem einheitlichen Markt ausgegangen werden kann oder ob beide Seiten der Plattform getrennten Märkten zuzuordnen sind. Die Abgrenzung kann nicht pauschal anhand der Plattformart erfolgen, sondern bedarf einer genaueren Betrachtung der Ausprägung indirekter Netzwerkeffekte. Grundsätzlich ist auf Grundlage des Bedarfsmarktkonzepts von einer getrennten Marktabgrenzung auszugehen, da jede Nutzerseite ihre eigenen Bedürfnisse hat und eine andere Leistung als funktional austauschbar ansieht. Eine einheitliche Marktabgrenzung würde dazu führen, dass wichtige Wettbewerber bei der Bewertung unberücksichtigt bleiben. Ausnahmsweise kann ein einheitlicher Markt angenommen werden, wenn beide Seiten einer *Matching*-Plattform eine einheitliche Vermittlungsleistung anstreben. Dies gilt jedoch nur dann, wenn die Vermittlungsleistung – wie beispielsweise bei einer Dating-Plattform – das zentrale Kernelement der Plattformleistung darstellt.

Entgegen vereinzelter Gegenauffassungen können auch Nutzerseiten, die keinen monetären Preis für die Leistung der Plattform bezahlen, als Markt im Sinne des Kartellrechts angesehen werden. Hierbei ist bereits fraglich, wann eine unentgeltliche Leistung vorliegt, da Nutzer als Gegenleistung persönliche Daten preisgeben, die vom Plattformbetreiber monetarisiert werden können. Die Einbeziehung unentgeltlicher Leistungen als eigenständiger Markt spielt insbesondere bei Aufmerksamkeitsplattformen eine wichtige Rolle. Die Plattformleistung wird für die Seite der Nutzer zumeist kostenlos angeboten, da eine hohe Nutzerzahl auf der anderen Plattformseite monetarisiert werden kann. Unternehmen, die nach Aufmerksamkeit streben, sind bereit, höhere Kosten zu bezahlen, wenn auf der anderen Nutzerseite mehr potenzielle Adressaten vorhanden sind.

Der *SSNIP*-Test spielt auf Plattformmärkten nur eine untergeordnete Rolle. Er stößt an seine Grenzen, da Netzwerkeffekte nicht ausreichend abgebildet werden können. Dies gilt insbesondere auf Märkten, auf denen eine Seite keinen monetären Preis bezahlt, da hier die Auswirkung einer Preiserhöhung nicht darstellbar ist. Auch der modifizierte *SSNIP*-Test führt aufgrund praktischer Anwendungsschwierigkeiten zu keinem zufriedenstellenden Ergebnis. Ergänzend herangezogen werden kann das Kriterium der

Angebotsumstellungsflexibilität, auch wenn es in der Praxis oftmals nicht möglich ist, auf dem Plattformmarkt bestehende Netzwerkeffekte auf nachgelagerte Märkte zu übertragen. In räumlicher Hinsicht sind aufgrund von Sprachbarrieren, nationalen Präferenzen und nationalen Regelungen zumeist nationale Märkte abzugrenzen.

Auch bei Hybridplattformen ist auf Grundlage des Bedarfsmarktkonzepts grundsätzlich von einer getrennten Marktabgrenzung auszugehen. Die Leistung des Plattformbetreibers auf dem nachgelagerten Markt ist von der Vermittlungsleistung zu unterscheiden. Die vertikale Integration führt mangels ausreichender Verknüpfungswirkung nicht dazu, dass ein einheitlicher Markt entsteht.

E. MARKTBEHERRSCHENDE STELLUNG

Auf Grundlage der Marktabgrenzung muss in einem zweiten Schritt der Beherrschungsgrad eines Unternehmens bestimmt werden, da die Missbrauchsverbote aus Art. 102 AEUV und § 19 GWB nur für Unternehmen gelten, die auf dem relevanten Markt eine beherrschende Stellung einnehmen. Im Folgenden werden zunächst die Grundlagen der Marktbeherrschungsprüfung dargestellt (I.), bevor die Besonderheiten der Marktbeherrschung auf Plattformmärkten näher beleuchtet werden (II.). Anschließend wird – insbesondere anhand der Fallbeispiele Amazon und Google – erörtert, welche Anforderungen bei Hybridplattformen zu berücksichtigen sind (III.). Abschließend erfolgt ein Zwischenfazit bezüglich der Prüfung einer marktbeherrschenden Stellung (IV.).

I. Grundlagen der Marktbeherrschung

Nachdem der relevante Markt bestimmt wurde, ist der Beherrschungsgrad des betroffenen Unternehmens auf diesem Markt festzustellen.[1] Der marktbeherrschenden Stellung kommt eine Filterfunktion für die anschließende Prüfung potenziell missbräuchlicher Verhaltensweisen zu.[2]

1. Marktbeherrschende Stellung im europäischen Recht

Anders als im deutschen Recht und in anderen nationalen Rechtsordnungen ist der Begriff der beherrschenden Stellung im europäischen Recht nicht legal definiert. Der europäische Gesetzgeber hat auf eine normative Fixierung der Tatbestandsvoraussetzungen bewusst verzichtet, um den Gemeinschaftsorganen eine Anpassung des Missbrauchsverbots an die Entwicklungen des Binnenmarktes zu gewährleisten.[3]

---

[1] *Fuchs*, in: Immenga/Mestmäcker Wettbewerbsrecht, 6. Aufl. 2019, Art. 102 AEUV, Rn. 42.

[2] *Fuchs*, ebd. Rn. 43.

[3] *Emmerich*, in: Dauses/Ludwigs EU-WirtschaftsR-HdB, 60. Aufl. 2024, H. I. § 3. Art. 102 AEUV, Rn. 29; *Jung*, in: Grabitz/Hilf/Nettesheim, Das Recht der Europäischen Union, 81. Aufl. 2024, AEUV Art. 102, Rn. 61.

a) Begriff der Marktbeherrschung

Der heutige Beherrschungsbegriff wurde von den europäischen Gerichten und der Kommission entwickelt. Der Entwicklung lagen zwei Leitlinien zugrunde: Der Beherrschungsbegriff sollte dynamisch sein und einheitlich Anwendung finden.[4] Bereits im Jahr 1965 betonte die Kommission in ihrem Konzentrationsmemorandum, dass eine Marktbeherrschung nicht statisch anhand der Marktanteile eines Unternehmens bewertet werden kann, sondern vielmehr die wirtschaftliche Potenz eines Unternehmens, wesentlichen Einfluss auf das Marktgeschehen auszuüben und Konkurrenten vom Markt zu verdrängen, in die Bewertung einfließen muss.[5] Damit wurde ein dynamisches Element geschaffen, das auch dann zum Tragen kommen kann, wenn die Marktanteile eines Unternehmens gering ausfallen.[6]

Der EuGH stellt seit den 70er-Jahren gleichermaßen auf die Fähigkeit unabhängigen Verhaltens und auf das Potenzial eines beherrschenden Unternehmens, Wettbewerb zu verhindern, ab.[7] Dieser Auffassung hat sich die Kommission angeschlossen, sodass beide Organe heute von einer einheitlichen Marktbeherrschungsdefinition ausgehen. EuGH und Kommission verstehen unter Marktbeherrschung:

> *„die wirtschaftliche Machtstellung eines Unternehmens […], die dieses in die Lage versetzt, die Aufrechterhaltung eines wirksamen Wettbewerbs auf dem relevanten Markt zu verhindern, indem sie ihm die Möglichkeit verschafft, sich seinen Wettbewerbern, seinen Abnehmern und letztlich den Verbrauchern gegenüber in einem nennenswerten Umfang unabhängig zu verhalten. Eine solche Stellung schließt im Gegensatz zu einem Monopol oder einem Quasi-Monopol einen gewissen Wettbewerb nicht aus, versetzt*

---

[4] *Jung*, in: Grabitz/Hilf/Nettesheim, Das Recht der Europäischen Union, 81. Aufl. 2024, AEUV Art. 102, Rn. 61.

[5] Europäische Kommission, Das Problem der Unternehmenskonzentration im Gemeinsamen Markt, 3. Teil, Rn. 22.

[6] Europäische Kommission, Das Problem der Unternehmenskonzentration im Gemeinsamen Markt, 3. Teil Rn. 22; *Jung*, in: Grabitz/Hilf/Nettesheim, Das Recht der Europäischen Union, 81. Aufl. 2024, AEUV Art. 102, Rn. 62.

[7] EuGH, Urt. v. 14.02.1978, Rs. 27/76, ECLI:EU:C:1978:22, Rn. 63/66 – *United Brands*; EuGH, Urt. v. 13.02.1979, Rs. C-85/76, ECLI:EU:C:1979:36, Rn. 38 – *Hoffmann-La Roche*.

aber die begünstigte Firma in die Lage, die Bedingungen, unter denen sich dieser Wettbewerb entwickeln kann, zu bestimmen oder wenigstens merklich zu beeinflussen, jedenfalls aber weitgehend in ihrem Verhalten hierauf keine Rücksicht nehmen zu müssen, ohne dass ihr dies zum Schaden gereichte.“[8]

Kennzeichnend für die Marktbeherrschung sind nach dieser Definition zwei Kernelemente.[9] Zum einen bedarf es der Fähigkeit, sich gegenüber den Handelspartnern oder den Verbrauchern unabhängig zu verhalten. Unabhängigkeit bedeutet in diesem Kontext die Möglichkeit, das Verhalten eigenständig festzulegen, ohne auf den Einfluss von Zulieferern, Abnehmern oder Konkurrenten Rücksicht nehmen zu müssen. Zum anderen die Möglichkeit, den Wettbewerb durch Unternehmen zu verhindern, die derselben Branche und Handelsstufe angehören.[10] Darunter versteht man die Fähigkeit, sowohl aktuelle Wettbewerber aus dem Markt zu drängen als auch potenziellen Wettbewerbern den Marktzugang zu verwehren.[11] Solange der Marktbeherrscher in der Lage ist, die Bedingungen des Wettbewerbs zu bestimmen oder merklich zu beeinflussen, ist eine beherrschende Stellung auch bei Vorliegen lebhaften Wettbewerbs nicht ausgeschlossen.[12]

Die Literatur folgt im Grundsatz der Marktbeherrschungsdefinition von Kommission und EuGH.[13] Das Verhältnis der Gewichtung zwischen

---

[8] EuGH, Urt. v. 13.02.1979, Rs. C-85/76, ECLI:EU:C:1979:36, Rn. 38 – *Hoffmann-La Roche*: teilweise identisch bereits zuvor EuGH, Urt. v. 14.02.1978, Rs. 27/76, ECLI:EU:C:1978:22, Rn. 63/66 – *United Brands;* ebenso u.a. EuGH, Urt. v. 11.12.1980, Rs. C-31/80, ECLI:EU:C:1980:289, Rn. 26 – *L'Oréal*; Prioritätenmitteilung der Kommission, ABl. 2009 C 45/7, Rn. 10.

[9] Hierzu im Gesamten: *Jung*, in: Grabitz/Hilf/Nettesheim, Das Recht der Europäischen Union, 81. Aufl. 2024, AEUV Art. 102, Rn. 63.

[10] EuGH, Urt. v. 14.02.1978, Rs. 27/76, ECLI:EU:C:1978:22, Rn. 121/124, 126/128– *United Brands*.

[11] *Jung*, in: Grabitz/Hilf/Nettesheim, Das Recht der Europäischen Union, 81. Aufl. 2024, AEUV Art. 102, Rn. 63.

[12] EuGH, Urt. v. 14.02.1978, Rs. 27/76, ECLI:EU:C:1978:22, Rn. 111/120 – *United Brands*; EuGH, Urt. v. 13.02.1979, Rs. C-85/76, ECLI:EU:C:1979:36, Rn. 70 – *Hoffmann-La Roche*.

[13] M.w.N. *Fuchs*, in: Immenga/Mestmäcker, Wettbewerbsrecht, 6. Aufl. 2019, AEUV Art. 102, Rn 77.

Marktstruktur- und Marktverhaltenskriterien ist im Schrifttum aber umstritten.[14] Für Teile der Literatur stellt die Marktbeherrschung einen normativen Zweckbegriff dar.[15] Dieser Ansicht zu Folge bleibt es letzten Endes eine Maß- und Gradfrage, die unter Einbeziehung beider Elemente und unter Berücksichtigung der Zielsetzung ein System unverfälschten Wettbewerbs zu errichten, erfolgen muss. Dabei können die Kernelemente flexibel auf den Einzelfall bezogen kumulativ oder alternativ zum Nachweis einer marktbeherrschenden Stellung dienen.[16] Teilweise wird gefordert, für besonders herausragend marktmächtige Unternehmen weitergehende Verhaltenspflichten zu statuieren.[17] Diese Auffassung hat sich aufgrund des eindeutigen Wortlauts des Art. 102 AEUV jedoch bislang nicht durchsetzen können.[18]

b) Wesentliche Beurteilungskriterien

Ob ein Unternehmen eine marktbeherrschende Stellung einnimmt, lässt sich nur anhand einer Vielzahl von Faktoren entscheiden. In der Literatur werden zum Teil verschiedene Kombinationen aus Marktstruktur-, Marktverhaltens- und Marktergebnistests vorgeschlagen.[19] Kommission und Gerichtshof haben es bisher jedoch vermieden, sich einer dieser Theorien anzuschließen, da die Bedeutung der Prüfungsansätze und das Verhältnis untereinander nicht abschließend geklärt ist. Sie verfolgen stattdessen einen pragmatischen Ansatz und greifen je nach Einzelfall auf eine Auswahl der

---

[14] Zum Streitstand: *Bien*, in: Münchener Kommentar zum Wettbewerbsrecht, 4. Aufl. 2023, AEUV Art. 102, Rn. 81 f. *Jung*, in: Grabitz/Hilf/Nettesheim, Das Recht der Europäischen Union, 81. Aufl. 2024, AEUV Art. 102, Rn. 62, 64.

[15] *Bien*, in: Münchener Kommentar zum Wettbewerbsrecht, 4. Aufl. 2023, AEUV Art. 102, Rn. 81; *Fuchs*, in: Immenga/Mestmäcker, Wettbewerbsrecht, 6. Aufl. 2019, AEUV Art. 102, Rn. 77.

[16] *Fuchs*, in: Immenga/Mestmäcker, Wettbewerbsrecht, 6. Aufl. 2019, AEUV Art. 102, Rn. 77.

[17] In diese Richtung etwa *Generalanwalt Fennelly*, Schlussanträge vom 29.10.1998 in den verb. Rs. C-395/96 P und C-396/96 P, ECLI:EU:C:1998:518, Rn. 137 – *Compagnie Maritime Belge Transports*.

[18] *Fuchs*, in: Immenga/Mestmäcker, Wettbewerbsrecht, 6. Aufl. 2019, AEUV Art. 102, Rn. 78.

[19] *Schmidt*, Wettbewerbspolitik und Kartellrecht, 9. Aufl. 2012, 77 ff.; *Jung*, in: Grabitz/Hilf/Nettesheim, Das Recht der Europäischen Union, 81. Aufl. 2024, AEUV Art. 102, Rn. 88.

genannten Kriterien zurück. Der EuGH stellt eine Gesamtbetrachtung der Faktoren an, bei der keiner dieser Faktoren für sich allein ausschlaggebend sein muss.[20] Die Kriterien lassen sich in drei übergeordnete Kategorien einteilen: Die Marktstruktur, die Unternehmensstruktur und das Marktverhalten.

(1) Die Marktstruktur

Im Vordergrund der Bestimmung einer Marktmacht steht die Marktstrukturanalyse, insbesondere die Bestimmung der Marktanteile.[21] Von Bedeutung ist zunächst der absolute Marktanteil. Zu dessen Bestimmung wird das Gesamtvolumen des relevanten Marktes ermittelt.[22] Dieses bestimmt sich nach der Summe der auf dem räumlichen Markt und auf der Wirtschaftsstufe des betroffenen Unternehmens abgesetzten Waren oder Dienstleistungen. In einem zweiten Schritt ist das Angebot bzw. die Nachfrage des auf seine Beherrschung zu prüfenden Unternehmens hinsichtlich des infrage stehenden Produktes festzustellen. Die ermittelten Prozentziffern sind dabei lediglich als Anhaltspunkte zu verstehen, da die besonderen Verhältnisse auf den jeweiligen Märkten in die Bewertung einfließen müssen.[23]

Per Definition marktbeherrschend sind Monopole, die sich dadurch kennzeichnen, dass sie die einzigen Anbieter auf dem relevanten Markt sind.[24] Diesen gleichgestellt sind Quasi-Monopole, bei denen ein Unternehmen Marktanteile von weit über 90 % hat. Auch rechtliche Monopole begründen ohne weiteres eine marktbeherrschende Stellung, da die Nachfragenden sich in einer wirtschaftlichen Abhängigkeit zum Anbieter befinden. Marktanteile von über 75 % gelten als besonders hoch. In diesen Fällen gehen sowohl die Rechtsprechung als auch die Literatur davon aus, dass

---

[20] EuGH, Urt. v. 14.02.1978, Rs. 27/76, ECLI:EU:C:1978:22, Rn. 63/66 – *United Brands*.

[21] *Jung*, in: Grabitz/Hilf/Nettesheim, Das Recht der Europäischen Union, 81. Aufl. 2024, AEUV Art. 102, Rn. 88.

[22] Zur Bestimmung im Gesamten: *Fuchs*, in: Immenga/Mestmäcker, Wettbewerbsrecht, 6. Aufl. 2019, AEUV Art. 102, Rn. 94.

[23] *Fuchs*, ebd. Rn. 89.

[24] Hierzu im Gesamten: *Bergmann/Fiedler/Huttenlauch*, in: Loewenheim/Meessen/ Riesenkampff/Kersting/Meyer-Lindemann, Kartellrecht, 4. Aufl. 2020, AEUV Art. 102, Rn. 120.

abgesehen von atypischen Konstellationen eine Marktbeherrschung vorliegt.[25]

Bei Marktanteilen zwischen 40 % und 75 % besteht regelmäßig eine marktbeherrschende Stellung, wenn zeitgleich weitere Faktoren vorliegen.[26] Dabei gilt folgende Faustformel: Je niedriger der Marktanteil, desto weniger reicht dieser allein zum Nachweis einer Beherrschung aus und desto stärker müssen die anderen Kriterien ins Gewicht fallen. Insbesondere der relative Marktanteil, der den Marktanteilsabstand zu den nächsten Wettbewerbern beschreibt, spielt eine entscheidende Rolle.[27] So hielt der EuGH in der Rechtssache *United Brands* ein Marktanteil von knapp 45 % für ausreichend, da dieser ein Mehrfaches des zweitstärksten Konkurrenten betrug und die übrigen Wettbewerber erst mit weitem Abstand folgten.[28] Auch die Anzahl der Wettbewerber und die wirtschaftliche oder technische Überlegenheit des Marktführers werden oftmals zur Bestimmung herangezogen.[29] Liegt der Marktanteil zwischen 25 % und 40 % ist eine Marktbeherrschung nicht ausgeschlossen, aber eher unwahrscheinlich.[30] Es müssen gewichtige Gründe hinzutreten, die die Annahme einer Beherrschung des Marktes rechtfertigen. Liegt der Marktanteil unter 20 % bzw. 25 %, ist nur in atypischen Ausnahmefällen von einer Beherrschung auszugehen.[31]

---

[25] U.a. EuG, Urt. v. 12.12.1991, Rs. T-30/89, ECLI:EU:T:1991:70, Rn. 92 – *Hilti*; *Fuchs*, in: Immenga/Mestmäcker, Wettbewerbsrecht, 6. Aufl. 2019, AEUV Art. 102, Rn. 90.

[26] U.a. Europäische Kommission, Entsch. v. 17.12.1975, ABl. 1976, L 95/1, 12 ff. – *Chiquita*; bestätigt durch EuGH, Urt. v. 14.02.1978, Rs. 27/76, ECLI:EU:C:1978:22, Rn. 207, 294 ff. – *United Brands*.

[27] *Fuchs*, in: Immenga/Mestmäcker, Wettbewerbsrecht, 6. Aufl. 2019, AEUV Art. 102, Rn. 88.

[28] EuGH, Urt. v. 14.02.1978, Rs. 27/76, ECLI:EU:C:1978:22, Rn. 207, 294 ff. – *United Brands*.

[29] *Schröter/Bartl*, in: von der Groeben/Schwarze/Hatje, Europäisches Unionsrecht, 7. Aufl. 2015, AEUV Art. 102, Rn. 99; *Fuchs*, in: Immenga/Mestmäcker, Wettbewerbsrecht, 6. Aufl. 2019, AEUV Art. 102, Rn. 91.

[30] *Bien*, in: Münchener Kommentar zum Wettbewerbsrecht, 4. Aufl. 2023, AEUV Art. 102, Rn. 243

[31] *Bien*, ebd. Rn. 243; *Schröter/Bartl*, in: von der Groeben/Schwarze/Hatje, Europäisches Unionsrecht, 7. Aufl. 2015, AEUV Art. 102, Rn. 99.

Gegen die Aussagekraft von Marktanteilen werden teilweise Bedenken vorgebracht. Insbesondere im Hinblick auf die voranschreitende Digitalisierung der Märkte und deren dynamische Entwicklung mehren sich kritische Stimmen.[32] Eine allgemeine Schlussfolgerung von hohen Marktanteilen auf eine unbewegliche Nachfrage ist nicht gerechtfertigt, da sich das Verhalten der Nachfrage nach vielen weiteren Faktoren wie dem Preisniveau der Konkurrenz, der Existenz und Zugangsmöglichkeit zu Substitutionsprodukten sowie der Markttransparenz richtet.[33] Außerdem wird bei einer Bewertung aufgrund des Kriteriums der Marktanteile die Bedeutung des potenziellen Wettbewerbs relativiert.[34] Um letzteres zu vermeiden, berücksichtigen die Kommission und der EuGH bei der Marktstrukturanalyse nicht nur den aktuellen, sondern auch den potenziellen Wettbewerb.[35] Potenzielle Wettbewerber sind alle Unternehmen, die auf angrenzenden Märkten tätig sind und durch Umstellung ihrer Verfahren oder Produktion ohne großen Aufwand in der Lage sind, in den relevanten Markt einzutreten.[36]

(2) Die Unternehmensstruktur

Ein weiteres Kriterium zur Ermittlung der Marktbeherrschung ist die Analyse der Unternehmensstruktur. Hierbei geht es im Gegensatz zur Marktstruktur nicht um die objektiven Rahmenbedingungen des Marktes, sondern um unternehmensspezifische Eigenschaften und Fähigkeiten, die die Überlegenheit des Marktbeherrschers gegenüber seinen Wettbewerbern

---

[32] *Bergmann/Fiedler/Huttenlauch*, in: Loewenheim/Meessen/ Riesenkampff/Kersting/Meyer-Lindemann, Kartellrecht, 4. Aufl. 2020, AEUV Art. 102, Rn. 133; *Körber*, Machtmissbrauch durch *Android*? – Zum Wettbewerb auf den Märkten für mobile Betriebssysteme und Anwendungen, NZKart 2014, 378 (380 ff.).

[33] *Fuchs*, in: Immenga/Mestmäcker, Wettbewerbsrecht, 6. Aufl. 2019, AEUV Art. 102, Rn. 96.

[34] *Jung*, in: Grabitz/Hilf/Nettesheim, Das Recht der Europäischen Union, 81. Aufl. 2024, AEUV Art. 102, Rn. 96; *Fuchs*, in: Immenga/Mestmäcker, Wettbewerbsrecht, 6. Aufl. 2019, AEUV Art. 102, Rn. 96 f.

[35] EuGH, Urt. v. 13.02.1979, Rs. C-85/76, ECLI:EU:C:1979:36, Rn. 48 – *Hoffmann-La Roche*; Europäische Kommission, Formblatt A/B, ABl. 1994 L 377, 28, Operationeller Teil, Abschnitt 10.

[36] *Jung*, in: Grabitz/Hilf/Nettesheim, Das Recht der Europäischen Union, 81. Aufl. 2024, AEUV Art. 102, Rn. 96.

begründen können.[37] EuGH und Kommission stützen die Feststellung einer marktbeherrschenden Stellung deshalb regelmäßig auch auf bestimmte Merkmale, Eigenschaften oder Fähigkeiten des betroffenen Unternehmens.[38] Diese Faktoren können unter zwei Gesichtspunkten bedeutsam sein. Zum einen können sie als zusätzliche Markteintrittsbarrieren fungieren oder bereits bestehende Zutrittsschranken verstärken.[39] Zum anderen können sie geeignet sein, die Handlungsspielräume gegenüber Wettbewerbern und Abnehmern zu vergrößern oder abzusichern, oder die Möglichkeit zur Behinderung von Mitbewerbern eröffnen.[40]

Zu den unternehmensspezifischen Beherrschungskriterien zählen insbesondere die Ressourcen, Mittel und Methoden, die ein Unternehmen zur Beschaffung, Herstellung oder Vermarktung seiner Leistungen einsetzen kann.[41] Unter anderem der technologische Vorsprung, der kommerzielle Vorsprung sowie die vertikale Integration werden dabei als unternehmensstrukturelle Wettbewerbsvorteile angesehen.[42] Daneben spielen auch Ressourcen des Unternehmens wie Produktions- und Lieferkapazität, Wirtschafts- und Finanzkraft oder die Verflechtung mit anderen Unternehmen eine gewichtige Rolle.[43]

---

[37] *Jung*, ebd. Rn. 97.

[38] Vgl. u.a. EuGH, Urt. v. 14.02.1978, Rs. 27/76, ECLI:EU:C:1978:22, Rn. 72, 88 – *United Brands*; Europäische Kommission, Entsch. v. 14.12.1985, ABl. 1985, L 374/1, 17 f., Rn. 69 – ECS/AKZO II; *Bien*, in: Münchener Kommentar zum Wettbewerbsrecht, 4. Aufl. 2023, AEUV Art. 102, Rn. 249.

[39] *Bien*, ebd. Rn. 249; vgl. auch *Jung*, in: Grabitz/Hilf/Nettesheim, Das Recht der Europäischen Union, 81. Aufl. 2024, AEUV Art. 102, Rn. 98 f.

[40] *Bien*, in: Münchener Kommentar zum Wettbewerbsrecht, 4. Aufl. 2023, AEUV Art. 102, Rn. 249.

[41] Vgl. EuGH, Urt. v. 14.02.1978, Rs. 27/76, ECLI:EU:C:1978:22, Rn. 69/71 – *United Brands*; *Jung*, in: Grabitz/Hilf/Nettesheim, Das Recht der Europäischen Union, 81. Aufl. 2024, AEUV Art. 102, Rn. 98.

[42] Zu den Einzelnen Vorteilen: Vgl. Europäische Kommission, Entsch. v. 14.12.1985, ABl. 1985, L 374/1, 17 f., Rn. 67, 69 – *ECS/AKZO II*, bestätigt durch EuGH, Urt. v. 03.07.1991, Rs. C 62/86, ECLI:EU:C:1991:286, Rn. 56, 61 ff. – *AKZO*; EuGH, Urt. v. 14.02.1978, Rs. 27/76, ECLI:EU:C:1978:22, Rn. 88/93 – *United Brands*; zu den Vorteilen überblicksartig *Fuchs*, in: Immenga/Mestmäcker, Wettbewerbsrecht, 6. Aufl. 2019, AEUV Art. 102, Rn. 103 ff.

[43] M.w.N. *Fuchs*, ebd. Rn. 107.

(3) Das Marktverhalten

Die oben aufgeführte Definition einer marktbeherrschenden Stellung stellt unter anderem auf bestimmte Verhaltensweisen des Unternehmens ab. Die Fähigkeit, autonomes Marktverhalten durchzusetzen und die Fähigkeit, Mitbewerber wirksam zu behindern, können Indiz einer Marktbeherrschung sein.[44] Die Marktverhaltensanalyse ist vor allem bei Ausbeutungs- oder Diskriminierungsmissbrauch sinnvoll, da hier ein entsprechender Verhaltensspielraum nur marktmächtigen Unternehmen offensteht.[45] Ein Schluss von einem Verhalten auf eine Marktbeherrschung ist ansonsten nur selten mit hinreichender Sicherheit möglich, da die Aussagekraft des Marktverhaltens regelmäßig ambivalent ist. So kann ein und dasselbe Verhalten, wie etwa eine Preissenkung sowohl Folge wirksamen Wettbewerbs als auch Bestandteil strategischen Verhaltens eines Marktbeherrschers sein.[46] Die Verhaltensanalyse wird deshalb zumeist nur zur Unterstützung und kritischen Überprüfung der Ergebnisse aus der Marktstruktur- und Unternehmensstrukturanalyse eingesetzt.[47]

Die wichtigste Rolle unter den Verhaltenskriterien spielt die Preisgestaltung, die sich bei marktbeherrschenden Unternehmen insbesondere in der Übernahme von Preisführerschaft zeigt.[48] Die Fähigkeit, über einen längeren Zeitraum hinweg einseitig Preiserhöhungen durchzusetzen, ohne dabei

---

[44] *Bien*, in: Münchener Kommentar zum Wettbewerbsrecht, 4. Aufl. 2023, AEUV Art. 102, Rn. 252.

[45] Hierzu im Gesamten: *Fuchs*, in: Immenga/Mestmäcker, Wettbewerbsrecht, 6. Aufl. 2019, AEUV Art. 102, Rn. 108; *Bergmann/Fiedler/Huttenlauch*, in: Loewenheim/Meessen/ Riesenkampff/Kersting/Meyer-Lindemann, Kartellrecht, 4. Aufl. 2020, AEUV Art. 102, Rn. 141 f.

[46] *Bergmann/Fiedler/Huttenlauch*, in: Loewenheim/Meessen/ Riesenkampff/Kersting/Meyer-Lindemann, Kartellrecht, 4. Aufl. 2020, AEUV Art. 102, Rn. 141; *Fuchs*, in: Immenga/Mestmäcker, Wettbewerbsrecht, 6. Aufl. 2019, AEUV Art. 102, Rn. 108.

[47] EuGH, Urt. v. 13.02.1979, Rs. C-85/76, ECLI:EU:C:1979:36, Rn. 69 – *Hoffman-La Roche*; EuGH, Urt. v. 14.02.1978, Rs. 27/76, ECLI:EU:C:1978:22, Rn. 67,68 – *United Brands*; ebenso *Jung*, in: Grabitz/Hilf/Nettesheim, Das Recht der Europäischen Union, 81. Aufl. 2024, AEUV Art. 102, Rn. 107.

[48] *Emmerich*, in: Dauses/Ludwigs, EU-WirtschaftsR-HdB, 60. Aufl. 2024, H. I. § 3. Art. 102 AEUV, Rn. 45; *Jung*, in: Grabitz/Hilf/Nettesheim, Das Recht der Europäischen Union, 81. Aufl. 2024, AEUV Art. 102, Rn. 109.

selbst nennenswerte Umsatzeinbußen zu erleiden, sehen Kommission und EuGH als Zeichen für die Unabhängigkeit vom Marktgeschehen und damit für Marktbeherrschung an.[49] Auch in der ernsthaften Behinderung von Wettbewerbern mittels der Erzwingung ungünstiger Bedingungen sowie der erfolgreichen Verdrängung von Wettbewerbern sehen Kommission und EuGH Indizien für das Bestehen einer marktbeherrschenden Stellung. [50]

2. *Marktbeherrschende Stellung im deutschen Recht*

Im deutschen Recht wird das Missbrauchsverbot des § 19 GWB durch § 18 GWB ergänzt, der bestimmt, wann ein Unternehmen oder eine Gesamtheit an Unternehmen eine marktbeherrschende Stellung einnimmt.

a) Grundlagen der Marktbeherrschungsprüfung

In § 18 Abs. 1 GWB werden verschiedene Arten einer Marktbeherrschung legaldefiniert. Das Verhältnis der drei darin enthaltenen Tatbestandsvarianten ist alternativ zu verstehen, sodass es für die Annahme einer Marktbeherrschung ausreicht, wenn einer der drei Tatbestände erfüllt ist.[51] Für die Bewertung der Marktstellung ist die Stellung des Unternehmens auf dem Markt von entscheidender Bedeutung.[52] Ist ein Unternehmen als Monopolist ohne Wettbewerber, so unterliegt es grundsätzlich dem kartellrechtlichen Missbrauchsverbot, ohne dass eine nähere Prüfung anhand der Marktstrukturkriterien erforderlich ist. Zur Fallgruppe der Unternehmen, die keinem wesentlichen Wettbewerb ausgesetzt sind, gehören insbesondere Quasi-Monopolisten mit einem Marktanteil von deutlich über 90 %. Die am häufigsten vorliegende Konstellation ist die dritte Fallgruppe, die

---

[49] U.a EuGH, Urt. v. 14.02.1978, Rs. 27/76, ECLI:EU:C:1978:22, Rn. 111/120, 126/128 – *United Brands*; Europäische Kommission, Entsch. v. 22.12.1987, ABl. 1988, L 65/19, Rn. 51, 71 – *Hilti*; Europäische Kommission, Entsch. v. 29.07.1987, ABl. 1987 L 286, 36, Rn. 18 – *BBI/Boosey & Hawkes*.

[50] Europäische Kommission, Entsch. v. 14.12.1985, ABl. 1985, L 374/1, 17 f., Rn. 67, 69 – *ECS/AKZO II*, bestätigt durch EuGH, Urt. v. 03.07.1991, Rs. C 62/86, ECLI:EU:C:1991:286, Rn. 56, 61 ff. – *AKZO*.

[51] *Wolf*, in: Münchener Kommentar zum Wettbewerbsrecht, 4. Aufl. 2022, GWB § 18, Rn. 27.

[52] Hierzu im Gesamten: *Kühnen*, in: Loewenheim/Meessen/ Riesenkampff/Kersting/Meyer-Lindemann, Kartellrecht, 4. Aufl. 2020, GWB § 18, Rn. 70 ff.

auf eine überragende Marktstellung abstellt. Die Rechtsprechung geht davon aus, dass ein Unternehmen eine im Verhältnis zu seinen Konkurrenten überragende Marktstellung besitzt, wenn es über „*einen überragenden (einseitigen) Verhaltensspielraum bei der Entwicklung von Marktstrategien oder auch beim Einsatz einzelner Aktionsparameter*“ verfügt,[53] beziehungswiese sein Verhaltensspielraum nicht mehr hinreichend durch den Wettbewerb kontrolliert werden kann.[54] Hierbei ist eine horizontale Betrachtung im Vergleich mit den Wettbewerbern auf dem relevanten Markt maßgeblich.

Bei der Bewertung der Marktstellung eines Unternehmens sind bei allen Tatbeständen des § 18 Abs. 1 GWB die Kriterien aus§ 18 Abs. 3 GWB maßgeblich. Der Katalog ist aufgrund des Wortlauts („*insbesondere*“) nicht abschließend. Die Aufnahme der Kriterien in den Gesetzestext dient vor allem der Klarstellung, dass der Marktanteil nur eines von mehreren relevanten Beurteilungskriterien darstellt.[55] Stattdessen ist eine Gesamtschau der Merkmale vorzunehmen, bei der die tatsächlichen Abläufe zu berücksichtigen sind.

b) Beurteilungskriterien

§ 18 Abs. 3 GWB listet acht Kriterien auf, anhand derer die Beurteilung der Frage, ob eine marktbeherrschende Stellung vorliegt, erfolgen soll. Nur im Einzelfall sind darüber hinausgehende Gesichtspunkte heranzuziehen, sofern der Streitfall aufgrund der Besonderheit des Marktes hierzu Veranlassung gibt.[56]

Der Marktanteil ist der wesentliche Indikator für den Markterfolg eines Unternehmens. Er wird deswegen auch im deutschen Recht als besonders aussagekräftiges Indiz angesehen, aus dem sich eine marktbeherrschende Stellung jedenfalls dann ableiten lässt, wenn nicht andere Kriterien

[53] U.a. BGH, NJW 1976, 2259, (2261) – *Vitamin-B-12*.
[54] U.a. BGH, NJW 1979, 918 (919) – *Erdgas Schwaben*; BGH, NJW-RR 1986, 525 (525) – *Edelstahlbestecke*; BGH, NJW-RR 1988, 227 (228) – *Niederrheinische Anzeigenblätter*.
[55] Vgl. BGH, NJW 1980, 2583 (2586) – *Mannesmann/Brueninghaus* mit Verweis auf Reg.Begr. zum Entwurf, BT-Drs. VI/2520, 22.
[56] *Kühnen*, in: Loewenheim/Meessen/ Riesenkampff/Kersting/Meyer-Lindemann, Kartellrecht, 4. Aufl. 2020, GWB § 18, Rn. 76.

ergeben, dass das Unternehmen trotz eines hohen Marktanteils nicht über einen überragenden Verhaltensspielraum verfügt.[57] Neben der absoluten Größe kommt es auch auf den relativen Marktanteil an.[58] Sowohl beim absoluten als auch beim relativen Marktanteil ist eine Momentaufnahme nicht ausreichend, sondern es bedarf einer Betrachtung der Marktanteilsentwicklung über einen längeren Zeitraum. Je höher und dauerhafter der Marktanteil ist, desto eher erlaubt dies einen Rückschluss auf die Marktbeherrschung. Feste Grenzwerte gibt es nicht, da es stets auf die Würdigung aller Strukturkriterien ankommt, die im konkreten Fall einschlägig sind.[59] Als Orientierungspunkt dient die Marktbeherrschungsvermutung aus § 18 Abs. 4 GWB, die ab einem Marktanteil von 40 % von einer marktbeherrschenden Stellung ausgeht.

Die weiteren Kriterien des § 18 Abs. 3 Nr. 2 bis 8 GWB sollen nicht alle im Einzelnen erörtert werden, da dies für die weitergehende Herleitung der Marktbeherrschung auf Plattformmärkten nicht erforderlich ist. Einzugehen ist auf das Kriterium des Zugangs zu den Beschaffungs- und Absatzmärkten nach § 18 Abs. 3 Nr. 3 GWB. Aus einer vertikalen Integration können einem Unternehmen erweiterte wettbewerbliche Verhaltensspielräume eröffnet werden.[60] In diesem Zusammenhang sind insbesondere Absatz- und Beschaffungsvorteile nennenswert, die sich daraus ergeben, dass ein Unternehmen zugleich auf einer vorgelagerten oder nachgelagerten Marktstufe tätig ist. Hierbei ist es unerheblich, ob die vertikale Integration unternehmensintern oder durch Beteiligungen an einem Unternehmen der vor- oder nachgelagerten Marktstufe hergestellt wurde. Da Wettbewerber derartigen Zugangsmöglichkeiten zur vor- oder nachgelagerten Marktstufe keinen gleichwertigen Vorteil entgegensetzen können, sind diese geeignet,

---

[57] *Kühnen*, ebd. Rn. 79.

[58] BGH, NJW-RR 2008, 996 (999), Rn. 27 – *Soda Club II*; BGHZ 170, 299, Rn. 21 f. – *National Geographic II*.

[59] Hierzu im Gesamten: *Kühnen*, in: Loewenheim/Meessen/ Riesenkampff/Kersting/Meyer-Lindemann, Kartellrecht, 4. Aufl. 2020, GWB § 18, Rn. 80.

[60] Hierzu im Gesamten: *Kühnen*, in: Loewenheim/Meessen/ Riesenkampff/Kersting/Meyer-Lindemann, Kartellrecht, 4. Aufl. 2020, GWB § 18, Rn. 91.

die Marktsituation von Wettbewerbern durch Marktschließungseffekte nachhaltig negativ zu beeinflussen.[61]

c) Relative Marktmacht gem. § 20 GWB

Im Zuge der 8. GWB-Novelle wurde die eigenständige Verbotsnorm § 20 Abs. 1 a.F. GWB in § 19 Abs. 2 Nr. 1 GWB aufgenommen und durch eine Erweiterung der Anwendbarkeit des Missbrauchstatbestands ersetzt. § 20 Abs. 1 n.F. GWB unterwirft nunmehr auch relativ marktmächtige Unternehmen dem Behinderungs- und Diskriminierungsverbot des § 19 Abs. 1 GWB. Im Rahmen der 10. GWB-Novelle wurde der Anwendungsbereich von kleinen und mittleren Unternehmen auf alle Unternehmen erweitert, deren Marktmacht wesentlich geringer ist als die des Normadressaten.[62] Diese Ausweitung erfolgte, da § 20 GWB nach Ansicht des Gesetzgebers nicht primär dem Schutz des Mittelstands dienen soll, sondern den Schutz des Wettbewerbs als solchen bezweckt.[63] Auch größere Unternehmen können abhängig sein, sodass es zukünftig nur noch darauf ankommt, ob ein deutliches Ungleichgewicht zur Marktmacht des Normadressaten besteht.[64] Darüber hinaus enthält § 20 Abs. 1 S. 3 GWB eine Abhängigkeitsvermutung, die sich ausschließlich auf die Abhängigkeit eines Anbieters von einem Nachfrager bezieht.

Das Tatbestandsmerkmal der relativen Marktmacht ist in § 20 Abs. 1 S. 1 GWB legaldefiniert. Eine relative Marktmacht liegt vor, wenn von einem Unternehmen oder einer Vereinigung von Unternehmen andere Unternehmen als Anbieter oder Nachfrager einer bestimmten Art von Waren oder gewerblichen Leistungen in der Weise abhängig sind, dass ausreichende und zumutbare Möglichkeiten, auf dritte Unternehmen auszuweichen, nicht bestehen und ein deutliches Ungleichgewicht zur Gegenmacht der anderen Unternehmen existiert. Die Normadressatenstellung setzt die Abhängigkeit eines Unternehmens von seinem Anbieter oder Nachfrager voraus, wobei eine solche immer dann vorliegt, wenn eine

---

[61] *Fuchs*, in: Immenga/Mestmäcker, Wettbewerbsrecht, 7. Aufl. 2024, GWB § 18, Rn. 128.

[62] *Westermann*, in: Münchener Kommentar zum Wettbewerbsrecht, 4. Aufl. 2022, GWB § 20, Rn. 1.

[63] BRegEntw, BT-Drs. 19/23492, 78.

[64] *Bechtold/Bosch*, in: GWB - Gesetz gegen Wettbewerbsbeschränkungen, 10. Aufl. 2021, GWB § 20, Rn. 10a.

ausreichende und zumutbare Möglichkeit, auf Dritte auszuweichen nicht besteht und das Unternehmen zur Erhaltung seiner Wettbewerbsfähigkeit auf ein marktmächtiges Unternehmen angewiesen ist.[65] Dies ist insbesondere der Fall, wenn Alternativen entweder nicht in ausreichendem Umfang verfügbar oder nicht zumutbar sind.[66]

Die Rechtsprechung hat für die Abhängigkeit verschiedene Fallgruppen entwickelt, die nach dem Willen des Gesetzgebers auch nach der 10. GWB-Novelle relevant bleiben sollen.[67] Auf die Fallgruppen soll hier nicht im Einzelnen eingegangen werden, da eine detaillierte Darstellung im Hinblick auf die relative Marktmacht von Plattformen nicht notwendig ist. Näher zu betrachten ist jedoch die Einfügung des § 20 Abs. 1 S. 2 GWB im Rahmen der 10. GWB-Novelle. Mit dieser Neuregelung wurde das Konzept der Intermediationsmacht auch auf Unternehmen mit relativer Marktmacht übertragen. Der Aufnahme der Intermediationsmacht kommt nicht nur eine klarstellende Funktion zu. Sie ermöglicht auch die Kontrolle der Machtposition von Unternehmen, welche als Vermittler zwischen verschiedenen Nutzergruppen auftreten.[68] Das Behinderungs- und Diskriminierungsverbot des § 19 Abs. 2 Nr. 1 GWB gilt somit auch für Unternehmen, die als Vermittler auf mehrseitigen Märkten tätig sind, wenn andere Unternehmen von ihrer Vermittlungsleistung in der Weise abhängig sind, dass ausreichende und zumutbare Ausweichmöglichkeiten nicht vorhanden sind.[69] Während diese Fallgruppe zuvor über die sortimentsbedingte Abhängigkeit erfasst werden musste, schafft der neue Tatbestand einen eigenen gesetzlichen Anknüpfungspunkt.

Noch ungeklärt ist die Frage, ob der Tatbestand auch auf reine Informationsintermediäre angewendet werden kann, zu denen insbesondere

---

[65] Vgl. *Westermann*, in: Münchener Kommentar zum Wettbewerbsrecht, 4. Aufl. 2022, GWB § 20, Rn. 21.

[66] *Bechtold/Bosch*, in: Bechthold/Bosch, GWB - Gesetz gegen Wettbewerbsbeschränkungen, 10. Aufl. 2021, GWB § 20, Rn. 11.

[67] BRegEntw, BT-Drs. 19/23492, 79.

[68] BRegEntw, BT-Drs. 19/23492, 79.

[69] Hierzu im Gesamten: *Westermann*, in: Münchener Kommentar zum Wettbewerbsrecht, 4. Aufl. 2022, GWB § 20, Rn. 46.

Suchmaschinen zählen.[70] Bei dieser Fallgruppe herrscht keine direkte Vertragsbeziehung zwischen dem Vermittler und dem Unternehmen, das die Plattform nutzt. Teilweise wird vertreten, dass Informationsintermediäre nicht von § 20 Abs. 1 GWB erfasst sind, da diese keine tatsächliche Leistung gegenüber den Unternehmen erbringen, die in den Ergebnislisten der Suchmaschine auftauchen.[71] Hierfür spricht der Gesetzeswortlaut, der ausdrücklich eine Vermittlungsleistung verlangt, von der andere Unternehmen für den Zugang zu Kunden oder Lieferanten abhängig sind. Auf Suchmaschinen wird die Vermittlungsleistung dieser Ansicht nach nur bei Gelegenheit und ohne Verpflichtung gegenüber dem angezeigten Unternehmen erbracht. Hiergegen wird vorgebracht, dass der Referentenentwurf Suchmaschinen im Zusammenhang mit *Listings* und Rankings explizit benennt.[72] Aufgrund einer fehlenden ausdrücklichen Positionierung im Rahmen der Gesetzesbegründung kann Klarheit über diese Frage nur durch die Anwendungspraxis in der Rechtsprechung geschaffen werden.[73] Vorzugswürdig dürfte letztere Auffassung sein, da es nicht darauf ankommt, ob die Vermittlungsleistung bei Gelegenheit erfolgt oder bewusst angestrebt wird. Entscheidend ist allein, dass eine Vermittlungsleistung erbracht wird.

Darüber hinaus wurde mit § 20 Abs. 3a GWB ein neuer Gefährdungstatbestand geschaffen, der ein *Market-Tipping* verhindern soll.[74] Unter *Market-Tipping* versteht man in dieser Konstellation die Transformation eines durch starke positive Netzwerkeffekte geprägten Marktes mit mehreren

---

[70] *Höppner/Weber*, Die Modernisierung der Missbrauchskontrolle nach dem Referentenentwurf für eine 10. GWB-Novelle, K&R 2020, 24 (43).

[71] *Westermann*, in: Münchener Kommentar zum Wettbewerbsrecht, 4. Aufl. 2022, GWB § 20, Rn. 46.

[72] *Höppner/Weber*, Die Modernisierung der Missbrauchskontrolle nach dem Referentenentwurf für eine 10. GWB-Novelle, K&R 2020, 24 (43).

[73] *Westermann*, in: Münchener Kommentar zum Wettbewerbsrecht, 4. Aufl. 2022, GWB § 20, Rn. 46; *Höppner/Weber*, Die Modernisierung der Missbrauchskontrolle nach dem Referentenentwurf für eine 10. GWB-Novelle, K&R 2020, 24 (43).

[74] Hierzu im Gesamten: *Bechtold/Bosch*, in: Bechthold/Bosch, GWB - Gesetz gegen Wettbewerbsbeschränkungen, 10. Aufl. 2021, GWB § 20, Rn. 49a.

Anbietern zu einem monopolistischen bzw. hochkonzentrierten Markt.[75] Dabei scheiden anderen Anbieter nach und nach aus einem Markt aus, bis der gesamte Markt nur noch von einem Anbieter bzw. sehr wenigen Anbietern bedient wird. Durch die Neuregelung soll den Wettbewerbsbehörden das Eingreifen in *Tipping*-Prozesse zu einem möglichst frühen Zeitpunkt ermöglicht werden. Voraussetzung hierfür ist allerdings, dass eine überlegene Marktmacht vorliegt, da vor Erreichen dieser Schwelle ein Eingriff nicht möglich ist. Unterhalb der Schwelle einer überlegenen Marktmacht lässt sich nicht prognostizieren, welches von den betroffenen Unternehmen von einem *Market-Tipping* profitiert. Außerdem sind Unternehmen unterhalb dieser Schwelle vermutlich nicht in der Lage, ein *Market-Tipping* herbeizuführen.[76]

Auch der neu aufgenommene § 20 Abs. 1a GWB kann auf digitalen Plattformen zur Anwendung kommen. Die Regelung geht – wie auch die Normierung der Abhängigkeit von Intermediären gem. § 20 Abs. 1 S. 2 GWB – auf den Vorschlag der Monopolkommission zurück.[77] Neben seiner klarstellenden Funktion im Hinblick auf die datenbedingte Abhängigkeit gewährt die Vorschrift unter engen Voraussetzungen einen Datenzugangsanspruch zugunsten eines bedingt abhängigen Unternehmens.[78] Im Grundsatz soll damit ein Zugangsrecht zu wettbewerbsrelevanten Daten eingeräumt werden, soweit die Vorteile einer mehrfachen Nutzung der betreffenden Daten die Nachteile eines Verlusts der exklusiven Nutzungsmöglichkeit der Daten überwiegen. Dabei bedarf es im Unterschied zur unternehmensbedingten Abhängigkeit keiner faktischen Vorbeziehung der Unternehmen.

---

[75] Der Begriff des „*Market-Tipping*“ beschreibt den Prozess, der dazu führt, dass ein Markt von einer Plattform dominiert wird, während alle anderen Anbieter vom Markt verdrängt werden, der Markt also gewissermaßen in die Monopolisierung „*kippt*“, BKartA, Arbeitspapier – Marktmacht von Plattformen und Netzwerken, 51.

[76] BRegEntw, BT-Drs. 19/23492, 78.

[77] *Schweitzer/Haucap/Kerber/Welker*, Modernisierung der Missbrauchsaufsicht für marktmächtige Unternehmen 2018, 160.

[78] Hierzu im Gesamten: BRegEntw, BT-Drs. 19/23492, 80.

3. *Vergleich des europäischen und deutschen Rechts*

Zwischen der deutschen und der europäischen Missbrauchskontrolle bestehen enge Zusammenhänge. Das Missbrauchsverbot des § 19 GWB orientiert sich konzeptionell eng an Art. 102 AEUV.[79] Dabei entfaltet sowohl die deutsche Vorschrift als auch das europäische Pendant unmittelbare Verbotswirkung.[80] Neben den vielen Gemeinsamkeiten bestehen geringfügige Unterschiede. Im Gegensatz zum europäischen Recht ist dem deutschen Missbrauchsverbot die Vorschrift des § 18 GWB vorgelagert, der eine Marktbeherrschungsdefinition sowie eine ausführliche Aufzählung entscheidungserheblicher Kriterien in § 18 Abs. 3 und 3a GWB enthält. Auch die Vermutungstatbestände des § 18 Abs. 4, 6 und 7 GWB sind der europäischen Vorschrift unbekannt. Darüber hinaus hat der deutsche Gesetzgeber auf die zunehmende Digitalisierung von Geschäftsmodellen reagiert und explizit auf mehrseitige Märkte und Netzwerke zugeschnittene Vorschriften erlassen.[81] Außerdem enthält das europäische Recht keine Vorschrift zur relativen Marktmacht, wie es im deutschen Recht mit § 20 GWB der Fall ist.

II. Marktbeherrschende Stellung auf Plattformmärkten

Auf Plattformmärkten unterliegt die Prüfung der marktbeherrschenden Stellung einiger Besonderheiten. Neben den bereits dargestellten Marktbeherrschungsindikatoren sind weitere Faktoren bei der Bewertungsentscheidung zu berücksichtigen.

1. *Grundlagen der Marktbeherrschungsprüfung auf Plattformmärkten*

Die Beurteilungskriterien, die auf analogen Märkten zur Bestimmung einer marktbeherrschenden Stellung herangezogen werden, bilden auch auf digitalen Märkten die Grundlage der Marktbeherrschungsprüfung. Darüber hinaus sind weitere Faktoren zu berücksichtigen. Dies ergibt sich insbesondere aus der Dynamik digitaler Märkte und der Volatilität des dort

---

[79] *Fuchs*, in: Immenga/Mestmäcker, Wettbewerbsrecht, 6. Aufl. 2019, AEUV Art. 102, Rn. 38.

[80] *Kling/Thomas*, Kartellrecht, 2. Aufl. 2016, 197; *Fuchs*, in: Immenga/Mestmäcker, Wettbewerbsrecht, 6. Aufl. 2019, AEUV Art. 102, Rn. 38.

[81] Hierzu ausführlich E.II.

vorzufindenden Marktgeschehens. Bezüglich der Beurteilungskriterien bestehen wesentliche Unterschiede zwischen dem deutschen und europäischen Recht. Während der deutsche Gesetzgeber mit § 18 Abs. 3a und 3b GWB Regelungen geschaffen hat, die sich ausschließlich mit der Marktbeherrschung auf mehrseitigen Märkten und Netzwerken beschäftigen, hat der europäische Gesetzgeber bislang nicht mit einer Anpassung des AEUV auf die besonderen Anforderungen dieser Märkte reagiert. Aufgrund der ausdrücklichen Normierung der Marktbeherrschungsindikatoren im deutschen Recht erfolgt zunächst die Darstellung der deutschen Regelung.

a) Gesetzliche Ausgestaltung im deutschen Recht

Die in § 18 Abs. 3a GWB normierten Marktbeherrschungsindikatoren verfolgen das Ziel „*den Schutz vor Missbrauch von Marktmacht*“ zu ermöglichen.[82] Zugleich soll den Anforderungen der digitalisierten Wirtschaft, insbesondere der Entwicklung neuer internet- und datenbasierter Geschäftsmodelle, Rechnung getragen werden.[83] Ziel ist es, die Analyse der Markt- und Wettbewerbsverhältnisse und die Feststellung einer Marktbeherrschung zu erleichtern, ohne hierbei den Rechtsbegriff der Marktbeherrschung zu verändern. Die Regelung hat klarstellenden Charakter.[84] Wie der Gesetzeswortlaut verdeutlicht („*insbesondere*“), wird die Marktstellung eines Unternehmens weiterhin auf Grundlage einer Gesamtbetrachtung aller Umstände beurteilt. Mit der Einfügung des § 18 Abs. 3a GWB wird lediglich sichergestellt, dass die aufgezählten ökonomischen Konzepte grundsätzlich als anerkannte fachwissenschaftliche Erkenntnisquellen im Rahmen einer rechtlichen Würdigung herangezogen werden dürfen.[85]

Anknüpfend an die Marktmachtkriterien aus § 18 Abs. 3a GWB hat der deutsche Gesetzgeber im Zuge der 10. GWB-Novelle mit

---

[82] BegrRegE, BT-Drs. 18/10207, 1.
[83] BegrRegE, BT-Drs. 18/10207, 38, 48.
[84] *Körber*, Konzeptionelle Erfassung digitaler Plattformen und adäquate Regulierungsstrategien Vortrag auf dem Symposion »Internetplattformen, ZUM 2017, 93 (99); *Wolf*, in: Münchener Kommentar zum Wettbewerbsrecht, 4. Aufl. 2022, GWB § 18, Rn. 44.
[85] *Wolf*, in: Münchener Kommentar zum Wettbewerbsrecht, 4. Aufl. 2022, GWB § 18, Rn. 44.

§ 18 Abs. 3b GWB eine weitere Konkretisierungsnorm geschaffen. Das darin kodifizierte Konzept der Intermediationsmacht geht maßgeblich auf den Vorschlag der vom Bundeswirtschaftsministerium in Auftrag gegebenen Studie zur Modernisierung der Missbrauchsaufsicht für marktmächtige Unternehmen zurück.[86] § 18 Abs. 3b GWB richtet sich an Unternehmen, die als Vermittler auf mehrseitigen Märkten tätig sind. Hintergrund der Regelung ist die Erkenntnis, dass sich aus der charakteristischen Vermittler- und Steuerungsfunktion von Plattformen die Möglichkeit ergibt, weitreichenden Einflusses auf die wettbewerbliche Betätigungsfreiheit anderer Unternehmen zu nehmen.[87] Durch die Neuregelung soll auch der Schwierigkeit, eine klare Positionierung von Intermediären in der vertikalen Wertschöpfungskette vorzunehmen, entgegengetreten werden. Die Unklarheit entsteht, da sich die Marktstellung nicht immer eindeutig unter die Kategorien der Angebots- oder Nachfragemacht subsumieren lässt.[88] Vor diesem Hintergrund besteht die *Ratio* der neuen Vorschrift zum einen in der Klarstellung, dass die Feststellung der beherrschenden Stellung nicht von der Zweigliedrigkeit einer Einordnung als Anbieter oder Nachfrager abhängt. Zum anderen soll hierdurch die Gesamtbetrachtung aller relevanten Umstände unter besonderer Berücksichtigung der Marktstellung der Plattform auf den verschiedenen Marktseiten anstelle einer losgelösten Betrachtung der einzelnen Leistungen in den Vordergrund gerückt werden.[89] Der Gesetzgeber möchte damit ein erhöhtes Maß an Rechtssicherheit und Vorhersehbarkeit der Rechtsanwendung erreichen.[90]

---

[86] BegrRegE, BT-Drs. 19/23492, 69 mit Verweis auf *Schweitzer/Haucap/Kerber/Welker*, Modernisierung der Missbrauchsaufsicht für marktmächtige Unternehmen, 2018.

[87] Vgl. BegrRegE, BT-Drs. 19/23492, 56; *Fuchs*, in: Immenga/Mestmäcker, Wettbewerbsrecht, 7. Aufl. 2024, GWB § 18, Rn. 150a.

[88] Vgl. *Volmar*, Die Intermediationsmacht von Competitive Bottlenecks, NZKart 2020, 170 (173 ff.); *Podszun/Kersting*, Eine Wettbewerbsordnung für das digitale Zeitalter, ZRP 2019, 34 (35); *Fuchs*, in: Immenga/Mestmäcker, Wettbewerbsrecht, 7. Aufl. 2024, GWB § 18, Rn. 150d.

[89] Vgl. BegrRegE, BT-Drs. 19/23492, 70; *Schweitzer/Haucap/Kerber/Welker*, Modernisierung der Missbrauchsaufsicht für marktmächtige Unternehmen, 2018, 173 (92 f.); *Fuchs*, in: Immenga/Mestmäcker, Wettbewerbsrecht, 7. Aufl. 2024, GWB § 18, Rn. 150d.

[90] BegrRegE, BT-Drs. 19/23492, 69.

b) Gesetzliche Ausgestaltung im europäischen Recht

Der europäische Gesetzgeber hat bislang nicht mit einer Ergänzung der kartellrechtlichen Normen auf die Besonderheiten der digitalisierten Wirtschaft reagiert. Stattdessen muss für die Bestimmung der marktbeherrschenden Stellung auf Plattformmärkten weiterhin auf die allgemeine Missbrauchsnorm des Art. 102 AEUV zurückgegriffen werden. Die Praxis der Kommission zeigt jedoch, dass für eine Bekämpfung des Marktmachtmissbrauchs auf dynamischen Plattformmärkten weitere Marktbeherrschungsindikatoren heranzuziehen sind. So befasste sich die Kommission beispielsweise im Fall *Travelport/Worldspan* mit der Konstellation des *Single-Homing*s und *Multi-Homing*s[91] und in den Fällen *Google Android* und *Microsoft* mit dem Einfluss indirekter Netzwerkeffekte auf die Marktmachtprüfung.[92]

2. Vergleich des europäischen und deutschen Rechts

Obwohl nur der deutsche Gesetzgeber mit einer Neuregelung auf die Besonderheiten der sich dynamisch entwickelnden digitalen Plattformmärkten reagiert hat, ergeben sich zwischen dem europäischen und deutschen Recht nur geringfügige Unterschiede. Das Fehlen entsprechender expliziter Bestimmungen im europäischen Wettbewerbsrecht steht einer entsprechenden Interpretation des Art. 102 AEUV nicht entgegen.[93] Die in § 18 Abs. 3a und 3b GWB aufgeführten Marktbeherrschungsindikatoren können bei der Interpretation der allgemeinen Missbrauchsnorm aus Art. 102 AEUV Orientierung geben.[94] Hierbei muss berücksichtigt werden, dass das nationale Recht aufgrund des Vorrangs des Unionsrechts nicht geeignet ist, das europäische Recht vorzuprägen. Stattdessen können die dort normierten Kriterien nur Anhaltspunkte für die eigenständige Auslegung der Bestimmung der marktbeherrschenden Stellung im

[91] Europäische Kommission, Beschl. v. 21.08.2007, COMP/M. 4523, Rn. 77 ff. – *Travelport/Worldspan*.

[92] Europäische Kommission, Beschl. v. 18.07.2018, C(2018) 4761 final, Rn. 638 – *Google Android*; Europäische Kommission, Beschl. v. 24.03.2004, COMP/C-3/37.792, Rn. 421, 1062 – *Microsoft*.

[93] *Fuchs*, in: Immenga/Mestmäcker, Wettbewerbsrecht, 6. Aufl. 2019, AEUV Art. 102, Rn. 38.

[94] *Bien*, in: Münchener Kommentar zum Wettbewerbsrecht, 4. Aufl. 2023, AEUV Art. 102, Rn. 256.

europäischen Recht liefern. Die weitere Anwendungspraxis zur Konkretisierung der Normen wird zeigen, ob sich künftig Unterschiede zwischen dem deutschen und europäischen Kartellrecht ergeben.[95]

3. Plattformbezogene Marktmachtkriterien

Neben den bereits erörterten Marktmachtkriterien haben sich weitere Kriterien herausgebildet, die neben den allgemeinen Marktbeherrschungsindikatoren Anwendung finden.[96]

a) Anwendbarkeit allgemeiner Marktbeherrschungsindikatoren

Bei der Bestimmung der Marktmacht digitaler Plattformen wird diskutiert, welches Gewicht Marktanteilen zugeschrieben werden kann.[97] In der ökonomischen und juristischen Literatur wird die Aussagekraft von Marktanteilen auf zweiseitigen Märkten vielfach bezweifelt.[98] Hierbei wird insbesondere auf die Dynamik indirekter Netzwerkeffekte verwiesen, die eine Bewertung anhand einer statischen Feststellung der Marktposition nicht zulässt. Auf Plattformmärkten herrscht aufgrund indirekter Netzwerkeffekte eine generelle Konzentrationsneigung. Die Ausnutzung dieser Effekte begünstigt die Entstehung weniger großer Plattformen, die einzeln oder gemeinsam schnell einen hohen bis sehr hohen Marktanteil erreichen.[99] Dies führe dazu, dass die Aussagekraft von Marktanteilen auf diesen Märkten abgeschwächt ist.[100] *Podszun* ist der Ansicht, dass Marktanteile nur eine Momentaufnahme sind, die auf einen eng definierten Produktmarkt im zweiseitigen Austauschverhältnis abzielen, die aber keine

---

[95] *Fuchs*, in: Immenga/Mestmäcker - Kommentar zum Europäischen Kartellrecht, 6. Aufl. 2019, AEUV Art. 102, Rn. 38.

[96] Da die Marktmachtkriterien in § 18 Abs. 3a und 3b gesetzlich normiert wurden, orientiert sich die nachfolgende Ausführung an den dort aufgelisteten Kriterien.

[97] BKartA, Arbeitspapier – Marktmacht von Plattformen und Netzwerken, 75.

[98] *Körber*, Analoges Kartellrecht für digitale Märkte?, WuW 2015, 120 (122); *Fuchs*, in: Immenga/Mestmäcker, Wettbewerbsrecht, 7. Aufl. 2024, GWB § 18, Rn. 123; in Bezug auf Nutzeranteile *Kersting/Dworschak*, Google als Marktbeherrscher? – Zur (geringen) Aussagekraft hoher Nutzerzahlen im Internet, Ifo Schnelldienst 2014, 1 (7).

[99] *Peitz*, Marktplätze und indirekte Netzwerkeffekte, Perspektiven der Wirtschaftspolitik 2006, 317 (322).

[100] *King*, Two-Sided Markets, Australian Economic Review 2013, 247 (256).

Hilfestellung für mehrseitige Märkte bieten.[101] Dem wird von *Fuchs* entgegengehalten, dass aufgrund wechselseitiger indirekter Netzwerkeffekte regelmäßig eine weitere Konzentrationstendenz besteht, die jedenfalls nach einem *Market-Tipping* die Angreifbarkeit des Marktbeherrschers ungemein erschwert.[102]

Auch in der Praxis wird den Marktanteilen auf Plattformmärkten nicht dieselbe Bedeutung zugemessen, wie es auf herkömmlichen Märkten der Fall ist. So nahm die Kommission im Fall *Microsoft/Skype* an, dass auch ein Marktanteil von fast 90 % aus wettbewerbsrechtlicher Sicht im Einzelfall unbedenklich sein kann.[103] Begründet wurde dies mit den niedrigen Eintrittsschranken auf digitalen Märkten und wechselnden Nutzerpräferenzen. Der dynamische Charakter digitaler Märkte führt dazu, dass die starke Marktposition angreifbar ist. Die Kommission hält es jedoch nicht für zulässig, die Relevanz der Marktanteile für internetbasierte Plattformen mit einem abstrakten Verweis auf eine hohe Innovationsrate aufzuheben.[104]

Das Bundeskartellamt misst dem Marktanteil insoweit eine wichtige Funktion zu, als er die Marktstruktur und die Marktposition der Wettbewerber im Verhältnis zueinander beschreibt.[105] Der Marktanteil bildet einen geeigneten Ausgangspunkt für die Marktmachtprüfung, wobei relativen Marktanteilen eine größere Aussagekraft beigemessen wird als dem absoluten Wert. Nutzerbasierte Marktanteile dienen als Grundlage zur Bestimmung indirekter Netzwerkeffekte, mithilfe derer der plattformtypische Selbstverstärkungseffekt abgeschätzt werden kann. Hohe Marktanteile oder ein hoher Marktanteilsvorsprung können darüber hinaus Ausdruck eines *Tipping*-Prozesses sein. Dabei ist – wie auf analogen Märkten – das konkrete

---

[101] *Podszun*, Empfiehlt sich eine stärkere Regulierung von Online-Plattformen und anderen Digitalunternehmen?, Verhandlungen des 73. Deutschen Juristentages, Band 1, Teil F, S. 24.

[102] *Fuchs*, in: Immenga/Mestmäcker, Wettbewerbsrecht, 7. Aufl. 2024, GWB § 18, Rn. 123.

[103] Europäische Kommission, Beschl. v. 07.10.2011, COMP/M.6281 – *Microsoft/Skype*.

[104] EuG, Urt. v. 10.11.2021, Rs. T-612/17, ECLI:EU:T:2021:763, Rn. 267 – *Google Shopping*.

[105] Hierzu im Gesamten: BKartA, Arbeitspapier – Marktmacht von Plattformen und Netzwerken, 77.

Innovationspotenzial des Marktes zu betrachten. Ein hohes Innovationspotenzial kann – im Zusammenspiel mit indirekten Netzwerkeffekten – einen großen Marktanteilsvorsprung relativieren. Das Bundeskartellamt unterscheidet bei seiner Bewertung zwischen den verschiedenen Plattformtypen. So indiziert ein hoher Marktanteil auf der Nutzerseite einer Aufmerksamkeitsplattform viel eher eine marktbeherrschende Stellung, als dies bei *Matching*-Plattformen der Fall ist, da bei Letzteren die Konzentrationswirkung der indirekten Netzwerkeffekte besonders hoch ist und die Marktstellung daher schwerer angreifbar wird.

Ein weiteres Problem bei der Prüfung der Marktanteile auf digitalen Plattformen ist deren Bestimmung. Eine Marktanteilsberechnung, die sich wie auf analogen Märkten zumeist auf die Umsätze des Unternehmens stützt, ist oftmals nicht ohne weiteres möglich. Dies gilt insbesondere für unentgeltliche Dienstleistungen, bei denen eine Betrachtung der Umsatzwerte keinen Sinn ergibt.[106] Stattdessen kommt als Bestimmungskriterium die Zahl der täglichen oder monatlichen *Active User* oder die Anzahl der Seitenaufrufe bzw. Nutzerkonten in Betracht.[107] Das Bundeskartellamt hält die Kennzahl der *Unique Visitors* für am besten geeignet, die Nutzungsintensität einer Plattform auszudrücken.[108] Diese Kennzahl beschreibt die Zahl der unterschiedlichen Endgeräte, die innerhalb eines bestimmten Zeitraums mindestens einmal mit einem Werbeangebot in Kontakt getreten sind. Sie kann als Indikator für den Umfang des Nutzerkreises gewählt werden. Daneben werden aber auch andere Kennzahlen wie *Page Impressions*[109] oder *Visits*[110] herangezogen. Bei *Matching*-Plattformen mit anschließender Transaktion, bei denen die Transaktion über die Plattform

---

[106] *Podszun/Franz*, Was ist ein Markt? – Unentgeltliche Leistungsbeziehungen im Kartellrecht, NZKart 2015, 121 (127); *Wolf*, in: Münchener Kommentar zum Wettbewerbsrecht, 4. Aufl. 2022, GWB § 18, Rn. 35; *Dörr/Natt*, Suchmaschinen und Meinungsvielfalt Ein Beitrag zum Einfluss von Suchmaschinen auf die demokratische Willensbildung, ZUM 2014, 829 (834).

[107] *Fuchs*, in: Immenga/Mestmäcker, Wettbewerbsrecht, 7. Aufl. 2024, GWB § 18, Rn. 123.

[108] BKartA, Arbeitspapier – Marktmacht von Plattformen und Netzwerken, 79.

[109] Hierunter versteht man im Allgemeinen die Anzahl der Aufrufe einzelner Webseiten innerhalb einer Website mit einem Browser.

[110] Ein „*Visit*" wird als Besuch einer Website definiert, bei dem mindestens eine Seite aufgerufen wurde, also eine Page Impression entstanden ist.

abgewickelt wird, kann der wertmäßige Anteil am Transaktionsvolumen ähnlich wie ein Umsatzteil Auskunft über die Bedeutung der Plattform und ihren Erfolg bei der Vermittlungsleistung geben.[111]

b) Indirekte Netzwerkeffekte

Neben ihrer Bedeutung für die Plattformdefinition nehmen indirekte Netzwerkeffekte auch bei der Marktmachtprüfung eine entscheidende Rolle ein. Ihre Wirkung in der Marktanalyse ist dabei ambivalent.[112] Zum einen können sie marktmachtverstärkend wirken und zum anderen können sie zu einer Verstärkung des Wettbewerbs führen, wenn sie allen Markteilnehmern zugutekommen und zusammen mit anderen Faktoren ein schnelles Wachstum neuer Marktteilnehmer begünstigen.[113]

(1) Ansicht der Literatur und des Bundeskartellamts

In der Literatur haben sich insbesondere *Evans/Schmalensee* intensiv mit der Auswirkung indirekter Netzwerkeffekte auf die Prüfung einer Marktmacht beschäftigt.[114] Sie stellen in ihrer Arbeit, die als Grundlage der ökonomischen Literatur zu dieser Thematik gilt, fest, dass indirekte Netzwerkeffekte die Größe einer Plattform und damit die Konzentration des Marktes beeinflussen. Dieser Effekt wird dabei als teilweise vergleichbar mit der Situation natürlicher Monopole angesehen.[115] Ohne den Begriff ausdrücklich zu nennen, beschreiben *Evans/Schmalensee* das *Market-Tipping*, das bei ausgeprägten wechselseitigen indirekten Netzwerkeffekten entstehen kann.[116] Dem *Market-Tipping* auf Plattformmärkten liegt folgende Annahme zugrunde: Aufgrund des Vorliegens von Netzwerkeffekten erhöht sich der Nutzen einer Plattform mit ansteigender Nutzerzahl. Die Plattform zieht infolgedessen noch weitere Nutzer an, die den *Tipping*-Effekt

---

[111] BKartA, Arbeitspapier – Marktmacht von Plattformen und Netzwerken, 78.

[112] *Fuchs*, in: Immenga/Mestmäcker, Wettbewerbsrecht, 7. Aufl. 2024, GWB § 18, Rn. 144.

[113] BKartA, Arbeitspapier – Marktmacht von Plattformen und Netzwerken, 54.

[114] Hierzu im Gesamten: *Evans/Schmalensee*, The Industrial Organization of Markets with Two-Sided Platforms, Competition Policy International 2007, 151 (164).

[115] *Peitz*, Marktplätze und indirekte Netzwerkeffekte, Perspektiven der Wirtschaftspolitik 2006, 317 (322).

[116] *Evans/Schmalensee*, The Industrial Organization of Markets with Two-Sided Platforms, Competition Policy International 2007, 151 (164).

verstärken.[117] Dieser Selbstverstärkungseffekt kann durch kostenseitige Größenvorteile weiter verstärkt werden.[118] Hierbei ist die Entstehung eines Monopols zu befürchten. Andere Unternehmen können nur konkurrieren, wenn sie den Nutzern Innovationen anbieten, die diesen Größenvorteil ausgleichen.

Indirekte Netzwerkeffekte werden zum Teil als Marktzutrittsschranke angesehen. Entscheidet sich ein Unternehmen mit einer Plattform in den Markt einzutreten, so muss das Unternehmen zunächst das *Henne-Ei-Problem* lösen.[119] Da die Plattform nur funktionieren kann, wenn beide Nutzergruppen auf der Plattform vertreten sind, müssen beide Seiten von der Plattformnutzung überzeugt werden. Hinzu kommt, dass bereits existierende Plattformen aufgrund indirekter Netzwerkeffekte voraussichtlich einen höheren Nutzen aufweisen und Nutzer daher zumeist nicht gewillt sind, die Plattform zu wechseln. Dieser Effekt kann nur gebrochen werden, wenn die neue Plattform den Nutzern Innovationen bietet, die geeignet sind, diesen Nutzen aufzuheben.

In der ökonomische Literatur wird teilweise vorgebracht, dass die Auswirkungen indirekter Netzwerkeffekte auf die Bepreisungsstrategie Einfluss auf die Begründung einer marktbeherrschenden Stellung haben. *Evans/Schmalensee* gehen davon aus, dass starke indirekte Netzwerkeffekte preisdämpfend wirken.[120] Dem liegt die Überlegung zugrunde, dass der Einfluss, den eine Nutzergruppe auf die andere Nutzergruppe hat, die Möglichkeit einer Plattform eine Preiserhöhung profitabel durchzusetzen, beeinflusst. Eine Erhöhung der Preise auf einer Nutzerseite führt zu einer

---

[117] Der „*Tipping-Effekt*" beschreibt einen Selbstverstärkungsprozess, durch den sich eine Plattform aufgrund positiver Netzwerkeffekte als dominierender Marktteilnehmer etabliert, BKartA, Arbeitspapier – Marktmacht von Plattformen und Netzwerken, 51.

[118] Vgl. *Fuchs*, in: Immenga/Mestmäcker, Wettbewerbsrecht, 7. Aufl. 2024, GWB § 18, Rn. 147.

[119] Hierzu im Gesamten: *Caillaud/Jullien*, Chicken & Egg: Competition among Intermediation Service Providers, The RAND Journal of Economics 2003, 309 (310 f.).

[120] Hierzu im Gesamten: *Evans/Schmalensee*, The Industrial Organization of Markets with Two-Sided Platforms, Competition Policy International 2007, 151 (173 f.).

Verringerung der dortigen Nutzerzahlen. Wandern Nutzer auf der einen Seite ab, so verringert sich hierdurch die Attraktivität der Plattform für die andere Nutzergruppe und führt dazu, dass auch dort Nutzer abwandern. Dieser Effekt spricht gegen eine marktbeherrschende Stellung.

Auch das Bundeskartellamt sieht in indirekten Netzwerkeffekten einen bedeutenden Faktor für die Prüfung der Marktmacht auf Plattformmärkten.[121] Da der Unterscheidung zwischen ausgeprägten wechselseitigen positiven Netzwerkeffekten und asymmetrischen Netzwerkeffekten eine ausschlaggebende Rolle zukommt, soll bei der Prüfung des konkreten Einzelfalls grundsätzlich zwischen Aufmerksamkeitsplattformen und *Matching*-Plattformen unterschieden werden. Bei *Matching*-Plattformen ist insbesondere der Selbstverstärkungseffekt, der bei ausgeprägten wechselseitigen positiven indirekten Netzwerkeffekten auftritt, von großer Bedeutung. Dieser führt zu einer Marktkonzentration und begünstigt damit im Ergebnis die Entstehung großer Plattformen.[122] Die Gefahr zum *Market-Tipping* bestehe jedoch nur, wenn zu den ausgeprägten wechselseitigen positiven Netzwerkeffekten weitere Marktbedingungen hinzukommen. Um diese zu bestimmen, zog das Bundeskartellamt bereits vor Einführung von § 18 Abs. 3a GWB die von *Evans/Schmalensee* entwickelten Grundsätze heran. Insbesondere potenzielle Größenvorteile und die Möglichkeit einer Plattformdifferenzierung sind aus Sicht des Bundeskartellamts im Rahmen der Bewertung zwingend zu berücksichtigen.

Neben den normierten Kriterien muss auch das Verhältnis des betroffenen Unternehmens zu seinen Wettbewerbern in den Blick genommen werden.[123] Das Bundeskartellamt sieht ausgeprägte indirekte Netzwerkeffekte nämlich nur dann als Indiz für eine Marktmacht an, wenn die betroffene Plattform einen erheblichen Vorsprung vor anderen Plattformen auf demselben Markt hat. Dabei sind auch die konkreten Wettbewerbsmöglichkeiten der aktuellen und potenziellen Wettbewerber zu berücksichtigen. Bei der Marktanalyse ist außerdem die Frage, ob indirekte Netzwerkeffekte nur

---

[121] Hierzu im Gesamten: BKartA, Arbeitspapier – Marktmacht von Plattformen und Netzwerken, 54 ff.

[122] BKartA, Arbeitspapier – Marktmacht von Plattformen und Netzwerken, 55.

[123] Hierzu im Gesamten: BKartA, Arbeitspapier – Marktmacht von Plattformen und Netzwerken, 55 f.; *Fuchs*, in: Immenga/Mestmäcker, Wettbewerbsrecht, 7. Aufl. 2024, GWB § 18, Rn. 144.

auf einer Marktseite entstehen oder wechselseitig auftreten, von entscheidender Bedeutung. Ein *Market-Tipping* ist vor allem bei wechselseitigen indirekten Netzwerkeffekten zu befürchten. Liegen – wie typischerweise auf Aufmerksamkeitsplattformen – im Wesentlichen einseitige indirekte Netzwerkeffekte vor, sind Selbstverstärkungseffekte weniger wahrscheinlich. Hinzu kommt, dass auf diesen Märkten ein gestufter Marktzutritt möglich ist, sodass die Marktzutrittsschranken für Wettbewerber niedriger sind. Während bei *Matching*-Plattformen das *Henne-Ei-Problem* gelöst werden muss, können Aufmerksamkeitsplattformen zunächst eine Nutzergruppe an Bord holen und ihr Geschäftsmodell erst später auf die andere Nutzergruppe ausweiten. Da die Intensität von Marktzutrittsschranken für die Erfolgsaussichten eines Marktzutritts von großer Bedeutung ist, hält das Bundeskartellamt auch die Frage, wie schnell eine kritische Nachfragemasse erreicht werden kann, für entscheidungserheblich.[124] Aufgrund bestehender Größenvorteile und einer geringen Wechselbereitschaft der Plattformnutzer kann selbst einem qualitativ überlegenen Wettbewerber der Erfolg verwehrt bleiben, wenn es ihm nicht gelingt, die kritische Masse schnell genug zu erreichen.

(2) Ansicht der Rechtsprechung

Das EuG hat bereits im Jahr 2007 in der Entscheidung *Microsoft* das Vorliegen indirekter Netzwerkeffekte zur Begründung einer marktbeherrschenden Stellung herangezogen.[125] Aufgrund des Vorliegens erheblicher Netzwerkeffekte auf dem relevanten Markt ist die Ausschaltung des Wettbewerbs schwer rückgängig zu machen. Mit dieser Entscheidung bestätigte das EuG die Auffassung der Kommission. Diese hatte sich in ihrem Beschluss ausführlich mit der Auswirkung des Vorliegens indirekter Netzwerkeffekte beschäftigt.[126] Sie kam im Rahmen ihrer Untersuchung zu dem Ergebnis, dass indirekte Netzwerkeffekte zu erheblichen Zutrittsschranken führen. Die Zutrittsschranken entstehen, weil Verbraucher eine Plattform bevorzugen, die viele Anwendungen im Angebot hat. Dies führt wiederum

---

[124] BKartA 29.8.2008 – B6-52/08, 23 – *Intermedia/Health&Beauty*.

[125] EuG, Urt. v. 17.09.2007, Rs. T-201/04, ECLI:EU:T:2007:289, Rn. 562 – *Microsoft*.

[126] Europäische Kommission Beschl. v. 23.03.2004, COMP/C-3/37.792, Rn. 448 ff. – *Microsoft*.

dazu, dass viele Softwareentwickler Anwendungen für diese Plattform schreiben, da viele potenzielle Kunden auf der Plattform vertreten sind.[127]

Auch das Kammergericht Berlin hat das Bestehen indirekter Netzwerkeffekte zur Begründung einer überlegenen Marktmacht herangezogen.[128] Im konkreten Fall hatte das Gericht über die Zulässigkeit des Verhaltens einer Immobilienplattform zu entscheiden. Diese hatte die Gewährung von Rabatten davon abhängig gemacht, dass sich der Kunde verpflichtet, 95 % der online veröffentlichten Anzeigen in den ersten sieben Tagen der Veröffentlichung ausschließlich auf der Homepage des Rabattgebers zu veröffentlichen. Das Kammergericht vertrat die Ansicht, dass dieses Verhalten missbräuchlich ist und bei der Bewertung der horizontalen Marktstellung der Immobilienplattform auch die Strukturkriterien des § 18 Abs. 3a GWB heranzuziehen sind. Insbesondere stellte das Gericht in seiner Begründung auf die Auswirkungen indirekter Netzwerkeffekte ab:

> „*Der streitgegenständliche Markt der Online-Immobilienplattformen ist sowohl durch direkte als auch* ***durch indirekte Netzwerkeffekte gekennzeichnet****, weil die Nutzergruppe der Immobilien-Vermittler sowohl von der wachsenden Nutzung durch weitere Vermittler profitiert, weil dies zu einer größeren Attraktivität für die Seite der Immobilien-Interessenten führt, als auch – und dies liegt auf der Hand – von der wachsenden Zahl an Nutzern auf der Seite der Immobilien-Interessenten. Der hier zu betrachtende Markt ist zudem dadurch gekennzeichnet, dass bei zunehmender Größe des Netzwerks der Netzwerkeffekt stärker wird und sich gleichzeitig auch* ***selbst verstärkt****.*“[129]
>
> (Hervorhebungen hinzugefügt)

Die festgestellten Netzwerkeffekte berücksichtigte das Kammergericht sodann als Kriterium zur Feststellung einer überlegenen Marktmacht:

---

[127] Europäische Kommission Beschl. v. 23.03.2004, COMP/C-3/37.792, Rn. 449 f. – *Microsoft*.
[128] KG Berlin, MMR 2022, 680, 683, Rn. 114 ff.
[129] KG Berlin, MMR 2022, 680, 681, Rn. 28.

> *„Anhand der o.g. Zahlen zur Nutzung der dem Markt zugehörigen Plattformen lässt sich feststellen, dass die Verfügungsbeklagten von dem* ***Selbstverstärkungseffekt der indirekten Netzwerkeffekte in besonderem Maße profitieren kann und der Marktanteilsvorsprung die Aufholbarkeit durch die Wettbewerbsplattformen weniger wahrscheinlich erscheint****. Auf Grund des erheblichen Vorsprungs der Verfügungsbeklagten vor den Wettbewerbern stellen die festzustellenden ausgeprägten Netzwerkeffekte ein starkes Indiz für eine überlegene Marktmacht der Verfügungsbeklagten. dar.*"[130]
>
> (Hervorhebungen hinzugefügt)

Auch das Landgericht München hat zur Begründung einer marktbeherrschenden Stellung von Amazon auf die Bedeutung indirekter Netzwerkeffekte abgestellt. Bei der Einstufung müsse berücksichtigt werden,

> *„dass die Preiserhöhung auf einer Marktseite – vorliegend der Marktseite der Händler – zum Wechsel der Händler zu einer konkurrierenden Plattform führen kann und damit die Attraktivität der konkurrierenden Plattform für die Marktseite der Endverbraucher erhöhen kann.*"[131]

Außerdem können indirekte Netzwerkeffekte nach Ansicht des Landgerichts zu einer Beschränkung des Angebots führen und Markteintrittshürden erhöhen, da für den Erfolg des Markteintritts eine kritische Masse erreicht werden muss.[132]

c) Plattformnutzung

Neben den indirekten Netzwerkeffekten hat die Ausgestaltung der Plattformnutzung einen großen Einfluss auf die Bewertung der Position der Plattform im Markt. Das Merkmal der Plattformnutzung umfasst zwei Parameter, die sich maßgeblich auf die Stärke der indirekten Netzwerkeffekte auswirken und so zu einer marktmächtigen Stellung beitragen können. Zum einen ist die Nutzungsform in Gestalt des *Single*- und *Multi-Homing*s

---

[130] KG Berlin, MMR 2022, 680, 682, Rn. 57.
[131] LG München, MMR 2021, 995, 997, Rn. 62.
[132] LG München, MMR 2021, 995, 997, Rn. 62.

von Relevanz.[133] Zum anderen können *Lock-in*-Effekte eine ausschlaggebende Rolle spielen. Während die Nutzungsform den parallelen Einsatz verschiedener Dienste umfasst, beschreibt der *Lock-in*-Effekt eine nicht nur kurzzeitige Bindung an eine Plattform.[134]

(1) Single- und Multi-Homing

Die Nutzungsformen sind von entscheidender Bedeutung für die Bestimmung der Marktmacht auf digitalen Plattformmärkten. Hierbei ist insbesondere zwischen *Single-Homing* und *Multi-Homing* zur unterscheiden. Während Nutzer beim *Single-Homing* jeweils nur auf das spezifische Angebot einer Plattform zurückgreifen, werden beim *Multi-Homing* mehrere Plattformen mit einem ähnlichen Angebot parallel genutzt.[135]

Die ökonomische Literatur hat sich unter verschiedenen Gesichtspunkten mit dem Nutzungsverhalten von Plattformen beschäftigt. *Evans/Schmalensee* sind der Ansicht, dass *Multi-Homing* in Verbindung mit einer Plattformdifferenzierung einen konzentrationsbremsenden Effekt auf die Marktstruktur hat.[136] Sie verstehen unter *Multi-Homing* eine horizontale Differenzierung, bei der sich Plattformen voneinander abgrenzen, indem sie bestimmte Merkmale und Preise wählen, die bestimmte Kundengruppen ansprechen. So finden Kunden aufgrund bestimmter Merkmale verschiedene Kundengruppen attraktiv. Als Beispiel führen sie unter anderem Zahlungskarten an. Hier betreiben beide Seiten *Multi-Homing*, da die meisten Händler mehrere Kartenanbieter akzeptieren und die meisten Kunden mehr als eine Zahlungskarte besitzen. Einseitiges *Multi-Homing* besteht hingegen zumeist auf Softwareplattformen, da sich die meisten Endnutzer auf eine Software verlassen, während viele Entwickler für verschiedene Plattformen Softwarecodes schreiben.

---

[133] *Fuchs*, in: Immenga/Mestmäcker, Wettbewerbsrecht, 7. Aufl. 2024, GWB § 18, Rn. 145 ff.

[134] BKartA, Fallbericht v. 22.10.2015, B6-57/15, 5.

[135] BKartA, Arbeitspapier – Marktmacht von Plattformen und Netzwerken, 63.

[136] Hierzu im Gesamten: *Evans/Schmalensee*, The Industrial Organization of Markets with Two-Sided Platforms, Competition Policy International 2007, 151 (166).

Peitz vertritt die Auffassung, dass Nutzer aufgrund des Vorliegens indirekter Netzwerkeffekte häufig nur auf einer Plattform aktiv sind.[137] Nur wenn eine ausreichende Differenzierung zwischen den Plattformen besteht, können beide am Markt überleben. In Märkten, in denen die Zusammensetzung der Marktteilnehmer eine größere Rolle spielt als deren Anzahl, sind hingegen mehrere Marktplätze aktiv, da dies eine Segmentierung des Marktes erlaubt. *Caillaud*/*Jullien* kommen zu einem ähnlichen Ergebnis und stellen in ihren Untersuchungen bezüglich des Wettbewerbsgeschehens zwischen zwei *Matching*-Plattformen fest, dass Nutzer insbesondere dann auf zwei Plattformen aktiv sind, wenn sie sich von einer zweiten Plattform ein besseres Ergebnis versprechen.[138] Dabei beobachten sie, dass Nutzer zunächst die kostengünstigere Vermittlungsleistung in Anspruch nehmen und nur bei einem nicht zufriedenstellenden Ergebnis auf die teurere Plattform wechseln.

Auch *Armstrong* betrachtet in seiner ökonomischen Analyse die Auswirkung des Nutzungsverhaltens auf die Intensität des Wettbewerbs.[139] Interessant ist dabei die häufig auftretende Konstellation, bei der nur eine Seite *Multi-Homing* betreibt. Hierbei kommt es zu der als *competitive bottleneck* bezeichneten Konstellation, bei der Plattformen ausschließlich auf der *Single-Homing*-Seite um Nutzer konkurrieren, während auf der Seite des *Multi-Homing*s ein wesentlich schwächerer Wettbewerb herrscht.[140] Die Folge hiervon ist, dass ein Plattformbetreiber bereits ab einem relativ geringen absoluten Marktanteil gegenüber der Marktseite auf der *Multi-Homing* betrieben wird, eine besondere Marktmacht innehat. Diese Marktmacht beruht darauf, dass der *Single-Homing* betreibenden Nutzergruppe ein exklusiver Zugang zu der *Multi-Homing* betreibenden Nutzergruppe verschafft wird.[141] Auch *Jullien* hat sich mit der Konstellation des

---

[137] Hierzu im Gesamten: *Peitz*, Marktplätze und indirekte Netzwerkeffekte, Perspektiven der Wirtschaftspolitik 2006, 317 (326).
[138] *Caillaud/Jullien*, Chicken & Egg: Competition among Intermediation Service Providers, The RAND Journal of Economics 2003, 309 (315 ff.).
[139] Hierzu im Gesamten: *Armstrong*, Competition in two-sided markets, The RAND Journal of Economics 2006, 668 (677 ff.).
[140] *Armstrong*, ebd., 668 (677); ebenso *Volmar*, Marktabgrenzung bei mehrseitigen Online-Plattformen, ZWeR 2017, 386 (391 ff.).
[141] *Fuchs*, in: Immenga/Mestmäcker, Wettbewerbsrecht, 7. Aufl. 2024, GWB § 18, Rn. 145a.

competitive bottleneck beschäftigt.[142] Er stellt dabei fest, dass Plattformen weniger um die Nutzer konkurrieren, die *Multi-Homing* betreiben, als um die Seite, auf der *Single-Homing* überwiegt. Dies liegt daran, dass bei einer größeren Nutzerzahl auf der *Single-Homing*-Seite die Möglichkeit besteht, auf der anderen Seite die Preise zu erhöhen.

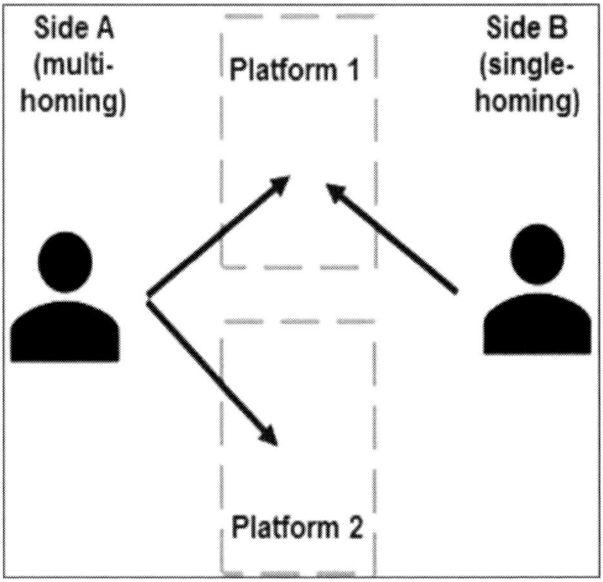

Abbildung 12: Single-Homing und Multi-Homing[143]

Das Bundeskartellamt sieht das durch *Evans/Schmalensee* entwickelte Konzept des *Multi-Homing*s ebenfalls als operabel an.[144]

---

[142] *Jullien*, Two-sided Markets and Electronic Intermediaries, CESifo Economic Studies 2005, 233 (253).

[143] Home advantage? Who wins in multi-sided platform competition?, abrufbar unter https://www.oxera.com/insights/agenda/articles/home-advantage-who-wins-in-multi-sided-platform-competition/, zuletzt abgerufen am 08.08.2024; Erläuterung: Seite B zahlt niedriges Entgelt, da großer Wettbewerb zwischen den Plattformen um diese Nutzergruppe. Seite A zahlt höheres/hohes Entgelt, da weniger Wettbewerb um diese Nutzergruppe.

[144] Hierzu im Gesamten: BKartA, Arbeitspapier – Marktmacht von Plattformen und Netzwerken, 69 ff.

Grundvoraussetzung für die Anwendbarkeit ist jedoch, dass eine parallele Nutzung auf demselben Markt stattfindet. Die Abgrenzung ist wichtig, da die Kombination zwischen *Single-Homing* und *Multi-Homing* einen entscheidenden Einfluss auf die Marktbeherrschung haben kann. Zunächst muss festgestellt werden, ob es sich tatsächlich um *Multi-Homing* im engeren Sinne – also auf demselben Markt – handelt oder ob nicht in Wirklichkeit *Single-Homing* auf verschiedenen Märkten vorliegt.[145] Letzteres ist dann der Fall, wenn die parallel genutzten Plattformen in Wirklichkeit einen anderen Bedarf abdecken oder eine komplementäre Funktion erfüllen. Unterschiede ergeben sich auch zwischen *Matching*-Plattformen und Aufmerksamkeitsplattformen. Auf *Matching*-Plattformen ist das beiderseitige *Multi-Homing* grundsätzlich eher als unproblematisch zu erachten.[146] Greifen beide Nutzergruppen parallel zur führenden Plattform auf die Dienste einer anderen Plattform zurück, so führt dies im Regelfall nicht zum Ausscheiden des Wettbewerberfeldes. Auch die Entstehung von Marktmacht aufgrund eines großen Abstands zu den Wettbewerbern ist bei diesen Marktbedingungen nicht zu erwarten. Schwierigkeiten bereitet hier vielmehr die tatsächliche Feststellung der Nutzungsart in der Praxis. Situationen, in denen eindeutig von einer Nutzungsart ausgegangen werden kann, sind schon deshalb selten, weil die unterschiedlichen Nutzer jeweils andere Erwartungen an die Leistung einer Plattform haben.

Als kartellrechtlich besonders problematisch sieht auch das Bundeskartellrecht die als *competitive bottleneck* bezeichnete Konstellation an, bei der eine Seite *Single-Homing* und die anderen Seite *Multi-Homing* betreibt.[147] Plattformen, die einen hohen Anteil an Nutzern haben, die exklusiv die Dienste dieser Plattform nutzen, werden für diese Nutzer nahezu unverzichtbar. Die Folge ist eine starke Marktposition, die bis hin zur Monopolstellung reichen kann. In der Praxis resultiert dies oftmals in einer asymmetrischen Bepreisungsstrategie, bei der auf der Seite, die *Multi-Homing* betreibt, ein höheres Entgelt verlangt wird oder diese Seite gar als Einzige ein Entgelt zu entrichten hat. Auf der *Single-Homing*-Seite herrscht in diesen Konstellationen hingegen zumeist ein intensiver Wettbewerb. Die Ausgestaltung der Nutzungsformen hat auch bei Aufmerksamkeitsplattformen

---

[145] BKartA, Arbeitspapier – Marktmacht von Plattformen und Netzwerken, 70.
[146] Hierzu im Gesamten: BKartA, Arbeitspapier – Marktmacht von Plattformen und Netzwerken, 71.
[147] BKartA, Arbeitspapier – Marktmacht von Plattformen und Netzwerken, 72.

einen erheblichen Einfluss auf die Marktmachtprüfung.[148] Neigen Plattformnutzer zu *Multi-Homing*, senkt dies die Marktzutrittsschranke für neue Dienste. Die neue Plattform muss in diesem Fall lediglich einen zusätzlichen Nutzen aufweisen, um Nutzer zu einem Wechsel zu bewegen. Aus Sicht der Werbetreibenden kann *Single-Homing* auf der Seite der anderen Nutzergruppe Marktmacht indizieren, sofern die auf eine einzelne Plattform konzentrierte Reichweite zur Unverzichtbarkeit für die Werbetreibenden führt.

(2) *Lock-in*-Effekte

Neben dem parallelen Einsatz mehrerer Plattformen im Wege des *Multi-Homing*s können auf Plattformmärkten *Lock-in*-Effekte bestehen. Diese beschreiben die fehlende Bereitschaft der Nutzer, aufgrund eines zu hohen Aufwands die Plattform zu wechseln.[149] Der Wechselaufwand erfasst neben dem finanziellen Aufwand auch alle anderen Faktoren, die einen Verbleib auf der bisherigen Plattform als attraktiver erscheinen lassen.[150] Hierzu zählt beispielsweise die Übertragung eigener Assets wie Daten oder Kontakte, selbst wenn dies durch die gesetzliche Normierung des Rechts auf Datenübertragbarkeit in Form des Art. 20 DSGVO – jedenfalls für private Daten – bereits erheblich vereinfacht wurde.[151] Im deutschen Recht wird diesbezüglich zukünftig auch § 19a Abs. 2 Nr. 5 GWB, der die Verweigerung oder Erschwerung der Interoperabilität von Produkten oder Leistungen oder Portabilität von Daten untersagt, zu berücksichtigen sein, wobei die genaue Bedeutung noch nicht abzusehen ist.[152]

Der *Lock-in*-Effekt kann auf der einen Seite *Multi-Homing* entgegenstehen und auf der anderen Seite bereits für sich genommen eine marktbeherrschende Stellung unterstreichen.[153] Je geringer der mit einem Wechsel der

---

[148] BKartA, Arbeitspapier – Marktmacht von Plattformen und Netzwerken, 73.

[149] *Fuchs*, in: Immenga/Mestmäcker, Wettbewerbsrecht, 7. Aufl. 2024, GWB § 18, Rn. 146.

[150] *Wolf*, in: Münchener Kommentar zum Wettbewerbsrecht, 4. Aufl. 2022, GWB § 18, Rn. 55.

[151] *Wolf*, ebd. Rn. 55.

[152] *Fuchs*, in: Immenga/Mestmäcker, Wettbewerbsrecht, 7. Aufl. 2024, GWB § 18, Rn. 146.

[153] *Fuchs*, in: Immenga/Mestmäcker, Wettbewerbsrecht, 7. Aufl. 2024, GWB § 18, Rn. 146.

Plattform verbundene Aufwand für die Nutzer ist, desto intensiver ist der Wettbewerb zwischen den verschiedenen Plattformen und desto geringer ist dementsprechend die Marktmacht einer einzelnen Plattform.[154] Folge eines höheren Wechselaufwands ist ein niedriger Wettbewerbsdruck auf das führende Unternehmen, wodurch dessen Handlungsspielraum im Hinblick auf die Preise und die Ausgestaltung des Angebots erweitert wird.[155] Da eine dauerhaften Bindung von Nutzern Ziel der Unternehmensstrategie vieler Plattformbetreiber ist, versuchen diese, möglichst starke Lock-in-Effekten zu generieren.[156]

(3) Ansicht des Bundeskartellamts und der Rechtsprechung

Das Bundeskartellamt hat im Fusionsverfahren *Online-Dating* den Aspekt der Plattformdifferenzierung ausführlich geprüft und *Multi-Homing* als ein dem *Market-Tipping* entgegensteuernden Faktor angesehen.[157] Aufgrund unterschiedlicher Differenzierungsmerkmale wie der Zielgruppe (alle Singles oder nur eine bestimmte Personengruppe) oder gewünschten Art der Interaktion (lockerer Flirt oder feste Beziehung) ist eine Konzentration auf nur einer Plattform nicht zu erwarten. Dies spiegelt sich auch in der eindeutigen Tendenz beider Nutzergruppen zum *Multi-Homing* wider, die – wie oben beschrieben – gegen das Bestehen einer Marktmacht spricht.

Auch die Kommission hat sich bereits mehrfach mit der Thematik der Plattformdifferenzierung beschäftigt. Besonders intensiv befasste sie sich in der Entscheidung *Travelport/Worldspan* mit der Konstellation des *Single-Homing*s auf der einen und *Multi-Homing*s auf der anderen Seite.[158] Dabei nahm die Kommission *Multi-Homing* bereits dann an, wenn zumindest ein Teil der Nutzer auf eine weitere Plattform zurückgreift. Sie ist der Ansicht, dass ein ausgeprägtes *Multi-Homing* zu einer Verringerung der

---

[154] *Kühnen*, in: Loewenheim/Meessen/Riesenkampff, Kartellrecht, 4. Aufl. 2020, § 18 GWB, Rn. 108.

[155] *Grave*, in: Die 9. GWB-Novelle, Kapitel 2. - Marktbeherrschung bei mehrseitigen Märkten und Netzwerken, Rn. 40.

[156] *Podszun*, Empfiehlt sich eine stärkere Regulierung von Online-Plattformen und anderen Digitalunternehmen?, Verhandlungen des 73. Deutschen Juristentages, Band 1, Teil F, S. 18.

[157] BKartA, Beschl. v. 22.10.2015, B6-57/15, Rn. 147 ff.

[158] Hierzu im Gesamten: Europäische Kommission, Beschl. v. 21.08.2007, COMP/M. 4523, Rn. 13 ff. und 77 ff. – *Travelport/Worldspan*.

Netzwerkeffekte führt. Andererseits kann eine Plattform mit einer *Single-Homing*-Seite auf der *Multi-Homing*-Seite hohe bis sehr hohe Preise durchsetzen, da es hier an einem hinreichenden Wettbewerb fehlt. Nach dem Konzept der Kommission resultiert die starke Marktposition auf einer hohen Nutzerzahl auf der *Single-Homing*-Seite, da dies die Verhandlungsposition gegenüber der *Multi-Homing*-Seite erhöht und einen Spielraum zur Preiserhöhung schafft. Gleichzeitig erhöht ein stark ausgeprägtes *Multi-Homing* auf der anderen Seite den Wettbewerb um Nutzer auf dieser Seite. Im Fusionsverfahren *Facebook/Whatsapp* hat die Kommission ein ausgeprägtes *Multi-Homing* festgestellt, das eine hohe Wechselbereitschaft belegen soll.[159] Ob *Multi-Homing* einen konzentrationsmindernden Faktor darstellt, wurde im Ergebnis offengelassen. In der Entscheidung *Microsoft/Skype* hat sich das EuG der Entscheidung der Kommission angeschlossen und geurteilt, dass aufgrund der einfachen Möglichkeit zum *Multi-Homing* die vorhandenen Netzwerkeffekte keine Marktzutrittsschranke bilden.[160]

d) Größenvorteile

Größenvorteile (*economies of scale*) sind ein wichtiger Faktor bei der Bewertung von Markteintrittsbarrieren.[161] Neben der Berücksichtigung als Marktzutrittsschranke gehen *Evans/Schmalensee* davon aus, dass Größenvorteile den Selbstverstärkungsprozess indirekter Netzwerkeffekte unterstützen.[162] Insbesondere bei Online-Plattformen kommt es zu ausgeprägten kostenseitigen Größenvorteilen einiger Unternehmen. Dies ist auf die Tatsache zurückzuführen, dass das Internet die Kosten für die Plattformverbreitung erheblich gesenkt hat, sodass auf diesen Märkten niedrige variable Kosten vorliegen.[163] Die Fixkosten, die sich insbesondere aus den Entwicklungskosten, den Kosten für den Aufbau des Datenbestands und den

---

[159] Europäische Kommission, Entscheidung v. 3.10.2014, COMP/M.7217, Rn. 111 – *Facebook/WhatsApp*.

[160] EuG, Urt. v. 11.12.2013, ECLI:EU:T:2013:635, Rs. T-79/12, insbesondere Rn. 79 ff. – *Microsoft/Skype*.

[161] *Fuchs*, in: Immenga/Mestmäcker, Wettbewerbsrecht, 7. Aufl. 2024, GWB § 18, Rn. 147.

[162] *Evans/Schmalensee*, The Industrial Organization of Markets with Two-Sided Platforms, Competition Policy International 2007, 151 (164).

[163] Hierzu im Gesamten: *Fuchs*, in: Immenga/Mestmäcker, Wettbewerbsrecht, 7. Aufl. 2024, GWB § 18, Rn. 147.

Kosten für den Plattformbetrieb zusammensetzen, machen hingegen einen verhältnismäßig hohen Anteil aus.[164] Über je mehr Nutzer eine Plattform verfügt, desto besser können die Fixkosten unter den Nutzern aufgeteilt werden. Zu beachten ist, dass Größenvorteile mit zunehmender Größe eines Unternehmens abnehmen können, sodass auch der Wettbewerbsvorsprung eines Unternehmens, welches gegenüber seinen Wettbewerbern über einen erheblichen Größenvorteil verfügt, irgendwann vernachlässigbar wird.[165]

e) Zugang zu wettbewerbsrelevanten Daten

Daten stellen seit jeher ein wichtiges Informationsmedium dar und waren als solches schon immer von großer Bedeutung. Die Relevanz von Daten hat jedoch in den letzten Jahren durch die fortschreitende Digitalisierung, die insbesondere durch eine bessere Vernetzung sowie die Entwicklung neuer Speicher- und Auswertungsmöglichkeiten geprägt ist, kontinuierlich an Einfluss gewonnen.[166] Durch die Digitalisierung ist es möglich geworden, eine große Datenmenge (*Volume*) aus unterschiedlichen Quellen und Formaten (*Variety*) in möglichst kurzer Zeit (*Velocity*) zu analysieren.[167] Die drei genannten Begriffe werden als prägend für den häufig anzutreffenden Begriff der *Big Data* angesehen.

(1) Rolle von Daten in der Internetökonomie

Bereits der Begriff der Daten kann nicht einheitlich definiert werden, sondern bedarf einer differenzierten Betrachtung. Legt man ein sehr weites Begriffsverständnis zugrunde, sind Daten alle Informationen mit Bedeutungsgehalt.[168] Betrachtet man Daten genauer, so stellt man fest, dass im Einzelnen große Unterschiede bestehen. So sind beispielsweise

---

[164] Vgl. *Kühnen*, in: Loewenheim/Meessen/ Riesenkampff/Kersting/Meyer-Lindemann, Kartellrecht, 4. Aufl. 2020, GWB § 18, Rn. 109.
[165] *Wolf*, in: Münchener Kommentar zum Wettbewerbsrecht, 4. Aufl. 2022, GWB § 18, Rn. 58; im Ergebnis ebenso: *Fuchs*, in: Immenga/Mestmäcker, Wettbewerbsrecht, 7. Aufl. 2024, GWB § 18, Rn. 147.
[166] *Nuys*, „Big Data" – Die Bedeutung von Daten im Kartellrecht, WuW 2016, 512 (512).
[167] BKartA, Arbeitspapier – Marktmacht von Plattformen und Netzwerken, 91.
[168] Hierzu im Gesamten: *Nuys*, „Big Data" – Die Bedeutung von Daten im Kartellrecht, WuW 2016, 512 (513).

Bestandsdaten von Verkehrs- und Nutzerdaten und personenbezogene von nicht personenbezogenen Daten zu unterscheiden. Aus dieser Heterogenität ergibt sich, dass ebenso wenig wie es einen Markt für Rohstoffe gibt, ein einheitliche Markt für Daten besteht.[169] Trotz ihrer Vielgestalt fasst *Nuys* vier Gemeinsamkeiten zusammen, die Daten von Gütern der analogen Wirtschaft unterscheiden.[170] Erstens sind Daten in der Regel nicht verbrauchbar und können zumeist mehrfach genutzt und angewendet werden. Zweitens sind Daten nicht rival, d.h. sie können durch mehrere Unternehmen gleichzeitig erhoben und genutzt werden. Drittens veralten Daten angesichts der Dynamik digitaler Märkte oftmals schnell und viertens ist das Sammeln von Daten ebenso wie deren Auswertung selten mit hohen Kosten verbunden.

Im Hinblick auf die ökonomische Bedeutung von Daten werden drei wesentliche Facetten unterschieden. Zum einen können Daten das Hauptprodukt auf Märkten sein, auf denen mit diesen gehandelt wird.[171] Zweitens sind Daten eine wertvolle Ressource, die es möglich macht, die angebotenen Dienste zu optimieren. So ermöglicht die Erhebung und Aufbereitung von Nutzerdaten die Verbesserung der Qualität der bereits angebotenen Dienste oder die Entwicklung neuer innovativer Dienste.[172] Vor allem aber sind Daten zu einer Art „*Währung des Internets*“ geworden.[173] Auf den ersten Blick bieten Plattformen ihren Service kostenlos an. In Wirklichkeit verlangen die Unternehmen für ihre Dienste zwar keinen monetären Preis, sammeln dafür aber Nutzerdaten, um hiermit ihren Service zu verbessern und die Daten zu einem späteren Zeitpunkt zu monetarisieren. So erweist

---

[169] *Körber*, „Ist Wissen Marktmacht?“ Überlegungen zum Verhältnis von Datenschutz, „Datenmacht“ und Kartellrecht – Teil 1, NZKart 2016, 303 (304).

[170] *Nuys*, „Big Data“ – Die Bedeutung von Daten im Kartellrecht, WuW 2016, 512 (513).

[171] *Körber*, „Ist Wissen Marktmacht?“ Überlegungen zum Verhältnis von Datenschutz, „Datenmacht“ und Kartellrecht – Teil 1, NZKart 2016, 303 (304).

[172] *Geradin/Kuschewsky*, Competition Law and Personal Data: Preliminary Thoughts on a Complex Issue, SSRN Journal 2013, 1 (4).

[173] *Körber*, „Ist Wissen Marktmacht?“ Überlegungen zum Verhältnis von Datenschutz, „Datenmacht“ und Kartellrecht – Teil 1, NZKart 2016, 303 (304); *Hoeren*, Personenbezogene Daten als neue Währung der Internetwirtschaft, WUW 2013, 463 (463).

sich eine auf den ersten Blick kostenfrei Dienstleistung im Ergebnis als eine Art Tauschgeschäft „*Daten gegen Daten*".[174]

(2) Daten als Machtfaktor

Die Frage, ob aus einer Datenmacht auf eine Marktmacht geschlossen werden kann, ist komplex und bedarf einer genaueren Betrachtung. In der Literatur besteht Einigkeit darüber, dass eine rein quantitative Betrachtung, die aus der reinen Menge an Daten auf eine Marktmacht schließt, unzureichend ist.[175] Stattdessen muss auch die Art und Qualität der Daten, ihre Marktrelevanz sowie der mit den Daten verfolgte Zweck in die Betrachtung einbezogen werden.[176] Die Kommission teilt diese Auffassung und führt hierzu im Fusionsverfahren *Google/Doubleklick* wie folgt aus:

> *„Der Wettbewerb um die Qualität der gesammelten Daten wird daher nicht nur durch den schieren Umfang der jeweiligen Datenbank bestimmt, sondern auch von den verschiedenen Arten von Daten, auf die die Wettbewerber Zugriff haben, und die Frage, welche dieser Arten sich als die nützlichste für die Zwecke der Internetwerbung erweisen wird.*"[177]

Auch *Nuys* möchte im Rahmen einer Einzelfallbetrachtung nicht allein auf die Datenmenge abstellen, sondern entwickelt zwei wesentliche Betrachtungskriterien.[178] Angesichts der Heterogenität von Daten und Geschäftsmodellen ist aus seiner Sicht zum einen das Zusammenspiel zwischen Datenmenge, -qualität und -verfügbarkeit und zum anderen die Fähigkeit zur Auswertung von Daten zu berücksichtigen. Dies kann zu einer Verbesserung der angebotenen Leistung und damit zu Netzwerk- und Größenvorteilen führen. Insbesondere letzteres Kriterium findet in der Bewertung aus

---

[174] *Körber*, „Ist Wissen Marktmacht?" Überlegungen zum Verhältnis von Datenschutz, „Datenmacht" und Kartellrecht – Teil 1, NZKart 2016, 303 (304).

[175] *Körber*, „Ist Wissen Marktmacht?" Überlegungen zum Verhältnis von Datenschutz, „Datenmacht" und Kartellrecht – Teil 1, NZKart 2016, 303 (305).

[176] *Weber*, Information at the crossroads of competition and data protection law, ZWeR 2014, 169 (173).

[177] Europäische Kommission, Beschl. v. 11.03.2008, COMP/M.4731, Rn. 273 – *Google/DoubleClick*.

[178] Hierzu im Gesamten: *Nuys*, „Big Data" – Die Bedeutung von Daten im Kartellrecht, WuW 2016, 512 (515).

seiner Sicht oftmals zu wenig Beachtung, obwohl eine große Menge an Daten in nicht aufbereiteter Form häufig allenfalls von geringem wirtschaftlichem Wert ist. Dabei ist zu berücksichtigen, dass Daten auf dynamischen Märkten schnell veralten und bei Überschreitung einer kritischen Menge der zusätzliche Wert sukzessive abnimmt (sog. *diminishing returns*).[179] Im Hinblick auf die Datenverfügbarkeit ist zu beachten, dass Daten nicht rival sind und die Datenverfügbarkeit teilweise auch über sog. *Datenhändler* sichergestellt werden kann.[180]

Auch *Fast et al.* haben die „*Marktmacht durch Daten*" analysiert.[181] Sie sind der Ansicht, dass Wettbewerbsvorteile durch Daten grundsätzlich von allen Unternehmen am Markt erworben werden können und deshalb zusätzliche Faktoren und Effekte erforderlich sind, um eine erhöhte Marktmachtkonzentration auf digitalen Märkten zu begründen. Einer dieser Faktoren ist die Möglichkeit des Zugangs zu Daten. Dieses Potenzial hat auf digitalen Märkten einen erheblichen Einfluss auf die Wettbewerbsfähigkeit eines Unternehmens und wirkt sich darüber hinaus auf eine potenzielle Marktmacht aus. Zwar sind Daten auf der einen Seite nicht rival, doch sind Unternehmen mit bestehenden Kundenbeziehungen viel besser in der Lage, derartige Daten zu erheben.[182] Beim Zugang zu *Big Data* ist neben der reinen Verfügbarkeit auch die Fähigkeit zu berücksichtigen, die gewonnenen Daten zu verarbeiten. Unternehmen müssen zum einen viel Geld und Personal in die Entwicklung und laufende Verbesserung von Algorithmen investieren, um die gewaltigen Datenmengen auszuwerten. Zum anderen stellen Erhebung, Speicherung und Auswertung großer Datenmengen enorme Anforderungen an die technische Infrastruktur. Im Ergebnis kommen *Fast et al.* zu dem Schluss, dass allein der Zugang zu Daten keine Machtmacht begründet. Der privilegierte Zugang zu

---

[179] *Lambrecht/Tucker*, Can Big Data Protect a Firm from Competition?, SSRN Electronic Journal 2015, 1 (10).

[180] *Nuys*, „Big Data" – Die Bedeutung von Daten im Kartellrecht, WuW 2016, 512 (516).

[181] Hierzu im Gesamten: *Fast/Schnurr/Wolfahrt*, in: Datenrecht in der Digitalisierung, 1. Aufl. 2019, I. Zugang zu Daten,§ 7.1, Rn. 35 ff.

[182] *Fast/Schnurr/Wohlfarth*, ebd.§ 7.1, Rn. 37.

Datenressourcen kann hingegen langfristig Wettbewerbsvorteile verschaffen, wenn er von Wettbewerbern nur schwer repliziert oder substituiert werden kann.[183]

Das Bundeskartellamt geht von einer zweistufigen Prüfung aus.[184] Zunächst ist der Zweck zu ermitteln, den die Erhebung und Nutzung von Daten für das Unternehmen hat. Sodann muss analysiert werden, ob auch ein Wettbewerber an diese Daten gelangen kann. Dabei soll das Zusammenspiel zwischen Netzwerkeffekten und Daten überprüft werden. Sind Daten für Wettbewerber nicht replizierbar oder verfügt nur ein Unternehmen aufgrund seiner starken Marktposition über die Möglichkeit, die gewonnenen Daten zusammenzuführen, so kann die hieraus entstehende Datenherrschaft eine Markteintrittsbarriere darstellen. In einem deutsch-französischen Arbeitspapier wird darüber hinaus auf die Fähigkeit zur Auswertung von Daten abgestellt.[185]

f) Innovationsgetriebener Wettbewerbsdruck

Das Merkmals des innovationsgetriebenen Wettbewerbsdrucks bildet die Dynamik der digitalen Märkte ab, die auf den extremen Innovationssprünge der letzten Jahrzehnte beruht.[186] Disruptive Innovationen können dazu führen, dass überragende Marktpositionen innerhalb kürzester Zeit relativiert werden und etablierte Unternehmen ihre marktbeherrschende Stellung verlieren.[187] Im Rahmen der Missbrauchskontrolle erweist es sich als problematisch, dass mit dem Merkmal eine Prognose über die zukünftige Entwicklung des Marktes verbunden ist. Dieses prognostische Element passt besser zur präventiven Fusionskontrolle als zur

[183] *Fast/Schnurr/Wohlfarth*, ebd.§ 7.1, Rn. 40.

[184] Hierzu im Gesamten: BKartA, Arbeitspapier – Marktmacht von Plattformen und Netzwerken, 95.

[185] BKartA/Autorité de la Concurrence, Competition Law and Data, 2016 26, 36 ff.

[186] Der Gesetzgeber wollte mit der Aufnahme des Tatbestandsmerkmals des Innovationsgetriebenen Wettbewerbsdrucks die Dynamik der Marktentwicklung im Umfeld des Internets und generell der Digitalisierung als einen relativierenden Faktor in der Marktmachtbestimmung berücksichtigt wissen (BegrRegE, BT-Drs. 18/10207, 51).

[187] *Fuchs*, in: Immenga/Mestmäcker, Wettbewerbsrecht, 7. Aufl. 2024, GWB § 18, Rn. 149, ebenso: BegrRegE, BT-Drs. 18/10207, 51.

Missbrauchsaufsicht, bei der die Bewertung einer gegenwärtigen Marktposition im Zeitpunkt des missbräuchlichen Verhaltens erfolgen muss.[188]

Die potenzielle Angreifbarkeit einer starken Marktposition darf nicht dazu führen, dass eine marktbeherrschende Stellung abgelehnt und dem Unternehmen ein missbräuchliches Verhalten zugestanden wird.[189] Dies gilt selbst dann, wenn der Markt durch eine gewisse Innovationsdynamik gekennzeichnet ist.[190] Zum einen kann auch das marktbeherrschende Unternehmen spontan auf geänderte Rahmenbedingungen reagieren.[191] Zum anderen sind in diesen Konstellationen oftmals Bindungseffekte zu beobachten, aufgrund derer angestammte Unternehmen als Vorreiter wahrgenommen werden. Sofern es dem Marktbeherrscher gelingt, durch ständige Innovation, an die sich die Nutzer gewöhnen und an die sich die Wettbewerber anpassen müssen, seine Position abzusichern, kann dies selbst eine intensive Innovationsdynamik relativieren. In jedem Fall ist es nicht ausreichend, eine Marktbeherrschung mit einem pauschalen Hinweis auf die Möglichkeit einer disruptiven Innovation zu verneinen.[192] Stattdessen bedarf es im Rahmen der Prüfung des Einzelfalls konkreter Anhaltspunkte für einen dynamischen und disruptiven Prozess, der sich auf eine marktbeherrschende Stellung auswirkt. Eine abstrakte, zu einem beliebigen Zeitpunkt zu erwartende Angreifbarkeit kann dabei nicht als ausreichend erachtet werden. Auf mehrseitigen Märkten ist darüber hinaus zu berücksichtigen, dass starke Netzwerkeffekte einer Disruption entgegenstehen.[193]

g) Intermediationsmacht

Im Rahmen des Marktbeherrschungskriteriums der Intermediationsmacht werden Plattformen adressiert, die als Intermediäre eine direkte Interaktion

---

[188] *Fuchs*, ebd. Rn. 149c.

[189] *Fuchs*, ebd. Rn.149c; *Podszun/Schwalbe*, Digitale Plattformen und GWB-Novelle: Überzeugende Regeln für die Internetökonomie?, NZKart 2017, 98 (101).

[190] BKartA, Beschl. v. 22.10.2015, B6-57/15. Rn. 174 ff. – Online-Dating.; BKartA, Beschl. v. 06.02.2019, B6-22/16, Rn. 503 – *Facebook*.

[191] Hierzu im Gesamten: *Wolf*, in: Münchener Kommentar zum Wettbewerbsrecht, 4. Aufl. 2022, GWB § 18, Rn. 65.

[192] Hierzu im Gesamten: BKartA, Arbeitspapier – Marktmacht von Plattformen und Netzwerken, 84.

[193] *Podszun/Schwalbe*, Digitale Plattformen und GWB-Novelle: Überzeugende Regeln für die Internetökonomie?, NZKart 2017, 98 (101).

zweier oder mehr Nutzerseiten, zwischen denen indirekte Netzwerkeffekte bestehen, ermöglichen.[194] Wettbewerbsrechtliche Bedenken bestehen insbesondere hinsichtlich der Bedeutung der Vermittlungsleistung für den Marktzugang. Die gilt im Speziellen dann, wenn ein Intermediär Kontrolle über den Marktzugang ausübt. Seine Fähigkeit, den Zugang einer Nutzergruppe zur jeweils anderen Marktseite zu kontrollieren, gleicht in dieser Konstellation im Wesentlichen einem *competitive bottleneck*.[195]

Da von den Plattformnutzern starke positive indirekte Netzwerkeffekte ausgehen, haben Plattformen ein erhöhtes Interesse daran, diese an sich zu binden. Hierbei ist ausschlaggebend, dass im Falle des Bestehens mehrerer Plattformen, bei denen jeweils eine Nutzergruppe *Single-Homing* betreibt, die Marktgegenseite darauf angewiesen ist, auf mehreren Plattformen gleichzeitig vertreten zu sein, da sie ansonsten auf eine *Single-Homing* betreibende Nutzergruppe verzichten müssten.[196] Da der Wettbewerb in diesen Situationen maßgeblich um die *Single-Homing*-Nutzer stattfindet, indiziert allein die Möglichkeit, den Zugang einer bestimmten Nutzergruppe gegenüber der *Multi-Homing*-Seite noch keine marktbeherrschende Stellung. Stattdessen müssen die durch die indirekten Netzwerkeffekte verbundenen Marktsituationen wertend gegenübergestellt werden.[197] Hierbei gibt es keine eindeutig identifizierbare Struktur eines *competitive bottleneck*, bei der die Plattform aus Anbietersicht zweifelsfrei als unverzichtbar eingestuft werden kann.[198] Vielmehr ist das Ausmaß, zu dem die Nutzer der verschiedenen Marktseiten zur parallelen Nutzung neigen, von

[194] BKartA, Arbeitspapier – Marktmacht von Plattformen und Netzwerken, 14.

[195] Hierzu bereits ausführlich unter E.II.3.c)(1); ebenso *Volmar*, Digitale Marktmacht 2019, 459 f.

[196] *Fuchs*, in: Immenga/Mestmäcker, Wettbewerbsrecht, 7. Aufl. 2024, GWB § 18, Rn. 150; vgl. im Ergebnis auch *Volmar*, Marktabgrenzung bei mehrseitigen Online-Plattformen, ZWeR 2017, 386 (391 f.).

[197] *Fuchs*, in: Immenga/Mestmäcker, Wettbewerbsrecht, 7. Aufl. 2024, GWB § 18, Rn. 150l; mit Verweis auf BKartA, Arbeitspapier – Marktmacht von Plattformen und Netzwerken, 72.

[198] *Fuchs*, in: Immenga/Mestmäcker, Wettbewerbsrecht, 7. Aufl. 2024, GWB § 18, Rn. 150m.

entscheidender Bedeutung, da sich die Kontrollmöglichkeit der Plattform reduziert, wenn diese aus Anbietersicht als Substitute wahrgenommen werden.[199]

III. Marktbeherrschende Stellung von Hybridplattformen

Die Ausführungen zur Bewertung einer Marktbeherrschung auf Plattformmärkten bilden die Grundlage der Analyse einer beherrschenden Stellung von Hybridplattformen. Aufgrund der auf diesen Plattformen vorherrschenden vertikalen Integration müssen einige Besonderheiten berücksichtigt werden.

1. Besonderheiten der Marktbeherrschung von Hybridplattformen

Bei Hybridplattformen spielen neben der Intermediationsmacht insbesondere indirekte Netzwerkeffekte, die Art der Plattformnutzung sowie der Zugang zu wettbewerbsrelevanten Daten eine entscheidende Rolle.

a) Indirekte Netzwerkeffekte und Größenvorteile

Durch die vertikale Integration des Plattformbetreibers können indirekte Netzwerkeffekte bei Plattformen verstärkt werden. Dies lässt sich am Beispiel einer Handelsplattform gut veranschaulichen. Bietet ein Plattformbetreiber Waren nicht nur selbst an, sondern holt darüber hinaus andere Händler als Anbieter auf die von ihm betriebene Plattform, so erweitert sich das Angebot. Die hierdurch steigende Attraktivität führt im Regelfall dazu, dass mehr Nutzer auf der Plattform anwesend sind. Dieser Umstand macht die Plattform wiederum für Drittanbieter attraktiver. Der gesamte Prozess ist geeignet, eine Sogwirkung zu verstärken, die zu einem *Market-Tipping* führen kann.

Darüber hinaus kann die vertikale Integration einem Plattformbetreiber helfen, das als Marktzutrittsschranke zu qualifizierende *Henne-Ei-Problem* zu lösen. Im Gegensatz zu einer Vermittlungsplattform, die zu Beginn beide Seiten von der Plattformnutzung überzeugen muss, kann dieser Prozess bei einer Hybridplattform nach und nach vorgenommen werden. Bietet das Unternehmen die Ware zunächst selbst an und holt erst zu einem späteren Zeitpunkt Drittanbieter hinzu, so kann die Plattform Wachstum

---

[199] *Fuchs*, ebd. Rn.150m.

generieren, ohne bereits zu Beginn beide Seiten von einem Plattformeintritt überzeugen zu müssen. Diesen Vorteil haben sich in der Vergangenheit bereits viele Unternehmen zunutze gemacht, die aus herkömmlichen Händlern hervorgegangen sind und heute als Hybridplattform agieren.

Das bekannteste nationale Beispiel ist das bereits 1949 durch Werner Otto gegründete deutsche Handels- und Dienstleistungsunternehmen OTTO GmbH & Co. KG.[200] Das als traditioneller Versandhandel bekannt gewordene Unternehmen entschied sich, dem digitalen Wandel zu folgen und das bis dahin linear ausgerichtete Handelsmodell zu einem zweiseitigen Öko-System umzugestalten. Seitdem können auch Drittanbieter auf der Plattform ihre Waren anbieten. Der hierfür zuständige Bereichsvorstand Technology fasst diesen für ihn zwingend notwendigen Schritt wie folgt zusammen: „*Wir wollen die Zukunft des digitalen Handels mitgestalten und als innovativer Treiber Maßstäbe setzen*". Heute betreibt das Unternehmen die größte deutsche Handelsplattform. Seit dem Start des Marktplatzes im Frühjahr 2020 mit einer geringen Zahl an Partnern und wenigen tausenden Produkten konnte sich das Unternehmen in nur 18 Monaten neben dem traditionellen Handelsgeschäft ein relevantes Zusatzgeschäft aufbauen und hierdurch rund eine Milliarde Euro zusätzlichen Umsatz generieren. Das Produkt- und Leistungsangebot konnte in diesem kurzen Zeitraum verzehnfachte werden.

Dieser Vorgang zeigt die Vorteile der hybriden Struktur in Verbindung mit Netzwerkeffekten. Zum einen konnte OTTO das *Henne-Ei-Problem* umgehen, da zum Zeitpunkt der Etablierung eines Online-Marktplatzes bereits viele Nutzer auf der Plattform vorhanden waren. Die nachträgliche Implementierung eines Online-Marktplatzes führte auch dazu, dass die Plattform für Drittanbieter von Beginn an attraktiv war. Es scheint nahezu ausgeschlossen, dass eine neu gegründete Plattform in der Lage gewesen wäre, in nur 18 Monaten einen Umsatz in Höhe von einer Milliarde Euro zu generieren. Hierzu bedürfte es einer bahnbrechenden Innovation, die jedenfalls auf dem Markt für Handelsplattformen schwer vorstellbar ist. Doch selbst wenn die Plattform aufgrund ihres Entwicklungsfortschritts in der

---

[200] Hierzu im Gesamten: Vom Katalog zur Online-Plattform, abrufbar unter https://www.otto.de/unternehmen/de/technologie/vom-katalog-zur-online-plattform., zuletzt abgerufen am 08.08.2024; die OTTO GmbH & Co. KG wird nachfolgend als „*OTTO*" bezeichnet.

Lage ist, die bestehenden Netzwerkeffekte aufzuheben oder abzumildern, bedarf es erheblicher Investitionen, um die Nutzer- und Händlerzahlen bereits etablierter Plattformen zu egalisieren.

Der Plattformbetreiber kann von bestehenden Netzwerkeffekten noch in anderer Weise profitieren. Durch das mithilfe der Drittanbieter erweiterte Angebot gewinnt der Plattformbetreiber potenzielle Kunden für seine eigenen Produkte. Hierbei ist zu berücksichtigen, dass diesem Vorteil die Auswirkung indirekter Netzwerkeffekte auf die Bepreisungsstrategie eines Unternehmens gegenübersteht. Auf einer Plattform können Nutzer Preise und andere kaufrelevante Faktoren leichter vergleichen. Dies erschwert die Durchsetzung von Preiserhöhungen auch für den Plattformbetreiber. Im Ergebnis wird der Preisdruck auf alle Anbieter erhöht, wodurch ein kompetitiver Markt entsteht, der grundsätzlich gegen eine marktbeherrschende Stellung spricht.

b) Plattformnutzung

Da *Multi-Homing* auf Plattformmärkten aufgrund der Wechselbereitschaft der Nutzer grundsätzlich konzentrationsbremsend wirkt, stellt sich die Frage, inwiefern Hybridplattformen eine Tendenz zum *Single-Homing* begünstigen. Die Anwesenheit des Plattformbetreibers auf dem Markt wohnt für sich gesehen keine marktmachtbegründende Tendenz inne. Die Wechselbereitschaft der Nutzer und damit die Tendenz zum *Multi-Homing* sinkt jedoch, wenn der Plattformbetreiber nicht einfach als weiterer Marktteilnehmer auftritt, sondern die durch seine besondere Stellung entstehenden Vorteile nutzt, um die Wechselbereitschaft der Nutzer einzuschränken. Die vertikale Integration kann dem Plattformbetreiber dabei Wettbewerbsvorteile verschaffen, die über einfache Größenvorteile oder den Zugang zu Daten hinausgehen. Hierbei sind Verbundvorteile aufzuführen, die es dem Plattformbetreiber ermöglichen, Dienstleistungen im Rahmen der Verkaufsabwicklung zu übernehmen. Dies betrifft insbesondere die Abwicklung des Zahlungsverkehrs und die Durchführung von Lieferungen.

Für hybride Aufmerksamkeitsplattformen spielt die Frage, ob Nutzer *Single-* oder *Multi-Homing* betreiben, eine wichtige Rolle. Neigen die Nutzer zu *Multi-Homing*, senkt dies die Marktzutrittsschranken und ermöglicht oder erleichtert es Wettbewerbern, auf den Markt einzutreten. Dies führt zu einem ständigen Wettbewerbsdruck, der innovationsfördernd wirkt und daher aus wettbewerbsrechtlicher Sicht zu begrüßen ist. Sind die Vorteile der Anwesenheit auf der Hybridplattform aufgrund der vertikalen Integration besonders groß, neigen Nutzer zum *Single-Homing*. Dieser Umstand kann zu *Lock-in*-Effekten führen. Je geringer die Bereitschaft der Nutzer ist, die Plattform zu wechseln, desto weniger intensiv ist der Wettbewerb um diese Nutzer und desto größer wird der Handlungsspielraum für marktbeherrschende Unternehmen. Gerade für Hybridplattformen besteht aufgrund der vertikalen Integration ein besonderer Anreiz, die Nutzer auf der Plattform zu halten, da sie zum einen aufgrund ihres Vermittlungsdienstes und zum anderen aufgrund der eigenen Leistungen von einer hohen Nutzeranzahl profitieren. Sie versuchen daher, beiden Seiten der Plattform einen Verbleib durch besondere Leistungen oder Vergünstigungen besonders attraktiv zu gestalten. Ihnen kommt dabei zugute, dass sie über eine große Menge an Daten verfügen, aus denen sich wertvolle Informationen über beide Nutzerseiten ableiten lassen. Hierdurch kann der Plattformbetreiber perfekt auf die Nutzer zugeschnittene Anreize für einen Verbleib auf der Plattform setzen.

c) Zugang zu wettbewerbsrelevanten Daten

Die besondere Bedeutung von Daten im Zusammenhang mit digitalen Plattformen wurde bereits im Rahmen der Betrachtung von Plattformen herausgearbeitet.[201] Eine noch bedeutendere Rolle spielen Daten bei Hybridplattformen. Dies ist vor allem darauf zurückzuführen, dass dem Hybridplattformbetreiber aufgrund seiner vertikalen Integration der exklusive Zugang zu Daten seiner direkten Wettbewerber offensteht. Das sich hieraus ergebende Ungleichgewicht kann zur Begründung oder Verstärkung einer marktbeherrschenden Stellung führen.

Bei der Frage, ob Daten für Hybridplattformen einen Machtfaktor darstellen, sind zunächst die beiden Prüfungsschritte, Zweck der Datenerhebung und Verfügbarkeit der Daten zu betrachten.[202] Während sich der Zweck der Erhebung im Einzelfall unterscheiden kann, ist die Frage, ob auch die Wettbewerber des Plattformbetreibers an dieselben Daten gelangen können, von besonderer Relevanz. Auf hybriden Onlineplattformen kann der

---

[201] Hierzu ausführlich: E.II.3.e).

[202] Zu diesen Prüfungspunkten: BKartA, Arbeitspapier – Marktmacht von Plattformen und Netzwerken, 95.

Plattformbetreiber zumeist auf persönliche Nutzerdaten zugreifen, die den Wettbewerbern auf der nachgelagerten Marktstufe nicht zur Verfügung stehen. So ist es dem Plattformbetreiber möglich, persönlichen Daten wie Ort, Zeit und Häufigkeit des Aufrufs bestimmter Webseiten zu bestimmen und anhand dieser Daten detaillierte Nutzerprofile zu erstellen. Verwertet er die Daten mithilfe eines Algorithmus, kann er seine Leistungen optimieren und sich hierdurch einen Wettbewerbsvorsprung verschaffen. Der Betreiber einer hybriden Handelsplattform kann beobachten, welche Waren oder Dienstleistungen der Drittanbieter erfolgreich sind. Aus den gewonnenen Daten kann er Rückschlüsse auf seine eigenen Verkäufe ziehen und seine Verkaufsstrategie optimieren. Hierbei ist zu berücksichtigen, dass auf Online-Handelsplattformen nicht nur die Menge der Daten, sondern auch deren Qualität besonders hoch ist. Der Plattformbetreiber wird auf dem Online-Handelsmarkt in Echtzeit darüber informiert, welche Produkte Drittanbieter verkaufen und welche Interessen die Endkunden verfolgen. Diese Informationen stehen dem Plattformbetreiber exklusiv zur Verfügung, sofern er sie nicht freiwillig Drittanbietern zur Verfügung stellt. Dies ist aufgrund des direkten Wettbewerbsverhältnisses nicht zu erwarten, sofern er hierfür keine angemessene Gegenleistung erhält.

Auch Aufmerksamkeitsplattformbetreiber können von der Kenntnis der Nutzerinteressen erheblich profitieren. Hierdurch eröffnet sich ihnen die Möglichkeit, die eigene Dienstleistung perfekt auf die einzelnen Nutzergruppen abzustimmen und auf neue Entwicklungen zu reagieren. Besonders wertvoll für den Betreiber einer hybriden Aufmerksamkeitsplattform ist dabei der Zugriff auf Daten, die Aufschluss über die Geschäftsausrichtung eines direkten Wettbewerbers geben. So können disruptive Innovationen früher erkannt und selbst aufgegriffen werden.

d) Intermediationsmacht

Auch die Intermediationsmacht spielt eine wichtige Rolle für die Bewertung der Marktstellung von Hybridplattformen. Die Kontrolle des Zugangs zu Beschaffungs- und Absatzmärkten verstärkt die Marktstellung des Plattformbetreibers. Dabei können sich exponierte Stellung als Vermittler und die Kontrollmöglichkeit des Marktzugangs ergänzen und gegenseitig verstärken.[203] Da das Geschäftsmodell der Plattformbetreiber häufig auf die

---

[203] Vgl. BegrRegE, BT-Drs. 18/10207, *Fuchs*, ebd. Rn. 150o.

Vermittlung von verschiedenen Nutzergruppen mithilfe von gesammelten und ausgewerteten Daten ausgerichtet ist, sind andere Unternehmen auf ein möglichst vorteilhaftes Ranking angewiesen.[204] Diese Abhängigkeit kann dazu führen, dass der Intermediär die vollständige Kontrolle über den Marktzugang von Anbietern erlangt. Das daraus entstehende Missbrauchspotenzial ist besonders groß, wenn der Intermediär als Betreiber einer Hybridplattformen selbst auf der Plattform vertreten ist und aus diesem Grund den Auftritt seiner direkten Wettbewerber kontrolliert.[205]

2. *Fallbeispiele*

Die Auswirkungen der hybriden Marktstruktur auf die Stellung des Plattformbetreibers lassen sich besonders gut am Beispiel des *Marketplace* und des Preisvergleichsdienstes *Google Search* veranschaulichen.

a) Amazon

Die auf dem *Marketplace* bestehende hybride Marktstruktur wirkt sich in mehrfacher Hinsicht auf die Marktposition Amazons auf dem Markt für Marktplatzdienstleistungen aus. Neben indirekten Netzwerkeffekten spielen insbesondere die Nutzbarkeit von Daten und die Fähigkeit, *Lock-in-Effekte* zu erzeugen, eine ausschlaggebende Rolle. Zusätzlich zu den plattformbezogenen Faktoren sind auch die allgemeinen Marktbeherrschungsindikatoren zu berücksichtigen.

(1) Allgemeine Marktbeherrschungsindikatoren

Auf digitalen Plattformmärkten sind Marktanteile nicht ebenso aussagekräftig wie auf analogen Handelsmärkten. Die auf digitalen Märkten vorherrschende Dynamik erschwert eine statistische Feststellung der Marktposition. Dennoch sind die Marktanteile bei der Bewertung unbedingt zu berücksichtigen, da sie mitunter das Verhältnis der Wettbewerber zueinander beschreiben und damit wichtige Hinweise auf die Marktstruktur und die Position der Wettbewerber im Markt geben. Im Gegensatz zu anderen digitalen Plattformen bereitet die Bestimmung der Marktanteile auf Handelsplattformmärkten keine wesentlichen Probleme. Der Anteil am

---

[204] Vgl. *BGH, NJW 2020, 1 (64) – Werbeblocker III*; *Wolf*, in: Münchener Kommentar zum Wettbewerbsrecht, 4. Aufl. 2022, GWB § 18, Rn. 65a.
[205] *Wolf*, ebd. Rn. 65b.

Transaktionsvolumen des relevanten Marktes kann, sofern keine brauchbaren Umsatzzahlen vorliegen, Auskunft über die Stellung der Plattform am Markt geben.

Amazon verfügt über eine hervorgehobene Stellung auf dem Marktplatzdienstleistungsmarkt. Das Bundeskartellamt hat im Rahmen seiner Untersuchung einen Marktanteil von über 70 % auf diesem Markt festgestellt.[206] Legt man die Marktanteile aller Marktplätze auf dem Gesamtmarkt zugrunde, kommt Amazon der Studie des IWF Köln zufolge gar auf einen Marktanteil von knapp 77 %.[207] Auch die Kommission kommt in ihrer vorläufigen Beurteilung im Fall *Amazon Marketplace* zu dem Ergebnis, dass Amazon seit 2019 über einen Marktanteil zwischen 50 % und 60 % verfügt.[208] Neben diesem überragenden Markanteil sprechen vor allem die hohen Marktanteilsabstände zu den konkurrierenden Marktplatzbetreibern auf einem ansonsten weitgehend zersplitterten Markt für eine marktbeherrschende Stellung. Keiner der Wettbewerber ist diesbezüglich mit Amazon vergleichbar.

Auch der geringe potenzielle Wettbewerbsdruck, der von der Nutzerseite auf Amazon ausgeht, spricht nach Ansicht der Kommission für eine marktbeherrschende Stellung.[209] Da mehr als 80 % der Online-Einkäufer in Deutschland Amazon nutzen und Amazon als starke Einzelhandelsmarke ein hohes Käufervertrauen entwickelt hat, fällt es sowohl den bestehenden Wettbewerber als auch neuen Marktteilnehmern schwer, Amazons vorherrschende Stellung anzugreifen. Für eine marktbeherrschende Stellung spricht auch, dass Amazon in Bezug auf die Marktkapitalisierung eines der

---

[206] BKartA, Pressemitteilung vom 06.07.2022, abrufbar unter https://www.bundeskartellamt.de/SharedDocs/Meldung/DE/Pressemitteilungen/2022/06_07_2022_Amazon.html;jsessionid=11306BB6FC14A244D660C27C87525936.2_cid389?nn=3591568, zuletzt abgerufen am 23.08.2024.

[207] Online Monitor 2024, abrufbar unter Online_Monitor_2024_1305_WEB.pdf (einzelhandel.de), zuletzt abgerufen am 23.08.2024.

[208] Europäische Kommission, Beschl. v. 20.12.2022, C(2022) 9442 final, Rn. 86 – *Amazon Marketplace* und Amazon *Buy Box*; die genauen Marktanteile werden von der Kommission nicht veröffentlicht, sondern stattdessen prozentuale Spannbreiten angegeben z.B. 60 % - 70 %.

[209] Europäische Kommission, Beschl. v. 20.12.2022, C(2022) 9442 final, Rn. 88 f. – *Amazon Marketplace* und *Amazon Buy Box*.

größten Unternehmen der Welt darstellt und diesbezüglich über einen großen Vorsprung zu den anderen Marktplatzdienstleistern verfügt. Hierdurch ist Amazon besser als seine Wettbewerber in der Lage, Verluste abzufangen.[210]

(2) Indirekte Netzwerkeffekte

Amazon ist es gelungen, das *Henne-Ei-Problem* mithilfe der vertikalen Integration zu lösen. Das Unternehmen startete im Jahr 1994 als einfacher Buchhandel und entwickelte sich in kürzester Zeit zu einem der wichtigen Handelsunternehmen der Welt. Erst 2002 öffnete der Konzern sein Geschäftsmodell mit der Gründung des *Marketplace* für Drittanbieter.[211] Hierbei verfügt Amazon über den Vorteil, dass bereits eine große Menge an Nutzern Teil des linearen Handelsmodells war und umgehend eine große Anzahl an Drittanbietern auf die Plattform lockte. Aufgrund der Wirkung indirekter Netzwerkeffekte wuchs das auf dem *Marketplace* verfügbare Produktsortiment schnell an. Insgesamt wurden den Kunden laut eigenen Angaben Amazons im Jahr 2020 auf dem Marktplatz mehr als 250 Millionen Produkte angeboten.[212] Diese schier unermessliche Produktvielfalt lockt ständig neue Kunden auf die Plattform. Die Beliebtheit des *Marketplace* registrieren auch Warenhändler, die ihre Waren aus diesem Grund als Drittanbieter auf dem *Marketplace* verkaufen und damit zu immer stärker werdenden Netzwerkeffekten beitragen.

Zusammenfassend lassen sich die beschriebenen Vorgänge wie folgt zusammenfassen: Eine breite Nutzerbasis zieht mehr Drittanbieter an. Je mehr Drittanbieter sich dem *Marketplace* anschließen, desto größer wird die Produktauswahl. Hierdurch werden wiederum mehr Nutzer angezogen.[213] Aufgrund der durch indirekte Netzwerkeffekte bedingten positiven

---

[210] Europäische Kommission, Beschl. v. 20.12.2022, C(2022) 9442 final, Rn. 92 – *Amazon Marketplace* und *Amazon Buy Box*.

[211] Unsere Geschichte: Was aus einer Garagen-Idee werden kann?, abrufbar unter https://www.aboutamazon.de/news/ueber-amazon/unsere-geschichte-was-aus-einer-garagen-idee-werden-kann., zuletzt abgerufen am 23.08.2024.

[212] Geschäftsbedarf – große Produktauswahl | Amazon Business, abrufbar unter https://business.amazon.de/de/funktionen-entdecken/einkauf-vereinfachen/produktauswahl, zuletzt abgerufen am 08.08.2024

[213] Europäische Kommission, Beschl. v. 20.12.2022, C(2022) 9442 final, Rn. 90 – *Amazon Marketplace* und *Amazon Buy Box*.

Rückkopplungseffekte entstehen hohe Zutritts- und Expansionsschranken, die sowohl für bestehende als auch für potenzielle Wettbewerber eine große Herausforderung darstellen.[214]

Amazon profitiert als Betreiber der Hybridplattform doppelt. Zum einen verdient das Unternehmen an den wachsenden Verkäufen der Händler. Auf der anderen Seite steigen die eigenen Verkaufszahlen, da die Anzahl der Nutzer, die auf der Plattform einkaufen, zunimmt. Hierbei ergibt sich eine neue Herausforderung: Durch die enorme Produktvielfalt herrscht ein starker Preiswettbewerb. Kunden können unter vielen – aus kartellrechtlicher Sicht – austauschbaren Artikeln den für sie passenden auswählen. Dieser Preiswettbewerb ist grundsätzlich wettbewerbsfördernd und steht einer Marktmacht entgegen. Insgesamt ist das Vorliegen der indirekten Netzwerkeffekte auf dem *Marketplace* aber Indiz für eine marktbeherrschende Stellung Amazons.

(3) Plattformnutzung

Für die Bewertung der Auswirkung der hybriden Marktstruktur spielt auch Amazons Fähigkeit, sowohl Nutzer als auch Drittanbieter zum *Single-Homing* zu bewegen, eine ausschlaggebende Rolle. Amazon versucht hierdurch *Lock-in*-Effekte zu erzeugen, um Nutzer und Drittanbieter den Verbleib auf der eigenen Plattform möglichst attraktiv zu gestalten und den Wechsel zu einer anderen Plattform zu verhindern. Auf Seiten der Nutzer ist das *Prime*-Programm hierfür besonders bedeutsam. Die Premium-Mitgliedschaft bietet eine Vielzahl an unterschiedlichen Vorteilen. Für *Prime*-Kunden ist insbesondere der schnelle Gratisversand der *Prime*-Produkte interessant. Außerdem werden den *Prime*-Kunden im Rahmen besonderen Rabattaktionen wir dem *Prime Day* oder *Black Friday by Amazon* Angebote unterbreitet, die Nichtmitgliedern nicht oder nicht im selben Umfang zur Verfügung stehen. Durch weitere Maßnahmen wie der sofortigen Abrufbarkeit von Adresse und Bezahlart und dem Button „*Sofort kaufen*" wird der Erwerb eines aufgerufenen Produktes so weit vereinfacht, dass Nutzer mit nur einem Klick ein Produkt bestellen können. Über den Versandhandel hinaus bietet Amazon weitere Services wie Amazon *Prime*

[214] Europäische Kommission, Beschl. v. 20.12.2022, C(2022) 9442 final, Rn. 91 – *Amazon Marketplace* und *Amazon Buy Box*; ebenso BGH, Beschl. v. 23.04.2024, KVB 56/22, Rn. 140 – *Amazon*.

Video oder *Amazon Prime Music* an, die zu einer Festigung der Nutzerbeziehung beitragen. Außerdem wird hierdurch die Bereitschaft der Nutzer, Geld auf dem *Marketplace* auszugeben, erhöht.[215] Dass diese Taktik erfolgreich ist, zeigt vor allem der Blick auf die Ausgaben der einzelnen Nutzer. Im Vergleich geben *Prime*-Nutzer in den USA auf dem *Marketplace* fast viermal so viel Geld aus wie Nutzer, die keine Premiummitgliedschaft haben.[216] Darüber hinaus zeigt eine Studie des IFH Köln, dass über ein Drittel der *Prime*-Nutzer *Heavy-Amazon-Shopper* sind und mindestens die Hälfte ihrer Onlineeinkäufe auf dem *Marketplace* tätigt.[217]

Neben der Bindung der Nutzer möchte Amazon auch verhindern, dass Drittanbieter *Multi-Homing* betreiben. Aus diesem Grund hat Amazon das Programm *Amazon Fulfillment* geschaffen.[218] Das dahinterstehende Serviceangebot ermöglicht es Drittanbietern, ihren gesamten Lagerbestand an Amazons Logistikzentren zu senden, um die Lagerung und den Versand der Ware von Amazon durchführen zu lassen. Darüber hinaus können Händler Kundenservice, Erstattungen und Rücksendungen über Amazon abwickeln. Der Vorteil liegt insbesondere für kleine und mittlere Unternehmen auf der Hand. Diese haben oftmals nicht die finanziellen Ressourcen, um eine eigene Lagerung, einen eigenen Versand oder einen eigenen Kundenservice anzubieten. Hinzu kommt, dass insbesondere günstigere Produkte oftmals direkt über den *Marketplace* gesucht werden. Da die Sichtbarkeit der eigenen Webseite nicht ausreicht, um Nutzer hierauf aufmerksam zu machen, sind gerade kleinere Drittanbieter auf den *Marketplace* angewiesen. Viele Händler sehen sich gezwungen, die von Amazon vorgegebenen Bedingungen auch dann zu akzeptieren, wenn diese einen

---

[215] *Fischer/Zerres/Zerres*, Kritische Analyse des Geschäftsmodells von Amazon mit einem Fokus auf wettbewerbsrechtliche Aspekte, Arbeitspapiere für Marketing und Management 2021, 1 (9).
[216] *Bain*, *Prime* has never been more important to Amazon, abrufbar unter https://qz.com/2004369/the-pandemic-made-prime-even-more-valuable-to-amazon, zuletzt abgerufen am 23.08.2024.
[217] *Bunnenberg*, Rekordverdächtig: Amazon wächst 2020 jeden Tag um 31 Millionen Euro abrufbar unter https://www.ifhkoeln.de/rekordverdaechtig-amazon-waechst-2020-jeden-tag-um-31-millionen-euro/, zuletzt abgerufen am 23.08.2024.
[218] Hierzu im Gesamten: Nutzen Sie die vielen Amazon Fulfillment Vorteile, abrufbar unter https://sell.amazon.de/versenden, zuletzt abgerufen am 23.08.2024.

wirtschaftlichen oder rechtlichen Nachteil beinhalten. Obwohl 78 % der befragten Händler in einer Studie des Bundesverbands Onlinehandel angaben, mit der Unterstützung durch Amazon unzufrieden zu sein, kann es sich fast keines dieser Unternehmen leisten, auf einen anderen Marktplatz auszuweichen.[219] Im Übrigen schließt allein der Umstand, dass auf dem *Marketplace* aktive Drittanbieter auch auf anderen Plattformen ihre Waren anbieten, die Annahme einer marktbeherrschenden Stellung nicht aus.[220] Dies wäre nur dann der Fall, wenn die Drittanbieter auf alternativen Marktplätzen bedeutende Umsätze erzielen.

Für die Einflussnahme Amazons auf die Nutzungsstrategie der Drittanbieter und Nutzer spielt die hybride Stellung zunächst keine maßgebliche Rolle. Auch Vermittlungsplattformen, die über keine vertikale Integration verfügen, ist es möglich, durch besondere Angebote und Services die Plattformnutzer zum *Single-Homing* zu bewegen. So kann auch eine einfache Handelsplattform Versand- und Zahlungsdienstleistungen für die auf der Plattform vertretenen Anbieter übernehmen. Aufgrund der hybriden Struktur verfügt ein Plattformbetreiber jedoch über die Möglichkeit, *Single-Homing* zu fördern. Die vertikale Integration hat dazu geführt, dass Amazon eine bedeutende Stellung auf den einzelnen Online-Handelsmärkten einnehmen konnte. Außerdem trägt Amazon durch seine Eigenverkäufe auf dem *Marketplace* wesentlich zu dessen Bedeutung bei. Die starke Stellung des *Marketplace* auf dem Marktplatzdienstleistungsmarkt führt dazu, dass mehr Nutzer auf den *Marketplace* zurückgreifen und dieser an Bedeutung gewinnt.

(4) Zugang zu wettbewerbsrelevanten Daten

Eine besondere Bedeutung bei der Bewertung der Marktstellung von Hybridplattformen kommt auch der Verfügbarkeit und Qualität von Daten zu. Amazon steht – aufgrund der vertikalen Integration – eine Vielzahl an Daten zur Verfügung, auf die Drittanbieter keinen Zugriff haben. Hierbei handelt es sich sowohl um Daten, die Drittanbieter Amazon direkt zur Verfügung stellen als auch um Daten, die aus Produktangeboten und

---

[219] *Marketplace*-Händler kritisieren ihre Ohnmacht gegenüber Amazon, abrufbar unter https://t3n.de/news/*Marketplace*-haendler-kritisieren-1373235/, zuletzt abgerufen am 23.08.2024.
[220] BGH, Beschl. v. 23.04.2024, KVB 56/22, Rn. 143 – *Amazon*.

Transaktionen von Drittanbietern auf dem *Marketplace* generiert werden bzw. darauf basieren.

Amazons Datenzugriff ist aufgrund mehrerer Faktoren besonders wertvoll.[221] Zum einen verfügt Amazon über eine große Menge an Daten, da jedes Jahr mehrere Milliarden Produkte auf dem *Marketplace* gelistet werden. Neben dem Volumen ist auch die Vielfalt der Daten von großer Bedeutung. Neben den nicht-öffentlichen Daten von Drittanbietern kann Amazon Informationen über alle beobachtbaren Metriken von Drittanbieterangeboten und -verkäufen in allen auf dem *Marketplace* verfügbaren Produktkategorien sammeln. Bei der Bestimmung des Wertes ist auch zu berücksichtigen, dass Amazon keine Daten über unbeteiligte Dritte, sondern über die Strategie und den Verkaufserfolg direkter Wettbewerber erhält. Was die Geschwindigkeit der Datenverfügbarkeit betrifft, so hat Amazon sofortigen Zugang zu allen Daten, die auf der Plattform anfallen und kann diese mithilfe eines eigens hierfür entwickelten Algorithmus in Echtzeit auswerten und somit besonders schnell auf neue Entwicklungen reagieren. Darüber hinaus besitzt Amazon aufgrund des bereits entstandenen Größenvorteils eine technologische Infrastruktur zur Erhebung und Speicherung von Daten, die den Wettbewerbern aufgrund des finanziellen und technischen Aufwands nicht zur Verfügung steht. Amazon hat insbesondere die Möglichkeit, auf die Dienste seines Tochterunternehmens *Amazon Web Services* zurückzugreifen. Das Unternehmen, das gigantische Rechenzentren betreibt, kam 2021 auf einen Marktanteil von 38,9 % am weltweiten Cloud Geschäft (*Public-Infrastructure as a Service-Bereich*).[222] Der BGH stütz die Wettbewerbsrelevanz der von Amazon erhobenen und verarbeiteten Daten neben der Quantität auf die besonders hohe Qualität.[223] Aufgrund der Genauigkeit, Vollständigkeit und Konsistenz der Daten verfügen diese über eine besondere Verlässlichkeit und Aussagekraft (Datenwahrhaftigkeit).

---

[221] Hierzu im Gesamten: Europäische Kommission, Beschl. v. 20.12.2022, C(2022) 9442 final, Rn. 121 f. – *Amazon Marketplace* und *Amazon Buy Box*.

[222] Cloud-Geschäft wächst und wächst – Big-Tech besitzt 80 Prozent Marktanteil, abrufbar unter https://www.heise.de/news/Cloud-Geschaeft-waechst-und-waechst-Big-Tech-besitzt-80-Prozent-Marktanteil-7133549.html, zuletzt abgerufen am 23.08.2024.

[223] BGH, Beschl. v. 23.04.2024, KVB 56/22, Rn. 91 f. – *Amazon*.

Bei der Bewertung der Wettbewerbsrelevanz von Daten ist auch zu berücksichtigen, dass zwischen Amazon und den Drittanbietern, die mit Amazon im Wettbewerb stehen, ein erhebliches Datendelta besteht. Während Drittanbieter nur Zugriff auf ihre eigenen Verkaufsdaten haben, kann Amazon auf individuelle Echtzeitdaten der Drittanbieter zugreifen. Diese sind nicht in der Lage, die Daten zu replizieren. Bei nicht öffentlich zugänglichen Daten über Produktangebote und Transaktionen von Drittanbietern handelt es sich unter anderem um Beginn und Ende des Verkaufs eines Produktes.[224] Aus dieser Information kann Amazon genaue Angebots- und Nachfragemerkmale ableiten und hieraus die geschätzten künftigen Einnahmen und damit die Rentabilitätsschwelle berechnen. Der Zugriff auf Preise der Drittanbieter kann Amazon nutzen, um eigene Verkaufspreise festzulegen. Die Daten von Drittanbietern bezüglich der Bestellmengen ermöglichen es, die eigenen Lagerbestände bestmöglich zu planen und zu verwalten. Amazon profitiert somit in mannigfaltiger Weise vom Zugriff auf die Daten der Drittanbieter.

Die besondere Datenverfügbarkeit ist aufgrund der hybriden Marktstruktur in doppelter Hinsicht relevant. Zum einen besitzt Amazon einen Datenvorsprung gegenüber anderen Handelsplattformen, auf denen keine vertikale Integration herrscht. Zum anderen verfügen Betreiber von reinen Vermittlungsplattformen nicht über die Möglichkeit, eigene Verkäufe zu analysieren und mit den daraus gewonnenen Informationen die Plattformleistung zu verbessern. Aus wettbewerbsrechtlicher Sicht ist auch zu beachten, dass der Anreiz der Sammlung und Auswertung derartiger Daten geringer ist, da der Betreiber einer nicht hybriden Plattform auf dem Verkaufsmarkt nicht mit den Drittanbietern in Wettbewerb tritt.

Von größerer Bedeutung ist der Datenvorsprung im Vergleich mit Drittanbietern. Diese verfügen zwar über die Möglichkeit, eigene Nutzerdaten auszuwerten und die eigenen Angebote hieran anzupassen. Amazon kann jedoch auf die Geschäftsdaten aller Drittanbieter zurückgreifen. Anhand von Informationen wie Bestellmenge, Umsatz und Anzahl der Rücksendungen ist es möglich, exakt zu ermitteln, welche Produkte sich für einen eigenen Verkauf lohnen. Diese enorme Diskrepanz hinsichtlich der

---

[224] Zu den relevanten nichtöffentlichen Geschäftsdaten im Gesamten: Europäische Kommission, Beschl. v. 20.12.2022, C(2022) 9442 final, Rn. 113 ff. – *Amazon Marketplace* und Amazon *Buy Box*.

Datenverfügbarkeit ist bereits für sich genommen ein Anhaltspunkt für eine marktbeherrschende Stellung. Hinzu kommt, dass Drittanbieter nicht über die Ressourcen verfügen, um die ihnen zur Verfügung stehenden Daten in gleichwertiger Qualität zu analysieren. Amazon stehen umfangreiche Rechenzentren zur Datenspeicherung zur Verfügung. Darüber hinaus hat Amazon einen hocheffizienten Algorithmus entwickelt, der es ermöglicht, Daten in Echtzeit auszuwerten und Prognosen zu erarbeiten.

(5) Marktübergreifende Bedeutung nach § 19a Abs. 1 GWB

Das Bundeskartellamt hat mit Beschluss vom 5. Juni 2022 festgestellt, dass Amazon eine überragende marktübergreifende Bedeutung für den Wettbewerb hat,

> „*da es bei Gesamtbetrachtung aller im Einzelfall relevanten Umstände über eine marktübergreifende wirtschaftliche Machtposition mit dem entsprechenden wettbewerblichen Potenzial verfügt, die ihm über Marktgrenzen hinweg Verhaltensspielräume eröffnet, die durch den Wettbewerb nicht hinreichend kontrolliert werden.*“[225]

Die Entscheidung beruht auf einer Gesamtwürdigung aller Umstände, wobei insbesondere die in § 19a Abs. 1 S. 2 Nr. 1 bis 5 GWB aufgelisteten Kriterien für die Bewertungsentscheidung herangezogen wurden. Nach Auffassung des Bundeskartellamts verfügt Amazon über eine marktbeherrschende Stellung auf dem Marktplatzdienstleistungsmarkt für gewerbliche Händler (Nr. 1). Zum anderen ist Amazon auf verschiedenen vertikal integrierten oder auf sonstiger Weise verbundenen Märkten tätig (Nr. 3) und hat als Betreiber einer hybriden Handelsplattform erhebliche Bedeutung für den Zugang Dritter zu Beschaffungs- und Absatzmärkten (Nr. 5). Außerdem verfügt Amazon über erhebliche Ressourcen, wie insbesondere eine erhebliche Finanzkraft (Nr. 2) und einen hervorragenden Zugang zu einer riesigen Menge an wettbewerbsrelevanten Daten (Nr. 4).[226]

Amazons Einfluss auf den Markt ergibt sich aus Sicht des Bundeskartellamts insbesondere aus der hybriden Plattformstruktur. Durch die

---

[225] BKartA, Fallbericht v. 06.07.2022, B7 – 61/21, 2.

[226] Hierzu im Gesamten: BKartA, Fallbericht v. 06.07.2022, B7 – 61/21, 2.

Handelsplattform erhält das Unternehmen eine zentrale strategische Position im Online-Einzelhandel. Die Hybridstruktur ermöglicht eine Regelsetzungsmacht, mithilfe derer Amazon Einfluss auf die Geschäftstätigkeit und den Geschäftserfolg anderer Unternehmen ausüben kann. Amazon steht hierbei dank seiner Doppelrolle als Händler und Marktplatzbetreiber die Möglichkeit offen, den Zugang anderer Unternehmen zu Absatz- und Beschaffungsmärkten zu kontrollieren.[227] Daneben stellt das Bundeskartellamt auf allgemeine und plattformbezogene Marktbeherrschungsindikatoren ab.[228] Neben dem überragenden Marktanteil sprechen unter anderem die hohen Marktanteilsabstände für eine marktübergreifende Bedeutung. Auch der Zugang zu wettbewerbsrelevanten Daten und die erhebliche Finanzkraft Amazons spielt für die Entscheidung des Bundeskartellamts eine Rolle. Mithilfe der gesammelten Daten kann Amazon Datenanalysen und Schätzungsmodelle generieren, welche die Präferenzen der Nutzer offenlegen und mit denen eine Angebotsoptimierung erreicht werden kann.[229] Außerdem verfügt Amazon über erhebliche finanzielle Ressourcen, die zur Finanzierung möglicher Wettbewerbsverstöße genutzt werden können.[230]

Amazons Beschwerde gegen den Beschluss des Bundeskartellamts blieb ohne Erfolg. Amazon hatte neben Bedenken gegen die Zulässigkeit von § 19a GWB vorgebracht, dass keine marktübergreifende Bedeutung vorliegt.[231] Der Einzelhandelsmarkt sei sowohl online wie offline sehr groß und ausgesprochen wettbewerbsintensiv.[232] Dieser Auffassung ist der BGH nicht gefolgt und hat sich stattdessen der Auffassung des

---

[227] BKartA, Fallbericht v. 06.07.2022, B7 – 61/21, 4 f.

[228] Hierzu im Gesamten: BKartA, Fallbericht v. 06.07.2022, B7 – 61/21, 2 f.

[229] BKartA, Fallbericht v. 06.07.2022, B7 – 61/21, 5.

[230] BKartA, Fallbericht v. 06.07.2022, B7 – 61/21, 5.

[231] Amazon geht davon aus, dass § 19a GWB der Kommission in einem Notifizierungsverfahren hätte vorgelegt werden müssen und dass die Norm gegen den DMA und das Grundgesetz verstoße. Nach erster Einschätzung des BGH-Kartellsenats bedürfe es weder einer Vorlage, noch verstoße die Norm gegen Unionsrecht oder das Grundgesetz.

[232] LTO, Amazon vorm BGH: Wie viel Macht hat der Online-Riese?, abrufbar unter https://www.lto.de/recht/hintergruende/h/bgh-kvb5622-amazon-kartellrecht-kartell-bundeskartellamt-beschwerde-bgh-marktmacht-plattform-digital/, zuletzt abgerufen am 23.08.2024.

Bundeskartellamts angeschlossen und aufgrund der oben aufgeführten Argumente eine marktübergreifende Bedeutung angenommen.[233]

(6) Zusammenfassung

Amazon verfügt auf dem Marktplatzdienstleistungsmarkt über eine marktbeherrschende Stellung. Dies indiziert bereits der Marktanteil von über 70 %. Neben dem hohen Marktanteil spricht auch der geringe Wettbewerbsdruck für eine Marktbeherrschung Amazons. Aufgrund der hohen Marktanteilsabstände und Amazons enormer Marktkapitalisierung haben es Wettbewerber und neue Marktteilnehmer schwer, Amazons vorherrschende Stellung anzugreifen. Die beherrschende Stellung wird durch indirekte Netzwerkeffekte verstärkt. Je mehr Drittanbieter auf dem *Marketplace* vertreten sind, desto größer wird die Produktauswahl. Hierdurch werden neue Nutzer angezogen, deren Anwesenheit die Plattform wiederum für Drittanbieter attraktiv macht. Die beschriebenen positiven Rückkopplungseffekte führen zu schwer überwindbaren Zutritts- und Expansionsschranken auf dem Marktplatzdienstleistungsmarkt. Amazon verfügt darüber hinaus über die Möglichkeit, sowohl Drittanbieter als auch Nutzer zum *Single-Homing* zu bewegen. Mithilfe des Treueprogramms *Amazon Prime* und des *Amazon-Fulfillment-Service* hat es Amazon geschafft, erhebliche *Lock-in*-Effekte zu erzeugen und sowohl Nutzer als auch Drittanbieter dauerhaft an den *Marketplace* zu binden. Auch Amazons Datenmacht ist ein Indiz für die marktbeherrschende Stellung. Aufgrund der vertikalen Integration steht Amazon eine Vielzahl an Daten zu, die von Wettbewerbern nicht reproduziert oder erworben werden können. Die technische Infrastruktur und Amazons Algorithmus ermöglichen eine Auswertung in Echtzeit, wodurch Amazon wichtige Informationen über die Strategien und den Verkaufserfolg von Drittanbietern erhält. Amazon kann sich aus diesem Grund auf dem Marktplatzdienstleistungsmarkt gegenüber Wettbewerbern, Abnehmern und Verbrauchern in einem nennenswerten Umfang unabhängig verhalten.

b) Google

Auch im Hinblick auf *Google Search* hat die hybride Plattformstruktur Einfluss auf die Bewertung der marktbeherrschenden Stellung.

---

[233] BGH, Beschl. v. 23.04.2024, KVB 56/22 – *Amazon*.

(1) Allgemeine Marktbeherrschungsindikatoren

Die Kommission kam im Fall *Google Shopping* zu dem Ergebnis, dass Google seit 2008 auf allen nationalen Teilmärken der Europäischen Union für allgemeine Suchdienste eine beherrschende Stellung innehat.[234] Diese Schlussfolgerung wird insbesondere auf den Marktanteil Googles auf diesem Markt gestützt. Dieser kann unter anderem aufgrund des kostenlosen Angebots der Suchfunktion nicht nach Umsätzen gemessen werden, sondern ist anhand des Volumens der Suchanfragen zu bestimmen.[235]

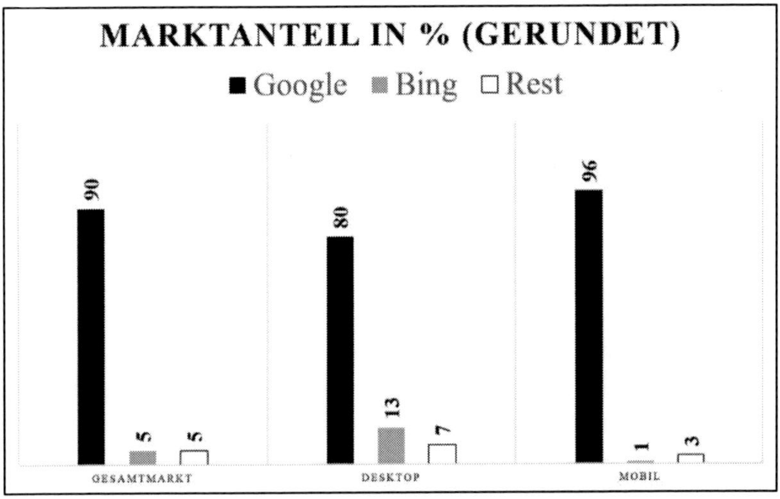

Abbildung 13: Marktanteil auf dem deutschen Suchmaschinenmarkt[236]

[234] Europäische Kommission, Beschl. v. 27.06.2017, C(2017) 4444 final, Rn. 271 – *Google Shopping.*

[235] Europäische Kommission, Beschl. v. 27.06.2017, C(2017) 4444 final, Rn. 275 – *Google Shopping.*

[236] Gesamtmarkt: Search Engine Market Share Germany, abrufbar unter https://gs.statcounter.com/search-engine-market-share/all/germany; Desktopmarkt: Desktop Search Engine Market Share Germany, abrufbar unter https://gs.statcounter.com/search-engine-market-share/desktop/germany; Mobilmarkt: Mobile Search Engine Market Share Germany, abrufbar unter https://gs.statcounter.com/search-engine-market-share/mobile/germany, alle zuletzt abgerufen am 23.08.2024.

Auf dem deutschen Suchmaschinenmarkt kommt Google im Jahr 2023 auf einen Marktanteil von ca. 90 %.[237] Hinzu kommt ein besonders großer Marktanteilsabstand von knapp 85 % Marktanteil. Die von Microsoft betriebene Suchmaschine *Bing* kommt als größter Wettbewerber auf einen Marktanteil von gerade einmal 5 %. Diese beiden Faktoren sind Indiz einer marktbeherrschenden Stellung. Sowohl das deutsche als auch das europäische Kartellrecht gehen bereits bei wesentlich geringen Marktanteilen bzw. Marktanteilsabständen von einer Marktbeherrschung aus.

Auf dynamischen und durch Unentgeltlichkeit der Dienste gekennzeichneten Märkten ist jedoch zu beachten, dass auch sehr hohe Marktanteile kritisch zu hinterfragen sind.[238] *Körber* geht davon aus, dass in der Internetökonomie selbst deutlich erhöhte Marktanteile nur eine begrenzte Aussagekraft beizumessen ist, da diese aufgrund der bestehenden Dynamik oftmals nur von kurzer Dauer sind.[239] Zum gleichen Ergebnis kommt auch die Kommission, die in der Fusionskontrollentscheidung *Microsoft/Skype* einen Marktanteil von 70-90 % auf dem Markt für Videotelefonie für unbedenklich gehalten hat.[240] Sie begründet diese Auffassung insbesondere mit der hohen Wechselbereitschaft der Nutzer und dem Wettbewerbsdruck durch bestehende Wettbewerber.[241] Der der Entscheidung zu Grunde liegende Sachverhalt weist einen entscheidenden Unterschied zum Markt für allgemeine Suchmaschinen auf. Obwohl auf dem Suchmaschinenmarkt eine Reihe namhafter Wettbewerber wie *Bing* oder *Yahoo* vertreten sind, haben sich die Marktanteile im letzten Jahrzehnt nur unwesentlich verändert. Der von den potenziellen Wettbewerbern ausgehende Wettbewerbsdruck reicht nicht aus, die von Google erlangte Marktführerstellung anzugreifen.

---

[237] Search Engine Market Share Germany, abrufbar unter https://gs.statcounter.com/search-engine-market-share/all/germany.

[238] *Körber*, Google im Fokus des Kartellrechts, WRP 2012, 761 (765).

[239] *Körber*, Analoges Kartellrecht für digitale Märkte?, WuW 2015, 120 (125).

[240] Europäische Kommission, Entsch. v. 07.10.2011, COMP/M.6281 – *Microsoft/Skype,* Rn. 108 ff. (die genauen
Marktanteile wurden aus Gründen des Geheimnisschutzes in der Entscheidung durch Marktanteilsspannen ersetzt).

[241] Europäische Kommission, Entsch. v. 07.10.2011, COMP/M.6281 – *Microsoft/Skype*, Rn. 121 ff.

(2) Indirekte Netzwerkeffekte und Größenvorteile

Eine wichtige Rolle für Googles starke Marktstellung spielen die hohen Marktzutrittsschranken. Diese sind insbesondere auf die Größen- und Verbundvorteile (*economies of scale and scope*) zurückzuführen.[242] Der Größenvorteil ergibt sich zunächst aus den erheblichen finanziellen Mitteln, die Google zur Verfügung stehen. Diese Mittel können sowohl für die Forschung und Entwicklung als auch für den Erwerb von Unternehmen eingesetzt werden.[243] Die Errichtung einer vollwertigen allgemeinen Suchmaschine erfordert erhebliche Investitionen in Form von Ressourcen und Zeit.[244]

Daneben spielt die Anzahl der Suchanfragen eine entscheidende Rolle. Zum einen profitiert Google monetär von einer großen Anzahl an Suchanfragen, da hierdurch die Stückkosten für eine einzelne Anfrage gesenkt werden.[245] Zum anderen kann die Menge der Anfragen Auswirkungen auf die Qualität der Suchergebnisse haben. Eine Vielzahl an Suchanfragen kann zu einer Verbesserung der Qualität der Suchmaschine führen, wenn die gewonnenen Erkenntnisse zur Verbesserung des Algorithmus eingesetzt werden. Durch diesen *Feedback-Effekt* entstehen indirekte Netzwerkeffekte.[246] Ein Suchnutzer profitiert zwar nicht direkt davon, dass auch andere Nutzer dieselbe Suchmaschine nutzen, doch kann er indirekt profitieren, wenn der Suchmaschinenanbieter die gewonnenen Erkenntnisse zur Verbesserung seines Angebots verwendet. Außerdem kann ein Suchnutzer von einer höheren Zahl an Werbetreibenden profitieren, wenn die erhöhten Einnahmen in die Verbesserung und Aufrechterhaltung des Suchdienstes reinvestiert werden.[247] Hierbei ist zu berücksichtigen, dass diese Annahme nicht uneingeschränkt gilt. Während *Manne/Wright* davon ausgehen, dass

---

[242] *Heinemann*, Google als kartellrechtliches Problem?, sui generis 2015, 17 (24).
[243] BKartA, Fallbericht v. 05.01.2022, B7 – 61/21, 5.
[244] Europäische Kommission, Beschl. v. 27.06.2017, C(2017) 4444 final, Rn. 286 – *Google Shopping*.
[245] Hierzu im Gesamten: *Heinemann*, Google als kartellrechtliches Problem?, sui generis 2015, 17 (24).
[246] Hierzu im Gesamten: *Haucap/Kehder*, Suchmaschinen zwischen Wettbewerb und Monopol: Der Fall Google, DICE Ordnungspolitische Perspektiven 2013, 1 (6).
[247] Europäische Kommission, Beschl. v. 27.06.2017, C(2017) 4444 final, Rn. 296 – *Google Shopping*.

die für einen guten Algorithmus notwendige Nutzerzahl schnell erreicht ist,[248] betrachten *Haucap/Kehder* die Problematik differenzierter und stellen fest, dass der Grenznutzen zusätzlicher Nutzerzahlen stetig abnimmt.[249] Ab einer gewissen Informationsmenge erreichen die Grenzkosten den Grenznutzen, sodass keine weiteren Größenvorteile entstehen können. Fraglich ist, wann dies der Fall ist und ob neben Google auch andere Anbieter wie *Bing* oder *Yahoo* diese Datenmenge bereits erreicht haben.

Neben den Größenvorteilen kommen Google erhebliche Verbundvorteile zugute. Das Bundeskartellamt führt die marktübergreifende wirtschaftliche Machtposition unter anderem auf die Möglichkeit zurück, auf andere Dienste der Alphabet-Töchter zurückzugreifen:

> *„Insbesondere bietet Google eine breite Vielzahl von Diensten markt- und reichweitenstark an, hat bei diesem Angebot und seiner Erweiterung die Möglichkeit, von Verbundvorteilen zu profitieren und marktübergreifend gegenüber anderen Unternehmen die Rolle eines Regelsetzers einzunehmen [...].*"[250]

Hierbei wird relevant, dass Google neben der Google-Suche mit *YouTube*, *Google Chrome*, *Android* und dem *Play Store* über eine Vielzahl von Diensten verfügt, die auf ihrem jeweiligen Markt eine bedeutende Rolle einnehmen.[251] Mithilfe der vertikalen Integration ist es möglich, die einzelnen Dienste miteinander zu verknüpfen. Darüber hinaus kann Google das mobile Betriebssystem *Android* nutzen, um seine Dienste einem breiten Publikum zur Verfügung zu stellen. Zum einen werden Googles Dienste über den *Play Store* angeboten. Zum anderen trifft Google Vereinbarungen mit Herstellern von Originalgeräten, um eine Vorinstallation und Voreinstellung auf *Android*-Geräten zu gewährleisten. Viele Nutzer verzichten darauf, den voreingestellten Dienst zu wechseln. Dies zeigt sich

---

[248] *Manne/Wright*, Google and the Limits of Antitrust: The Case Against the Antitrust Case Against Google, Harvard Journal of Law and Public Policy 2011, 1 (38 f.).

[249] Hierzu im Gesamten: *Haucap/Kehder*, Suchmaschinen zwischen Wettbewerb und Monopol: Der Fall Google, DICE Ordnungspolitische Perspektiven 2013, 1 (6).

[250] BKartA, Fallbericht v. 05.01.2022, B7 – 61/21, 3.

[251] Hierzu im Gesamten: BKartA, Fallbericht v. 05.01.2022, B7 – 61/21, 3.

mitunter an den Marktanteilen der Suchmaschine auf den verschiedenen Endgeräten.[252] Während Microsofts Suchmaschine *Bing* auf dem deutschen Desktopmarkt über einen Marktanteil von mehr als 10 % verfügt, liegt der Marktanteil auf dem Markt für Mobilfunkgeräte unter 1 %. Aufgrund der Voreinstellung von *Google Search* auf Mobilfunkgeräten hat Google auf diesen Märkten einen Marktanteil von mehr als 95 %.

(3) Plattformnutzung

Ein weiteres Indiz für eine marktbeherrschende Stellung Googles ist die Tendenz der Nutzer, *Single-Homing* zu betreiben, wodurch *Lock-in*-Effekte entstehen. Im Rahmen ihrer Untersuchungen kam die Kommission zu dem Ergebnis, dass nur eine Minderheit der Nutzer, die Google als Hauptsuchdienst verwenden, gleichzeitig andere allgemeine Suchdienste nutzen.[253] Diese Erkenntnis gewann die Kommission aus einer zwischen Dezember 2010 und April 2011 durchgeführte Studie, die ergab, dass weniger als jeder fünfte Suchnutzer *Multi-Homing* betreibt.[254] Bei der Bewertung spielen die festgestellten Netzwerkeffekte und Größenvorteile ebenso eine wichtige Rolle wie der Bekanntheitsgrad des US-Unternehmens. Darüber hinaus hat die Kommission festgestellt, dass Nutzer, die primär *Google Search* verwenden, deutlich seltener *Multi-Homing* betreiben als Nutzer, die primär auf die Dienste *Bing* oder *Yahoo* zurückgreifen.[255]

(4) Zugang zu wettbewerbsrelevanten Daten

Auf mehrseitigen Märkten beschränkt der Wettbewerbsdruck auf der einen Seite den Spielraum auf der anderen Seite. Aus diesem Grund müssen bei der Bewertung der Auswirkung der Datenmacht auf die Marktmacht alle Marktseiten berücksichtigt werden.[256] Googles Geschäftsmodell auf dem

---

[252] Hierzu im Gesamten: Europäische Kommission, Beschl. v. 27.06.2017, C(2017) 4444 final, Rn. 188, 326 – *Google Shopping*.

[253] Europäische Kommission, Beschl. v. 27.06.2017, C(2017) 4444 final, Rn. 306 – *Google Shopping*.

[254] Europäische Kommission, Beschl. v. 27.06.2017, C(2017) 4444 final, Rn. 307 – *Google Shopping*.

[255] Europäische Kommission, Beschl. v. 27.06.2017, C(2017) 4444 final, Rn. 308 – *Google Shopping*.

[256] Hierzu im Gesamten: *Körber*, Analoges Kartellrecht für digitale Märkte?, WuW 2015, 120 (127).

Suchmaschinenmarkt beruht auf dem Verkauf von Platz für Werbeanzeigen, sodass insbesondere Nutzerdaten von erheblicher Bedeutung sind. Google verfügt dabei auf Basis seiner markt- und reichweitenstarken und miteinander verbundenen Dienste über einen breiten und tiefen Zugang zu Nutzerdaten.[257] Die Daten sind nicht nur in großer Menge verfügbar, sondern auch von besonderer Wertigkeit. Der Einsatz verschiedener Identifikationsmerkmale ermöglicht es Google, die Daten nicht nur dienste- sondern in Teilen auch geräteübergreifend bestimmten Nutzern zuzuordnen. Google kann auf dieser Grundlage ein persönliches Nutzerprofil zu erstellen, welches die Veröffentlichung personalisierter Werbung ermöglicht. Die gewonnenen Daten können marktübergreifend sowie beliebig oft verwendet werden. Hierdurch ist es Google möglich, verschiedenen Dienste zu betreiben und zu verbessern sowie neue Dienste zu entwickeln.[258]

(5) Zusammenfassung

Google verfügt auf dem Markt für allgemeine Suchdienste über eine beherrschende Stellung. Hierfür sprechen bereits die außerordentlich hohen Marktanteile und der enorme Marktanteilsabstand. Zwar ist die Aussagekraft von Marktanteilen auf den dynamischen Digitalmärkten grundsätzlich eingeschränkt, doch ist ein stabil bleibender Marktanteil von über 90 % in Kombination mit einem Marktanteilsabstand von 85 % ein gewichtiges Indiz für eine marktbeherrschende Stellung. Auch das Vorliegen starker indirekter Netzwerkeffekte, die insbesondere auf Größen- und Verbundvorteile zurückzuführen sind, spielt aufgrund deren Funktion als Marktzutrittsschranke eine wichtige Rolle. Hierbei war es Google in der Vergangenheit möglich, die große Anzahl an Suchanfragen in einen qualitativ überlegenen Suchalgorithmus umzuwandeln. Nicht zuletzt darauf ist zurückzuführen, dass ein Großteil der Suchmaschinennutzer zum *Single-Homing* neigt. Google kann darüber hinaus auf eine Vielzahl anderer Dienste von Alphabet zurückgreifen und hierdurch Verbundvorteile generieren. Außerdem verfügt Google aufgrund seiner markt- und reichweitenstarken und miteinander verbundenen Dienste über einen breiten und tiefen Zugang zu Nutzerdaten, der dazu dient, eigene Leistungen zur Erarbeitung eines Wettbewerbsvorsprungs zu verbessern.

---

[257] BKartA, Fallbericht v. 05.01.2022, B7 – 61/21, 4.
[258] BKartA, Fallbericht v. 05.01.2022, B7 – 61/21, 5.

IV. Zwischenfazit marktbeherrschenden Stellung

Die allgemeinen Marktbeherrschungsindikatoren können auch auf Plattformmärkten zur Bestimmung einer Marktmacht herangezogen werden. Hierbei ist zu berücksichtigen, dass ihre Aussagekraft auf diesen Märkten eingeschränkt ist, da die Dynamiken indirekter Netzwerkeffekte die Feststellung der Marktposition erschweren. Auf der einen Seite begünstigen indirekte Netzwerkeffekte die Entstehung einzelner großer Plattformen, deren Marktmacht jedenfalls nach einem *Market-Tipping* wesentlich schwerer anzugreifen ist. Auf der anderen Seite können indirekte Netzwerkeffekte dazu genutzt werden, einen Marktbeherrscher anzugreifen, der nicht über ein ebenso starkes Netzwerk verfügt. Auch niedrigere Eintrittsschranken und schnell wechselnde Nutzerpräferenzen können einer Marktbeherrschung entgegenstehen. Wichtig ist der Marktanteil im Hinblick auf seine Funktion, Marktstruktur und Marktposition der Wettbewerber im Verhältnis zueinander zu beschreiben. Außerdem ist es möglich, mithilfe der Marktanteile die Intensität der Netzwerkeffekte abzuschätzen. In praktischer Hinsicht kann die Bestimmung der Marktanteile – insbesondere auf Märkten mit unentgeltlichen Dienstleistungen – Probleme bereiten, da die Umsatzwerte als Bewertungskriterium diesbezüglich untauglich sind. Stattdessen müssen andere Kriterien wie die Anzahl der täglichen oder monatlichen aktiven User oder die Anzahl der Seitenaufrufe bzw. Nutzerkonten als Bewertungsgrundlage dienen.

Von besonderer Bedeutung für die Bestimmung der Marktmacht auf Plattformmärkten ist das Bestehen und die Ausprägung indirekter Netzwerkeffekte. Sie können die Größe einer Plattform und damit die Konzentration des Marktes beeinflussen und zum *Market-Tipping* führen, bei dem nach und nach alle Wettbewerber aus dem Markt ausscheiden. Der *Tipping*-Effekt wird durch indirekte Netzwerkeffekte ausgelöst. Aufgrund der Netzwerkeffekte erhöht sich der Nutzen einer Plattform mit steigender Nutzerzahl. Die Plattform zieht infolgedessen noch weitere Nutzer an, die den *Tipping*-Effekt weiter verstärken. Dieser Vorgang kann zur Bildung eines Monopols führen. Indirekte Netzwerkeffekte können darüber hinaus als Marktzutrittsschranke fungieren, da Plattformen darauf angewiesen sind, mindestens zwei Nutzergruppen von der Plattformnutzung zu überzeugen. Verfügt die Plattform eines Wettbewerbers über ausgeprägte Netzwerkeffekte, fällt es schwer, Nutzer zu einem Wechsel zu bewegen, sofern die eigene Plattform den Nutzern keine bessere Leistung offeriert. Zu berücksichtigen ist auch, dass indirekte Netzwerkeffekte preisdämpfen wirken können, da der Rückgang einer Nutzergruppe aufgrund zu hoher Preise zu einem Rückgang der anderen Nutzergruppe führen kann und hierdurch eine Negativspirale zu befürchten ist, die zu einer abnehmenden Nutzerzahl und im Ergebnis zu Umsatzeinbußen führt. Dieser Umstand steht der Annahme einer marktbeherrschenden Stellung entgegen. Besonders wettbewerbsrelevant sind wechselseitige indirekte Netzwerkeffekte, die zumeist auf *Matching*-Plattformen auftreten. Einseitige indirekte Netzwerkeffekte, die typisch für Aufmerksamkeitsplattformen sind, verfügen über einen weitaus weniger starken Selbstverstärkungseffekt. Außerdem ist auf diesen Plattformen ein gestufter Marktzutritt möglich, sodass die durch indirekte Netzwerkeffekte hervorgerufenen Marktzutrittsschranken schwächer ausgeprägt sind.

Neben den indirekten Netzwerkeffekten hat die Ausgestaltung der Plattformnutzung einen großen Einfluss auf die Bewertung der Marktposition der Plattform im Markt. Hierbei ist insbesondere die Frage relevant, ob Nutzer *Single-Homing* und *Multi-Homing* betreiben. Während *Multi-Homing* einen konzentrationsbremsenden Effekt aufweist, kann *Single-Homing* zur Verstärkung der Marktmacht einer Plattform beitragen. Die Plattformnutzung ist besonders wettbewerbsrelevant, wenn eine Nutzergruppe *Single-Homing* und die andere Nutzergruppe *Multi-Homing* betreibt. In dieser Konstellation erhält die Nutzergruppe, die *Single-Homing* betreibt, einen exklusiven Zugang zur Nutzergruppe, die *Multi-Homing* betreibt. Durch die Abhängigkeit der *Single-Homing* betreibenden Nutzergruppe erlangt die Plattform diesen gegenüber eine besonders starke Marktposition. Von erheblicher Bedeutung sind auch *Lock-in*-Effekte, die die fehlende Bereitschaft der Nutzer, die Plattform zu wechseln, beschreiben. Die Effekte können auf der einen Seite dem *Multi-Homing* der Nutzer entgegenstehen und auf der anderen Seite für sich gesehen eine marktbeherrschende Stellung unterstreichen. Je geringer die *Lock-in*-Effekte sind, desto intensiver ist der Wettbewerb um die wechselbereiten Nutzer und desto geringer ist die Marktmacht der Plattform. Im Gegenzug sprechen starke *Lock-in*-Effekte für eine marktbeherrschende Stellung, da die Plattform unter einem geringeren Wettbewerbsdruck steht.

Auch Größenvorteile und der innovationsgetriebene Wettbewerbsdruck spielen auf Plattformmärkten eine wichtige Rolle bei der Bestimmung der Marktmacht. Größenvorteile können den Selbstverstärkungsprozess indirekter Netzwerkeffekte unterstützen und als Marktzutrittsschranke dienen. Dies gilt insbesondere auf digitalen Märkten, auf denen die kostenintensive Forschung und Entwicklung zu hohen Fixkosten führt. Da die variablen Kosten im Gegenzug meist gering sind, können Plattformen mit einer großen Anzahl an Nutzern ihre Fixkosten besser aufteilen. Der innovationsgetriebene Wettbewerbsdruck spricht grundsätzlich gegen eine marktbeherrschende Stellung, da disruptive Innovationen dazu führen können, dass überragende Marktpositionen innerhalb kürzester Zeit relativiert werden und etablierte Unternehmen ihre marktbeherrschende Stellung verlieren. Problematisch ist, dass hierfür eine Prognoseentscheidung erforderlich ist, die grundsätzlich nicht mit der Bestimmung der gegenwärtigen Marktposition der Plattform vereinbar ist. Außerdem darf eine potenzielle Angreifbarkeit nicht dazu führen, dass eine marktbeherrschende Stellung vorschnell abgelehnt wird. Stattdessen bedarf es konkreter Anhaltspunkte für einen dynamischen und disruptiven Prozess, der einer Marktmacht entgegensteht.

Der Zugang zu wettbewerbsrelevanten Daten hat mit der Digitalisierung der Märkte als Abgrenzungskriterium an Bedeutung gewonnen. Heute ist es möglich, große Datenmengen aus unterschiedlichen Quellen und Formaten in kurzer Zeit zu analysieren und anschließend zu nutzen. Bei der Bewertung der Auswirkung einer Datenmacht auf die Marktstellung einer Plattform ist zu berücksichtigen, dass eine rein quantitative Betrachtung unzureichend ist. Stattdessen müssen auch die Art und Qualität der Daten, ihre Marktrelevanz sowie der mit den Daten verfolgte Zweck in die Betrachtung einfließen. Darüber hinaus ist die Fähigkeit zur Auswertung der Daten entscheidend. Während Daten in nicht aufbereiteter Form allenfalls von geringem wirtschaftlichem Wert sind, können aufbereitete Daten zu einer Verbesserung der angebotenen Leistung und damit im Ergebnis zu Netzwerk- und Größenvorteilen führen. Zu berücksichtigen ist auch, dass der exklusive Zugang zu Daten besonders wertvoll ist, da die hieraus gewonnenen Erkenntnisse von Wettbewerbern nur schwer repliziert oder substituiert werden können.

Auf Hybridplattformen sind indirekte Netzwerkeffekte von besonderer Relevanz, da sie durch eine vertikale Integration verstärkt werden können. Bietet der Plattformbetreiber auf der eigenen Plattform Waren oder Dienstleistungen an, wird durch die Erweiterung des Angebots die Attraktivität der Plattform gesteigert. Hierdurch werden Mitglieder der anderen Nutzergruppe auf die Plattform gezogen. Darüber hinaus kann die vertikale Integration einem Plattformbetreiber helfen, das *Henne-Ei-Problem* zu lösen und damit eine wichtige Marktzutrittsschranke zu beseitigen. Während es Plattformen ohne vertikale Integration gelingen muss, beide Nutzergruppen gleichzeitig auf die Plattform zu ziehen, kann der Betreiber einer Hybridplattform die Leistung zunächst selbst einer Nutzergruppe anbieten und die Plattform erst zu einem späteren Zeitpunkt für andere Anbieter dieser Leistung öffnen. Eine besondere Rolle spielt auf Hybridplattformen der Zugang zu wettbewerbsrelevanten Daten, da dem Plattformbetreiber aufgrund der vertikalen Integration der exklusive Zugang zu Daten seiner direkten Wettbewerber offensteht. Das sich hieraus ergebende Ungleichgewicht kann zur Begründung oder Verstärkung einer marktbeherrschenden Stellung beitragen. Hierbei gilt es insbesondere zu berücksichtigen, dass der Plattformbetreiber auf persönliche Nutzerdaten zurückgreifen kann, die seinen Wettbewerbern nicht zur Verfügung stehen und von diesen nicht repliziert werden können.

F. MISSBRAUCH DER MARKTBEHERRSCHENDEN STELLUNG

Das zweite Tatbestandsmerkmal eines Marktmachtmissbrauchs ist sowohl im deutschen als auch im europäischen Recht der Missbrauch der marktbeherrschenden Stellung. Nachfolgend werden zunächst die Grundlagen des Missbrauchs für das europäische und deutsche Recht dargestellt (I.). Anschließend werden die Besonderheiten auf Plattformmärkten herausgearbeitet (II.), bevor eine Betrachtung von Hybridplattformen erfolgt (III.). Nachfolgend werden anhand der Fallbeispiele Google und Amazon einzelne Missbrauchstatbestände beleuchtet, die vor allem bei Hybridplattformen auftreten (IV.). Zum Abschluss wird ein Zwischenfazit über den Marktmachtmissbrauch gezogen (V.).

I. Grundlagen des Missbrauchs

Die Missbrauchsnormen Art. 102 AEUV und § 19 GWB decken eine Vielzahl an Fallkonstellationen ab. Da eine tiefgreifende Erörterung aller Konstellationen den Umfang dieser Arbeit überschreiten würde, werden nachfolgend nur die Grundlagen, die für ein Verständnis des Marktmachtmissbrauchs auf Plattformmärkten erforderlich sind, dargestellt.

1. Europäisches Recht

Das europäische Missbrauchsverbot ist in Art. 102 AEUV normiert, der eine missbräuchliche Ausnutzung einer beherrschenden Stellung auf dem Binnenmarkt oder einem wesentlichen Teil desselben verbietet. Im Gegensatz zum amerikanischen *Antitrust Law*, das bereits das Erlangen oder Streben nach einer monopolartigen Stellung mittels wettbewerbswidriger Mittel sanktioniert, richtet sich Art. 102 AEUV nicht gegen eine Marktbeherrschung an sich, sondern ausschließlich gegen deren missbräuchliche Ausnutzung.[1] Der EuGH und das EuG gehen davon aus, dass die

[1] *Jung*, in: Grabitz/Hilf/Nettesheim, Das Recht der Europäischen Union, 81. Aufl. 2024, AEUV Art. 102, Rn. 117; zum Vergleich mit dem US-Antitrustrecht: *Fuchs*, in: Immenga/Mestmäcker, Wettbewerbsrecht, 6. Aufl. 2019, AEUV Art. 102, Rn. 128.

Marktbeherrschung eine besondere Verantwortung begründet, die Wirksamkeit des unverfälschten Wettbewerbs nicht zu beeinträchtigen.[2]

a) Systematik des Missbrauchsverbots und Definition des Missbrauchs

Art. 102 AEUV enthält neben der Generalklausel eine Aufzählung möglicher Missbrauchsfälle, die, wie der Wortlaut „*insbesondere*" zeigt, nicht abschließend ist. Die praktische Bedeutung der Regelbeispiele ist beschränkt. Sowohl die Kommission als auch die Rechtsprechung haben sich frühzeitig von einer engen Ausrichtung gelöst.[3] Da sich die Regelbeispiele vor allem auf den Ausbeutungsmissbrauch beziehen, während die typischen Fälle des Behinderungsmissbrauchs nicht erfasst werden, zieht die Anwendungspraxis in diesen Fällen vermehrt die Generalklausel heran.[4] Angesichts der Vielzahl an unbestimmten Rechtsbegriffen in den Regelbeispielen, hat sich eine fallgruppenbezogene Vorgehensweise etabliert, die eine systematische Auslegung des Missbrauchsbegriffs ermöglicht.[5]

Art. 102 AEUV definiert den Missbrauchsbegriff ebenso wenig wie das Tatbestandsmerkmal der marktbeherrschenden Stellung. Daher ist es erforderlich, diesen unter Berücksichtigung der Zielsetzung des Erhalts eines unverfälschten Wettbewerbs auszulegen. Nach mittlerweile gefestigter Rechtsprechung, die seit der Entscheidung *Hoffmann-La Roche* eine systematisch-teleologische Auslegung zugrunde legt, erfasst das Missbrauchsverbot

---

[2] EuGH, Urt. v. 09.11.1983, Rs. C-322/81, ECLI:EU:C:1983:313, Rn. 57 – *Michelin*; EuG, Urt. v. 10.07.1990, Rs. T-51/89, ECLI:EU:T:1990:41, Rn. 37 – *Tetra Pak I*; EuG, Urt. v. 30.9.2003, Rs. T-65/89, ECLI:EU:T:2003:250, Rn. 67 –*BPB*.

[3] *Fuchs*, in: Immenga/Mestmäcker Wettbewerbsrecht, 6. Aufl. 2019, Art. 102 AEUV, Rn. 132.

[4] Neben dem Ausbeutungsmissbrauch und dem Behinderungsmissbrauch ist der Marktstrukturmissbrauch als dritte Fallgruppe anerkannt. Da dieser für die nachfolgende Betrachtung der Hybridplattformen keine entscheidende Rolle spielt werden im Folgenden nur der Ausbeutungsmissbrauch und der Behinderungsmissbrauch beleuchtet.

[5] *Fuchs*, in: Immenga/Mestmäcker, Wettbewerbsrecht, 6. Aufl. 2019, AEUV Art. 102, Rn. 133.

„die Verhaltensweisen eines Unternehmens in beherrschender Stellung, die die Struktur des Marktes beeinflussen können, auf dem der Wettbewerb gerade wegen der Anwesenheit des fraglichen Unternehmens bereits geschwächt ist, und die die Aufrechterhaltung des auf dem Markt noch bestehenden Wettbewerbs oder dessen Entwicklung durch die Verwendung von Mitteln behindern, welche von den Mitteln eines normalen Produkt- oder Dienstleistungswettbewerbs auf der Grundlage der Leistungen der Marktbürger abweichen.“[6]

Das Verbot ist umfassend zu verstehen und weist einen doppelten Schutzzweck auf. Zum einen sollen Marktteilnehmer vor unkontrollierten Geschäftspraktiken geschützt werden und zum anderen dient Art. 102 AEUV dem Schutz des Wettbewerbs als Institution.[7] Missbräuchlich sind daher sowohl Praktiken durch die Vertragspartner eines beherrschenden Unternehmens unmittelbar geschädigt werden als auch Verhaltensweisen, welche die Struktur wirksamen Wettbewerbs beeinträchtigen.[8]

Der Begriff des Missbrauchs ist objektiv auszulegen und erfordert keine schädigende Absicht des Marktbeherrschers. Der EuGH hält den Nachweis subjektiver Elemente für den Vorwurf der missbräuchlichen Ausnutzung für entbehrlich.[9] Subjektive Elemente können aber im Rahmen der Ermittlung einer Zuwiderhandlung hilfreich sein. So erleichtert die Absicht, die Marktposition abzusichern oder auszudehnen, der Kommission die

[6] EuGH, Urt. v. 13.02.1979, Rs. C-85/76, ECLI:EU:C:1979:36, Rn. 91 – *Hoffmann-La Roche*; ebenso: EuGH, Urt. v. 11.12.1980, Rs. C-31/80, ECLI:EU:C:1980:289, Rn. 27, 30 – *L'Oréal*; EuGH, Urt. v. 09.11.1983, Rs. 322/81, ECLI:EU:C:1983:313, Rn. 70 – *Michelin*; EuGH, Urt. v. 03.07.1991, Rs. C 62/86, ECLI:EU:C:1991:286, Rn. 69 – *AKZO*.

[7] *Jung*, in: Das Recht der Europäischen Union, 80. Aufl. 2023, AEUV Art. 102, Rn. 122.

[8] EuGH, Urt. v. 21.02.1973, Rs. C-6/72, ECLI:EU:C:1973:22, Rn. 26 – *Continental Can*; EuGH, Urt. v. 13.02.1979, Rs. C-85/76, ECLI:EU:C:1979:36, Rn. 125 – *Hoffmann-La Roche*.

[9] EuGH, Urt. v. 21.02.1973, Rs. C-6/72, ECLI:EU:C:1973:22, Rn. 29 – *Continental Can*.

Beurteilung der Frage, ob die zu bewertende Verhaltensweise einen Missbrauch darstellt.[10]

b) Erscheinungsformen des Missbrauchs

Das Missbrauchsverbot kann in die Fallgruppen Ausbeutungsmissbrauch, Behinderungsmissbrauch und Marktstrukturmissbrauch untergliedert werden.[11] Die Fallgruppen lassen sich nicht trennscharf unterteilen, da die prüfungsrelevanten Sachverhalte oftmals so viele Aspekte enthalten, dass sie mehr als einer Kategorie zuzuordnen sind. Die Systematisierung des Missbrauchsbegriffs dient deshalb ausschließlich der Fallgruppendarstellung und hat keinen Tatbestandscharakter.[12]

(1) Ausbeutungsmissbrauch

Der Ausbeutungsmissbrauch wird überwiegend aus dem Regelbeispiel „*der unmittelbaren oder mittelbaren Erzwingung von unangemessenen Einkaufs- oder Verkaufspreisen oder sonstigen Geschäftsbedingungen*" gem. Art. 102 S. 2 lit. a AEUV abgeleitet.[13] Charakteristisch hierfür ist das Streben nach einem ökonomischen Vorteil durch eine Beeinträchtigung der Interessen der Handelspartner und der Verbraucher.[14] Als Prüfungsmaßstab wird der potenzielle Zustand wirksamen Wettbewerbs herangezogen. Der EuGH stellt darauf ab, ob sich das marktbeherrschende Unternehmen wirtschaftliche Vorteile verschaffen konnte, die es „*bei einem normalen und hinreichend wirksamen Wettbewerb nicht erhalten hätte*".[15] Entscheidender Aspekt des Ausbeutungsmissbrauchs ist die Schädigung eines

---

[10] *Bechtold/Bosch/Brinker*, in: Bechthold/Bosch/ Brinker, EU-Kartellrecht, 4. Aufl. 2023, AEUV Art. 102, Rn. 39.

[11] So z.B. *Fuchs*, in: Immenga/Mestmäcker, Wettbewerbsrecht, 6. Aufl. 2019, AEUV Art. 102, Rn. 168 ff.

[12] *Jung*, in: Grabitz/Hilf/Nettesheim, Das Recht der Europäischen Union, 81. Aufl. 2024, AEUV Art. 102, Rn. 164 f.

[13] *Fuchs*, in: Immenga/Mestmäcker, Wettbewerbsrecht, 6. Aufl. 2019, AEUV Art. 102, Rn. 168.

[14] *Jung*, in: Das Recht der Europäischen Union, 80. Aufl. 2023, AEUV Art. 102, Rn. 166.

[15] EuGH, Urt. v. 14.02.1978, Rs. 27/76, ECLI:EU:C:1978:22, Rn. 248/257 – *United Brands*.

Vertragspartners oder der Verbraucher, wobei nicht vorausgesetzt wird, dass der Marktbeherrscher selbst Vorteile aus seinem Verhalten zieht.[16]

(2) Behinderungsmissbrauch

Der Behinderungsmissbrauch erfasst alle Maßnahmen des beherrschenden Unternehmens außerhalb eines fairen Leistungswettbewerbs, die sich unmittelbar gegen aktuelle oder potenzielle Wettbewerber richten und diese in ihren Handlungsmöglichkeiten auf dem beherrschten oder einem benachbarten Mark einschränken.[17] Der größte Unterschied zum Ausbeutungsmissbrauch besteht darin, dass Handelspartner von dem Verhalten entweder überhaupt nicht betroffen sind oder davon jedenfalls nicht benachteiligt werden.[18] Die Rücksichtnahmepflicht des marktbeherrschenden Unternehmens dient nicht nur dem Schutz der Wettbewerber, sondern soll darüber hinaus den Wettbewerb auf dem jeweiligen Markt aufrechterhalten.[19] Hintergrund dieser Verhaltenspflicht ist die besondere Verantwortung des Marktbeherrschers, den wirksamen und unverfälschten Wettbewerb nicht durch sein Verhalten zu beeinträchtigen.[20]

(3) Marktstrukturmissbrauch

Neben dem Ausbeutungs- und Behinderungsmissbrauch ist der Marktstrukturmissbrauch als dritte Fallgruppe anerkannt. Er erfasst die Verstärkung einer beherrschenden Stellung durch Zusammenschlüsse unter Beteiligung eines marktbeherrschenden Unternehmens.[21] Der EuGH hat in seiner richtungsweisenden Entscheidung *Continental Can* anerkannt, dass Art. 102 AEUV auf Unternehmenszusammenschlüsse unter Beteiligung

---

[16] *Jung*, in: Das Recht der Europäischen Union, 80. Aufl. 2023, AEUV Art. 102, Rn. 166.

[17] *Jung*, ebd. Rn. 214.

[18] *Jung*, ebd. Rn. 214.

[19] *Bergmann/Fiedler/Huttenlauch*, in: Kartellrecht, 4. Aufl. 2020, Art. 102 AEUV, Rn. 218.

[20] EuGH, Urt. v. 09.11.1983, Rs. C-322/81, ECLI:EU:C:1983:313, Rn. 57 – *Michelin*; EuG, Urt. v. 10.07.1990, Rs. T-51/89, ECLI:EU:T:1990:41, Rn. 37 – *Tetra Pak I*; EuG, Urt. v. 30.09.2003, Rs. T-65/89, ECLI:EU:T:2003:250, Rn. 67 – *BPB*; Prioritätenmitteilung der Kommission, ABl. 2009 C 45/7 Rn. 1.

[21] *Jung*, in: Grabitz/Hilf/Nettesheim, Das Recht der Europäischen Union, 81. Aufl. 2024, AEUV Art. 102, Rn. 325; *Fuchs*, in: Immenga/Mestmäcker, Wettbewerbsrecht, 6. Aufl. 2019, AEUV Art. 102, Rn. 393.

eines marktbeherrschenden Unternehmens anwendbar ist.[22] Die Anwendbarkeit wird nicht durch die Einführung der Fusionskontrollverordnung VO (EWG) 4064/89 ausgeschlossen, da sich die Verordnung auf Art. 103 AEUV und Art. 352 AEUV stützt und daher nicht geeignet ist, den materiellen Gehalt des Art. 102 AEUV zu verändern.[23]

c) Einzelfragen zum Missbrauchstatbestand

Die Frage, ob eine kausale Beziehung zwischen Marktbeherrschung und Missbrauch notwendig ist, wird in der Literatur ausführlich diskutiert. Der überwiegende Teil der Literatur lehnt das Vorliegen einer instrumentellen Kausalität, bei der die Marktbeherrschung das Mittel zur Umsetzung der wettbewerbswidrigen Verhaltensweise sein muss, ab.[24] Erforderlich ist lediglich ein normativer Zusammenhang zwischen der marktbeherrschenden Stellung und den wettbewerbsschädlichen Wirkungen, die durch die missbräuchliche Verhaltensweise hervorgerufen werden.[25] *Bien,* der sich intensiv mit dieser Frage auseinandergesetzt hat, verlangt im Hinblick auf Behinderungspraktiken ein verbindendes Kausalitätselement, bei dem die Marktbeherrschung wesentliche Bedingung der wettbewerbsschädigenden Wirkung sein muss.[26] Dieser Auffassung ist im Ergebnis zuzustimmen. Ein strenges Kausalitätserfordernis würde den Wortlaut des Art. 102 AEUV überdehnen und den Anwendungsbereich erheblich einschränken. Der Missbrauch darf gleichzeitig nicht komplett losgelöst von der Beurteilung der Verhaltensweise bewertet werden.

Im Unterschied zu Art. 101 Abs. 3 AEUV kennt Art. 102 AEUV keine gesetzlich normierte Möglichkeit einer objektiven Rechtfertigung. Der

---

[22] EuGH, Urt. v. 21.02.1973, Rs. C-6/72, ECLI:EU:C:1973:22, Rn. 18 – *Continental Can.*

[23] *Fuchs*, in: Immenga/Mestmäcker, Wettbewerbsrecht, 6. Aufl. 2019, AEUV Art. 102, Rn. 395.

[24] *Bien*, in: Münchener Kommentar zum Wettbewerbsrecht, 4. Aufl. 2023, AEUV Art. 102, Rn. 285; *Fuchs*, in: Immenga/Mestmäcker, Wettbewerbsrecht, 6. Aufl. 2019, AEUV Art. 102, Rn. 136; *Jung*, in: Grabitz/Hilf/Nettesheim, Das Recht der Europäischen Union, 81. Aufl. 2024, AEUV Art. 102, Rn. 136.

[25] *Fuchs*, in: Immenga/Mestmäcker, Wettbewerbsrecht, 6. Aufl. 2019, AEUV Art. 102, Rn. 136.

[26] *Bien*, in: Münchener Kommentar zum Wettbewerbsrecht, 4. Aufl. 2023, AEUV Art. 102, Rn. 288 f.

EuGH deutet dennoch bereits seit längerem eine zweistufige Auslegung des Missbrauchsverbots an, bei der ein *prima facie* Missbrauch im Einzelfall gerechtfertigt sein kann. So wird bei einer Geschäftsverweigerung vorausgesetzt, dass sich das verweigernde Unternehmen nicht auf objektive Gründe stützen kann, die sein Verhalten rechtfertigen.[27] Auch in Fällen, in denen das marktbeherrschende Unternehmen versucht, mit seinem *prima facie* Verhalten berechtigte Interessen zu wahren, werden objektive Rechtfertigungsgründe anerkannt.[28] Darüber hinaus hat sich der EuGH auch mit Effizienzgewinnen als Rechtfertigungsmöglichkeit beschäftigt. In der Entscheidung *British Airways* forderte der EuGH zur Rechtfertigung eines *prima facie* missbräuchlichen Rabattsystems einerseits, dass die Effizienzgewinne den Verbrauchern zugutekommen und andererseits, dass das Rabattsystem zur Erzielung dieser Effizienzgewinne unbedingt erforderlich ist.[29]

Die Kommission hat die Ausführungen der Rechtsprechung zum Anlass genommen in ihrer Prioritätenmitteilung selbst allgemeine Rechtfertigungsgründe für Fälle des Behinderungsmissbrauchs festzulegen.[30] Sie erkennt grundsätzlich zwei Rechtfertigungsgründe an. Zum einen kann eine missbräuchliche Verhaltensweise gerechtfertigt sein, wenn sie als objektiv notwendig zu qualifizieren ist. Hierfür bedarf es eines echten Schutz- bzw. Sicherheitsbedürfnis, wie beispielsweise dem Gesundheitsschutz oder der (Produkt-)Sicherheit. Zum anderen sind Effizienzvorteile, die den befürchteten Schaden für die Verbraucherwohlfahrt vollständig aufwiegen, als Rechtfertigungsgrund anerkannt. Hierfür müssen vier tatbestandliche Voraussetzungen erfüllt sein. Erstens muss das *prima facie* missbräuchliche Verhalten tatsächlich oder wahrscheinlich Effizienzvorteile herbeiführen und zweitens hierfür unverzichtbar sein. Drittens müssen die negativen Auswirkungen vollständig aufgewogen werden und viertens darf der Restwettbewerb nicht vollständig oder fast vollständig ausgeschaltet werden.

---

[27] EuG, Urt. v. 17.09.2007, Rs. T-201/04, ECLI:EU:T:2007:289, Rn. 688 – *Microsoft*.

[28] EuGH, Urt. v. 11.12.2008, Rs. C-52/07, ECLI:EU:C:2008:703, Rn. 26 – *Kanal 5/STIM*.

[29] EuGH, Urt. v. 15.03.2007, Rs. C-95/04 P, ECLI:EU:C:2007:166, Rn. 86 – *British Airways/Kommission*.

[30] Hierzu im Gesamten: Prioritätenmitteilung der Kommission, ABl. 2009 C 45/7, Rn. 28 f.

Die Literatur stimmt der Existenz einer Rechtfertigungsmöglichkeit zu, obwohl der Wortlaut des Art. 102 AEUV hierfür keinen Anknüpfungspunkt liefert.[31] Hierdurch soll es dem marktbeherrschenden Unternehmen ermöglicht werden, darzulegen, dass sein Marktverhalten auf einer legitimen unternehmerischen Motivation beruht.

2. Deutsches Recht

Die Funktion des Art. 102 AEUV nimmt im deutschen Recht § 19 GWB ein, der ein umfassendes Verbot des Missbrauchs einer marktbeherrschenden Stellung enthält. Da § 19 GWB trotz eines teilweise abweichenden Wortlauts weitgehend dem materiellen Regelungsgehalt der europäischen Norm entspricht, werden nachfolgend nur dessen Grundzüge dargestellt und die Abweichungen zu Art. 102 AEUV herausgearbeitet.

a) Systematik des deutschen Missbrauchsverbots

§ 19 Abs. 1 GWB enthält eine Generalklausel, die die missbräuchliche Ausnutzung einer markbeherrschenden Stellung verbietet. Die Generalklausel wird durch fünf Regelbeispiele aus § 19 Abs. 2 GWB konkretisiert, wobei beide Absätze zusammen einen einheitlichen Verbotstatbestand bilden.[32]

Der praktische Anwendungsbereich der Generalklausel hat sich bereits mit Einführung der Regelbeispiele im Zuge der 4. GWB-Novelle erheblich verringert.[33] Spätestens seit der Überführung des früher in § 20 Abs. 1 GWB a.F. geregelten allgemeinen Diskriminierungs- und Behinderungsverbots in das Regelbeispiel des § 19 Abs. 2 Nr. 1 GWB ist der praktische Anwendungsbereich gering. Die Generalklausel, die insbesondere den Gleichlauf mit Art. 102 AEUV sicherstellen soll, ist erst dann

---

[31] Vgl. *Fuchs*, in: Immenga/Mestmäcker, Wettbewerbsrecht, 6. Aufl. 2019, AEUV Art. 102, Rn. 163; *Eilmansberger*, Verbraucherwohlfahrt, Effizienzen und ökonomische Analyse – Neue Paradigmen im europäischen Kartellrecht?, ZWeR 2009, 437 (460 f.).

[32] *Kling/Thomas*, Kartellrecht, 2. Aufl. 2016, 662.

[33] Hierzu im Gesamten: *Wolf*, in: Münchener Kommentar zum Wettbewerbsrecht, 4. Aufl. 2022, GWB § 18, Rn. 27.

heranzuziehen, wenn festgestellt wurde, dass keines der Regelbeispiele erfüllt ist.[34]

In rechtsdogmatischer Hinsicht wird im deutschen Recht, ebenso wie bei Art. 102 AEUV zwischen Behinderungsmissbrauch und Ausbeutungsmissbrauch unterschieden, wobei der Schwerpunkt der Verfolgung durch das Bundeskartellamt auf dem Behinderungsmissbrauch liegt.[35] Dies ist darauf zurückzuführen, dass es beim Behinderungsmissbrauch um den eigentlichen wettbewerblichen Institutionenschutz geht, während die Schwierigkeit beim Ausbeutungsmissbrauch darin liegt, zu entscheiden, wo eine unzulässige Ausbeutung beginnt und warum der Ausbeutung im Einzelfall entgegengewirkt werden muss.

Die Rechtsnatur des § 19 Abs. 2 GWB ist dadurch gekennzeichnet, dass ein Missbrauch zwingend vorliegt, sobald eines der Regelbeispiele erfüllt ist. § 19 Abs. 2 GWB indiziert den Missbrauch nicht nur, sondern definiert ihn.[36] Die Regelbeispiele enthalten damit eine nicht abschließende Legaldefinition für den Missbrauch einer marktbeherrschenden Stellung. Wichtigstes Regelbeispiel ist die unbillige Behinderung und Diskriminierung nach § 19 Abs. 2 Nr. 1 GWB, die es dem Marktbeherrscher verbietet, ein anderes Unternehmen unbillig zu behindern oder gleichartige Unternehmen ohne sachlich gerechtfertigten Grund anders zu behandeln. Beide Tatbestandsalternativen erfordern nach Feststellung der Behinderung oder Diskriminierung in einem zweiten Schritt eine Interessenabwägung, die an die normativen Tatbestandsmerkmale „*unbillig*" und „*ohne gerechtfertigten Grund*" zu knüpfen ist. In die Abwägung müssen in erster Linie die unternehmerische Handlungsfreiheit, die Auswirkungen konkreter Maßnahmen auf den Wettbewerb sowie die Marktmacht des handelnden Unternehmens einbezogen werden.[37]

Darüber hinaus enthält § 19 Abs. 2 GWB Verbote im Hinblick auf den Preis- und Konditionenmissbrauch (Nr. 2), die Preis- und Konditionenspaltung (Nr. 3), die Liefer- und Zugangsverweigerung (Nr. 4) sowie das Fordern ungerechtfertigter Vorteile (Nr. 5). Anstelle einer abstrakten

---

[34] BGH, WuW/E DE-R 3145 (3155), Rn. 54 f. – *Entega II*.
[35] Hierzu im Gesamten: *Kling/Thomas*, Kartellrecht, 2. Aufl. 2016, 664 f.
[36] Hierzu im Gesamten: *Kling/Thomas*, ebd., 666.
[37] *Kling/Thomas*, ebd., 671.

Darstellung aller Regelbeispiele werden im Rahmen des Missbrauchs der marktbeherrschenden Stellung durch Hybridplattformen die Tatbestände erörtert, die hierfür relevant sind.

b) Verhältnis zu nationalen Normen

Die Feststellung einer überragenden marktübergreifenden Bedeutung für den Wettbewerb im Sinne des § 19a GWB sowie die Auferlegung von Verhaltenspflichten durch die Wettbewerbsbehörde schließt gem. § 19a Abs. 3 GWB die Anwendung von § 19 GWB nicht aus. § 19a GWB stellt vielmehr ein zusätzliches Aufsichtsinstrument dar, welches die Missbrauchskontrolle im Übrigen nicht einschränken soll.[38] Auch die Missbrauchsverbote für Unternehmen mit relativer oder überlegener Marktmacht nach § 20 Abs. 1 GWB sind neben § 19 GWB anwendbar. Dies kann insbesondere dann von praktischer Bedeutung sein, wenn das Tatbestandsmerkmal der Marktbeherrschung gem. § 19 Abs. 1 und 2 GWB nicht nachgewiesen werden kann.[39]

c) Verhältnis zum europäischen Recht

Nach dem Willen des Gesetzgebers steht § 19 GWB in einem engen inneren Zusammenhang mit Art. 102 AEUV. Der Gesetzgeber hat bereits in den Erwägungen zur 1. GWB-Novelle darauf hingewiesen, dass die Generalklausel des Missbrauchsverbots für marktbeherrschende Unternehmen dem europäischen Vorbild folgt.[40] Aus diesem Grund sind auch ohne ausdrückliche gesetzliche Anordnung, beide Tatbestände grundsätzlich einheitlich auszulegen. Dem nationalen Gesetzgeber ist es nach Art. 3 Abs. 1 S. 2 VO 1/2003 gestattet, auch in Fällen, die den zwischenstaatlichen Handel betreffen und unter Art. 102 AEUV fallen, weitergehende Regelungen durch strengere Vorschriften zu erlassen. Dabei ist es

---

[38] *Wolf*, in: Münchener Kommentar zum Wettbewerbsrecht, 4. Aufl. 2022, GWB § 19, Rn. 12.

[39] *Fuchs*, in: Immenga/Mestmäcker, Wettbewerbsrecht, 6. Aufl. 2020, § 19 GWB, Rn. 43.

[40] RegE zur 1. GWB-Novelle, BT-Drs. IV/2564, 15 f. mit dem Verweis, dass die neue Fassung des § 22 Abs. 3 GWB (heute § 19 GWB) auch eine Harmonisierung des deutschen Rechts im Verhältnis zu Artikel 86 des Vertrages über die Gründung der Europäischen Wirtschaftsgemeinschaft bewirken soll, da sie dieser Vorschrift mehr entspricht als der geltenden Fassung des § 22 Abs. 3 GWB.

zum einen möglich, den Verbotsbereich auszuweiten und zum anderen einen erweiterten Adressatenkreis zu normieren. Letzterem ist der deutsche Gesetzgeber mit § 20 Abs. 1 GWB nachgekommen.

II. Marktmachtmissbrauch durch Plattformen

Ein besonderes Missbrauchspotenzial besteht im Kontext digitaler Plattformen. Obwohl die kartellrechtlichen Missbrauchsvorschriften aus Art. 102 AEUV und § 19 GWB auch auf diese Sachverhalte Anwendung finden, haben sowohl der europäische als auch der deutsche Gesetzgeber erkannt, dass eine Fortentwicklung der Missbrauchsnormen erforderlich ist, um effektiv gegen missbräuchliche Verhaltensweisen auf digitalen Plattformmärkten vorzugehen. Während der deutsche Gesetzgeber mit § 19a GWB eine kartellrechtliche Missbrauchsnorm geschaffen hat, die auf digitale Plattformen zugeschnitten ist, hat sich der europäische Gesetzgeber gegen eine Fortentwicklung des kartellrechtlichen Missbrauchsverbots entschieden und möchte die plattformtypischen Gefahren für den Wettbewerb stattdessen mithilfe des regulatorischen DMA abwenden.

1. Allgemeine Missbrauchsvorschriften

Die Anwendbarkeit der allgemeinen Missbrauchsvorschriften auf digitale Plattformmärkte wird nicht angezweifelt. Stattdessen besteht Einigkeit darüber, dass die Wettbewerbsbehörden auf die Generalklauseln aus § 19 Abs. 1 GWB und Art. 102 AEUV zurückgreifen können.[41] Das Bundeskartellamt hat in seiner Entscheidung *Google/VG Media* ausdrücklich klargestellt, dass „*wegen der Spezifika der Tätigkeit Googles mehreren Seiten gegenüber konzeptionell auch ein Rückgriff auf die Generalklausel nach § 19 Abs. 1 GWB und Art. 102 Abs. 1 AEUV*“ in Betracht kommt.[42] Die Kommission und das EuG haben sich noch ausführlicher als das Bundeskartellamt mit der Anwendbarkeit des Art. 102 AEUV auf digitale Plattformen beschäftigt. Sowohl im Verfahren *Google Shopping*[43] als auch

---

[41] BKartA Beschl. v. 08.09.2015, B6-126/14, Rn. 172 – *Google/VG Media*; *Westermann*, in: Münchener Kommentar zum Wettbewerbsrecht, 4. Aufl. 2022, GWB § 19, Rn. 35g.

[42] BKartA Beschl. v. 08.09.2015, B6-126/14, Rn. 172 – *Google/VG Media*.

[43] EuG, Urt. v. 10.11.2021, Rs. T-612/17, ECLI:EU:T:2021:763 – *Google Shopping*.

im Verfahren *Google Android*[44] verurteilte das EuG Google auf Grundlage von Art. 102 AEUV zu hohen Bußgeldern und stützte sich hierbei auf plattformtypische missbräuchliche Verhaltensweisen.[45] Obwohl die Verfahren gezeigt haben, dass eine Verurteilung auf Grundlage von Art. 102 AEUV möglich ist, haben sie dennoch die Defizite der allgemeinen Missbrauchsnormen in Bezug auf die Verhaltensweisen digitaler Plattformen offengelegt.[46]

2. *Plattformbezogene Vorschriften*

Sowohl der deutsche als auch der europäische Gesetzgeber haben plattformbezogene Vorschriften geschaffen, um die allgemeinen Missbrauchsvorschriften zu ergänzen.

a) 19a GWB

Grund für die Schaffung von § 19a GWB im Rahmen der 10. GWB-Novelle war die Befürchtung, dass die allgemeinen Regeln der Missbrauchsaufsicht die Gefährdungspotenziale auf digitalen Märkten nicht ausreichend abdecken.[47] § 19a GWB soll deshalb eine effektivere Kontrolle derjenigen großen Digitalkonzerne ermöglichen, denen eine überragende marktübergreifende Bedeutung für den Wettbewerb zukommt.[48]

(1) Normzweck und Struktur

Ziel des § 19a GWB ist es, die bisherigen Missbrauchsvorschriften auf digitalen Märkten zu ergänzen. Dabei soll nicht auf die Marktbeherrschung

---

[44] EuG, Urt. v. 14.09.2022, Rs. T-604/18, ECLI:EU:T:2022:54 – *Google Android.*
[45] Da beide Verfahren im weiteren Verlauf ausführlich dargestellt werden, kann an dieser Stelle eine umfassende Darstellung unterbleiben. Die Verfahren *Google Shopping* und Google *Android* dienten dem deutschen und dem europäischen Gesetzgeber als Grundlage für die Schaffung des § 19a GWB bzw. des DMA.
[46] Im Grundsatz ebenso: *Westermann*, in: Münchener Kommentar zum Wettbewerbsrecht, 4. Aufl. 2022, GWB § 19, Rn. 35g, der davon ausgeht, dass die tradierten Behinderungs- und Diskriminierungstatbestände zur Erfassung von Verhaltensweisen, die sich indirekt auf mehreren Märkten auswirken, einer Fortentwicklung benötigen.
[47] Reg.Begr. zur 10. GWB-Novelle, BT-Drs. 19/23492, 73; zu den Defiziten ausführlich unten G.II.1.d) und G.II.2.d).
[48] Reg.Begr. zur 10. GWB-Novelle, BT-Drs. 19/23492, 73.

auf einzelnen Märkten, sondern auf die überragende marktübergreifende Bedeutung eines Unternehmens abgestellt werden.[49] Die Zielsetzung liegt nicht in der Schließung qualitativer Schutzlücken, sondern in der Erfassung der Schnelllebigkeit digitaler Märkte, die es mit sich bringt, dass Wettbewerbshindernisse einen Markt spontan ereilen können.[50] Neben der Erweiterung des Anwendungsbereichs der Missbrauchskontrolle auf Märkte, auf denen bislang keine Marktmacht besteht, ermöglicht § 19a GWB eine effektivere und hinreichend schnelle Intervention gegen die Gefährdung der Freiheit des Wettbewerbs.[51]

Die sachliche Erweiterung des Anwendungsbereichs der Missbrauchskontrolle ist in der Praxis überschaubar, da eine Vielzahl an Sachverhaltskonstellationen bereits von den allgemeinen Missbrauchskontrollvorschriften erfasst wird.[52] Eine sachliche Erweiterung ergibt sich aber für die Fälle, in denen eine überragende marktübergreifende Bedeutung nicht in Form einer nachgewiesenen Marktbeherrschung oder einer Marktmacht im Sinne des § 20 GWB besteht. Dies kann in der Praxis von Bedeutung sein, wenn der Nachweis der Marktbeherrschung – der auf digitalen Märkten oftmals einen erhöhten Begründungsaufwand erfordert – nicht ohne weiteres möglich ist oder in den Fällen, in denen keine Marktbeherrschung besteht, da der Markt noch nicht zu zugunsten eines Marktbeherrschers gekippt ist.[53]

Eine Verfahrensbeschleunigung wird ermöglicht, indem die Prüfung der marktbeherrschenden Stellung bzw. relativen oder überlegenen Marktmacht vorgezogen wird.[54] Darüber hinaus kann auch der Nachweis einer

---

[49] *Wagner-von Papp*, in: BeckOK Kartellrecht, 7. Aufl. 2023, GWB § 19a, Rn. 1.

[50] *Wolf*, in: Münchener Kommentar zum Wettbewerbsrecht, 4. Aufl. 2022, § 19a GWB, Rn. 6.

[51] *Schweitzer*, in: Immenga/Mestmäcker, Wettbewerbsrecht, 7. Aufl. 2024, GWB § 19a, Rn. 38; ebenso *Wagner-von Papp*, in: BeckOK Kartellrecht, 7. Aufl. 2023, GWB § 19a, Rn. 3, der von einer „*Beschleunigungsfunktion*“ spricht.

[52] Hierzu im Gesamten: *Wagner-von Papp*, in: BeckOK Kartellrecht, 7. Aufl. 2023, GWB § 19a, Rn. 3.

[53] *Haucap/Schweitzer*, Die Begrenzung überragender Marktmacht digitaler Plattformen im deutschen und europäischen Wettbewerbsrecht, Perspektiven der Wirtschaftspolitik 2021, 17 (77).

[54] Hierzu im Gesamten: *Wagner-von Papp*, in: BeckOK Kartellrecht, 7. Aufl. 2023, GWB § 19a, Rn. 4.

missbrauchsnahen Verhaltensweise gem. § 19a Abs. 2 GWB im Einzelfall einfacher und schneller erfolgen als der eines Marktmachtmissbrauchs. Insbesondere auf den von Netzwerkeffekten geprägten digitalen Plattformmärkten ist diese Beschleunigung von erheblicher Bedeutung, da hiermit versucht wird, die Selbstverstärkungsspirale im Anfangsstadium in den Griff zu bekommen. Nach Möglichkeit soll dies geschehen, bevor Netzwerkeffekte zu einem *Market-Tipping* geführt haben.

(2) Rechtsnatur und Konkurrenzen

Die Rechtsnatur von § 19a GWB ist umstritten und wird insbesondere für die nachfolgende Frage relevant, ob die Vorschrift auch nach Inkrafttreten des DMA anwendbar ist. Teilweise wird die wettbewerbsrechtliche Natur angezweifelt, da die Vorschrift Elemente einer sektorspezifischen *ex ante* Regulierung aufweist.[55] Ähnlich den Regulierungen des Telekommunikationssektors (§§ 10-13, 19 ff. TKG) sollen Unternehmen identifiziert werden, die ein besonderes Gefährdungspotenzial auf wettbewerbsgefährdeten Märkten mit sich bringen. Anschließend sollen diese mit bestimmten Verhaltensgeboten- und Verboten belegt werden.[56]

Der Einordnung als Regulierungsvorschrift widerspricht die herrschende Literaturansicht.[57] Zunächst streitet bereits die Intention des Gesetzgebers dafür, dass § 19a GWB als punktuelle Weiterentwicklung des Wettbewerbsrechts und nicht als Schaffung einer neuen regulatorischen Vorgabe zu verstehen ist.[58] Der Gesetzgeber sieht § 19a GWB als „*besondere Missbrauchsvorschrift*" an, mit der die Missbrauchsaufsicht maßvoll modernisiert werden soll.[59] Darüber hinaus ist die Zielsetzung des § 19a GWB

---

[55] *Paal/Kumkar*, Wettbewerbsschutz in der Digitalwirtschaft, NJW 2021, 809 (812).
[56] *Wolf*, in: Münchener Kommentar zum Wettbewerbsrecht, 4. Aufl. 2022, § 19a GWB, Rn. 5.
[57] *Wagner-von Papp*, in: BeckOK Kartellrecht, 7. Aufl. 2023, GWB § 19a, Rn. 12; *Zilsdorf*, Markiert der Digital Markets Act die Endstation von § 19a GWB?, K&R 2023, 305 (308 f.); *Scholz*, Regulierung nach § 19a GWB – Dogmatische Erwägungen zur Beweislastumkehr des § 19a Abs. 2 S. 2 und 3 GWB, WuW 2022, 128 (129 f.); *Bongartz*, § 19a GWB – a keeper?, WuW 2022, 72 (74).
[58] *Zilsdorf*, Markiert der Digital Markets Act die Endstation von § 19a GWB?, K&R 2023, 305 (308).
[59] Reg.Begr. zur 10. GWB-Novelle, BT-Drs. 19/23492, 2, 73.

kartellrechtlicher Natur und soll die Offenhaltung von Märkten bewirken.[60] Der Anwendungsbereich des § 19a GWB ist nicht auf Sektoren oder Digitalunternehmen beschränkt, sondern bewirkt in materiellrechtlicher Hinsicht eine Erweiterung des allgemeinen Wettbewerbsrechts. Den Wettbewerbsbehörden wird die Möglichkeit eröffnet Wirtschaftsmacht im Sinne des Art. 3 Abs. 2 S. 2 VO 1/2003 effizienter zu bekämpfen.[61]

Auch der Vergleich von § 19a GWB mit anderen Regulierungsvorschriften zeigt, dass erhebliche Unterschiede bestehen.[62] Die Intensität des § 19a GWB weicht in nicht unwesentlichem Umfang von der Intensität marktgestaltender Maßnahmen des Regulierungsrechts ab. Anders als bei herkömmlichen Regulierungsvorschriften geht der Entscheidung des Bundeskartellamts eine Ermessensausübung voraus, sodass keine permanente Verhaltenskontrolle des betroffenen Unternehmens erfolgt. Darüber hinaus schwächt die sachliche Rechtfertigung, bei der das Unternehmen gem. § 19a Abs. 2 S. 2 GWB nach Erhebung der kartellrechtlichen Effizienzeinrede auch die Auswirkungen des Verhaltens auf den Markt berücksichtigt, die Intensität der Untersagungstatbestände weiter ab. Aus diesem Grund ist § 19a GWB als regulierungsnahes Kartellrecht und nicht als kartellrechtliche Regulierung zu qualifizieren.[63] Zusammenfassend streiten hierfür die gesetzgeberische Intention, die vom Regulierungsrecht abweichende Intensität des Eingriffs sowie die für das Regulierungsrecht untypische Möglichkeit der Berücksichtigung von Marktauswirkungen im Rahmen einer sachlichen Rechtfertigung.[64] Für eine Einordnung als Regulierungsrecht spricht lediglich der sektorspezifische Bezug zu digitalen Märkten, den jedoch auch das Wettbewerbsrecht mit sektorspezifische

---

[60] *Wagner-von Papp*, in: BeckOK Kartellrecht, 7. Aufl. 2023, GWB § 19a, Rn. 11.
[61] *Wolf*, in: Münchener Kommentar zum Wettbewerbsrecht, 4. Aufl. 2022, § 19a GWB, Rn. 97.
[62] Hierzu im Gesamten: *Zilsdorf*, Markiert der Digital Markets Act die Endstation von § 19a GWB?, K&R 2023, 305 (308).
[63] *Wagner-von Papp*, in: BeckOK Kartellrecht, 7. Aufl. 2023, GWB § 19a, Rn. 11; zustimmend *Schweitzer*, in: Immenga/Mestmäcker, Wettbewerbsrecht, 7. Aufl. 2024, GWB § 19a, Rn. 40; im Ergebnis ähnlich *Bongartz*, § 19a GWB – a keeper?, WuW 2022, 72 (74).
[64] Hierzu im Gesamten: *Zilsdorf*, Markiert der Digital Markets Act die Endstation von § 19a GWB?, K&R 2023, 305 (308).

Vorschriften wie § 29 GWB kennt, der unter die kartellrechtliche Öffnungsklausel des Art. 3 Abs. 2 S. 2 VO 1/2003 fällt.

Neben der Rechtsnatur des § 19a GWB, stellt sich die Frage der Konkurrenz zur kartellrechtlichen Missbrauchskontrolle aus Art. 102 AEUV und §§ 19, 20 GWB. Die enge Beziehung zu den allgemeinen Missbrauchskontrollvorschriften ergibt sich bereits aus der systematischen Stellung zwischen § 19 und § 20 GWB.[65] Ein Vorrang der allgemeinen Missbrauchsvorschriften besteht nicht. § 19a Abs. 3 GWB stellt ausdrücklich klar, dass § 19a GWB auch dann parallel anwendbar ist, wenn zeitgleich die Voraussetzungen der § 19 Abs. 1 und 2 GWB oder § 20 Abs. 1 bis 3a GWB erfüllt sind. Zwar ist Art. 102 AEUV in der Auflistung des § 19a Abs. 3 GWB nicht aufgeführt, doch kann das europäische Primärrecht durch nationale Vorschriften ohnehin nicht eingeschränkt werden und ist nach Art. 3 Abs. 1 S. 2 VO 1/2003 parallel anzuwenden.[66]

(3) Feststellung einer überragenden, marktübergreifenden Bedeutung

§ 19a Abs. 1 GWB ermächtigt das Bundeskartellamt, durch Verfügung eine überragende marktübergreifende Bedeutung festzustellen und liefert in § 19a Abs. 1 S. 2 GWB die hierfür entscheidungserheblichen Kriterien. Bei der Feststellung einer marktübergreifenden Bedeutung sind insbesondere die marktbeherrschende Stellung auf einem oder mehreren Märkten, die Finanzkraft oder der Zugang zu sonstigen Ressourcen, die vertikale Integration und Tätigkeit auf in sonstiger Weise miteinander verbundenen Märkten, der Zugang zu wettbewerbsrelevanten Daten und die Bedeutung der Tätigkeit für den Zugang Dritter zu Beschaffungs- und Absatzmärkten sowie der damit verbundene Einfluss auf die Geschäftstätigkeit Dritter zu berücksichtigen.

Erste Voraussetzung einer Feststellungsverfügung ist die Tätigkeit in erheblichem Umfang auf mehrseitigen Märkten. Dabei liegt der Schwerpunkt des Anwendungsbereichs, wie bereits aus den in § 19a Abs. 2 GWB aufgeführten wettbewerbsrechtlichen Gefahren hervorgeht, auf digitalen

---

[65] *Wagner-von Papp*, in: BeckOK Kartellrecht, 7. Aufl. 2023, GWB § 19a, Rn. 12.
[66] *Wagner-von Papp*, in: BeckOK Kartellrecht, 7. Aufl. 2023, GWB § 19a, Rn. 12.

Märkten.[67] Die Prüfung der Erheblichkeit soll sicherstellen, dass nur Unternehmen mit einem Tätigkeitsschwerpunkt im Bereich eines digitalen Geschäftsmodells erfasst werden.[68] Die Voraussetzung ist nicht erfüllt, wenn entweder das Betreiben der Plattform für das Unternehmen im Vergleich zu seinen sonstigen Tätigkeiten (Selbstvergleich) oder im Vergleich zu seinen Wettbewerbern auf dem betroffenen Markt (Marktvergleich) eine untergeordnete Rolle einnimmt.[69] Die Durchführung eines Selbstvergleichs wird zum Teil kritisiert, da hierdurch im Einzelfall ein globaler Konzern aus dem Anwendungsbereich falle könnte, der schwerpunktmäßig auf traditionellen Produktmärkten tätig ist, aber dennoch auf digitalen Plattformmarkt eine zentrale Rolle einnimmt.[70] Das Kriterium ist jedoch geeignet, im unternehmensbedingten Vergleich *de minimis*-Fälle herauszunehmen, in denen ein auf analogen Märkten tätiges Unternehmen (z.B. Automobilkonzern) zusätzlich eine Plattform unterhält (z.B. *B2B*-Plattform für Zulieferer).[71] Sinn und Zweck des Marktvergleichs ist es, Selbstverstärkungseffekte zu erfassen, die aufgrund von Netzwerkeffekten und eines Datenvorsprungs überproportional oft Unternehmen zukommen, die bereits eine starke Marktstellung innehaben.

Zweite Voraussetzung für eine Normadressatenschaft nach § 19a Abs. 1 GWB ist das Bestehen einer überragenden marktübergreifenden Bedeutung des betroffenen Unternehmens für den Wettbewerb. Die überragende marktübergreifende Bedeutung stellt neben der marktbeherrschenden Stellung nach § 19 GWB und der von § 20 GWB erfassten Marktmacht ein drittes, neuartiges Machtkonzept dar.[72] Allein eine erhebliche Tätigkeit reicht nicht aus, um eine überragende marktübergreifende

---

[67] Begr. RegE zur 10. GWB-Novelle, BT-Drs. 19/23492, 56, 74; *Wagner-von Papp*, ebd. Rn. 38; *Wolf*, in: Münchener Kommentar zum Wettbewerbsrecht, 4. Aufl. 2022, GWB § 19a, Rn. 17; *Schweitzer*, in: Immenga/Mestmäcker, Wettbewerbsrecht, 7. Aufl. 2024, GWB § 19a, Rn. 82.
[68] Reg.Begr. zur 10. GWB-Novelle, BT-Drs. 19/23492, 74.
[69] Reg.Begr. zur 10. GWB-Novelle, BT-Drs. 19/23492, 74.
[70] *Wolf*, in: Münchener Kommentar zum Wettbewerbsrecht, 4. Aufl. 2022, § 19a GWB, Rn. 18.
[71] *Wagner-von Papp*, in: BeckOK Kartellrecht, 7. Aufl. 2023, GWB § 19a, Rn. 38.
[72] *Schweitzer*, in: Immenga/Mestmäcker, Wettbewerbsrecht, 7. Aufl. 2024, GWB § 19a, Rn. 92; *Budzinski/Gaenssle/Stöhr*, Der Entwurf zur 10. GWB Novelle: Interventionismus oder Laissez-faire?, List Forum 2020, 157 (170).

Bedeutung zu begründen.[73] Nach der Systematik des § 19a Abs. 1 S. 1 GWB ist diese zwar Voraussetzung und Indiz für eine überragende marktübergreifende Bedeutung, doch kann allein aus ihrem Vorliegen noch keine überragende marktübergreifende Bedeutung abgeleitet werden. Es wäre theoretisch denkbar, dass die erhebliche Tätigkeit ohne besondere Auswirkung auf den Markt bleibt. Dass die Frage der Marktbedeutung eigenständig zu prüfen ist, zeigt auch § 19a Abs. 1 S. 2 GWB, der einzelne Prüfungskriterien aufführt. Die Auflistung der Kriterien wäre sinnlos, wenn bereits eine Tätigkeit in erheblichem Umfang nach § 18 Abs. 3a GWB eine überragende marktübergreifende Bedeutung für den Wettbewerb begründen würde. Stattdessen ist eine Gesamtwürdigung aller im Einzelfall relevanten Umstände vorzunehmen.[74] Die marktübergreifende Bedeutung setzt den Einfluss des Unternehmens auf den Wettbewerb auf mehreren Märkten voraus. Der Einfluss kann sich aus einer vertikalen Integration des Unternehmens aus einer Tätigkeit des Unternehmens auf mehreren verbundenen Märkten oder aus dem Betrieb einer mehrseitigen Plattform ergeben, ohne dass das Unternehmen selbst auf diesen Märkten vertreten sein muss.[75]

§ 19a Abs. 1 S. 2 GWB enthält einen Katalog an Beispielen, der weder abschließend noch zwingend ist. Nicht im Beispielskatalog genannt sind Netzwerkeffekte, die jedoch aufgrund der oben beschriebenen *Market-Tipping*-Gefahr Berücksichtigung finden sollen. [76] Die einzelnen Kriterien werden aufgrund ihrer Ähnlichkeit zu § 18 Abs. 3 und 3a GWB nicht im Einzelnen beleuchtet. Zu beachten ist allerdings, dass die überragende marktübergreifende Bedeutung trotz der Überschneidung mit den Beispielen aus § 18 Abs. 3 und 3a GWB nicht mit einer Marktbeherrschung gleichzusetzen ist. Der Verzicht auf die aufwendige und schwierige Begründung einer Marktbeherrschung soll der Verfahrensbeschleunigung

---

[73] Hierzu im Gesamten: *Lettl*, Der neue § 19a GWB, WRP 2021, 413 (415).

[74] BKartA. Entsch. v. 05.07.2022, B2-55/21, Rn. 49 – *Amazon*; Reg.Begr. zur 10. GWB-Novelle, BT-Drs. 19/23492, 75.

[75] *Schweitzer*, in: Immenga/Mestmäcker, Wettbewerbsrecht, 7. Aufl. 2024, GWB § 19a, Rn. 96; *Lettl*, Der neue § 19a GWB, WRP 2021, 413 (415 f.).

[76] *Wolf*, in: Münchener Kommentar zum Wettbewerbsrecht, 4. Aufl. 2022, § 19a GWB, Rn. 22.

dienen und Abgrenzungsschwierigkeiten auf innovationsgetriebenen Märkten verhindern.[77]

Die marktübergreifende Bedeutung muss überragend sein, um eine Anfangsvermutung für die wettbewerbsschädliche Wirkung der aufgelisteten Verhaltensweisen auszulösen.[78] Diese Anforderung soll dazu dienen, die besondere Missbrauchsaufsicht des § 19a GWB und die potenziell weitreichenden Interventionen auf diejenigen Unternehmen zu beschränken, die in der Lage sind, lenkenden Einfluss über ein Ökosystem von erheblicher wirtschaftlicher Tragweite zu nehmen.[79] Eine überragende marktübergreifende Bedeutung setzt damit im Ergebnis voraus, dass das betroffene Unternehmen in der Lage ist, entscheidenden Einfluss auf den Wettbewerb in dem von ihm kontrollierten Ökosystem zu nehmen, in welchem das Unternehmen eine außergewöhnliche Stellung einnimmt.[80]

(4) Verbotsverfügung nach § 19a Abs. 2 GWB

Anders als §§ 19, 20 GWB entfalten die Missbrauchstatbestände des § 19a Abs. 2 GWB keine unmittelbare Wirkung, sondern bedürfen einer Verbotsverfügung.[81] Das hierfür zuständige Bundeskartellamt kann dem betroffenen Unternehmen Verhaltensweisen untersagen, die für den Wettbewerb besonders schädlich sind. Erst die Verbotsverfügung begründet eine Verhaltenspflicht, deren Nichteinhaltung sanktioniert werden kann. § 19a GWB enthält einen Katalog mit sieben enumerierten Verhaltensweisen, die durch Regelbeispiele konkretisiert werden.[82] Diese sind nicht

---

[77] *Wolf*, in: Münchener Kommentar zum Wettbewerbsrecht, 4. Aufl. 2022, GWB § 19a, Rn. 24.

[78] Hierzu im Gesamten: *Schweitzer*, in: Immenga/Mestmäcker, Wettbewerbsrecht, 7. Aufl. 2024, GWB § 19a, Rn. 101.

[79] *Schweitzer*, ebd. Rn. 101; ebenso *Lettl*, Der neue § 19a GWB, WRP 2021, 413, der den Anwendungsbereich des § 19a GWB hierdurch auf einige wenige Unternehmen beschränken möchte.

[80] *Schweitzer*, in: Immenga/Mestmäcker, Wettbewerbsrecht, 7. Aufl. 2024, GWB § 19a, Rn. 102.

[81] Begr. RegE, BT-Drs. 19/23492, 78.

[82] Hierzu im Gesamten: *Wolf*, in: Münchener Kommentar zum Wettbewerbsrecht, 4. Aufl. 2022, GWB § 19a, Rn. 32.

abschließender Natur, sondern dienen dem Gebot der Effektivität und Rechtsklarheit.[83]

Da die Verbotsverfügung nach § 19a Abs. 2 GWB eine präventive Maßnahme ist, muss zur Wahrung des Verhältnismäßigkeitsprinzips die tatsächliche Gefahr bestehen, dass der Verfügungsadressat eine der verbotenen Verhaltensweisen begeht und der Wettbewerb hierdurch beeinträchtigt wird. Hierzu ist nach der Begründung des Gesetzgebers grundsätzlich eine Erstbegehungs- oder Wiederholungsgefahr erforderlich, wenn nicht unter Berücksichtigung der Besonderheiten der digitalen Wirtschaft ausnahmsweise ein früheres Eingreifen erforderlich erscheint.[84] Teile der Literatur gehen über diese Anforderung hinaus und verlangen stets eine Erstbegehungs- oder Wiederholungsgefahr.[85] Andere halten diese für ausreichend, aber nicht erforderlich.[86] Die verschiedenen Ansichten dürften nur selten zu einem abweichenden Ergebnis kommen, da das Bundeskartellamt im Rahmen seiner Entscheidung berücksichtigen muss, ob ein Verstoß realistisch erscheint. Zu beachten ist darüber hinaus, dass es sich bei § 19a Abs. 2 GWB ebenso wie bei § 19a Abs. 1 GWB um einen Dauerverwaltungsakt handelt, der bei nachträglicher Änderung der Rechtslage oder der tatsächlichen Gegebenheiten gem. § 48 VwVfG zurückgenommen werden kann.[87]

Alle Missbrauchsverbote stehen gem. § 19 Abs. 2 S. 2 GWB sowohl im Verfahren zum Erlass der Verfügung als auch bei der späteren Feststellung der Verfügung unter dem Vorbehalt einer sachlichen Rechtfertigung.[88] Bei

---

[83] Beschlussempfehlung des Ausschuss für Wirtschaft und Energie, BT-Drs. 19/25868, 113; *Wolf*, ebd. Rn. 32.
[84] RegE, BT-Drs. 19/23492, 75.
[85] *Wagner-von Papp*, in: BeckOK Kartellrecht, 7. Aufl. 2023, GWB § 19a, Rn. 49; *Höppner*, Plattform-Regulierung light, WuW 2020, 71 (77), wobei Höppner ein Verbot nach Abs. 2 aufgrund des verwaltungsrechtlichen Bestimmtheitsgebots nur dann für zulässig erachtet, wenn das beanstandete Verhalten „bereits parktiziert" wird; zur Erforderlichkeit einer Begehungsgefahr auch BGH, NZKart 2018, 91 Rn. 38 – *Edeka/Kaisers's Tengelmann*.
[86] *Lettl*, Der neue § 19a GWB, WRP 2021, 413 (418) Rn. 35; *Wolf*, in: Münchener Kommentar zum Wettbewerbsrecht, 4. Aufl. 2022, GWB § 19a, Rn. 35.
[87] *Wolf*, in: Münchener Kommentar zum Wettbewerbsrecht, 4. Aufl. 2022, GWB § 19a, Rn. 34.
[88] *Wolf*, ebd. Rn. 82.

der Interessenabwägung sind „*den langfristigen Gesetzeszielen der Begrenzung wirtschaftlicher Machtstellungen, der Offenhaltung von Märkten und des Schutzes wettbewerblicher Prozesschancen regelmäßig ein besonderes Gewicht einzuräumen* […], *gegenüber insbesondere kurzfristigen Effizienzen zugunsten der betroffenen Unternehmen und der Verbraucher.*“[89] Der Gesetzgeber stellt hiermit klar, dass eine Rechtfertigung im Normalfall nicht anhand kurzfristiger Effizienzgewinnen erfolgen soll. Da gerade große Plattformen aufgrund ihrer großen Mitgliederzahl häufig einen besonders hohen Effizienzgrad aufweisen, würde ein solcher Ansatz Monopolisierungstendenzen fördern.[90] Die Darlegungs- und Beweislast für das Vorliegen von rechtfertigenden Tatsachen liegt nach § 19a Abs. 2 S. 3 GWB bei den Verfügungsadressaten. Diese formelle und materielle Beweislastumkehr ist darauf zurückzuführen, dass die in § 19a Abs. 2 GWB normierten Verhaltensweisen typischerweise zu Wettbewerbsbeeinträchtigungen führen und ihr Verbot damit den Charakter einer widerleglichen Vermutung hat.[91] Der Gesetzgeber verspricht sich hiervon – im Vergleich mit herkömmlichen Missbrauchsverfahren – einen erheblichen Effektivitätsgewinn.[92] Die Verbotsverfügung wird nach den Grundsätzen der allgemeinen Verwaltungsvollstreckung durchgesetzt. Daneben kann ein Verstoß gegen das Verhaltensverbot aus § 19a Abs. 2 GWB auch zivilrechtlich durch die betroffenen Unternehmen oder Verbraucher geltend gemacht werden. Der Schadenersatzanspruch ist hierbei auf die Zeit ab dem Erlass einer durchsetzbaren Verfügung beschränkt.[93]

(5) Einordnung von § 19a GWB

Im Verlauf des vergangenen Jahrzehnts wurde deutlich, dass die bisherigen Bestimmungen des Kartellrechts auf digitalen Märkten zunehmend an

---

[89] Reg.Begr. zur 10. GWB-Novelle, BT-Drs. 19/23492, 77; vollumfänglich zustimmend *Wagner-von Papp*, in: BeckOK Kartellrecht, 7. Aufl. 2023, GWB § 19a, Rn. 91.

[90] *Wagner-von Papp*, in: BeckOK Kartellrecht, 7. Aufl. 2023, GWB § 19a, Rn. 91.

[91] *Wolf*, in: Münchener Kommentar zum Wettbewerbsrecht, 4. Aufl. 2022, § 19a GWB, Rn. 85.

[92] Begr. RegE, BT-Drs. 19/23492, 78; ebenso *Schweitzer*, in: Immenga/Mestmäcker, Wettbewerbsrecht, 7. Aufl. 2024, GWB § 19a, Rn. 232.

[93] *Wolf*, in: Münchener Kommentar zum Wettbewerbsrecht, 4. Aufl. 2022, § 19a GWB, Rn. 90.

Wirksamkeit verlieren. Die Schnelllebigkeit dieser Märkte erschwert eine effektive Kontrolle der dort anwesenden Digitalkonzerne. Zum einen stoßen die bislang gültigen Missbrauchsnormen in sachlicher Hinsicht an ihre Grenzen, da die Bestimmung einer Marktmacht aufgrund der zusätzlich einzubeziehenden Parameter nicht selten Probleme bereitet. Zum anderen stellen einige Verhaltensweisen bereits unterhalb der Schwelle einer Marktbeherrschung eine Gefahr für den Wettbewerb dar. Greifen die zur Abstellung derartiger Verhaltensweisen vorgesehenen Vorschriften erst ab dem Bestehen einer Marktmacht, kann dies im Einzelfall zu spät sein, wenn der Plattformbetreiber den Markt bereits zu seinen Gunsten beeinflusst hat. In vielen Fällen bereitet auch die langwierige Verfahrensdauer Schwierigkeiten. Entscheidet sich das Bundeskartellamt nach langer Prüfung zur Durchsetzung der kartellrechtlichen Vorschriften auf dem Verwaltungsrechtsweg, besteht die Gefahr, dass das betroffene Unternehmen bis zum Abschluss des Verfahrens die streitgegenständliche Verhaltensweise bereits abgestellt und durch eine andere Verhaltensweise ersetzt hat, die sich ebenfalls negativ auf den Wettbewerb auswirkt.

Im Rahmen des Gesetzgebungsverfahrens wurde teilweise vertreten, dass es keiner Neuregelung bedarf, da das geltende Missbrauchsrecht wettbewerbsschädliche Verhaltensweisen auf digitalen Plattformen ausreichend erfasst. Stattdessen reicht es dieser Ansicht zu Folge aus, das Missbrauchsverbot vorerst auf der Grundlage der Generalklausel weiterzuentwickeln.[94] Es ist begrüßenswert, dass der deutsche Gesetzgeber dieser Ansicht nicht gefolgt ist und stattdessen mit § 19a GWB eine Norm geschaffen hat, die zum einen vom strengen Nachweiserfordernis der Marktmacht abweicht und zum anderen – durch die vorgezogene Prüfung der marktübergreifenden Bedeutung – eine Verfahrensbeschleunigung erreicht. Zwar verbleibt, wie die spätere Darstellung des Anwendungsverhältnis zwischen § 19a GWB und dem DMA zeigt, der deutschen Vorschrift mit Einführung des DMA nur ein wesentlich verkleinerter Anwendungsbereich, doch ist dieser bedeutend genug, um eine Neuregelung zu rechtfertigen. Außerdem darf bezweifelt werden, dass der europäische Gesetzgeber den DMA ähnlich schnell auf den Weg gebracht hätte, wenn der deutsche Gesetzgeber auf die Schaffung einer eigenständigen Norm verzichtet hätte. Stattdessen

---

[94] *Schweitzer/Haucap/Kerber/Welker*, Modernisierung der Missbrauchsaufsicht für marktmächtige Unternehmen 2018, 165 f.

sorgte die Sorge vor einer Zersplitterung der unionsrechtlichen Regelungen für Plattformen für eine zeitnahe Umsetzung des DMA.[95]

b) DMA

Der europäische Gesetzgeber hat sich gegen eine Erweiterung des allgemeinen Missbrauchsverbots aus Art. 102 AEUV entschieden und stattdessen mit dem DMA ein neues Regelungsinstitut geschaffen, das sich umfassend mit den wettbewerbsrechtlichen Gefahren digitaler Plattformen auseinandersetzt. Der DMA trat nach intensiven Verhandlungen zwischen der EU und ihren Mitgliedsstaaten am 1. November 2022 in Kraft und gilt seit dem 2. Mai 2023.[96] Er ist Teil der europäischen Digitalisierungsstrategie, die Europa auf die Herausforderungen des digitalen Zeitalters vorbereiten soll.[97]

(1) Grundlagen

Zunächst sind die Hintergründe für die Entstehung des DMA sowie seine rechtlichen Grundlagen zu betrachten.

(a) Entstehungsgeschichte

Die Einführung des DMA erfolgte vor dem Hintergrund der stetig wachsenden Einflussmöglichkeit großer digitaler Konzerne. In nur kurzer Zeit haben sich die sogenannten GAFAM-Unternehmen aber auch andere digitale Konzerne große wirtschaftliche und gesellschaftliche Macht erarbeitet und wichtige Schnittstellen zu Kunden besetzt.[98] Insbesondere die Gefahr der Manipulation von Nutzern und die Intransparenz der Vorgänge führten zu einem immer stärker werdenden Unbehagen und förderten ein politisches Klima, das sich nach härteren Eingriffen sehnte. Der DMA erfolgte als Reaktion auf die Feststellung, dass mithilfe der bisher geltenden

---

[95] Vgl. *Podszun*, in: Podszun, Digital Markets Act, 1. Aufl. 2023, DMA Einleitung, Rn. 11.

[96] VO (EU) 2022/1925 des Europäischen Parlaments und des Rates vom 14.09.2022 über bestreitbare und faire Märkte im digitalen Sektor und zur Änderung der RL (EU) 2019/1937 und (EU) 2020/1828 (Gesetz über digitale Märkte).

[97] Europäische Kommission, Gestaltung der digitalen Zukunft Europas, 19.02.2020, Rs. COM (2020) 67 final.

[98] Hierzu im Gesamten: *Podszun*, in: Podszun, Digital Markets Act, 1. Aufl. 2023, DMA Einleitung, Rn. 3 f.

rechtlichen Regelungen eine „*Zähmung*" der *Big-Tech*-Unternehmen nicht erreicht werden kann.[99] Insbesondere das Kartellrecht, mit dem die Einhegung wirtschaftlicher Macht erreicht werden soll, blieb weitestgehend hilflos. Spätestens mit der Einführung der plattformbezogenen Missbrauchsvorschrift § 19a GWB stieg der Druck auf den europäischen Gesetzgeber, eine einheitliche Regelung zur Eindämmung der wirtschaftlichen Macht von Intermediären zu erlassen.

Crémer et al. gehen in ihrem Expertenbericht, der als Grundlage zur Schaffung des DMA diente, davon aus, dass Plattformen mithilfe der Nutzung von Netzwerk-, Daten- und Skaleneffekte in kurzer Zeit enorme Macht entfalten können und dieser Effekt zu einem *Market-Tipping* führen kann.[100] *Marsden/Podszun* hielten vor diesem Hintergrund die Schaffung weitergehender Regeln für erforderlich.[101] Im Rahmen des Gesetzgebungsprozesses wurde insbesondere über die ökonomische Sinnhaftigkeit gestritten. Hierbei wurde von Teilen der wettbewerbsrechtlichen Literatur der fehlende Effizienzeinwand moniert und an der Funktionsfähigkeit der präzisen Vorgaben gezweifelt.[102] Darüber hinaus herrschte ein reger Diskurs über den Umfang des Adressatenkreises.[103]

---

[99] Hierzu im Gesamten: *Podszun*, ebd. Rn. 10.

[100] *Crémer/Montjoye, de/Schweitzer*, Competition policy for the digital era, 2 f.

[101] *Marsden/Podszun*, Restoring Balance to Digital Competition – Sensible Rules, Effective Enforcement, Creative Commons Attribution-Share Alike 4.0 international 2020, 11 (11).

[102] Mit der Forderung eines Effizienzeinwands: *Cabral/Haucap/Parker/Petropoulos/Valetti/van Alstyne,*, The EU digital markets act: a report from a panel of economic experts., Publications Office of the European Union 2021, 1 (11); *Monopolkommission*, Empfehlungen für einen effektiven und effizienten Digital Markets Act 2022 Rn. 130 ff.

[103] *Schweitzer*, The Art to Make Gatekeeper Positions Contestable and the Challenge to Know What Is Fair: A Discussion of the Digital Markets Act Proposal, ZEuP 2021, 503 (518 ff.); *Körber*, Lessons from the Hare and the Tortoise: Legally imposed self-regulation, proportionality and the right to defence under the DMA – Part 1, NZKart 2021, 436 (381 f.); *Zimmer/Göhsl*, Vom New Competition Tool zum Digital Markets Act: Die geplante EU-Regulierung für digitale Gatekeeper, ZWeR 2021, 29 (37 f.).

(b) Zielsetzung

Der europäische Gesetzgeber hat die Zielsetzung des DMA in Art. 1 Abs. 1 DMA normiert.[104] Bei der Anwendung des Gesetzes soll wesentlich weniger stark als im Kartellrecht oder der wirtschaftspolitischen Ausrichtung an einem Effizienzparadigma festgehalten werden. Stattdessen wird erstrebt, normative Entscheidungen herbeizuführen.[105] Die beiden Hauptziele des DMA sind das Gebot der Fairness und die Bestreitbarkeit der Märkte. Hinsichtlich der Bestreitbarkeit verweist Art. 12 Abs. 5 lit. a DMA auf die Schaffung oder Verstärkung von Markteintritts- oder Expansionshindernissen (lit. i) sowie den Zugang zu essenziellem Input (lit ii). Im Hinblick auf die Fairness stellt Art. 12 Abs. 5 lit. b DMA darauf ab, ob „*ein Ungleichgewicht zwischen den Rechten und Pflichten der gewerblichen Nutzer besteht und der Torwächter von den gewerblichen Nutzern einen Vorteil erhält, der in Anbetracht seiner Dienstleistung für diese gewerblichen Nutzer unverhältnismäßig wäre*". Während die Bestreitbarkeit auf grundlegende marktstrukturelle Probleme und Verdrängungspraktiken abzielt, hat das Gebot der Fairness vor allem den Ausbeutungscharakter bestimmter Plattformstrategien im Blick.[106] Die im DMA aufgelisteten Praktiken werden als unfair erachtet, da sie geeignet sind, die eigene Macht auszuspielen, statt auf Leistung und Verhandeln auf Augenhöhe zu setzen.[107] Das hierdurch entstehende Missverhältnis zwischen den Rechten und Pflichten des Torwächters gegenüber denen der Nutzer soll durch die Regelungen des DMA überwacht

---

[104] Art. 1 Abs. 1 DMA: „*Zweck dieser Verordnung ist es, zum reibungslosen Funktionieren des Binnenmarktes beitragen, indem harmonisierte Vorschriften festgelegt werden, die in der gesamten Union zum Nutzen von gewerblichen Nutzern und Endnutzern für alle Unternehmen bestreitbare und faire Märkte im digitalen Sektor, auf denen Torwächter tätig sind, gewährleisten*".

[105] *Podszun*, in: Podszun, Digital Markets Act, 1. Aufl. 2023, DMA Einleitung, Rn. 5.

[106] *Käseberg/Gappa*, in: Podszun, Digital Markets Act, 1. Aufl. 2023, DMA Art. 1, Rn. 7; *Schweitzer*, The Art to Make Gatekeeper Positions Contestable and the Challenge to Know What Is Fair: A Discussion of the Digital Markets Act Proposal, ZEuP 2021, 503 (514 f.); *Podszun/Bongartz/Langenstein*, The Digital Markets Act: Moving from Competition Law to Regulation for Large Gatekeepers, EuCML 2021, 60 (62).

[107] *Podszun*, in: Podszun, Digital Markets Act, 1. Aufl. 2023, DMA Einleitung, Rn. 7.

werden. Der durch den DMA gesetzte Standard könnte sich auf die gesamte Wirtschaft auswirken und zukünftig von Verbrauchern erwartet werden.[108]

(c) Rechtsgrundlage und Rechtsnatur

Der Unionsgesetzgeber zieht als Rechtsgrundlage die Binnenmarktkompetenz des Art. 114 AEUV heran.[109] In der Literatur wird teilweise davon ausgegangen, der Gesetzgeber hätte den DMA auch auf die Kompetenzgrundlage aus Art. 103 AEUV stützen können. Diese ermöglicht es, Richtlinien und Verordnungen zu erlassen, die der Verwirklichung der Grundsätze aus Art. 101 und 102 AEUV dienen. Hierfür hätte gesprochen, dass Art. 3 DMA in der Sache die Marktbeherrschungsvorschrift des Art. 102 AEUV betrifft und Art. 103 Abs. 2 lit. c AEUV eine nähere Bestimmung von Art. 102 AEUV ermöglicht.[110] Die Liste der verbotenen Praktiken aus Art. 5 und 6 DMA bestimmt wiederum näher, was unter einem Missbrauch nach Art. 102 AEUV zu verstehen ist. Der Gesetzgeber hat sich trotz dieser Argumente dazu entschlossen, Art. 114 AEUV als Rechtsgrundlage heranzuziehen. Dies wird insbesondere darauf zurückgeführt, dass Maßnahmen, die den Anwendungsbereich des europäischen Kartellrechts ergänzen oder erweitern, nicht allein auf Art. 103 AEUV gestützt werden können und die Anwendung auf kompetenzergänzende- oder erweiternde Verordnungen daher nicht mit dem Wortlaut des Art. 103 AEUV vereinbar ist.[111]

---

[108] *Podszun/Bongartz/Kirk*, Digital Markets Act – Neue Regeln für Fairness in der Plattformökonomie, NJW 2022, 3249 (3251).

[109] *Käseberg/Gappa*, in: Digital Markets Act: Gesetz über digitale Märkte, 1. Aufl. 2023, DMA Art. 1, Rn. 2; *Haus/Weusthof*, The Digital Markets Act – a Gatekeeper's Nightmare?, WuW 2021, 318 (319).

[110] Hierzu im Gesamten: *Brauneck*, Der Digital Markets Act (DMA) – das neue, bessere digitale EU-Wettbewerbsrecht?, RDi 2023, 27 (34).

[111] *Zimmer/Göhsl*, Vom New Competition Tool zum Digital Markets Act: Die geplante EU-Regulierung für digitale Gatekeeper, ZWeR 2021, 29 (32).

Der DMA ist eine regulatorische Vorschrift.[112] Es handelt sich um eine neue Art der Regulierung, die als „*kartellrechtsnahe Regulierung*“ bezeichnet wird, da sie zwar kartellrechtliche Kriterien einbezieht, sich aber nicht auf diese beschränkt.[113] Gegen eine Einordnung als wettbewerbs- oder kartellrechtliche Vorschrift spricht allen voran, dass der Gesetzgeber den DMA nicht auf die kartellrechtliche Ermächtigungsgrundlage aus Art. 103 AEUV, sondern auf Art. 114 AEUV gestützt hat.[114] Außerdem beabsichtigen die Pflichten aus Art. 5 und 6 DMA nicht, das Fehlverhalten von Wettbewerbsteilnehmern zu sanktionieren. Sie sollen stattdessen das strukturelle Defizit digitaler Märkte durch *ex ante* Regelungen ausgleichen.[115]

Trotz der Möglichkeit, den DMA auf die kartellrechtliche Ermächtigungsgrundlage aus Art. 103 AEUV zu stützen, hat sich der Gesetzgeber bewusst dazu entschieden, von einer Erweiterung des Kartellrechts abzusehen und stattdessen eine neuartige Regulierungsvorschrift zu schaffen. Dieser Schritt ist nachvollziehbar. Nicht zuletzt der Fall *Google Shopping* hat gezeigt, dass die kartellrechtlichen Vorschriften in digitalen Fallkonstellationen an ihre Grenzen stoßen.[116] Aufgrund der einzelfallbezogenen Ausrichtung können digitale Sachverhalte oftmals nicht schnell genug erfasst und abgestellt werden. Entscheidet sich die Kommission dazu, ein Fehlverhalten vor Gericht zu verfolgen, nimmt ein derartiges Verfahren in den meisten Fällen mehrere Jahre in Anspruch. Hierbei besteht die Gefahr, dass sich der betroffene Markt bis zum Zeitpunkt der endgültigen

---

[112] U.a. *Herbers/Savary/Gröf*, Die Revolution der Digitalregulierung in Aktion – Umsetzung des Digital Markets Act durch die EU, GRUR-Prax 2023, 151 (151); *Podszun/Bongartz/Kirk*, Digital Markets Act – Neue Regeln für Fairness in der Plattformökonomie, NJW 2022, 3249 (3249).

[113] *Heinemann/Meier*, Der Digital Markets Act (DMA): Neues «Plattformrecht» für mehr Wettbewerb in der digitalen Wirtschaft, Zeitschrift für Europarecht 2021, 86 (89); *Brauneck*, Der Digital Markets Act (DMA) – das neue, bessere digitale EU-Wettbewerbsrecht?, RDi 2023, 27 (30).

[114] *Gielen/Uphues*, Regulierung von Markt- und Meinungsmacht durch die Europäische Union, EuZW 2021, 627 (628); *Spindler/Seidel*, Die Regulierung von Online-Plattformen, NJW 2022, 2730 (2731).

[115] *Gielen/Uphues*, Regulierung von Markt- und Meinungsmacht durch die Europäische Union, EuZW 2021, 627 (628).

[116] Hierzu ausführlich: G.II.1.

Entscheidung bereits grundlegend verändert hat. Darüber hinaus ist zu befürchten, dass der Torwächter den Markt während der langen Verfahrensdauer durch sein Verhalten grundlegend zu seinen Gunsten beeinflusst hat.[117] Hierbei ist zu berücksichtigen, dass ein derartiger Vorgang ohne einen tiefgreifenden Eingriff in diesen Markt zumeist nur schwer widerrufen werden kann. Um die kartellrechtlichen Vorschriften wirksam an die Herausforderungen digitaler Fallkonstellationen anzupassen, hätte es einer umfassenden Ergänzung der für herkömmliche Märkte gut funktionierenden Kartellrechtsvorschriften bedurft. Dieses Problem hat der Gesetzgeber umgangen, indem das neuartige System einer kartellrechtsnahen Regulierung etabliert wurde. Durch die *ex ante* Regelungen des DMA können wettbewerbswidrige Verhaltensweisen vorgebeugt und verhindert werden.

(d) Auslegungsgrundsätze

Aufgrund der Neuartigkeit des DMA muss damit gerechnet werden, dass die Anwendung und Auslegung der gesetzlichen Bestimmungen – jedenfalls zu Beginn – Probleme bereiten wird. Da einzelne Elemente des DMA aus dem Kartellrecht entstammen, kann grundsätzlich die Auslegung der dort vorhandenen Normen Pate stehen. Gleichwohl ist zu berücksichtigen, dass der DMA ein eigenständiges und neues Regelwerk mit eigener *Ratio* ist, bei dem sich unreflektierte Rückschlüsse vom Kartellrecht zum Digitalregulierungsrecht verbieten.[118] In jedem Fall zurückgegriffen werden kann auf die Erwägungsgründe des DMA, in denen der Gesetzgeber seinen Willen zum Ausdruck gebracht hat.[119]

(e) Adressaten

Die Pflichten des DMA gelten ausschließlich für Torwächter. Nach der Definition aus Art. 2 Nr. 1 DMA versteht man unter einem Torwächter ein Unternehmen, das Nutzern wichtige digitale Plattformdienste bereitstellt. Was unter diesen Diensten, die der Gesetzgeber als zentrale

---

[117] Obwohl sich – aufgrund des internationalen Kontexts des DMA – der Begriff des „*Gatekeepers*" auch im deutschen Schrifttum vermehrt durchsetzt, soll die Bezeichnung des „*Torwächters*" verwendet werden, da diese Bezeichnung in der offiziellen Übersetzung des DMA Verwendung gefunden hat.
[118] Hierzu im Gesamten: *Podszun*, in: Podszun, Digital Markets Act, 1. Aufl. 2023, DMA Einleitung, Rn. 21.
[119] *Podszun*, ebd. Rn. 25.

Plattformdienste bezeichnet, zu verstehen ist, wird in Art. 2 Nr. 2 DMA näher bestimmt. Zu den zentralen Plattformdiensten zählen unter anderem Online-Vermittlungsdienste (z.B. *Marketplace*), Online-Suchmaschinen (z.B. *Google Search*) und Betriebssysteme (z.B. *Windows*). Der Gesetzgeber hat gem. § 19 Abs. 3 lit. a DMA die Möglichkeit, diese Liste nachträglich zu erweitern. Der europäische Gesetzgeber sieht die Torwächter als geeignete Adressaten an, da diese kleine Gruppe großer Unternehmen über Jahre hinweg eine beträchtliche Wirtschaftsmacht angesammelt hat.[120] Grundvoraussetzung für die Einbeziehung in den Adressatenkreis ist, dass der Torwächter zuvor als solcher durch die Kommission designiert wurde. Dieser Benennungsmechanismus ist Ausdruck des Ziels, Verfahren zu verkürzen und hierfür insbesondere auf die Feststellung der Marktbeherrschung und die dahinterstehende Marktabgrenzung zu verzichten.[121] Gerade die zeitaufwendige Einzelfallanalyse dieser Voraussetzungen, die eine Unmenge an Informationen benötigt, hat in der Vergangenheit zu einer sehr langen Verfahrensdauer geführt, die insbesondere auf digitalen Märkten eine effektive Durchsetzung des Kartellrechts verhindert hat.

Für die Benennung eines Unternehmens als Torwächter bedarf es drei Voraussetzungen, die kumulativ vorliegen müssen. Der Betreiber wird gem. Art. 3 Abs. 1 DMA als Torwächter benannt, wenn er erstens einen erheblichen Einfluss auf den Binnenmarkt hat, zweitens einen zentralen Plattformdienst betreibet, der gewerblichen Nutzern als wichtiges Zugangstor zu Endnutzern dient und drittens hinsichtlich seiner Tätigkeiten eine gefestigte und dauerhafte Position innehat oder es absehbar ist, dass es eine solche Position in naher Zukunft erlangen wird. Die Benennung als Torwächter kann entweder gem. Art. 3 Abs. 4 DMA aufgrund der Überschreitung quantitativer Schwellenwerte erfolgen oder gem. Art. 3 Abs. 8 DMA über qualitative Kriterien. Bei Überschreitung der Schwellenwerte, die in Art. 3 Abs. 2 DMA aufgeführt sind, wird vermutet, dass die Voraussetzungen des Art. 3 Abs. 1 DMA erfüllt sind. Die Aufnahme von konkreten Schwellenwerten in die Verordnung erfolgte, um eine schnelle Rechtsanwendung zu ermöglichen und der Kommission die Möglichkeit zu

[120] 5. Erwägungsgrund VO (EU) 2022/1925 (DMA); ebenso *Herbers*, Der Digital Markets Act (DMA) kommt – neue Dos and Don'ts für Gatekeeper in der Digitalwirtschaft, RDi 2022, 252 (254).
[121] *Käseberg/Gappa*, in: Podszun, Digital Markets Act, 1. Aufl. 2023, DMA Art. 3, Rn. 1.

eröffnen, Verfahren schnell zu führen und rasch zu entscheiden.[122] Erreicht ein Unternehmen die quantitativen Schwellenwerte nicht, so kann es gem. Art. 3 Abs. 8 DMA dennoch als Torwächter benannt werden. Art. 3 Abs. 8 UAbs. 1 DMA verweist hierfür auf das Benennungsverfahren nach Art. 17 DMA. Eine Reihe an qualitativen Parametern, die bei der Benennungsentscheidung von Bedeutung sein können, werden in Art. 3 Abs. 8 UAbs. 2 DMA aufgeführt. Interessant ist auch, dass die Kommission gem. Art. 3 Abs. 8 UAbs. 3 DMA zukünftige Entwicklungen zu berücksichtigen hat. Hierdurch können auch geplante Zusammenschlüsse in die Bewertung einfließen.[123] Erfüllt ein Unternehmen die Vermutungstatbestände, so ist es nach Art. 3 Abs. 3 DMA verpflichtet, sich innerhalb von zwei Monaten bei der Kommission zu melden, das Erreichen der relevanten Schwellenwerte mitzuteilen und der Kommission die erforderlichen Informationen zur Prüfung der Voraussetzungen einer Benennung als Torwächter zur Verfügung zu stellen. Die folgende Benennung soll gem. Art. 3 Abs. 4 DMA innerhalb von 45 Tagen erfolgen, sofern das Unternehmen Vermutung seiner Torwächterstellung nicht im Einzelfall widerlegen kann.

Am 6. September 2023 hat die Kommission mit Alphabet, Amazon, Apple, ByteDance, Meta und Microsoft die ersten sechs Torwächter benannt und die Liste am 13. Mai 2024 mit Booking.com um ein weiteres Unternehmen erweitert.[124] Insgesamt wurden 24 zentrale Plattformdienste, die von Torwächtern bereitgestellt werden, von der Kommission benannt. Im Hinblick auf Amazon ist von besonderer Relevanz, dass der Vermittlungsdienst *Marketplace* als zentraler Plattformdienst eingestuft wurde.[125] Bezüglich Alphabet hat die Kommission mehrere zentrale Plattformdienste identifiziert. Unter anderem unterliegt die allgemeine

---

[122] *Podszun*, in: Podszun, Digital Markets Act, 1. Aufl. 2023, DMA Einleitung, Rn. 3.
[123] *Podszun*, ebd. Rn. 26.
[124] Beijing Bytedance Technology Ltd.; Booking.com B.V.
[125] Europäische Kommission, Entsch. v. 05.09.2023, C(2023) 6101 final – *Alphabet (DMA)*; neben den bereits genannten zentralen Plattformdiensten hat die Kommission die Dienste Google Maps, Google Play, Google Chrome, Google *Android* und Youtube als zentrale Plattformdienste benannt.

Suchmaschine *Google Search*, der Vermittlungsdienst *Google Shopping* wie auch die Werbedienste von Google den Bestimmungen des DMA.[126]

(f) Verpflichtungen

Für Unternehmen, die von der Kommission als Torwächter eingestuft wurden, gelten ab dem Zeitpunkt des Benennungsbeschlusses die Verhaltenspflichten aus Art. 5 und 6 DMA sowie die Verpflichtung zur Unterrichtung über Zusammenschlüsse und eine Interoperabilitätspflicht für Kommunikationsdienste gem. Art. 7 DMA. Hierbei ist zwischen den Pflichten aus Art. 5 DMA und Art. 6 DMA zu unterscheiden. Die Pflichten aus Art. 5 DMA sind *self-executing*, sodass die Unternehmen selbst für die Einhaltung der Vorgaben sorgen müssen. Die spezifisch und präzise geregelten Verhaltensvorschriften wurden im Gesetzgebungsverfahren als erhebliche Neuerung wahrgenommen.[127] Das bisher einschlägige Kartellrecht setzt im Gegensatz hierzu meist auf Generalklauseln, die anschließend durch Wettbewerbsbehörden und Gerichte ausgefüllt werden.[128] Der Unterschied zwischen den Verhaltenspflichten aus Art. 5 und 6 DMA ist, dass Verpflichtungen aus Art. 5 DMA ohne weitere Konkretisierung angewendet werden können, während die Verpflichtungen aus Art. 6 DMA zwar direkt anwendbar sind, jedoch im Verfahren gem. Art. 8 DMA weiter spezifiziert werden können.

Der Pflichtenkatalog enthält neben aktiven Verhaltenspflichten auch Unterlassungspflichten. Der auf die großen Digitalkonzerne abzielende Kommissionsvorschlag wurde insbesondere auf Betreiben des Europäischen Parlaments um Verbraucherschutzgesichtspunkte ergänzt und an einigen Stellen verschärft.[129] Eine umfassende Darstellung der Verhaltenspflichten kann unterbleiben. Stattdessen werden die für Hybridplattformen

---

[126] Europäische Kommission, Entsch. v. 05.09.2023, C(2023) 6104 final – *Amazon (DMA)*.

[127] *Podszun/Bongartz/Kirk*, Digital Markets Act – Neue Regeln für Fairness in der Plattformökonomie, NJW 2022, 3249 (3251).

[128] *Schweitzer*, The Art to Make Gatekeeper Positions Contestable and the Challenge to Know What Is Fair: A Discussion of the Digital Markets Act Proposal, ZEuP 2021, 503 (530); *Podszun/Bongartz/Kirk*, Digital Markets Act – Neue Regeln für Fairness in der Plattformökonomie, NJW 2022, 3249 (3251).

[129] *Herbers*, Der Digital Markets Act (DMA) kommt – neue Dos and Don'ts für Gatekeeper in der Digitalwirtschaft, RDi 2022, 252 (255).

besonders elementaren Pflichten im Rahmen der Darstellung der Fallbeispiele erörtert.

(g) Durchsetzung

Trotz anfänglicher Zweifel hat sich der Gesetzgeber dazu entschieden, neben der behördlichen auch eine private Rechtsdurchsetzung zuzulassen. Die Zuständigkeit für die behördliche Durchsetzung des DMA liegt bei der Kommission. Hierfür soll eine neue Einheit geschaffen werden, die an die Generaldirektionen Wettbewerb angebunden ist.[130] Hinsichtlich der Ermittlungsmaßnahmen orientiert sich der DMA weitgehend an der Kartellverfahrens-VO (EG) Nr. 1/2003.[131] So ist es der Kommission insbesondere möglich, nach Art. 21 DMA Auskunft zu verlangen und hierzu gem. Art. 22 DMA die betroffenen Unternehmen zu befragen. Darüber hinaus ist die Kommission berechtigt, eine Marktuntersuchung in die Wege zu leiten, um Torwächter zu identifizieren oder um zu prüfen, ob ein Torwächter seine Verpflichtungen systematisch nicht einhält, Art. 17, 18 DMA. Zur Erfüllung ihrer Aufgaben können gem. Art. 23 DMA alle erforderlichen Nachprüfungen durchgeführt werden. In dringlichen Fällen ist die Kommission nach Art. 24 DMA gar befugt, einstweilige Maßnahmen anzuordnen.

Stellt die Kommission einen Verstoß des Torwächters gegen die Verpflichtungen aus dem DMA fest, so erlässt sie einen Nichteinhaltungsbeschluss gem. Art. 25 DMA. Hierin wird das betroffene Unternehmen angewiesen, die betreffenden Geschäftspraktiken einzustellen. Verstößt ein Unternehmen systematisch gegen die DMA-Verpflichtungen, so ist die Kommission gem. Art. 16 Abs. 1 DMA darüber hinaus befugt, jede verhaltensbezogene oder strukturelle Abhilfemaßnahme gegen den Torwächter zu verhängen, die in einem angemessenen Verhältnis zu der in Rede stehenden Zuwiderhandlung steht und erforderlich ist, um die Einhaltung der Vorgaben dieser Verordnung zu gewährleisten. Der Nichteinhaltungsbeschluss wird durch die Möglichkeit, nach Art. 26 DMA Geldbußen zu verhängen,

[130] *Podszun/Bongartz/Kirk*, Digital Markets Act – Neue Regeln für Fairness in der Plattformökonomie, NJW 2022, 3249 (3253).
[131] *Zober*, Durchsetzung des DMA-E und dessen Verhältnis zum Kartellrecht, NZKart 2021, 611 (617).

flankiert. Diese können bis zu 10 % des weltweit erzielten Jahresumsatzes der Unternehmensgruppe des Torwächters betragen.

Neben der behördlichen Durchsetzung der Verpflichtungen setzt der Gesetzgeber maßgeblich auf die private Rechtsdurchsetzung. Wettbewerbern, gewerblichen Nutzern und Endkunden soll die Möglichkeit eröffnet werden, durch Beschwerden bei der Kommission oder klageweise die aus dem DMA erwachsenden Verpflichtungen durchzusetzen.[132] Die Notwendigkeit eines *Private Enforcement* hat sich in der Vergangenheit mehrfach gezeigt. So benötigte die Kommission für ihre Verpflichtungszusagenentscheidung in der Rechtssache *Amazon Marketplace* mehrere Jahre, obwohl die Vorwürfe gegen Amazon bereits viele Jahre vor Verfahrenseröffnung bekannt waren. Für den Zeitraum bis zur Verbindlichkeit der Verpflichtungszusage ist von einem erheblichen Schaden für die betroffenen Unternehmen auszugehen, welcher durch eine private (Eil-)Durchsetzung von Beseitigungs- und Unterlassungsansprüchen auf Grundlage eines bereits geltenden DMA (vgl. Art. 6 Abs. 2 UAbs. 1, Abs. 5 DMA) wirksam hätte vorgebeugt werden können.[133] Neben den Drittanbietern wäre eine schnellere Rechtsdurchsetzung auch dem im Digitalbereich besonders fragilen Wettbewerb sowie mittelbar den Nutzern zugutegekommen.

Eine besonders lange Dauer weist auch das Verfahren *Google Shopping* auf, welches mangels ausstehender Entscheidung des EuGH noch immer nicht endgültig abgeschlossen ist, obwohl die Verfahrenseröffnung durch die Kommission bereits im Jahr 2010 erfolgte. Diese Beispiele zeigen exemplarisch, wie unabdingbar eine private Rechtsdurchsetzung neben der oftmals langwierigen öffentlichen Durchsetzung ist. Das *Private Enforcement* hat seine Stärken in der relativen Schnelligkeit und der Entlastung der zuständigen Behörden. Dies ist insbesondere für den DMA

---

[132] *Podszun/Bongartz/Kirk*, Digital Markets Act – Neue Regeln für Fairness in der Plattformökonomie, NJW 2022, 3249 (3253); zum Private Enforcement ausführlich *Karbaum/Schulz*, „Antitrust Litigation 2.0“ – Private Enforcement beim DMA?, NZKart 2022, 107 (107 ff.).

[133] Hierzu im Gesamten: *Richter/Görmann*, Private Enforcement des DMA – Ein Ausblick am Beispiel Amazons, NZKart 2023, 208 (208).

entscheidend, da dieser den früh- bzw. rechtzeitigen Schutz bestreitbarer und fairer digitaler Märkte gewährleisten soll.[134]

(2) Verhältnis zwischen DMA und europäischem Kartellrecht

Die Anwendung der europäischen Wettbewerbsvorschriften Art. 101 und 102 AEUV bleibt gem. Art. 1 Abs. 6 S. 1 DMA ebenso unberührt wie die Anwendung der nationalen Wettbewerbsvorschriften gem. Art. 1 Abs. 6 S. 2 DMA.[135] Für Art. 101 und 102 AEUV ergibt sich dies bereits aus der Tatsache, dass diese als Primärrecht dem sekundärrechtlichen DMA automatisch vorgehen.[136]

Neben dem rechtlichen Konkurrenzverhältnis ist die Frage von großem Interesse, wie DMA und Kartellrechtsvorschriften nebeneinander angewendet werden sollen. Der europäische Gesetzgeber geht ausweislich des fünften Erwägungsgrundes des DMA davon aus, dass Art. 101 und 102 AEUV auch auf das Verhalten von Torwächtern anwendbar sind.[137] Die Monopolkommission hält eine einzelfallbezogene behördliche Intervention auf Basis von Art. 102 AEUV zukünftig nur noch in den Fällen für erforderlich, in denen der DMA keine Regelungen bereithält und auf die er auch nicht

---

[134] Hierzu im Gesamten: *Richter/Görmann*, ebd., 208 (208 f.).

[135] 10. Erwägungsgrund VO (EU) 2022/1925 (DMA). erläutert, dass der DMA Art. 101 und 102 AEUV ergänzen und unbeschadet ihrer Durchführung gelten soll.

[136] *König*, in: Münchener Kommentar zum Wettbewerbsrecht, 4. Aufl. 2023, DMA Art. 1, Rn. 33.

[137] 5. Erwägungsgrund VO (EU) 2022/1925 (DMA): „*Daher können die Marktprozesse im Bereich der zentralen Plattformdienste oft keine fairen wirtschaftlichen Ergebnisse gewährleisten. Die Artikel 101 und 102 des Vertrags über die Arbeitsweise der Europäischen Union (AEUV) sind zwar auf das Verhalten von Torwächtern anwendbar, jedoch nur auf bestimmte Arten von Marktmacht, z.B. eine beherrschende Stellung auf spezifischen Märkten, und von wettbewerbswidrigem Verhalten, und werden erst im Nachhinein durchgesetzt und erst nach einer umfassenden Untersuchung oft sehr komplexer Fakten in konkreten Fällen. Außerdem wirft das Verhalten von Torwächtern, die nicht zwangsläufig über eine marktbeherrschende Stellung im wettbewerbsrechtlichen Sinne verfügen müssen, mit Blick auf das wirksame Funktionieren des Binnenmarkts Herausforderungen auf, denen das geltende Unionsrecht nicht oder nicht wirksam Rechnung trägt.*“

ohne weiteres erweitert werden kann.[138] An der Notwendigkeit einer zusätzlichen Missbrauchskontrolle ändert der DMA nach Ansicht der Monopolkommission nichts. Diese bleibt beispielsweise dann anwendbar, wenn sich ein Torwächter missbräuchlich verhält, ohne dass sein Verhalten einen zentralen Plattformdienst betrifft oder eine Umgehung der Verhaltensvorgaben aus Art. 13 DMA darstellt.[139] Auf Digitalmärkten kann der DMA gegenüber den Kartellrechtsvorschriften einen erheblichen Anwendungsvorteil mit sich bringen. Während für einen Verstoß gegen Art. 102 AEUV zunächst eine marktbeherrschende Stellung nachgewiesen und hierfür vorab der relevante Markt bestimmt werden muss, verzichtet der DMA auf eine Marktabgrenzung. Insbesondere auf digitalen Märkten erweist sich dies als vorteilhaft, da die Bestimmung eines Marktanteils oftmals Probleme bereitet. Zusammenfassend lässt sich festhalten, dass der DMA dort schneller, früher und effektiver eingreifen soll, wo dies dem geltenden Wettbewerbsrecht nicht zugetraut wird.[140]

(3) Verhältnis zwischen DMA und nationalen Vorschriften

Im Verhältnis des DMA zu den nationalen Vorschriften ergeben sich Spannungsverhältnisse, die im Wesentlichen mit der Rechtsnatur des DMA zusammenhängen. Insbesondere stellt sich die Frage, welcher Regelungsgehalt § 19a GWB nach Inkrafttreten des DMA verbleibt.

(a) Konkurrenz zu § 19a GWB

Der europäische Gesetzgeber möchte eine Fragmentierung des Binnenmarktes verhindern, indem Mitgliedsstaaten daran gehindert werden, nationale Vorschriften anzuwenden, die in den Anwendungsbereich des DMA fallen.[141] Die nationalen Gesetzgeber sind gem. Art. 114 Abs. 4 AEUV

---

[138] *Monopolkommission*, Wettbewerb 2022: XXIV. Hauptgutachten der Monopolkommission 2022, 233.
[139] *Monopolkommission*, ebd., 241.
[140] *Brauneck*, Der Digital Markets Act (DMA) – das neue, bessere digitale EU-Wettbewerbsrecht?, RDi 2023, 27 (28).
[141] Siehe hierzu der 9. Erwägungsgrund VO (EU) 2022/1925 (DMA): „*Eine Fragmentierung des Binnenmarkts kann nur dann wirksam abgewendet werden, wenn die Mitgliedstaaten daran gehindert werden, nationale Vorschriften anzuwenden, die in den Anwendungsbereich dieser Verordnung fallen und dieselben Ziele wie diese Verordnung verfolgen.*“

berechtigt, einzelstaatliche Bestimmungen beizubehalten, wenn die Vorschrift durch wichtige Erfordernisse im Sinne des Art. 36 AEUV gerechtfertigt ist.[142] Die nationale Vorschrift muss hierzu ein höheres Schutzniveau anbieten als das einschlägige Unionsrecht.[143] Vor diesem Hintergrund drängt sich die Frage auf, welcher Anwendungsbereich der deutschen Vorschrift des § 19a GWB nach Inkrafttreten des DMA verbleibt.

Teilweise wurde im Rahmen des Gesetzgebungsverfahrens von § 19a GWB angezweifelt, ob diesem nach Inkrafttreten des DMA überhaupt ein Anwendungsbereich verbleibt, da seine *Ratio* zahlreiche Parallelen zu den Regelungen des DMA aufweist.[144] Auch die Monopolkommission ging davon aus, dass der DMA § 19a GWB wegen des europarechtlichen Anwendungsvorrangs weitgehend funktionslos macht.[145] Dem steht entgegen, dass § 19a GWB an einigen Stellen über den DMA hinausgeht. So erfasst § 19a GWB einen weiteren Adressatenkreis als der DMA, da letzterer nur Unternehmen verpflichtet, die die Schwellenwerte für Torwächter überschreiten. Außerdem findet § 19a GWB nicht nur auf zentrale Plattformdienste des Normadressaten Anwendung, sondern erfasst alle Dienste des betroffenen Unternehmens.

Der europäische Gesetzgeber hat mit Aufnahme der Ausnahmevorschrift Art. 1 Abs. 6 DMA klargestellt, dass nationale Regelungen grundsätzlich anwendbar bleiben. Ziel des DMA ist es nicht, Wettbewerbsvorschriften zu verdrängen, sondern diese zu ergänzen.[146] Um von der Ausnahmevorschrift erfasst zu sein, ist es erforderlich, dass es sich bei § 19a GWB nach europäischem Verständnis um eine Wettbewerbsvorschrift handelt.

---

[142] *Brauneck*, Der Digital Markets Act (DMA) – das neue, bessere digitale EU-Wettbewerbsrecht?, RDi 2023, 27 (32).

[143] *Schröder*, in: Streinz, EUV/AEUV, 3. Aufl. 2018, AEUV Art. 114, Rn. 92.

[144] *Paal/Kumkar*, Wettbewerbsschutz in der Digitalwirtschaft, NJW 2021, 809 (815); differenzierend zur Frage des verbleibenden Anwendungsbereichs *Grünwald*, Gekommen, um zu bleiben? – § 19a GWB im Lichte des DMA-Entwurfs, NZKart 2021, 496 (416 ff.).

[145] *Monopolkommission*, Wettbewerb 2022: XXIV. Hauptgutachten der Monopolkommission 2022, 238.

[146] *Schweitzer*, in: Immenga/Mestmäcker, Wettbewerbsrecht, 7. Aufl. 2024, GWB § 19a, Rn. 65.

Anderenfalls besteht die Gefahr, dass das Verbot aus Art. 1 Abs. 5 DMA durch eine falsche Deklarierung umgangen wird.[147]

Was unter einer Wettbewerbsvorschrift im europäischen Sinne zu verstehen ist, ist dem 10. Erwägungsgrund des DMA zu entnehmen.[148] Eine Wettbewerbsvorschrift ist anzunehmen, wenn die Marktstellung, die Wirkung, der Umfang des beanstandeten Verhaltens und die Rechtfertigungsgründe im jeweiligen Einzelfall geprüft werden. Die ersten drei Anforderungen dieser Definition bereiten im Hinblick auf § 19a GWB keine Probleme. Zunächst erfolgt im Zuge des Feststellungsverfahrens gem. § 19a Abs. 1 GWB eine Prüfung der Marktstellung des betroffenen Unternehmens. Anschließend wird vor Erlass der Verfügung der Umfang des beanstandeten Verhaltens im Rahmen einer Verhältnismäßigkeitsprüfung erörtert. Auch hat der Gesetzgeber mit § 19a Abs. 2 S. 2 GWB die Möglichkeit einer sachlichen Rechtfertigung geschaffen.

Umstritten ist allein, ob das Bundeskartellamt auch die Wirkung der untersagten Verhaltensweise im Einzelfall prüft.[149] Die Zweifel ergeben sich, da die meisten Tatbestände des § 19a GWB zwar eine individuelle Prüfung wettbewerbsfördernde Elemente vorsehen, die Prüfung der

---

[147] *Zimmer/Göhsl*, Vom New Competition Tool zum Digital Markets Act: Die geplante EU-Regulierung für digitale Gatekeeper, ZWeR 2021, 29 (58).

[148] 10. Erwägungsgrund VO (EU) 2022/1925 (DMA).: „*Da diese Verordnung die Vorschriften über die Durchsetzung des Wettbewerbsrechts ergänzen soll, sollte sie zugleich unbeschadet der Artikel 101 und 102 AEUV, unbeschadet der entsprechenden nationalen Wettbewerbsvorschriften und anderes einseitiges Verhalten betreffender nationaler Wettbewerbsvorschriften, nach denen Marktstellungen und Verhaltensweisen einschließlich ihrer voraussichtlichen Auswirkungen und des genauen Gegenstands der verbotenen Verhaltensweisen im Einzelfall zu prüfen sind und nach denen Unternehmen Effizienz und objektive Rechtfertigungsgründe als Argumente für derartige Verhaltensweisen anführen können […] gelten*“.

[149] Im Ergebnis zweifelnd: *Körber*, Lessons from the Hare and the Tortoise: Legally imposed self-regulation, proportionality and the right to defence under the DMA – Part 1, NZKart 2021, 436 (381); *Polley/Konrad*, Der Digital Markets Act – Brüssels neues Regulierungskonzept für Digitale Märkte, WuW 2021, 198 (199); zustimmend: *Bongartz*, § 19a GWB – a keeper?, WuW 2022, 72 (74); *Haus/Steinseifer*, Digital Markets Act (DMA) - Verhältnis zu § 19a GWB und private Rechtsdurchsetzung, ZWeR 2023, 105 (111 f.).

Wettbewerbsschädlichkeit aber abstrakt erfolgt. Hintergrund ist, dass jedenfalls der Selbstbevorzugungstatbestand und die meisten Regelbeispiele unabhängig vom Schädigungspotenzial des verbotenen Verhaltens im Einzelfall gelten. Die beweisbelasteten Unternehmen werden die nachteiligen Wirkungen ihres Verhaltens ebenfalls nicht darlegen, sondern nur die sie entlastenden wettbewerbsfördernden Elemente.[150] Gegen eine Einzelfallprüfung spricht auch, dass der Gesetzgeber die Wirkung besonders schädlicher Verhaltensweisen abstrakt bestimmt hat und sich an dieser Stelle derselben *ex ante* Regelungstechnik wie der DMA bedient.[151]

Bongartz möchte für die Einordnung aus diesem Grund darauf abstellen, ob der europäische Kartellrechtsbegriff Elemente von *ex ante* Regeln ausschließt.[152] Dies ist nach seiner Auffassung nicht der Fall. Das EU-Kartellrecht verfolgt im Rahmen des Missbrauchstatbestands grundsätzlich ein System der *ex post* Kontrolle des Marktverhaltens. Außerdem hat der EU-Gesetzgeber im 11. Erwägungsgrund des DMA klargestellt, dass innerstaatliches Wettbewerbsrecht auch für vermutete Wirkungen und damit für *ex ante* Kontrollen gelten kann. *Haus/Steinseifer* gehen ebenfalls von einer Einzelfallprüfung aus.[153] Sie merken an, dass es auch hinsichtlich der konkreten Wirkung einer Gefahrenprognose einer am Einzelfall orientierten Prüfung bedarf. Jedenfalls muss das Bundeskartellamt im Zuge der Untersagungsverfügung spezifizieren, welche Pflichten des § 19a Abs. 2 S. 1 GWB für das adressierte Unternehmen gelten. Außerdem reicht es aus ihrer Sicht aus, dass das Bundeskartellamt die von einem betroffenen Unternehmen vorgebrachten Rechtfertigungsgründe zu berücksichtigen und in seine Abwägungsentscheidung einzubeziehen hat.

Die Ansicht, die von einer Einzelfallprüfung im Hinblick auf die Wirkung der untersagten Verhaltensweise ausgeht, ist zustimmungswürdig. Zwar erfolgt die Prüfung der Wettbewerbsschädlichkeit in den meisten Fällen abstrakt, doch kann die zu Grunde liegende Vermutungswirkung im

---

[150] Hierzu im Gesamten: *Bongartz*, § 19a GWB – a keeper?, WuW 2022, 72 (74).
[151] Zur Regelungstechnik: *Körber*, Lessons from the Hare and the Tortoise: Legally imposed self-regulation, proportionality and the right to defence under the DMA – Part 1, NZKart 2021, 436 (381).
[152] *Bongartz*, § 19a GWB – a keeper?, WuW 2022, 72 (74).
[153] Hierzu im Gesamten: *Haus/Steinseifer*, Digital Markets Act (DMA) - Verhältnis zu § 19a GWB und private Rechtsdurchsetzung, ZWeR 2023, 105 (111 f.).

Einzelfall widerlegt werden. Das Bundeskartellamt trifft eine Abwägungsentscheidung, in die alle wesentlichen Aspekte des Einzelfalls einzubeziehen sind. Die Begründung des Gesetzgebers zeigt, dass es sich hierbei um eine Ermessensentscheidung handelt. Die Gesetzesbegründung sieht nämlich vor, dass „*auch wenn ein konkretes Verhalten ein Regelbeispiel erfüllt, ist stets die sachliche Rechtfertigung (§ 19a Absatz 2 S. 2) zu prüfen*“ ist.[154] Aus diesem Grund ist § 19a GWB auch nach europäischem Verständnis als Kartellrechtsnorm im Sinne des Art. 1 Abs. 6 DMA einzuordnen. Zusammenfassend geht die Literatur davon aus, dass über die parallele Anwendbarkeit des § 19a GWB neben dem DMA nach der Einführung des Art. 1 Abs. 6 DMA kein Streit mehr bestehen dürfte.[155]

(b) Verbleibender Regelungsgehalt

Aufgrund des europarechtlichen Vorrangs verbleibt hinsichtlich der Normadressaten, die gleichzeitig vom DMA erfasst werden, nur ein äußerst eingeschränkter Anwendungsbereich. § 19a GWB kommt vor allem dann Bedeutung zu, wenn die Dienste nur eine Nutzergruppe haben und deshalb nicht vom DMA erfasst sind.[156] Zwar unterfällt mit der Benennung nach Art. 3 DMA der Gesamtkonzern des Torwächters dem DMA, doch werden nur die zentralen Plattformdienste von den Verhaltenspflichten erfasst, die für gewerbliche Nutzer ein wichtiges Zugangstor zu Endnutzern darstellen. *C2C*-Plattformen werden *a priori* aus dem Anwendungsbereich herausgenommen. Dies kann sich im Einzelfall als problematisch erweisen. Im Rahmen des DMA besteht die Gefahr, dass einzelne Plattformdienste, die erheblich zur Stärkung der Marktposition beitragen, aus dem Anwendungsbereich herausfallen. Diese Lücke schließt § 19a GWB, indem er auf alle Dienste des adressierten Unternehmens und dessen Gesamtkonzerns gleichermaßen Anwendung findet. Damit gleicht § 19a GWB eine bedeutende Schwäche des DMA aus.

---

[154] Beschlussempfehlung des Ausschuss für Wirtschaft und Energie, BT-Drs. 19/25868, 114.

[155] *Schweitzer*, in: Immenga/Mestmäcker, Wettbewerbsrecht, 7. Aufl. 2024, GWB § 19a, Rn. 65; mit Verweis auf *Bongartz*, § 19a GWB – a keeper?, WuW 2022, 72 (74); *Scholz*, Regulierung nach § 19a GWB – Dogmatische Erwägungen zur Beweislastumkehr des § 19a Abs. 2 S. 2 und 3 GWB, WuW 2022, 128 (129).

[156] Hierzu im Gesamten: *Zilsdorf*, Markiert der Digital Markets Act die Endstation von § 19a GWB?, K&R 2023, 305 (310).

Neben dem erweiterten Normadressatenkreis ergänzt § 19a GWB den DMA auch im Hinblick auf die Verhaltenspflichten. Die deutsche Vorschrift erlaubt durch seine abstrakt formulierten Untersagungstatbestände eine flexible und schnelle Reaktion auf neu aufkommende, marktschädigende Verhaltensweisen.[157] Die gilt allerdings nur so lange, bis der europäische Gesetzgeber die Verhaltensweisen selbst in die Verbotstatbestände der Art. 5 bis 7 DMA aufnimmt, da ab diesem Zeitpunkt der Anwendungsvorrang des DMA greift. Dies hat zur Folge, dass bereits erlassene Verfügungen nach § 19a Abs. 2 GWB durch den gemäß § 73 Abs. 5 Nr. 1 GWB zuständigen BGH entweder nach § 76 Abs. 2 S. 1 GWB oder durch das Bundeskartellamt nach den allgemeinen Verwaltungsvorschriften der §§ 48 ff. VwVfG aufgehoben werden müssen. Die Effizienz des GWG wird hierdurch jedoch weitaus weniger beschränkt, als auf den ersten Blick zu vermuten ist. Eine Verschärfung des DMA durch Aufnahme neuer Verhaltensweisen bedarf eines Ergänzungsverfahrens nach Art. 12, 16, 19 DMA, das mehrere Jahre dauern kann.[158] Eine Untersagungsverfügung nach § 19a Abs. 2 GWB soll nach Wunsch des deutschen Gesetzgebers hingegen innerhalb eines Jahres abgeschlossen werden.[159] § 19a GWB schafft somit die Möglichkeit, schneller auf neue Gefahren zu reagieren und die Verhaltensweisen zu unterbinden. Hinzu kommt, dass Art. 12 DMA inhaltlich beschränkt ist, sodass vollständig neuartige Gefahren nur im Wege eines ordentlichen Gesetzgebungsverfahrens in den DMA aufgenommen werden können. Dies dürfte im Normalfall eine wesentlich längere Zeit in Anspruch nehmen.

Zusammenfassend lässt sich festhalten, dass § 19a GWB aufgrund seiner kartellrechtlichen Ausgestaltung neben dem regulatorischen DMA anwendbar ist. Aufgrund des sich aus Art. 1 Abs. 5 DMA ergebenden Vorrangs der unionsrechtlichen Vorschrift ist der Anwendungsbereich zwar eingeschränkt, doch verbleibt § 19a GWB hinsichtlich der

---

[157] Hierzu im Gesamten: *Zilsdorf*, ebd., 305 (310); ebenso *Heider/Kutscher*, Die 10. GWB-Novelle und die Missbrauchsaufsicht digitaler Plattformunternehmen, WuW 2022, 134 (139).

[158] *Haus/Weusthof*, The Digital Markets Act – a Gatekeeper's Nightmare?, WuW 2021, 318 (321).

[159] Reg.Begr. zur 10. GWB-Novelle, BT-Drs. 19/23492, 61.

Normadressaten und untersagten Verhaltensweisen ein ausreichender Anwendungsspielraum, um den DMA sinnvoll zu ergänzen.

(c) Rechtsvergleich der Verhaltenspflichten

Hinsichtlich der Verhaltenspflichten bestehen weitreichende Überschneidungen zwischen DMA und § 19a GWB. So finden sich viele der Verbote in beiden Rechtsordnungen wieder. Unter anderem ist das Verbot der Selbstbevorzugung sowohl in Art. 19a Abs. 2 Nr. 1 lit. a GWB als auch in Art. 6 Abs. 1 lit. d DMA normiert. Es bestehen aber auch inhaltlichen Unterschiede. Bereits aus dem Umfang der Normen ergibt sich, dass die Verbotstatbestände des GWB wesentlich abstrakter ausgestaltet sind als die des DMA. Die Liste des DMA erfasst darüber hinaus einige Verhaltensweisen, die nicht vom GWB erfasst sind.[160] So sind beispielsweise einige Elemente aus Art. 5 lit. g DMA sowie Art. 6 lit. i, j und k DMA nicht in § 19a GWB zu finden. Auf der anderen Seite werden alle im GWB enthaltenen Untersagungspositionen von Art. 5 und 6 DMA abgedeckt.

Ein weiterer Unterschied ergibt sich aus der Öffnung des DMA für nachträglich eingefügte Verhaltensge- und Verbote. Während die Liste des § 19a GWB abschließender Natur ist, können die Pflichten des DMA-Katalogs gem. Art. 12 Abs. 1 DMA nachträglich erweitert werden. Der Kommission wird damit die Möglichkeit übertragen, auch ohne gesetzliche Neuregelung neue Verhaltenspflichten in den DMA aufzunehmen, die zuvor als wettbewerbsschädlich identifiziert wurden.

Gerpott sieht den Ansatz des DMA als gelungener an.[161] Hierfür sprechen aus seiner Sicht die bestimmteren Verhaltenspflichten, die größere Reichweite der aufgeführten Positionen, die Ergänzung der Verbote durch Gebote sowie die Offenheit für den Einbezug neuer Verhaltensweisen in den Pflichtenkatalog. Er identifiziert jedoch zwei Schwachstellen, an denen § 19a GWB dem DMA überlegen ist. Zum einen verringert die Möglichkeit der Erweiterung der aufgezählten Pflichten durch die Kommission die Vorhersehbarkeit der Regulierung. Zum anderen enthält der DMA nur sehr

---

[160] *Gerpott*, Neue Pflichten für große Betreiber digitaler Plattformen – Vergleich von § GWB § 19a GWB und DMA-Kommissionsvorschlag, NZKart 2021, 273 (276).
[161] Hierzu im Gesamten: *Gerpott*, ebd., 273 (277).

wenige Regelungen in Bezug auf die Fusionskontrolle unter Beteiligung eines Torwächters, während der deutsche Gesetzgeber außerhalb von § 19a GWB Ergänzungen vorgenommen hat, die eine Zusammenschlusskontrolle großer Digitalkonzerne erleichtern sollen.[162]

Dieser Bewertung ist weitestgehend zuzustimmen. Der DMA führt insbesondere durch den bestimmteren Verhaltenspflichtenkatalog zu mehr Rechtssicherheit für die betroffenen Unternehmen. Außerdem ist die zusätzliche Normierung von Geboten begrüßenswert. Nicht in vollem Umfang zuzustimmen ist hingegen der Überlegung, die Möglichkeit der Erweiterung der aufgezählten Pflichten durch die Kommission verringere die Vorhersehbarkeit der Regulierung. Die Ergänzung der Verpflichtungen aus Art. 5 und 6 DMA durch einen delegierten Rechtsakt der Kommission nach Art. 12 Abs. 1 DMA ist zum einen durch die Vorgaben aus Art. 12 Abs. 2 DMA beschränkt und bedarf zum anderen einer vorhergehenden Marktuntersuchung nach Art. 19 DMA. Es ist aus diesem Grund nicht zu erwarten, dass sich die Torwächter plötzlich mit neuen Vorgaben konfrontiert sehen, die für sie nicht vorhersehbar sind.

(4) Auswirkung der plattformbezogenen Vorschriften

Es ist davon auszugehen, dass die Einführung der plattformbezogenen Vorschriften einen erheblichen Einfluss auf das zukünftige Vorgehen der zuständigen Behörden gegen marktmachtmissbräuchliche Verhaltensweisen auf Plattformmärkten haben wird. Sowohl der nationale als auch der europäische Gesetzgeber haben mit der Schaffung des § 19a GWB bzw. des DMA auf Probleme reagiert, die auf die digitale Struktur der Märkte zurückzuführen sind. Da der DMA und § 19a GWB auf Plattformmärkte zugeschnitten sind, kann eine effizientere Abstellung der wettbewerbswidrigen Verhaltensweisen erreicht werden.

Die bisherigen Verfahren hinsichtlich eines Marktmachtmissbrauchs auf Plattformmärkten haben die Defizite der allgemeinen Missbrauchsvorschriften offengelegt. Insbesondere das Verfahren *Google Shopping* hat gezeigt, dass ein Vorgehen auf Grundlage der allgemeinen

---

162 *Gerpott*, ebd., 273 (277) mit Verweis auf die GWB-Vorschriften §§ 39a, 39 Abs. 6, 50 e Abs. 2 Nr. 2, 50 f Abs. 3, 62 Abs. 1 und 5, 81 Abs. 1 Nr. 3 und 4 sowie 186 Abs. 9 GWB.

Missbrauchsvorschriften zu lange dauert, um eine effiziente Abstellung einer missbräuchlichen Verhaltensweise zu erreichen. Aus diesem Grund haben die zuständigen Behörden bislang oftmals auf Verpflichtungszusagen zurückgegriffen, um eine noch längere Verfahrensdauer zu vermeiden.[163] Da die betroffenen Unternehmen jedoch erst bei einem Verstoß gegen eine Verpflichtungszusage mit einem Bußgeld belegt werden, fehlt es derartigen Zusagen an einer ausreichenden Abschreckungswirkung.

Der DMA und § 19a GWB sind geeignet, sowohl die Verfahrensdauer erheblich zu verkürzen als auch eine Abschreckungswirkung herbeizuführen. Der DMA erreicht die Verkürzung der Verfahrensdauer durch die Auferlegung besonderer Verhaltenspflichten für Torwächter. Wichtig ist auch, dass der DMA auf eine Marktmachtprüfung verzichtet, während für das Vorgehen gegen eine missbräuchliche Verhaltensweise nach Art. 102 AEUV zunächst eine aufwändige Marktabgrenzung erforderlich ist. Im deutschen Recht kann auf eine Marktabgrenzung zwar nicht verzichtet werden, doch wird eine solche im Rahmen der Feststellungsverfügung gem. § 19a GWB vorgeschaltet, sodass das Bundeskartellamt bei der Einleitung eines Verfahrens keine wertvolle Zeit verliert. Da sowohl der DMA als auch § 19a GWB bußgeldbewehrt sind, geht von diesen Vorschriften eine erhöhte Abschreckungswirkung aus.

Bezüglich der verbleibenden Bedeutung der allgemeinen Missbrauchsnormen bestehen unterschiedliche Auffassungen. Die Monopolkommission erwartet, dass Art. 102 AEUV nur noch dann Anwendung finden wird, wenn der DMA keine Regelungen bereithält und nicht auf die Verhaltensweise erweitert werden kann.[164] Dem stehen die Erwägungen des europäischen Gesetzgebers entgegen, der davon ausgeht, dass der DMA die

---

[163] So z.B. in den Verfahren *Amazon Marketplace* und *Amazon Buy Box*.

[164] *Monopolkommission*, Wettbewerb 2022: XXIV. Hauptgutachten der Monopolkommission 2022, 233.

kartellrechtliche Missbrauchsvorschrift Art. 102 AEUV ergänzen soll.[165] Dies bedeutet, dass die Auswahl der konkreten Verhaltensweise im freien Ermessen der Kommission steht.[166] Es ist sogar denkbar, dass die Kommission in der Ermittlungsphase ein Verfahren nach beiden Rechtsgrundlagen eröffnet und ihre Ermittlungsmaßnahmen auf beide Grundlagen stützt. Hiermit eröffnet sich die Kommission die Möglichkeit, ein Verfahren nach Art. 102 AEUV fortzuführen, wenn die Untersuchungen ergeben haben, dass keine Verhaltenspflicht nach Art. 5 bis 7 DMA verletzt wurde. Diese Auffassung ist konsequent, da der DMA aufgrund seines regulierungsrechtlichen Charakters das Kartellrecht nicht verdrängen kann. Der Kommission muss die Auswahlentscheidung erhalten bleiben, nach welchen Vorschriften sie gegen die beanstandete Verhaltensweise vorgehen will. Grundsätzliche dürfte bei einer Verhaltensweise, die sowohl gegen Art. 102 AEUV als auch gegen den DMA verstößt, vorrangig ein Vorgehen nach den regulierungsrechtlichen Vorschriften in Betracht kommen. Dies ist auf die effizientere und insbesondere schnellere Verfahrenserledigung zurückzuführen. Ausnahmsweise können die Umstände des Einzelfalls jedoch dazu führen, dass ein Vorgehen auf Grundlage der kartellrechtlichen Missbrauchsvorschriften besser geeignet ist. Einigkeit besteht darüber, dass Art. 102 AEUV anwendbar bleibt, wenn sich ein Torwächter missbräuchlich verhält, ohne dass sein Verhalten einen zentralen

---

165 11. Erwägungsgrund VO (EU) 2022/1925 (DMA).: „*Da diese Verordnung die Vorschriften über die Durchsetzung des Wettbewerbsrechts ergänzen soll, sollte sie zugleich unbeschadet der Artikel 101 und 102 AEUV, unbeschadet der entsprechenden nationalen Wettbewerbsvorschriften und anderes einseitiges Verhalten betreffender nationaler Wettbewerbsvorschriften, nach denen Marktstellungen und Verhaltensweisen einschließlich ihrer tatsächlichen oder möglichen Auswirkungen und des genauen Gegenstands der verbotenen Verhaltensweisen im Einzelfall zu prüfen sind und nach denen Unternehmen Effizienz und objektive Rechtsfertigungsgründe als Argumente für derartige Verhaltensweisen anführen können, und unbeschadet nationaler Vorschriften über die Fusionskontrolle gelten. Die Anwendung der genannten Vorschriften sollte jedoch nicht die Verpflichtungen, die Torwächtern nach dieser Verordnung auferlegt werden, und ihre einheitliche und wirksame Anwendung im Binnenmarkt berühren.*".

166 Zum Anwendungsverhältnis im Gesamten: *König*, in: Münchener Kommentar zum Wettbewerbsrecht, 4. Aufl. 2023, DMA Art. 1, Rn. 34.

Plattformdienst betrifft oder eine Umgehung der verbotenen Verhaltensvorgaben darstellt.[167]

Auch im deutschen Recht sind die allgemeinen Missbrauchsvorschriften neben § 19a GWB anwendbar, da § 19a Abs. 3 GWB ausdrücklich klarstellt, dass § 19a GWB auch dann parallel anwendbar ist, wenn zeitgleich die Voraussetzungen der § 19 Abs. 1 und 2 GWB erfüllt sind.[168] Da § 19a GWB jedoch nur eine marktübergreifende Bedeutung anstelle einer marktbeherrschenden Stellung voraussetzt und bezüglich der verbotenen Verhaltensweisen konkret auf Plattformen zugeschnitten ist, ist zu erwarten, dass das Bundeskartellamt zukünftig nur dann auf § 19 GWB zurückgreifen wird, wenn die beanstandeten Verhaltensweise nicht unter § 19a GWB subsumiert werden kann.

III. Marktmachtmissbrauch durch Hybridplattformen

Ist eine Hybridplattform marktbeherrschend, treten wettbewerbsrechtliche Sonderkonstellationen auf, die die Gefahr eines Marktmachtmissbrauchs begründen können. Die vertikale Integration des Plattformbetreibers führt dazu, dass dieser eine besondere Stellung am Markt einnimmt. Das hierdurch entstehende Missbrauchspotenzial zeigt sich insbesondere in zwei Fallkonstellationen. Zum einen besteht die Gefahr einer Selbstbevorzugung durch den Betreiber der Hybridplattform. Zum anderen kann dieser mithilfe der ihm zur Verfügung stehenden Daten Wettbewerber behindern.

1. Selbstbevorzugung

Die Selbstbevorzugung ist die bedeutendste Fallgruppe eines Marktmachtmissbrauchs durch den Betreiber einer Hybridplattform. Da das allgemeine Diskriminierungsverbot aus Art. 102 AEUV bzw. § 19 GWB grundsätzlich keine Gleichbehandlung von Unternehmensteilen des Marktbeherrschers und Drittunternehmen gebietet, sehen weder das deutsche noch das europäische Wettbewerbsrecht ein generelles Verbot der

[167] *Monopolkommission*, Wettbewerb 2022: XXIV. Hauptgutachten der Monopolkommission 2022, 241.
[168] *Wolf*, in: Münchener Kommentar zum Wettbewerbsrecht, 4. Aufl. 2022, § 19a GWB, Rn. 95.

Selbstbevorzugung durch marktbeherrschende Unternehmen vor.[169] Der Wettbewerb um eine effiziente Unternehmensausrichtung ist stattdessen Teil des geschützten Wettbewerbsprozesses.[170] Unter besonderen Umständen kann eine Selbstbevorzugung jedoch einen Marktmachtmissbrauch in Form eines Behinderungsmissbrauchs darstellen, der von der Generalklausel des Art. 102 AEUV erfasst ist.[171]

a) Missbräuchlichkeit der Selbstbevorzugung

Da eine Selbstbevorzugung grundsätzlich als zulässig zu erachten ist, bedarf es besonderer Anhaltspunkte zur Begründung einer marktmachtmissbräuchlichen Behinderungswirkung. Im Wesentlichen lassen sich dafür zwei Kriterien identifizieren. Neben der Ausprägung der Marktmacht des Plattformbetreibers ist es von besonderer Bedeutung, wie erheblich die Gefährdung des Wettbewerbs, der Wettbewerber und der Nutzer im konkreten Einzelfall ist.

Ausgangspunkt der Bewertung ist die Stellung des Plattformbetreibers am Markt. Hierbei lässt sich die Grundregel aufstellen, dass die Missbräuchlichkeit des Verhaltens umso wahrscheinlicher wird, je dominanter die Rolle des Plattformbetreibers ausgeprägt ist. Teilweise wird für Unternehmen, die neben einem außergewöhnlich hohen Marktanteil aufgrund weiterer Marktbedingungen über eine besondere Machtmacht verfügen, die Bezeichnung „*superdominance*“ gebraucht.[172] Die Rechtsprechung hat diesen Begriff nicht übernommen und stellt stattdessen auf die „*besondere*

---

[169] Hierzu im Gesamten: *Schweitzer*, in: Immenga/Mestmäcker, Wettbewerbsrecht, 7. Aufl. 2024, GWB § 19a, Rn. 148; ebenso *Colomo*, Self-Preferencing: Yet Another Epithet in Need of Limiting Principles, World Competition 2020, 417 (419 f.); zum Fehlen eines Gleichbehandlungsverbots *Lettl*, Der neue § 19a GWB, WRP 2021, 413 (418 ff.).
[170] *Schweitzer*, in: Wettbewerbsrecht, 7. Aufl. 2024, GWB § 19a, Rn. 148.
[171] *Kruis/Eilmansberger*, in: Streinz, EUV/AEUV, 3. Aufl. 2018, AEUV Art. 102, Rn. 121; gleiches gilt für die deutsche Generalklausel aus § 19 GWB.
[172] So z.B. *Generalanwalt Fennelly*, Schlussanträge vom 29.10.1998 in den verb. Rs. C-395/96 P und C-396/96 P, ECLI:EU:C:1998:518, Rn. 137 – *Compagnie Maritime Belge Transports*, der unter diesem Begriff Unternehmen mit einer „*herausragenden Marktmacht*“ subsumiert.

Verantwortung" ab.[173] Unabhängig von der Begriffswahl ist bei Unternehmen mit einer derartigen Marktposition davon auszugehen, dass für diese eine noch stärkere Verantwortung für die Aufrechterhaltung eines funktionierenden Wettbewerbs besteht.[174] In der Literatur wird teilweise angeregt, im Zweifelsfall eher einen Effizienzverlust zulasten des Marktbeherrschers hinzunehmen, als weitere wettbewerbswidrige Effekte auf dem Markt zu ermöglichen.[175]

Eine Selbstbevorzugung von Hybridplattformen ist insbesondere dann als missbräuchlich zu qualifizieren, wenn diese geeignet ist, den Wettbewerb auf dem nachgelagerten Markt zu gefährden. Hierbei wird teilweise gefordert, dass an die Wahrscheinlichkeit der Behinderung effektiven Wettbewerbs keine allzu hohen Anforderungen gestellt werden dürfen, wenn zum einen Netzwerkeffekten vorliegen, die dem Marktbeherrscher die Festigung seiner marktbeherrschenden Stellung ermöglichen und der Markt zum anderen eine hohe Konzentrationstendenz aufweist.[176] Dieser Ansicht ist eine Absage zu erteilen. Da die Selbstbevorzugung nur in Ausnahmefällen als missbräuchlich einzustufen ist, kann die Behinderung effektiven Wettbewerbs nicht ohne weiteres angenommen werden, sondern bedarf weiterer Anhaltspunkte. Dies gilt auch für den Fall, dass ein Plattformbetreiber aufgrund des Vorliegens von Netzwerkeffekten über eine ausgeprägte Marktmacht verfügt. Zwar steigt die Gefahr eines Marktmachtmissbrauchs bei Vorliegen einer besonderen Marktmacht, dennoch bedarf es auch in diesen Fällen einer konkreten Gefährdung des Wettbewerbs durch das Verhalten des Marktbeherrschers. Ansonsten würde man Gefahr

---

[173] EuGH, Urt. v. 09.11.1983, Rs. 322/81, ECLI:EU:C:1983:313, Rn. 57 – *Michelin*; EuGH, Urt. v. 02.04.2009, Rs. C-202/07 P, ECLI:EU:C:2009:214, Rn. 105 - *France Télécom SA*, aus jüngerer Zeit EuGH, Urt. v. 27.03.2012, Rs. C-209/10, ECLI:EU:C:2012:172, Rn. 23 – *Post Danmark.*

[174] Vgl. *Generalanwalt Fennelly*, Schlussanträge vom 29.10.1998 in den verb. Rs. C-395/96 P und C-396/96 P, ECLI:EU:C:1998:518, Rn. 137 – *Compagnie Maritime Belge Transports*; ähnlich auch EuGH, Urt. v. 09.11.1983, Rs. 322/81, ECLI:EU:C:1983:313, Rn. 57 – *Michelin.*

[175] *Zinndorf*, Internetsuchmaschinen in der unionskartellrechtlichen Missbrauchskontrolle 2020, 348.

[176] *Zinndorf*, ebd., 349; bezüglich der Anforderungen an die Wahrscheinlichkeit auch *Wilhelmi*, Lizenzverweigerung als Missbrauch einer marktbeherrschenden Stellung in der Gemeinschaftsrechtsprechung, WRP 2009, 1431 (1437).

laufen, ein Unternehmen vor allem aufgrund seiner ausgeprägten Marktmacht und weniger aufgrund seines missbräuchlichen Verhaltens zu disziplinieren. Diese Herangehensweise widerspricht dem Grundsatz, dass nicht die marktbeherrschende Stellung an sich problematisch für den Wettbewerb ist, sondern allein die Ausnutzung dieser Stellung zu Lasten des Wettbewerbs und der Wettbewerber.[177]

Besonders schädlich für die Aufrechterhaltung eines effektiven Wettbewerbs ist die Möglichkeit von Plattformbetreibern, ihre Marktmacht auf dem Markt für Plattform-Dienstleistungen mithilfe einer Hebelwirkung auf den nachgelagerten Markt zu übertragen.[178] Diese besondere Ausprägung des Behinderungsmissbrauchs, die auch als *Leveraging of market power* bezeichnet wird,[179] hat in der Internetökonomie in den letzten Jahren erheblich an Bedeutung gewonnen.[180] Ein Plattformbetreiber, der selbst auf dem nachgelagerten Markt tätig ist, kann seine eigenen Produkte und Dienstleistungen auf der Plattform derart bevorzugen, dass die Angebote der Wettbewerber auf dem nachgelagerten Markt kaum wahrgenommen werden. Besonders problematisch ist dies, wenn der Plattformbetreiber nicht nur seine eigenen Produkte bevorzugt behandelt, sondern darüber hinaus aktiv Maßnahmen ergreift, um die Angebote von Wettbewerbern zu benachteiligen. Der marktbeherrschende Plattformbetreiber verbessert

---

[177] *Jung*, in: Grabitz/Hilf/Nettesheim, Das Recht der Europäischen Union, 81. Aufl. 2024, AEUV Art. 102, Rn. 117; zum Vergleich mit dem US-Antitrustrecht: *Fuchs*, in: Immenga/Mestmäcker, Wettbewerbsrecht, 6. Aufl. 2019, AEUV Art. 102, Rn. 128.

[178] *Burchardi*, Die Selbstbegünstigung von Plattformunternehmen im Fokus des Kartell- und Regulierungsrechts, NZKart 2022, 610 (612); *Crémer/Montjoye, de/Schweitzer*, Competition policy for the digital era, 65 f.; *Gasser*, Der Marktstrukturmissbrauch in der Plattformökonomie 2021, 245 ff.

[179] Im deutschen wird der Begriff „*Hebelwirkung*“ verwendet; der Begriff "*leveraging of market power"* bezeichnet im kartellrechtlichen Kontext die gezielte Ausnutzung bestehender Marktmacht in einem Marktsegment, um in ein anderes Marktsegment vorzudringen oder dort die eigene Position zu stärken, *Fuchs*, in: Immenga/Mestmäcker, Wettbewerbsrecht, 6. Aufl. 2019, AEUV Art. 102, Rn. 274.

[180] *Kruis/Eilmansberger*, in: Streinz, EUV/AEUV, 3. Aufl. 2018, AEUV Art. 102, Rn. 121.

seine Marktstellung in diesem Fall nicht aufgrund seiner eigenen Leistungen, sondern nutzt hierfür die vertikale Integration.

Das Wettbewerbsschädigungspotenzial besteht in diesen Konstellationen vor allem in der Gefahr einer manipulativen Steuerung der Auswahlentscheidungen der Nachfrageseite.[181] Die Bevorzugung eigener Produkte und Dienstleistungen kann die Möglichkeit der Wettbewerber auf dem nachfolgenden Markt einschränken, im Rahmen eines fairen Leistungswettbewerbs mit dem Angebot des Plattformbetreibers zu konkurrieren.[182] Hierdurch wird der Anreiz für Innovationen erheblich gemindert und das Innovationsniveau des Marktes negativ beeinflusst.[183] Dies ist problematisch, da Innovationsanreize bei einem funktionierenden Wettbewerb grundsätzlich am höchsten sind.[184] Da ein funktionierender Innovationswettbewerb das zentrale Mittel zum Abbau von Marktzutrittsschranken ist, ist es notwendig, zu verhindern, dass diese Schranken durch missbräuchliches Verhalten weiter ausgebaut werden.[185] Neben der Beeinträchtigung des Innovationswettbewerbs wird durch dieses Verhalten die überragende marktübergreifende Stellung der digitalen Plattform abgesichert oder gar verstärkt.[186]

---

[181] *Schweitzer*, in: Wettbewerbsrecht, 7. Aufl. 2024, GWB § 19a, Rn. 151.

[182] Reg.Begr. zur 10. GWB-Novelle, BT-Drs. 19/23492, 75; ebenso Kommission Wettbewerb 4.0, Ein neuer Wettbewerbsrahmen für die Digitalwirtschaft, 2019, 53 f.

[183] Hierzu im Gesamten: *Schweitzer*, in: Wettbewerbsrecht, 7. Aufl. 2024, GWB § 19a, Rn. 151.

[184] *Höppner*, Missbräuchliche Verhinderung „neuer" Produkte durch Immaterialgüterrechte - Zur Anwendung von Art. EGV Artikel 82 EG auf Lizenzverweigerungen, GRUR Int 2005, 457 (460); *Zinndorf*, Internetsuchmaschinen in der unionskartellrechtlichen Missbrauchskontrolle 2020, 359.

[185] Hierzu im Gesamten: *Zinndorf*, Internetsuchmaschinen in der unionskartellrechtlichen Missbrauchskontrolle 2020, 359 f.

[186] Reg.Begr. zur 10. GWB-Novelle, BT-Drs. 19/23492, 75; *Schweitzer*, in: Immenga/Mestmäcker, Wettbewerbsrecht, 7. Aufl. 2024, GWB § 19a, Rn. 151.

b) Fallgruppen der Selbstbevorzugung

Bislang haben sich mit der bevorzugten Darstellung eigener Angebote und der Vorinstallation oder Integration eigener Angebote zwei Fallgruppen einer Selbstbevorzugung herausgebildet.

(1) Bevorzugte Darstellung eigener Angebote

Die Bevorzugung eigener Angebote beruht auf der Erkenntnis, dass Auffindbarkeits- und Sichtbarkeitsvorteile, die oftmals nur durch die Nutzung konsolidierter Plattformen erreicht werden können, auf digitalen Märkten eine zentrale Rolle spielen.[187] Den vertikal integrierten Plattformbetreibern ist es möglich, eigene Produkte oder Dienstleistungen so darzustellen, dass sie von Nutzern der Plattform einfacher aufgefunden werden können als die Produkte oder Dienstleistungen ihrer Wettbewerber.

Die bevorzugte Darstellung ist aus wettbewerbsrechtlicher Sicht von großer Bedeutung. Je sichtbarer Produkte oder Dienstleistungen auf einer Webseite präsentiert werden, desto eher erregen sie die Aufmerksamkeit der Nutzer. Insbesondere die Reihenfolge, in der Ergebnisse präsentiert werden, beeinflusst das Auswahlverhalten von Nutzern maßgeblich. Um dies zu beweisen, haben *Hotchkiss et al.* in ihrer Studie aus dem Jahr 2005 das Aufmerksamkeitsverhalten von Nutzern bei Präsentation einer Liste mit Onlinesuchergebnissen untersucht.[188] Hierzu wurden die Augenbewegungen der Nutzer beim Lesen der Suchergebnisse mit einem *Eye-Tracking*-System analysiert. Die Studie ergab, dass sich der Fokus der Nutzer hauptsächlich auf die ersten drei organischen Suchergebnisse richtet.

---

[187] *Wolf*, in: Münchener Kommentar zum Wettbewerbsrecht, 4. Aufl. 2022, GWB § 19a, Rn. 42.

[188] Hierzu im Gesamten: *Hotchkiss/Alston/Edwards*, Eye Tracking Study 2005, 4 ff.

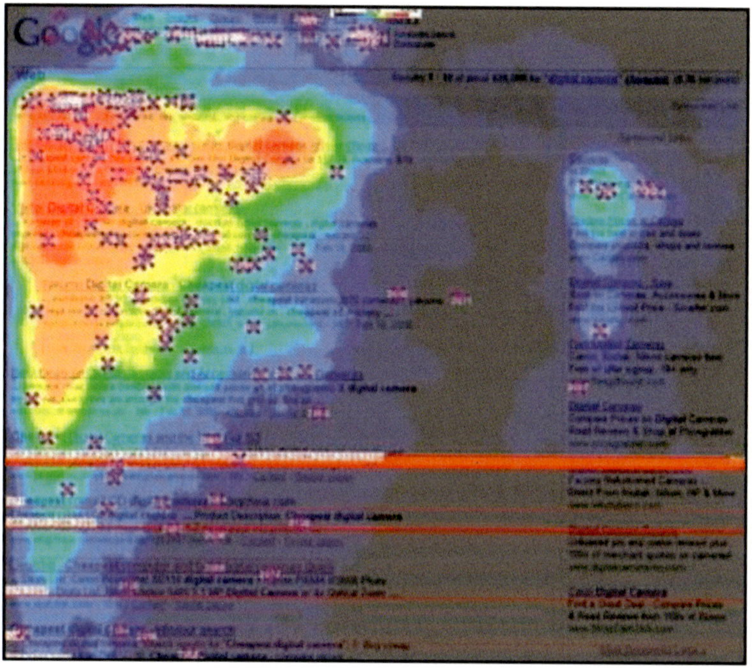

Abbildung 14: Analyse des Aufmerksamkeitsfokus bei Suchergebnissen 2005[189]

Zwar hat sich die Gestaltung der Suchmaschinenwebseiten seitdem maßgeblich verändert, doch können die dahinterstehenden Ergebnisse sowohl auf die heutige Webseitengestaltung von Suchmaschinen als auch auf die Gestaltung anderer Onlinedienste übertragen werden. Nutzer tendieren dazu, höher positionierte Links und Produkte häufiger anzuklicken als weiter unten aufgeführte. Diese These wird durch eine Studie von *De Los Santos/Koulayev* aus dem Jahr 2012 gestützt.[190] Sie kommen zu dem Ergebnis, dass bei einer Auflistung von Suchergebnissen die obersten drei Links 43 % der Klicks ausmachen und davon allein 36 % auf den ersten Link entfallen.

---

[189] *Hotchkiss/Alston/Edwards*, ebd., 7.

[190] *De los Santos/Koulayev*, Optimizing Click-Through in Online Rankings with Endogenous Search Refinement, Marketing Science 2016, 1 (36).

Neben der Reihenfolge gibt es eine Reihe an weiteren Möglichkeiten, das eigene Unternehmen bei der Darstellung eigener Leistungen zu begünstigen.[191] So können die eigenen Ergebnisse losgelöst von einer bestehenden Rankingliste vor den gerankten Ergebnissen platziert werden. Gleichzeitig ist es möglich, die eigenen Ergebnisse an anderer Stelle visuell besonders hervorgehoben zu präsentieren. Der Plattformbetreiber kann auch durch ein für den Kunden unsichtbares Ranking entscheiden, welches Angebot dieser zu Gesicht bekommt. Darüber hinaus kann es der Plattformbetreiber in Betracht ziehen, die Rankingreihenfolge künstlich zu beeinflussen. Problematisch dürfte sich in diesen Fällen der Nachweis der Selbstbevorzugung gestalten.[192] Dies gilt insbesondere dann, wenn ein Ranking subjektive Elemente enthält.[193] Zum einen dürfte es oft schwierig sein, herauszufinden, ob ein Algorithmus diskriminierend gestaltet oder angewendet wurde.[194] Zum anderen hat der Plattformbetreiber, der das Ranking vornimmt, ein überlegenes Wissen hinsichtlich der exakten Funktionsweise des Ranking-Algorithmus.[195] Der Nachweis einer Optimierung der eigenen Dienstleistung anhand dieses überlegenen Wissens ist ohne die Einsicht interner und vertraulicher Dokumente kaum möglich. Außerdem stellt sich in diesen Fällen die Frage, welche Schwelle überschritten sein muss, um die grundsätzlich zulässige Optimierung als Selbstbevorzugung zu qualifizieren.

---

[191] Zu den folgenden Beispiele: *Burchardi*, Die Selbstbegünstigung von Plattformunternehmen im Fokus des Kartell- und Regulierungsrechts, NZKart 2022, 610 (611).

[192] *Wagner-von Papp*, in: BeckOK Kartellrecht, 7. Aufl. 2023, GWB § 19a, Rn. 56; *Höppner/Weber*, Die Modernisierung der Missbrauchskontrolle nach dem Referentenentwurf für eine 10. GWB-Novelle, K&R 2020, 24 (34); bezüglich der Bestimmungen des DMA *Peitz*, How to Apply the Self-Preferencing Prohibition in the DMA, Journal of European Competition Law & Practice 2023, 310 (314 ff.).

[193] *Wagner-von Papp*, in: BeckOK Kartellrecht, 7. Aufl. 2023, GWB § 19a, Rn. 56.

[194] *Wagner-von Papp*, ebd. Rn. 56; *Peitz*, How to Apply the Self-Preferencing Prohibition in the DMA, Journal of European Competition Law & Practice 2023, 310 (318).

[195] *Wagner-von Papp*, in: BeckOK Kartellrecht, 7. Aufl. 2023, GWB § 19a, Rn. 56.

Der Sichtbarkeitsvorteil zugunsten eines Plattformbetreibers kann dazu führen, dass andere Unternehmen verdrängt werden, womit eine marktübergreifende Verfestigung der eigenen Marktstellung einhergeht.[196] Besonders im Fokus steht die Möglichkeit von Plattformbetreibern, die Marktmacht auf dem Marktplatzdienstleistungsmarkt auszunutzen, um ihre Marktmacht auf dem nachgelagerten Markt auszubauen.[197] Der potenziell wettbewerbsschädliche Effekt des *Leveraging of market power* kann anhand der bevorzugten Darstellung eigener Produkte erläutert werden.[198] Bevorzugt der Plattformbetreiber seine eigenen Produkte, so kann hierdurch der Eigenvertrieb gestärkt werden, während Konkurrenzprodukte- oder Dienstleistungen weniger Beachtung finden. Aufgrund der geschmälerten Wettbewerbschancen der Wettbewerber ist es dem Plattformbetreiber möglich, seine Machtstellung als Händler auf dem nachgelagerten Markt auszubauen, ohne dass er hierfür einer besonders guten Eigenleistung im Hinblick auf die von ihm angebotene Leistung bedarf.

(2) Vorinstallation oder Integration eigener Angebote

Ein Missbrauch der marktbeherrschenden Stellung kann auch durch die Vorinstallation oder Integration eigener Angebote eines gleichzeitig als Vermittler tätigen Unternehmens erfolgen. Hintergrund ist, dass große Digitalplattformen oftmals ihre eigenen Dienste voreinstellen.[199] So haben beispielsweise sowohl Apple als Betreiber des Betriebssystems *iOS* als auch Google als Betreiber des Betriebssystems *Android* jeweils ihren eigenen *App Store* als Standarddienst voreingestellt. Auch findet sich in nahezu jedem Webbrowser eine voreingestellte Suchmaschine. Zudem sichern

---

[196] *Wolf*, in: Münchener Kommentar zum Wettbewerbsrecht, 4. Aufl. 2022, GWB § 19a, Rn. 42.

[197] Kommission Wettbewerbsrecht 4.0, Ein neuer Wettbewerbsrahmen für die Digitalwirtschaft, 19; *Burchardi*, Die Selbstbegünstigung von Plattformunternehmen im Fokus des Kartell- und Regulierungsrechts, NZKart 2022, 610 (612); *Gasser*, Der Marktstrukturmissbrauch in der Plattformökonomie 2021, 245 ff.

[198] Zum Begriff des *leveraging of market power*: Kommission Wettbewerbsrecht 4.0, Ein neuer Wettbewerbsrahmen für die Digitalwirtschaft, 19; zur Darstellung des potenziell wettbewerbsschädlichen Effekts im Gesamten: *Burchardi*, Die Selbstbegünstigung von Plattformunternehmen im Fokus des Kartell- und Regulierungsrechts, NZKart 2022, 610 (612).

[199] *Monopolkommission*, Empfehlungen für einen effektiven und effizienten Digital Markets Act 2022, 37 f.

sich einige große Digitalkonzerne über Exklusivvereinbarungen die Vorinstallation eigener Dienste auf Plattformdiensten anderer Anbieter.[200] Die Verknüpfung kann dazu führen, dass unter Umgehung des Leistungswettbewerbs eine größere Reichweite für die eigenen Angebote erzielt und hierdurch die Marktstellung des Unternehmens gefestigt oder erweitert wird.[201] Dies ist darauf zurückzuführen, dass Verbraucher – insbesondere, wenn sie die voreingestellten Dienste mehrfach innerhalb eines Ökosystems verwenden – ihre Voreinstellung nur selten ändern.[202] Derartige faktische Umstände sind dazu geeignet, die gleichen Sogeffekte auszulösen wie eine technische oder rechtliche Bindung.[203]

Die Voreinstellung oder Vorinstallation eigener Dienste bringt den Plattformbetreibern Vorteile gegenüber Wettbewerbern, ohne dass es hierfür auf die Qualität der Leistung ankommt. Aufgrund ihrer marktverschließenden Wirkung sind Voreinstellungen und Vorinstallationen geeignet, signifikante Marktzutrittsbarrieren für Wettbewerber zu errichten. Hierdurch kann der Plattformbetreiber seine wirtschaftliche Machtposition auf den Markt übertragen, auf dem die Voreinstellungen vorgenommen wurden. Wettbewerbern ist es nicht möglich, in gleichem Umfang von den datengetriebenen Netzwerkeffekten zu profitieren und ihre eigenen Anwendungen zu verbessern. Den Wettbewerbern wird im Ergebnis der Zugang zu Verbrauchern erschwert. Infolgedessen kann es zu einer Wettbewerbsbeschränkung durch eine Verminderung des Wettbewerbs- und Innovationsdrucks kommen. Es besteht die Gefahr, dass sich die Qualität und Vielfalt von Angeboten langfristig reduziert. Darüber hinaus können Netzwerkeffekte und *Default*-Einstellungen auch zu einer Pfadabhängigkeit führen, wenn Verbraucher die voreingestellten Dienste auf mehreren Endgeräten

---

[200] *Monopolkommission*, ebd., 37; neben dem unten ausführlich dargestellten EU-Verfahren *Google Android* werden Googles Voreinstellungsvereinbarungen auch in den USA als wettbewerbswidrig angesehen: Google loses antitrust case over search, abrufbar unter https://www.cnbc.com/2024/08/05/google-loses-antitrust-case-over-search.html, zuletzt abgerufen am 23.08.2024.

[201] *Wolf*, in: Münchener Kommentar zum Wettbewerbsrecht, 4. Aufl. 2022, GWB § 19a, Rn. 45.

[202] *Monopolkommission*, Empfehlungen für einen effektiven und effizienten Digital Markets Act 2022, 37 f.

[203] Vgl. BGH, WuW/E DE-R 1206 (1210) – *Strom und Telefon I*, BGH, WuW/E DE-R 1283 (1285 f.) – *Der Oberhammer*.

oder innerhalb eines digitalen Ökosystems nutzen.[204] Durch die Verknüpfung können Ökosystembetreiber noch mehr Daten über voreingestellte Dienste generieren und hierdurch ihre wirtschaftliche Macht weiter festigen.

c) Rechtfertigung der Selbstbevorzugung

Ökonomische Effizienzen sind als Rechtfertigungsgrund für einen Marktmachtmissbrauch mittlerweile weitestgehend anerkannt. Es stellt sich jedoch die Frage, unter welchen Voraussetzungen eine Rechtfertigung im Falle einer Selbstbevorzugung angenommen werden kann.

(1) Ökonomische Effizienzen als Rechtfertigungsgrund

Der Wortlaut der Missbrauchstatbestände aus Art. 102 AEUV und § 19 Abs. 1 GWB sieht im Gegensatz zum Kartellverbot aus Art. 101 AEUV und § 1 GWB keine Möglichkeit der Freistellung oder Rechtfertigung vor. In der Rechtsprechung des EuGH lassen sich jedoch nicht erst seit der Einführung des von der Kommission angeregten *more economic approach* Andeutungen einer zweistufigen Auslegung des Missbrauchsverbots erkennen. Spätestens seit der Entscheidung *British Airways* sind Effizienzgewinne ausdrücklich als Rechtfertigungsgrund anerkannt.[205] Der EuGH ermöglichte in dieser Entscheidung erstmals einem marktbeherrschenden Unternehmen eine entlastende objektiv wirtschaftliche Rechtfertigung. Hierfür wurde verlangt, dass die nachteilige Verdrängungswirkung des Verhaltens durch Effizienzvorteile wenigstens aufgewogen wird, die Effizienzen den Verbrauchern zugutekommen und das Verhalten zur Erzielung dieser Effizienzen erforderlich ist. In der Entscheidung *Post Danmark I* bestätigte der EuGH das Bestehen einer

---

[204] *Monopolkommission*, Empfehlungen für einen effektiven und effizienten Digital Markets Act 2022, 38.

[205] Hierzu im Gesamten: EuGH, Urt. v. 15.03.2007, Rs. C-95/04, ECLI:EU:C:2007:166, Rn. 86 – *British Airways*: „*Es ist zu ermitteln, ob die für den Wettbewerb nachteilige Verdrängungswirkung einer solchen Regelung durch Effizienzvorteile ausgeglichen oder sogar übertroffen werden kann, die auch dem Verbraucher zugutekommen. Steht die Verdrängungswirkung dieser Regelung in keinem Zusammenhang mit Vorteilen für den Markt und die Verbraucher oder geht sie über dasjenige hinaus, was zur Erreichung solcher Vorteile erforderlich ist, so ist diese Regelung als missbräuchlich anzusehen.*“.

effizienzbezogenen Rechtfertigung und setzte ein Prüfungsschema für die Annahme einer sachlichen Rechtfertigung fest. Hinsichtlich der Anforderungen ging der EuGH über die in der Entscheidung *British Airways* aufgestellten Kriterien hinaus und verlangte, dass ein wirksamer Wettbewerb durch das Verhalten nicht ausgeschaltet werden darf.[206]

Auch die Kommission erkennt in ihrer Prioritätenmitteilung die Erzielung von Effizienzvorteilen als Rechtfertigungsgrund eines *prima facie* Behinderungsmissbrauchs an, wenn diese den befürchteten Schaden für die Verbraucherwohlfahrt im Ergebnis vollständig aufwiegen.[207] Hierfür verlangt sie vier Voraussetzungen, die kumulativ vorliegen müssen. Diese sind inhaltlich an die Voraussetzungen der Einzelfreistellung gem. Art. 101 Abs. 3 AEUV angelehnt und erinnern zugleich stark an die in der Entscheidung *Post Danmark I* aufgestellten Kriterien.[208] Das *prima facie* Verhalten muss nach Ansicht der Kommission erstens tatsächlich oder wahrscheinlich Effizienzvorteile herbeiführen und zweitens für das Erreichen der Effizienzvorteile unverzichtbar sein. Drittens müssen die befürchteten negativen Auswirkungen auf die Verbraucherwohlfahrt auf den betroffenen Märkten vollständig aufgewogen werden und viertens darf der Restwettbewerb nicht vollständig oder fast vollständig ausgeschaltet werden.[209] Die vierte Voraussetzung wird damit begründet, dass die Rivalität zwischen Unternehmen ein wichtiger Faktor wirtschaftlicher Effizienz ist. Ohne sie hätte das marktbeherrschende Unternehmen keinen Anreiz, sich um Effizienzvorteile zu bemühen und diese weiterzugeben. Die Beweislast für die objektive Rechtfertigung obliegt nach Ansicht der Kommission dem marktbeherrschenden Unternehmen. Die Kommission muss

---

[206] EuGH, Urt. v. 27.03.2012, Rs. C-209/10, ECLI:EU:C:2012:172, Rn. 42 – *Post Danmark I.*

[207] Europäische Kommission, ABl. C 45 v. 24.02.2009, Prioritätenmitteilung, Rn. 28 ff.

[208] Europäische Kommission, ABl. C 45 v. 24.02.2009, Prioritätenmitteilung, Rn. 28 ff.; *Fuchs*, in: Immenga/Mestmäcker - Kommentar zum Europäischen Kartellrecht, 6. Aufl. 2019, AEUV Art. 102, Rn. 160.

[209] Hierzu im Gesamten: Europäische Kommission, ABl. C 45 v. 24.02.2009, Prioritätenmitteilung, Rn. 30.

anschließend abwägen, ob das Verhalten in der Gesamtschau eine positive oder negative Wirkung auf die Verbraucherwohlfahrt hat.[210]

Die Möglichkeit einer effizienzbezogenen sachlichen Rechtfertigung wird trotz fehlender gesetzlicher Normierung befürwortet.[211] Dies ist nachvollziehbar und richtig, da missbräuchliche Verhaltensweisen nicht geahndet werden sollten, sofern sie im Endeffekt dem Wettbewerb zugutekommen. Hierbei ist jedoch zu berücksichtigen, dass kurzfristig effizienzsteigernde Verhaltensweisen, die langfristig die Aufrechterhaltung eines funktionierenden Wettbewerbs gefährden, keinesfalls zur Rechtfertigung einer missbräuchlichen Verhaltensweise führen dürfen. Aus diesem Grund sind die von den Gerichten und der Kommission aufgestellten Anforderungen an eine Rechtfertigung eng auszulegen. Insbesondere die Aufrechterhaltung des bestehenden (Rest-)Wettbewerbs muss stets gewährleistet sein.

(2) Ökonomische Effizienzen einer Selbstbevorzugung

Auch im Rahmen einer Selbstbevorzugung können ökonomische Effizienzen die sachliche Rechtfertigung eines *prima facie* missbräuchlichen Verhaltens ermöglichen. Hierfür ist im jeweiligen Einzelfall zu prüfen, ob die von Kommission und EuGH aufgestellten Anforderungskriterien erfüllt sind. Zunächst bedarf es eines unverzichtbaren Effizienzvorteils. Im Falle einer Selbstbevorzugung kommt insbesondere die Verbesserung des eigenen Angebots durch die Ausnutzung der vertikalen Integration in Betracht. Dem Betreiber einer Hybridplattform ist es zumeist möglich, die Plattform auf die Bedürfnisse des sekundären Marktes anzupassen. Beispielsweise können den Plattformnutzern bereits bei der Suche auf der Plattform auf deren persönliches Verhalten angepasste Ergebnisse präsentiert werden. Auch können Rankingkriterien, die im Ergebnis das Angebot des Plattformbetreibers begünstigen, das Angebot verbessern und die Nutzung der Plattform auf diese Weise attraktiver gestalten.[212] Der Effizienzgewinn für

---

[210] Europäische Kommission, ABl. C 45 v. 24.02.2009, Prioritätenmitteilung, Rn. 31.

[211] Ausdrücklich: *Fuchs*, in: Immenga/Mestmäcker, Wettbewerbsrecht, 6. Aufl. 2019, AEUV Art. 102, Rn. 163; *Bien*, in: Münchener Kommentar zum Wettbewerbsrecht, 4. Aufl. 2023, AEUV Art. 102, im Ergebnis ähnlich Rn. 695; Europäische Kommission, ABl. C 45 v. 24.02.2009, Prioritätenmitteilung, Rn. 30.

[212] *Burchardi*, Die Selbstbegünstigung von Plattformunternehmen im Fokus des Kartell- und Regulierungsrechts, NZKart 2022, 610 (612).

Verbraucher ergibt sich in diesen Konstellationen insbesondere aus dem verringerten Suchaufwand personalisierten Ergebnisse und der hierdurch eingesparten Zeit. *Zinndorf* geht deshalb davon aus, dass ein Verbot, die eigenen Dienste zu integrieren und prominent anzuzeigen, den Nutzen für Suchnutzer verschlechtern und im Ergebnis zur Behinderung der Innovation führen kann.[213] Auch Vorinstallationen oder Voreinstellungen können die Attraktivität durch einfache Nutzung erhöhen oder gar für mehr Sicherheit sorgen.[214]

Der Effizienzvorteil muss geeignet sein, die negativen Auswirkungen auf die Verbraucherwohlfahrt aufzuwiegen. Diese Abwägungsentscheidung kann nicht pauschal beurteilt werden, sondern bedarf einer genauen Betrachtung des jeweiligen Einzelfalls. In der Literatur wird vertreten, dass der Grundsatz *in dubio pro innovatione* gelte, wenn nach der umfassenden Abwägung Zweifel bestehen.[215] Bei der Abwägung sei zu berücksichtigen, dass gerade auf den schnelllebigen digitalen Märkten verfrühte oder unsubstantiierte kartellrechtliche Eingriffe im Ergebnis innovationshemmend wirken.[216]

Diese Zweifelsfallregelung ist kritisch zu bewerten. Wird *prima facie* ein missbräuchliches Verhalten festgestellt, so bedarf es hoher Hürden für eine sachliche Rechtfertigung. Die Regelung darf deshalb nicht dazu führen, dass Effizienzvorteilen automatisch Vorrang gewährt wird. Stattdessen sind die Auswirkungen der Abstellung des beanstandeten Verhaltens genauestens zu untersuchen. Nur wenn danach keine Abwägungsentscheidung möglich ist, sollte den Effizienzvorteilen im Zweifelsfall Vorrang gewährt werden.

---

[213] *Zinndorf*, Internetsuchmaschinen in der unionskartellrechtlichen Missbrauchskontrolle 2020, 404.

[214] *Burchardi*, Die Selbstbegünstigung von Plattformunternehmen im Fokus des Kartell- und Regulierungsrechts, NZKart 2022, 610 (612).

[215] *Wolf*, Kartellrechtliche Grenzen von Produktinnovationen 2004, 218; *Zinndorf*, Internetsuchmaschinen in der unionskartellrechtlichen Missbrauchskontrolle 2020, 412.

[216] *Bork/Sidak*, What does the Chicago school teach about internet search and the antitrust treatment of Goolge?, Journal of Competition Law and Economics 2012, 663 (666); *Zinndorf*, Internetsuchmaschinen in der unionskartellrechtlichen Missbrauchskontrolle 2020, 412.

Gegen das Überwiegen eines Effizienzvorteils können insbesondere durch das selbstbevorzugende Verhalten hervorgerufene Innovationshemmnisse sprechen. Es ist zu erwarten, dass Innovationen der Wettbewerber aufgrund der bevorzugten Behandlung der eigenen Leistung durch den Plattformbetreiber ergebnislos bleiben und in der Folge eingestellt werden. Dies gilt insbesondere dann, wenn die Selbstbevorzugung dazu führt, dass Leistungskriterien bei der Auswahl der angezeigten Wettbewerber keine Rolle spielen, sodass eine Optimierung der eigenen Leistung im Ergebnis wirkungslos bleibt. Problematisch gestaltet es sich jedoch, einen geeigneten Maßstab zur Beurteilung des Innovationsgrades auszuwählen, da die Innovationsbereitschaft und Innovationstätigkeit der Wettbewerber schlecht vorhergesehen werden können.[217] Die Kommission hat vorgeschlagen, das aktuelle Innovationsniveau mit dem Innovationsniveau ohne die beanstandete Verhaltensweise zu vergleichen.[218] Dieser Ansatz ist unbefriedigend, dürfte jedoch aufgrund der nicht behebbaren Unsicherheiten bezüglich zukünftiger Entwicklungen die einzig praxistaugliche Möglichkeit einer Bewertung sein.

Zuletzt ist es erforderlich, dass der Restwettbewerb durch das beanstandete Verhalten nicht vollständig oder fast vollständig ausgeschaltet wird. Hierbei ist zu berücksichtigen, dass ein missbräuchliches, selbstbegünstigendes Verhalten im Normalfall zu einer Reduktion der Produktvielfalt und zu einer stagnierenden Produktqualität führt. Es ist zu erwarten, dass sich Wettbewerber aus dem Markt zurückziehen, wenn die Marktmacht des Plattformbetreibers auf dem sekundären Markt zu groß wird und Kunden aufgrund der vertikalen Integration *Single-Homing* betreiben. Außerdem besteht die Gefahr, dass auch die Bereitschaft des Plattformbetreibers, auf dem sekundären Markt Innovation zu betreiben, sinkt, wenn dieser es schafft, seine marktbeherrschende Stellung auf dem Plattformmarkt mithilfe der Hebelwirkung auf den sekundären Markt zu übertragen. Gegen eine (fast) vollständige Ausschaltung des Restwettbewerbs spricht auf digitalen Märkten, dass grundsätzlich niedrigere Marktzutrittsschranken

---

[217] *Devine*, Preserving Competition in Multi-Sided Innovative Markets: How Do You Solve a Problem Like Google, North Carolina Journal of Law and Technology 2008, 59 (96); *Zinndorf*, Internetsuchmaschinen in der unionskartellrechtlichen Missbrauchskontrolle 2020, 414.

[218] Vgl. Europäische Europäische Kommission, Prioritätenmitteilung, ABl. 2009, C 45/02, Rn. 21.

vorherrschen. Insbesondere die Bedeutung potenzieller Wettbewerber muss in besonderem Maße Berücksichtigung finden, da erst bei einem Ausscheiden aller potenziellen Wettbewerber eine vollständige Ausschaltung des Restwettbewerbs zu erwarten ist.[219] Die Anforderungen hieran ist in der Praxis hoch, da sich digitale Märkte äußerst dynamisch und innovativ verhalten. Markteintritte sind erst dann nicht mehr zu erwarten, wenn der Marktbeherrscher bereits eine derart beherrschende Stellung erlangt hat, dass ein Markteintritt trotz niedriger Investitionskosten sinnlos erscheint.

d) Vorschriften zur Selbstbevorzugung

Der deutsche Gesetzgeber hat mit § 19a Abs. 2 Nr. 1 GWB jüngst eine Norm erlassen, die speziell auf die Selbstbevorzugung zugeschnitten ist. Der europäische Gesetzgeber möchte mit Art. 6 Abs. 5 DMA die Selbstbevorzugung beim Ranking, der Indexierung und dem damit verbundenen Auffinden verhindern.

(1) Kartellrechtliche Vorschrift im deutschen Recht

§ 19a Abs. 2 Nr. 1 GWB untersagt die Bevorzugung eigener Angebote beim Vermitteln des Zugangs zu Beschaffungs- und Absatzmärkten. Der Tatbestand setzt zunächst voraus, dass das betroffene Unternehmen vertikal integrierten ist.[220] Zwar handelt es sich bei der Vorschrift dem Grunde nach um ein Diskriminierungsverbot, doch verbietet dieses nicht die Ungleichbehandlung von unterschiedlichen Sachverhalten.[221]Aus diesem Grund erfolgt die Schwerpunktsetzung der Prüfung in der Praxis häufig in der Analyse der resultierenden Behinderungswirkung.[222] Hintergrund der

---

[219] Ebenso *Zinndorf*, Internetsuchmaschinen in der unionskartellrechtlichen Missbrauchskontrolle 2020, 416.

[220] Reg.Begr. zur 10. GWB-Novelle, BT-Drs. 19/23492, 75 f.

[221] *Wolf*, in: Münchener Kommentar zum Wettbewerbsrecht, 4. Aufl. 2022, GWB § 19a, Rn. 41; *Ostendorf/Grün*, Geltung des Konzernprivilegs im Rahmen des Missbrauchsverbots im Europäischen und Deutschen Kartellrecht, WuW 2008, 950 (958).

[222] *Bronett, de*, Gemeinschaftsrechtliche Anmerkungen zum „Orange-Book-Standard“-Urteil des BGH, WuW 2009, 899 (903); *Ostendorf/Grün*, Geltung des Konzernprivilegs im Rahmen des Missbrauchsverbots im Europäischen und Deutschen Kartellrecht, WuW 2008, 950 (958 f.).

wettbewerbsrechtlichen Gefahr ist, dass ein Unternehmen, welches sowohl als Vermittler als auch als Nutzer einer bestimmten Leistung agiert, über einen strategischen Vorteil verfügt, den es zur Förderung der eigenen Leistungen nutzen kann, indem es den Leistungswettbewerb umgeht.[223] Die Selbstbevorzugung durch einen vertikal integrierten Intermediär ist mit einem besonderen Wettbewerbsschädigungspotenzial verbunden, da der Intermediär über die Möglichkeit verfügt, die Auswahlentscheidung der Nachfragerseite manipulativ zu steuern.[224] Insbesondere können Wettbewerber davon abgehalten werden, auf angrenzenden Märkten innerhalb eines fairen Leistungswettbewerbs zu konkurrieren. Außerdem können Anreize, in entsprechende Vorstöße und Innovation zu investieren, beeinträchtigt werden.

§ 19a Abs. 2 Nr. 1 GWB soll die Ausnutzung der Vorteile einer vertikalen Integration des Plattformbetreibers verhindern. Hierzu wird Unternehmen, welche einerseits den Zugang zu Beschaffungs- oder Absatzmärkten vermitteln und zeitlich auf dem gemittelten Markt als Wettbewerber fungieren, jede Form der Selbstbevorzugung untersagt, wobei diese in Ausübung der Intermediärsfunktion erfolgen muss.[225] Hierbei gilt es zu beachten, dass sich das Verbot der Selbstbevorzugung auf das Vermitteln des Zugangs zu Beschaffungs- und Absatzmärkten beschränkt und sonstige Begünstigungen eigener Dienste wie Quersubventionierungen oder der privilegierte Datenzugang nicht erfasst.[226] Aus der Kombination verschiedener Verbote und dem allgemeinen Missbrauchsverbot kann sich im Ausnahmefall eine Pflicht zu Neutralität unter Aufhebung des Konzernprivilegs ergeben.[227] Orientierung bieten die Regelbeispiele aus § 19a Abs. 2 S. 1 Nr. 1 lit. a und lit. b GWB, die besonders relevante Ausprägungen einer Selbstbevorzugung adressieren. Neben der bevorzugten Darstellung (lit. a) wird die Integration oder Vorinstallation eigener Angebote (lit. b) erfasst. Werden die Voraussetzungen eines Regelbeispiels

---

[223] *Wolf*, in: Münchener Kommentar zum Wettbewerbsrecht, 4. Aufl. 2022, GWB § 19a, Rn. 42.
[224] *Schweitzer*, in: Immenga/Mestmäcker, Wettbewerbsrecht, 7. Aufl. 2024, GWB § 19a, Rn. 151.
[225] *Schweitzer*, ebd. Rn. 150.
[226] *Wolf*, in: Münchener Kommentar zum Wettbewerbsrecht, 4. Aufl. 2022, GWB § 19a, Rn. 43.
[227] *Wolf*, ebd. Rn. 43.

erfüllt, besteht die Vermutung, dass die betreffende Verhaltensweise aufgrund ihrer Wettbewerbsschädlichkeit zu untersagen ist.[228]

(2) Regulatorische Vorschrift im europäischen Recht

Auch der europäische Gesetzgeber ist sich der Gefahren einer Selbstbevorzugung durch große Digitalkonzerne für den Wettbewerb bewusst. Anstatt die kartellrechtliche Regelung des Art. 102 AEUV zu erweitern, wurde mit Art. 6 Abs. 5 DMA eine Norm geschaffen, die diese Verhaltensweisen verhindern soll. Entgegen der Bestrebung des Europäischen Parlaments, die Vorschrift auch auf andere Einstellungen auszuweiten, erfasst die Vorschrift nur die Selbstbevorzugung beim Ranking, der Indexierung und dem damit verbundenen Auffinden.[229]

Art. 6 Abs. 5 DMA enthält ein strenges Gleichbehandlungsgebot, das bei der Anzeige anderer Angebote in Rankings eingreift.[230] Der Begriff des Rankings, der in Art. 2 Nr. 22 DMA näher definiert wird, umfasst neben der relativen Hervorhebung von Waren und Dienstleistungen auch die Relevanz, die Suchergebnissen von Online-Suchmaschinen beigemessen wird. In beiden Fällen kommt es weder darauf an, welche technischen Mittel für die Darstellung verwendet werden, noch, ob nur ein einziges oder mehrere Ergebnisse dargestellt werden. Neben dem Ranking selbst sind auch die vorgelagerten Schritte des *Crawlings* sowie der Indexierung erfasst. Art. 6 Abs. 5 S. 1 DMA normiert ein umfassendes Selbstbevorzugungsverbot, das jede noch so kleine Ungleichbehandlung verbietet.[231] Aus dem 52. Erwägungsgrund in englischer Fassung geht hervor, dass Torwächter keinerlei differenzierte oder bevorzugte Behandlung vornehmen

---

[228] *Schweitzer*, in: Immenga/Mestmäcker, Wettbewerbsrecht, 7. Aufl. 2024, GWB § 19a, Rn. 152; kritisch gegenüber einer Vermutungswirkung *Colomo*, Self-Preferencing: Yet Another Epithet in Need of Limiting Principles, World Competition 2020, 417 (442 ff.).

[229] Zu den Bestrebungen des Europäischen Parlaments die Vorschrift auf „*andere Einstellungen*" auszudehnen: *Heinz*, in: Podszun, Digital Markets Act, 1. Aufl. 2023, DMA Art. 6, Rn. 85.

[230] *Bueren/Weck*, in: Münchener Kommentar zum Wettbewerbsrecht, 4. Aufl. 2023, DMA Art. 6, Rn. 115.

[231] *Heinz*, in: Digital Markets Act: Gesetz über digitale Märkte, 1. Aufl. 2023, DMA Art. 6 Abs. 5, Rn. 95 f.

dürfen.[232] Die Bevorzugung kann zum einen durch die Beeinflussung der Kriterien erfolgen, nach denen die Suchergebnisse angeordnet werden.[233] Hierbei ist es verboten, die für das Ranking bestimmenden Kriterien nicht gleichermaßen auf eigene Produkte oder Produkte Dritter anzuwenden. Zum anderen kann eine bevorzugte Behandlung auch durch die Art der Darstellung oder Kommunikation der Ergebnisse erfolgen. Der Torwächter kann etwa durch die Art der Darstellung oder die Art und Detailtiefe der gezeigten Informationen eigene Ergebnisse besonders attraktiv gestalten. Die Bevorzugung muss eigenen Dienstleistungen oder Produkten zugutekommen. Es reicht nicht aus, wenn Produkte anderer Unternehmen bevorzugt behandelt werden. Eine derartige Verhaltensweise kann jedoch unfair oder diskriminierend sein und aus diesem Grund gegen 6 Abs. 5 S. 2 DMA verstoßen. Hinsichtlich der Austauschbarkeit der Leistungen setzt 6 Abs. 5 S. 1 DMA, ausweislich des Wortlautes „*ähnliche*", eine Substitutionskonkurrenz voraus. Hierfür genügt es, wenn die Dienstleistungen und Produkte auf demselben Markt angeboten werden können, nicht aber müssen.[234]

---

[232] 52. Erwägungsgrund VO (EU) 2022/1925 (DMA) in englischer Fassung: „*In such situations, the gatekeeper* ***should not engage in any form of differentiated or preferential treatment*** *in* Ranking *on the core platform service, and related indexing and crawling, whether through legal, commercial or technical means, in favour of products or services it offers itself or through a business user which it controls. To ensure that this obligation is effective, the conditions that apply to such* Ranking *should also be generally fair and transparent.* Ranking *should in this context cover all forms of relative prominence, including display, rating, linking or voice results and should also include instances where a core platform service presents or communicates only one result to the end user. To ensure that this obligation is effective and cannot be circumvented, it should also apply to any measure that has an equivalent effect to the differentiated or preferential treatment in* Ranking. *The guidelines adopted pursuant to Article 5 of Regulation (EU) 2019/1150 should also facilitate the implementation and enforcement of this obligation.*" (Hervorhebung hinzugefügt). In der deutsche Übersetzung wurde diese ausdrückliche Klarstellung nicht übernommen, doch geht die englische Fassung im Zweifelsfall vor.

[233] Hierzu im Gesamten: *Heinz*, in: Podszun, Digital Markets Act, 1. Aufl. 2023, DMA Art. 6, Rn. 96 f.

[234] *Bueren/Weck*, in: Münchener Kommentar zum Wettbewerbsrecht, 4. Aufl. 2023, DMA Art. 6, Rn. 133.

Neben dem Verbot der Selbstbevorzugung enthält Art. 6 Abs. 5 S. 2 DMA die positive Pflicht, beim Ranking transparente, faire und diskriminierungsfreie Bedingungen anzuwenden. Das Gebot verbietet es Torwächtern, die Angebote Dritter gegenüber den eigenen Angeboten oder den Angeboten von Geschäftspartnern gezielt zu benachteiligen („*diskriminierungsfrei*"). Der Torwächter handelt regelwidrig, wenn er eigene Angebote oder Angebote von Geschäftspartnern unzulässig bevorzugt oder durch Rankingparameter abzusichern sucht.[235] Hiervon umfasst ist die Konstellation, in der ein Ranking ohne Diskriminierung nur gegen gesonderte Bezahlung ermöglicht wird.[236] Das Ranking muss außerdem anhand transparenter Kriterien erstellt werden. Dem Sinn und Zweck der Vorschrift zu Folge erfordert dies eine Offenlegung der Rankingkriterien und deren Auswirkungen sowie die Nachvollziehbarkeit für gewerbliche Nutzer.[237] Zu beachten ist auch, dass Maßnahmen, die eine gleiche Wirkung wie eine Differenzierung oder Vorzugsbehandlung haben, ebenfalls von Art. 6 Abs. 5 S. 2 DMA erfasst sind. Hiermit soll sichergestellt werden, dass die Verpflichtung wirksam ist und nicht umgangen werden kann.[238]

(3) Verhältnis zum allgemeinen Missbrauchsverbot und zwischen den Regelungen untereinander

Die Ungleichbehandlung von Dienstleistungen oder Produkten Dritter durch einen marktbeherrschenden Plattformbetreiber kann unter den von der europäischen Rechtsprechung aufgestellten Voraussetzungen einen Verstoß gegen Art 102 AEUV in Gestalt eines *Leveraging of market power* darstellen.[239] Nach Ansicht der Rechtsprechung gilt dies auch für den Fall gerankter Inhalte und der damit einhergehenden Hebelung von Marktmacht in die Märkte, deren Dienstleistungen und Produkte vom Ranking betroffen sind.[240] Ist sowohl der DMA als auch die unionsrechtliche oder

---

[235] Europäische Kommission., Impact Assessment Report, SWD(2020) 363 final, Rn. 332.

[236] *Bueren/Weck*, in: Münchener Kommentar zum Wettbewerbsrecht, 4. Aufl. 2023, DMA Art. 6, Rn. 135.

[237] *Heinz*, in: Podszun, Digital Markets Act, 1. Aufl. 2023, DMA Art. 6, Rn. 105.

[238] 52. Erwägungsgrund VO (EU) 2022/1925 (DMA).

[239] *Bueren/Weck*, in: Münchener Kommentar zum Wettbewerbsrecht, 4. Aufl. 2023, DMA Art. 6, Rn. 124.

[240] Vgl. EuG, Urt. v. 10.11.2021, Rs. T-612/17, ECLI:EU:T:2021:763, Rn. 164, 166 ff. – *Google Shopping*.

nationale Missbrauchsnorm anwendbar, treten die allgemeinen Missbrauchsvorschriften gem. Art. 1 Abs. 6 DMA neben den DMA.

Interessant wird sein, zu beobachten, ob und in welchen Fällen die Behörden ein Verfahren aufgrund der Art. 102 AEUV und § 19 GWB an Stelle oder neben den DMA-Vorschriften anstrengen. Da der DMA zur Reduzierung der überlangen Verfahrensdauern beitragen soll, die bislang die Verfolgung erschwert haben, kommt es gerade bei sich schnell verändernden digitalen Märkten auf ein schnelles Eingreifen an. Insoweit dürfte der Anwendungsbereich der allgemeinen Missbrauchsnormen bei gleichzeitiger Anwendbarkeit des Art. 6 Abs. 5 DMA gering sein. Sofern eine missbräuchliche Verhaltensweise weder von Art. 6 Abs. 5 DMA noch von § 19a GWB erfasst ist, sind die Behörden gezwungen, auf die allgemeinen Missbrauchsnormen zurückzugreifen.

Der Geltungsbereich des Gleichbehandlungsgebots aus Art. 6 Abs. 5 DMA überschneidet sich mit den Befugnissen des Bundeskartellamts zu dem Regelbeispiel aus § 19a Abs. 2 S. 1 Nr. 1 lit. a GWB, Maßnahmen anzuordnen.[241] Sofern sich die Selbstbevorzugung jedoch nicht speziell auf die Darstellung des Rankings bezieht, kann § 19a Abs. 2 S. 1 Nr. 1 GWB auch außerhalb der Regelbeispiele angewendet werden. In diesem Fall verbleibt § 19a GWB demnach ein eigener Anwendungsbereich, der über den des DMA hinausgeht. Das Diskriminierungsverbot aus Art. 6 Abs. 2 DMA überschneidet sich mit den Befugnissen aus § 19a Abs. 2 S. 1 Nr. 2 lit. b Alt. 2 GWB. In Bezug auf Torwächter ist die DMA-Norm insoweit abschließend und verdrängt die Ermächtigung des § 19a GWB. Neben dem DMA anwendbar ist hingegen § 19a Abs. 2 S. 1 Nr. 7 GWB, da dieser unfaire Preise verhindern soll, während Art. 6 Abs. 5 DMA das unfaire Ranking verbietet.[242] Die Vorschrift geht insoweit in zulässigem Maß über den DMA hinaus, wobei eine potenzielle Umgehung nach Art. 13 Abs. 4 DMA im Auge zu behalten ist.

---

[241] Hierzu im Gesamten: *Bueren/Weck*, in: Münchener Kommentar zum Wettbewerbsrecht, 4. Aufl. 2023, DMA Art. 6, Rn. 128.

[242] Zum Anwendungsverhältnis im Gesamten: *Bueren/Weck*, in: Münchener Kommentar zum Wettbewerbsrecht, 4. Aufl. 2023, DMA Art. 6, Rn. 128.

2. *Behinderung durch Datenverarbeitung*

Die zweite wichtige Fallgruppe im Hinblick auf Hybridplattformen ist die Behinderung von Wettbewerbern durch Datenverarbeitung.

a) Missbräuchlichkeit der Behinderung durch Datenverarbeitung

Im Hinblick auf Hybridplattformen ist folgende Konstellation von wettbewerbsrechtlicher Relevanz: Der Betreiber einer Hybridplattform sammelt Daten, die im Zuge der Vermittlung auf der Plattform anfallen, um diese als Händler bzw. Dienstleistungserbringer zu nutzen und die Position der Plattform im Markt abzusichern.[243]

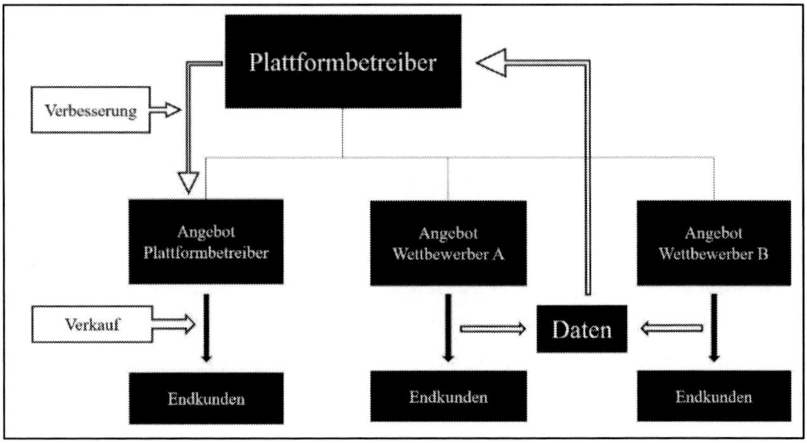

Abbildung 15: Zugang des Plattformbetreibers zu Daten seiner Wettbewerber

Im 46. Erwägungsgrund zum DMA wird diese Konstellation wie folgt aufgegriffen:

> *Unter bestimmten Umständen hat ein Torwächter als Unternehmen, das zentrale Plattformdienste bereitstellt, eine* ***Doppelrolle****, indem es* ***zum einen*** *für seine gewerblichen Nutzer einen* ***zentralen Plattformdienst bereitstellt*** *und möglicherweise zusammen mit*

[243] *Wagner-von Papp*, in: BeckOK Kartellrecht, 7. Aufl. 2023, GWB § 19a, Rn. 72.

diesem zentralen Plattformdienst oder zu dessen Unterstützung andere Dienste erbringt und ***zum anderen als Anbieter derselben oder ähnlicher Dienstleistungen oder Produkte*** *für dieselben Endkunden mit ebendiesen gewerblichen Nutzern* ***im Wettbewerb steht oder im Wettbewerb zu stehen beabsichtigt****.*

Unter diesen Umständen kann ein ***Torwächter einen Vorteil aus seiner Doppelrolle ziehen, indem er Daten****, die von seinen gewerblichen Nutzern im Rahmen ihrer Tätigkeiten bei der Nutzung der zentralen Plattformdienste oder der zusammen mit diesen zentralen Plattformdiensten oder zu deren Unterstützung erbrachten Dienste generiert oder bereitgestellt werden,* ***für die Zwecke seiner eigenen Dienstleistungen oder Produkte verwendet****.*[244]

(Hervorhebungen hinzugefügt)

Hieraus ergibt sich folgendes Problem für den Wettbewerb: Der Plattformbetreiber erlangt aufgrund seiner Doppelrolle im Wettbewerb Daten, auf die seine Wettbewerber keinen Zugriff haben. Im Regelfall stellt der Plattformbetreiber diese Daten den Wettbewerbern nicht freiwillig zur Verfügung, sondern nutzt sie zur Verbesserung des eigenen Leistungsangebots. Wettbewerber können ihr Angebot lediglich mithilfe von selbst gesammelten Daten optimieren. Mit zunehmender Zeit entsteht ein Qualitätsunterschied, der eine Marktmacht des Plattformbetreibers auf dem nachgelagerten Markt begründen oder verstärken kann.[245]

Das überlegene Wissen eines Marktteilnehmers ist nicht *per se* wettbewerbsrechtlich bedenklich, doch muss anderes gelten, wenn er dieses Wissen aufgrund seiner besonderen Position im Markt direkt von seinen Wettbewerbern erhält und anschließend einsetzt, um diese im Wettbewerb zu behindern oder gar vom Markt zu verdrängen. Dies gilt insbesondere dann, wenn das Unternehmen eine marktbeherrschende Position einnimmt und Wettbewerber aufgrund der Struktur des Marktes auf den Marktbeherrscher als Vermittler angewiesen sind. Neben einer direkten Selbstbevorzugung kann ein marktstarkes Unternehmen die gewonnenen Daten auch auf

---

[244] 46. Erwägungsgrund VO (EU) 2022/1925 (DMA).

[245] Dieses Problem im Hinblick auf den *Amazon Marketplace* erkennend: *Khan*, Amazon's Antitrust Paradox, Yale Law Jounal 2017, 712 (780).

andere Weise für eigene Zwecke entfremden.[246] So kann eine Vermittlungsplattform die Daten aus den Vermittlungsgeschäften nutzen, um direkt mit den Geschäftskunden in Wettbewerb zu treten.[247] Hierbei überträgt das Unternehmen seine Marktmacht von einem Markt auf einen anderen, um dort Wettbewerber zu verdrängen. Es kommt nicht darauf an, ob eine Ungleichbehandlung zwischen dem Plattformbetreiber und den nachfragenden Unternehmen vorliegt, sondern allein auf das unbillige Ausnutzen des Vorteils zugunsten eines verdrängenden Marktverhaltens. Eine Feststellung, ob und welche Unternehmen aus dem Markt gedrängt werden, ist für die Annahme einer verdrängenden Wirkung ebenfalls nicht erforderlich.

b) Vorschriften zur Datenverarbeitung

Sowohl der deutsche als auch der europäische Gesetzgeber haben die wettbewerbsrechtlichen Gefahren der Verarbeitung von Daten erkannt und neue gesetzliche Regelungen erlassen. Hintergrund dieser Maßnahmen ist, dass insbesondere auf digitalen Märkten die Erfassung, Integration und wirtschaftliche Verwertung von Kunden- und Nutzerdaten sowie anderer Daten von Dritten für alle Marktteilnehmer und Marktseiten zu einem äußerst wichtigen Wettbewerbsfaktor geworden ist.[248]

(1) Kartellrechtliche Vorschrift im deutschen Recht

Der deutsche Gesetzgeber hat im Zuge der 10. GWB-Novelle mit § 19a Abs. 2 S. 1Nr. 4 GWB eine Regelung geschaffen, die die Verarbeitung wettbewerbsrelevanter Daten adressiert. Der Grundtatbestand der Regelung erfasst sowohl den isolierten Behinderungsmissbrauch als auch den datenbezogenen kombinierten Ausbeutungs- und Behinderungsmissbrauch.[249] Hintergrund der wettbewerbsrechtlichen Problematik ist, dass

---

[246] *Khan*, The separation of platforms and commerce, Columbia Law Review 2019, 973 (1031); *Louven*, Kartellrechtliche Innovationstheorie für digitale Plattformen 2021, 293 ff.

[247] Hierzu im Gesamten: *Dewenter/Louven*, Plattformwettbewerb, Wert von Daten und Schadensschätzung, WuW 2023, 197 (202).

[248] *Wolf*, in: Münchener Kommentar zum Wettbewerbsrecht, 4. Aufl. 2022, GWB § 19a, Rn. 61; mit Verweis auf BKartA, Beschl. v. 06.02.2019, B6-22/16, Rn. 380 – *Facebook*.

[249] Hierzu im Gesamten: *Wolf*, ebd. Rn. 61.

die Sammlung, Zusammenführung und wirtschaftliche Nutzung von Kunden- und Nutzerdaten sowie sonstiger Daten Dritter insbesondere auf digitalen Märkten für alle Marktteilnehmer und Marktseiten zu einem wichtigen Wettbewerbsfaktor geworden ist. Abzustellen ist vordergründig auf die Verarbeitung der gesammelten wettbewerbsrelevanten Daten, wobei unter Verarbeitung jede Sammlung, Zusammenführung oder sonstige wirtschaftliche Nutzung von Daten zu verstehen ist.[250] Entscheidend ist stets die wettbewerbliche Relevanz der Daten.[251] Diese ist insbesondere dann gegeben, wenn ein vergleichbarer Datenbestand Dritten nicht zugänglich ist, also weder am Markt erworben werden noch durch eigene Aktivität generiert werden kann.[252] Hierbei kommt es nicht darauf an, wie der Verfügungsadressat an die Daten gelangt ist, da auch Daten aus einem Markt, auf dem dieser keine marktbeherrschende Stellung einnimmt, zur Absicherung eines Ökosystems dienen und aus diesem Grund wettbewerbsschädlich sein können.[253] Insbesondere Ökosystembetreiber, die zugleich als Wettbewerber in ihrem Ökosystem auftreten, können Wettbewerbsvorteile gewinnen, soweit ihnen der Zugriff auf Daten ihrer Konkurrenten im Ökosystem ermöglicht wird.[254] Ein besonders beachtliches Gefahrenpotenzial entsteht, wenn sich aus der Zusammenfügung von Daten neue wettbewerbsrelevante Information ergeben.[255]

---

[250] Reg.Begr. zur 10. GWB-Novelle, BT-Drs. 19/23492, 69, 76.

[251] *Wolf*, in: Münchener Kommentar zum Wettbewerbsrecht, 4. Aufl. 2022, GWB § 19a, Rn. 62; *Schweitzer*, in: Immenga/Mestmäcker, Wettbewerbsrecht, 7. Aufl. 2024, GWB § 19a, Rn. 119; mit Verweis auf *Lindenberg*, Zeit für einen Aufbruch in eine neue Ära des Kartellrechts?, WRP 2021, 302 (305) mit der Feststellung, dass sich die Wettbewerbsrelevanz nur näherungsweise bestimmen lässt.

[252] *Schweitzer*, in: Immenga/Mestmäcker, Wettbewerbsrecht, 7. Aufl. 2024, GWB § 19a, Rn. 119; mit Verweis auf Beschl. v. 05.07.2022, B2-55/21 Rn. 535 – *Amazon*.

[253] Kommission Wettbewerbsrecht 4.0, Ein neuer Wettbewerbsrahmen für die Digitalwirtschaft, 2019, 18; *Wolf*, in: Münchener Kommentar zum Wettbewerbsrecht, 4. Aufl. 2022, GWB § 19a, Rn. 62.

[254] *Schweitzer*, in: Immenga/Mestmäcker - Wettbewerbsrecht, 7. Aufl. 2024, GWB § 19a, Rn. 119; mit Verweis auf BKartA, Beschl. v. 05.07.2022, B2-55/21 Rn. 535 – *Amazon.*; BKartA, Beschl v. 03.04.2023, B9-67/21, Rn. 686, 760 – *Apple*.

[255] *Schweitzer*, in: Immenga/Mestmäcker, Wettbewerbsrecht, 7. Aufl. 2024, GWB § 19a, Rn. 119.

Die ersten beiden Tatbestandsvarianten des § 19a Abs. 2 S.1 Nr. 4 GWB setzen voraus, dass die Datenverarbeitung für die Errichtung oder spürbare Erhöhung von Marktzutrittsschranken oder sonstige Behinderung von Unternehmen kausal war. Der Begriff der Marktzutrittsschranke, dessen Errichtung oder Erhöhung einen Unterfall der Behinderung darstellt, entspricht dem des § 18 Abs. 3 Nr. 6 GWB.[256] Die Erhöhung bestehender Marktzutrittsschranken muss dem Gesetzeswortlaut zu Folge spürbar sein, wobei die Anforderungen an die Spürbarkeit absinken, je höher die Marktzutrittsschranken sind.[257] Die dritte Tatbestandsvariante, welche das Fordern von Geschäftsbedingungen erfasst, erweitert den Verbotsbereich auf das Vorfeld des datenbezogenen Behinderungsmissbrauchs.[258]

Neben dem Grundtatbestand enthält § 19a Abs. 2 S.1 Nr. 4 GWB zwei Regelbeispiele. Das erste Regelbeispiel (lit. a) verbietet überschießende Zustimmungsvorbehalte. Hierdurch soll eine Ausbeutung von Konsumenten, mit der oftmals eine Behinderung anderer Unternehmen einhergeht, verhindert werden.[259] Erfasst ist nach Auffassung des Gesetzgebers sowohl die Datenverarbeitung aus eigenen Diensten des Unternehmens als auch von Daten aus externen Diensten.[260] Das zweite Regelbeispiel (lit. b) verbietet die ausbrechende Datennutzung. Diesem Verbot liegt die Annahme zugrunde, dass es durch die Verarbeitung von Daten für andere Zwecke als zur Erbringung der konkreten Leistungsbeziehung ohne ausreichende Wahlmöglichkeit der Wettbewerber zu deren Behinderung kommt, da hiermit regelmäßig ein Absichern oder Ausbauen der Marktstellung des

---

[256] *Wolf*, in: Münchener Kommentar zum Wettbewerbsrecht, 4. Aufl. 2022, GWB § 19a, Rn. 64.

[257] *Wagner-von Papp*, in: BeckOK Kartellrecht, 7. Aufl. 2023, GWB § 19a, Rn. 69; *Kühling*, Unter verschärfter Beobachtung, NZKart 2020, 630 (630); Beschlussempfehlung des 9. Ausschusses, BT-Drs. 19/25868, 116 f.

[258] *Wolf*, in: Münchener Kommentar zum Wettbewerbsrecht, 4. Aufl. 2022, GWB § 19a, Rn. 65.

[259] *Wagner-von Papp*, in: BeckOK Kartellrecht, 7. Aufl. 2023, GWB § 19a, Rn. 70; Beschlussempfehlung des 9. Ausschusses, BT-Drs. 19/25868, 116 f.

[260] *Wolf*, in: Münchener Kommentar zum Wettbewerbsrecht, 4. Aufl. 2022, GWB § 19a, Rn. 66, mit Verweis auf Beschlussempfehlung des 9. Ausschusses, BT-Drs. 19/25868, 117.

Unternehmens mit ohnehin bereits überragender marktübergreifender Bedeutung einhergeht.[261]

(2) Regulatorische Vorschrift im europäischen Recht

Auch der europäische Gesetzgeber hat die wettbewerbsrechtlichen Gefahren der Datennutzung erkannt und mit Art. 6 Abs. 2 DMA eine Vorschrift erlassen, die auf dieser Gefahr beruhende Wettbewerbsverstöße verhindern soll.[262] Von der Norm geschützt sind alle Daten, die von einem gewerblichen Nutzer im Zusammenhang mit der Nutzung des zentralen Plattformdienstes oder zur Unterstützung der erbrachten Dienstleistung generiert oder bereitgestellt werden. Erfasst sind sowohl Daten, die ein Drittanbieter selbst im Zusammenhang mit seinem Angebot auf einer Handelsplattform hochlädt, als auch kundenseitige Informationen wie Rezensionen, Klicks oder Ansichten von Produkten des Drittanbieters im Zusammenhang mit dessen Tätigkeit auf der Plattform.[263] Diese Informationen sind besonders wertvoll, wenn der Plattformbetreiber die Daten mit den eigenen Verkaufsdaten oder denen von Drittanbietern vergleicht und zusammenführt, da hierdurch das eigene Produktportfolio risikoreduziert angepasst werden kann. Die Daten müssen vom gewerblichen Nutzer oder seinen Kunden generiert oder bereitgestellt worden sein. Nicht erforderlich ist, dass die Daten auf dem zentralen Plattformdienst selbst generiert wurden.[264]

Der Torwächter darf die gewonnenen Daten nicht im Wettbewerb mit gewerblichen Nutzern des Plattformdienstes verwenden. Unter Verwendung

---

[261] *Wolf*, ebd. Rn. 67, mit Verweis auf Beschlussempfehlung des 9. Ausschusses, BT-Drs. 19/25868, 117.

[262] Art. 6 Abs. 2 UAbs. 1 DMA: „*Der Torwächter darf im Wettbewerb mit gewerblichen Nutzern keine nicht öffentlich zugänglichen Daten verwenden, die von diesen gewerblichen Nutzern im Zusammenhang mit der Nutzung der betreffenden zentralen Plattformdienste oder der zusammen mit den betreffenden zentralen Plattformdiensten oder zu deren Unterstützung erbrachten Dienste generiert oder bereitgestellt werden, einschließlich der von den Kunden dieser gewerblichen Nutzer generierten oder bereitgestellten Daten.*"

[263] Hierzu im Gesamten im Hinblick auf den *Amazon Marketplace*: *Wolf-Posch*, in: Podszun, Digital Markets Act: Gesetz über digitale Märkte, 1. Aufl. 2023, DMA Art. 6, Art. 6 Rn 6; ebenso 46. Erwägungsgrund VO (EU) 2022/1925 (DMA).

[264] 46. Erwägungsgrund VO (EU) 2022/1925 (DMA).

ist dabei jede Verarbeitung sowie jede direkte oder indirekte Form der Nutzbarmachung der Daten durch Torwächter erfasst.[265] Neben dem bereits bestehenden Wettbewerb ist auch der potenzielle Wettbewerb erfasst.[266] Fraglich ist hingegen, welche Anforderungen an das Wettbewerbsverhältnis und die dafür erforderliche Marktabgrenzung zu stellen sind. Aus den Erwägungsgründen lässt sich eine breite Anwendung ableiten, da Torwächter an der Erbringung ähnlicher Dienstleistungen mithilfe der gewonnenen Daten gehindert werden sollen.[267] Der Gesetzeswortlaut des Art. 6 Abs. 2 UAbs. 1 DMA spricht für eine Marktabgrenzung nach den kartellrechtlichen Kriterien, da sich das Nutzungsverbot auf den aktuellen oder potenziellen Wettbewerb zwischen dem Torwächter und den gewerblichen Nutzern des zentralen Plattformdienstes erstreckt.[268] Auch die Tatsache, dass Art. 6 Abs. 2 DMA unfaire Wettbewerbsverzerrungen auf dem Angebotsmarkt durch die auf der Plattform tätigen Drittanbieter vermeiden möchte, spricht für diese Auffassung. Im Gesamten ist nicht erkennbar, dass der DMA einen von Art. 101 und 102 AEUV abweichenden Wettbewerbs- oder Marktbegriff einführen soll.

(3) Verhältnis **zwischen deutschem und europäischem Recht**

Die Befugnis des § 19a Abs. 2 S. 1 Nr. 4 GWB überschneidet sich inhaltlich mit den Torwächterpflichten aus Art. 6 Abs. 2 DMA.[269] Dies gilt insbesondere für den – für Hybridplattformen maßgeblichen – Grundtatbestand des § 19a Abs. 2 S. 1 Nr. 4 GWB. Handelt es sich um wettbewerbsrelevante Daten im Sinne des Art. 6 Abs. 2 DMA kann eine Wettbewerbsbehinderung gem. § 19a Abs. 2 S. 1 Nr. 4 GWB auch darauf beruhen, dass der Torwächter die Daten zum eigenen Vorteil im Wettbewerb mit den gewerblichen Nutzern einsetzt. Auch die Regelbeispiele der deutschen Norm werden inhaltlich von Art. 6 Abs. 2 DMA abgedeckt. Aus diesem Grund wird § 19a Abs. 2 S. 1 Nr. 4 GWB vollständig vom DMA verdrängt,

---

[265] Hierzu im Gesamten: *Bueren/Weck*, in: Münchener Kommentar zum Wettbewerbsrecht, 4. Aufl. 2023, DMA Art. 6, Rn. 64.

[266] Hierzu im Gesamten: 46. Erwägungsgrund VO (EU) 2022/1925 (DMA).

[267] 46. Erwägungsgrund VO (EU) 2022/1925 (DMA).

[268] Hierzu im Gesamten: *Wolf-Posch*, in: Podszun, Digital Markets Act: Gesetz über digitale Märkte, 1. Aufl. 2023, DMA Art. 6, Rn. 10.

[269] Zum Verhältnis im Gesamten: *Bueren/Weck*, in: Münchener Kommentar zum Wettbewerbsrecht, 4. Aufl. 2023, DMA Art. 6, Rn. 52.

sofern es sich bei dem Normadressaten um einen Torwächter handelt. Der Anwendungsbereich der deutschen Norm ist lediglich dann eröffnet, wenn der Normadressat kein Torwächter im Sinne des DMA ist.

Auch im Vergleich mit den allgemeinen Missbrauchsnormen ergeben sich wesentliche Überschneidungen. Normadressaten der § 19a GWB und Art. 6 DMA können mithilfe der Nutzung gewerblicher Daten im Wettbewerb ihre Marktmacht auf andere Märkte übertragen und damit gegen die allgemeinen Missbrauchsnormen verstoßen.[270] Es darf jedoch angezweifelt werden, ob die Wettbewerbsbehörden nach Inkrafttreten von Art. 6 DMA und § 19a GWB den zeitaufwendigeren Weg eines Verfahrens auf Grundlage der allgemeinen Missbrauchsnormen anstreben. Eine endgültige Entscheidung hinsichtlich dieser Praktiken ist bislang weder in Deutschland noch auf europäischer Ebene erfolgt. Stattdessen wurden das Verfahren *Amazon Marketplace* mithilfe von Verpflichtungszusagen abgeschlossen, um einen langen Rechtsstreit zu vermeiden und eine schnellstmögliche Abstellung der missbräuchlichen Verhaltensweise zu erreichen.[271]

c) Nicht-kartellrechtliche Möglichkeit zur Verhinderung einer missbräuchlichen Behinderung durch Datenverarbeitung

In der Literatur werden verschiedene Möglichkeiten diskutiert, wie eine missbräuchliche Behinderung durch Datenverarbeitung präventiv verhindert werden kann. Zwar wirken sowohl die allgemeinen kartellrechtlichen Missbrauchsnormen aus Art. 102 AEUV und § 19 GWB als auch die plattformspezifischen Normen des Art. 6 Abs. 2 DMA und § 19a Abs. 2 S. 1 Nr. 4 GWB durch ihre Abschreckungswirkung einer missbräuchlichen Behinderung durch Datenverarbeitung entgegen, doch fehlt es bislang weitestgehend an gesetzlichen Möglichkeiten, ein Fehlverhalten präventiv zu verhindern.

Louven, der sich ausführlich mit den wettbewerbspolitischen Handlungsoptionen außerhalb der kartellrechtlichen *per se* Verbote beschäftigt hat, stellt fest, dass auf kartellrechtliche Erwägungen des

---

[270] So im Ergebnis auch: *Bueren/Weck*, in: Münchener Kommentar zum Wettbewerbsrecht, 4. Aufl. 2023, DMA Art. 6, Rn. 53.

[271] Vgl. Europäische Kommission, Beschl. v. 20.12.2022, C(2022) 9442 final – *Amazon Marketplace* und *Amazon Buy Box*.

Marktmachtmissbrauchsverbots gestützte Zugangsansprüche nicht selten aus mehreren Gründen scheitern.[272] Zum einen bereitet der Nachweis einer Marktmacht aufgrund der multipolaren Plattform-Sachverhalte häufig Schwierigkeiten und zum anderen lässt sich der Nachweis des im Zusammenhang mit der Datenmacht erfolgenden Marktmachtmissbrauchs oftmals schwer führen. Das Kartellrecht soll aus seiner Sicht lediglich eine Antwort auf typische Bedrohungslagen des Wettbewerbs liefern. Hiervon nicht erfasst ist grundsätzlich die Verweigerung des Zugangs zu Daten, sofern man davon ausgeht, dass das unternehmerische Interesse an einem eigenen Informationsbestand schützenswert ist.

Eine gänzlich andere Sicht auf das Interesse am Schutz des Datenbestands verfolgen *Mayer-Schönberger/Ramge*, die eine progressive Daten-Sharing-Pflicht vorschlagen.[273] Der Vorschlag basiert auf der Annahme, dass wettbewerbsrechtliche Nachteile entstehen, wenn wirtschaftlich starke Unternehmen, die von ihnen gewonnen Daten nicht teilen.[274] Um dem entgegenzutreten, sollen Unternehmen ab einem Marktanteil von 10 % zufällig ausgewählte Feedbackdaten mit anfragenden Konkurrenten teilen, wobei die Menge der zu teilenden Daten mit steigendem Marktanteil wächst. Dieser Ansatz wird von *Louven* aus mehreren Gründen abgelehnt.[275] Zum einen wird bei diesem Ansatz das Problem der Bestimmung des Marktes und damit auch des Marktanteils nicht behoben. Zum anderen ist die tatsächlich verfügbare Menge an Daten schwer zu bestimmen. Darüber hinaus greift der Vorschlag stark in das Wettbewerbsgeschehen ein, ohne auf den Marktmachtmissbrauch abzustellen und ist auch im Hinblick auf den grundrechtlichen Schutz von Daten kritisch zu bewerten.

Eine allein anhand des Marktanteils zu bestimmende Verpflichtung zum Teilen von Daten ist abzulehnen. Zum einen läuft eine derartige Pflicht dem kartellrechtlichen Grundsatz entgegen, dass nicht die

---

[272] Hierzu im Gesamten: *Louven*, Braucht es mehr materielles Kartellrecht für digitale Plattformen?, ZWeR 2019, 154 (186).

[273] Hierzu im Gesamten: *Mayer-Schönberger/Ramge*, Das Digital: Markt, Wertschöpfung und Gerechtigkeit im Datenkapitalismus, 3. Aufl. 2017, 195 ff.

[274] *Prüfer/Schottmüller*, Competing with Big Data, TILEC Discussion Paper 2017, 1 (3).

[275] *Louven*, Braucht es mehr materielles Kartellrecht für digitale Plattformen?, ZWeR 2019, 154 (182 ff.).

marktbeherrschende Stellung an sich sanktionswürdig ist, sondern nur deren Missbrauch. Zwar können im Einzelfall Zugangsrechte erforderlich sein, um das Marktgleichgewicht zu erhalten, doch kann ein derartiges Zugangsrecht nicht pauschal auf Grundlage der Datenmacht eines Unternehmens erfolgen. Stattdessen bedarf es einzelfallspezifischer Anforderungen. *Louven* schlägt hierzu richtigerweise vor, sektorspezifische datenbezogene Zugangsrechte zu gewähren, um die mit Unwägbarkeiten und einem Rechtssicherheitsrisiko verbundenen Zugangsrechte aufgrund einer marktmachtmissbräuchlichen Zugangsverweigerung zu ergänzen.[276] Die Durchführbarkeit dieser Überlegungen zeigen die Vorschriften des DMA. Unter anderem sieht Art. 6 Abs. 10 DMA einen Anspruch auf permanenten Echtzeitzugang zu Daten für gewerbliche Nutzer vor, wenn diese im Zusammenhang mit ihrer Nutzung von zentralen Plattformdiensten stehen. Daneben verschafft Art. 6 Abs. 11 DMA Unternehmen, die Online-Suchdienstleistungen anbieten, einen Zugriffsanspruch auf Ranking-, Klick- und Ansichtsdaten der Online-Suchmaschine des Torwächters.

IV. Zwischenfazit Missbrauch der marktbeherrschenden Stellung

Die allgemeinen Missbrauchsnormen § 19 GWB und Art. 102 AEUV sind auch auf digitale Plattformen anwendbar. Sowohl der deutsche als auch der europäische Gesetzgeber haben jedoch erkannt, dass auf diesen Plattformen ein besonderes Missbrauchspotenzial herrscht, das eine Fortentwicklung der Gesetze unabdingbar macht. Insbesondere das Missbrauchsverfahren *Google Shopping* hat gezeigt, dass die bislang gültigen Vorschriften bei derartigen Sachverhalten an ihre Grenzen stoßen und eine effektive Rechtsdurchsetzung gefährdet ist.

Der deutsche Gesetzgeber hat mit § 19a GWB eine kartellrechtliche Norm geschaffen, die die allgemeinen Missbrauchsnormen auf digitalen Märkten ergänzen soll, wobei anstelle der marktbeherrschenden Stellung auf eine marktübergreifende Bedeutung eines Unternehmens abgestellt wird. Im Anschluss an die Feststellung einer marktübergreifenden Bedeutung kann das Bundeskartellamt eine missbräuchliche Verhaltensweise mit einer Verbotsverfügung nach § 19a Abs. 2 GWB untersagen. Anhaltspunkte, wann

---

[276] *Louven*, ebd., 154 (185).

ein Verhalten sanktionswürdig ist, liefert ein Katalog mit sieben enumerierten Verhaltensweisen, die durch nicht abschließende Regelbeispiele konkretisiert werden.

Der europäische Gesetzgeber hat auf eine Erweiterung oder Ergänzung des Art. 102 AEUV verzichtet und stattdessen mit dem DMA ein neues regulatorisches Regelungsinstitut geschaffen. Der DMA enthält in Art. 5 und 6 DMA Verpflichtungen für Torwächter, die entgegen der im Kartellrecht geläufigen Generalklausel spezifisch und präzise ausgestaltet sind. Die Anwendung der europäischen Wettbewerbsvorschriften bleibt vom Inkrafttreten des DMA unberührt. Dennoch ist zu erwarten, dass die Kommission aufgrund der spezifischeren Bestimmungen und kürzeren Verfahrensdauer zumeist auf den DMA zurückgreift, wenn dessen Anwendungsbereich eröffnet ist. Auch der Anwendungsbereich des § 19a GWB ist seit dem Inkrafttreten des DMA eingeschränkt. Der Vorschrift kommt aber Bedeutung zu, wenn der Adressat keine Torwächterstellung innehat oder die beanstandete Verhaltensweise nicht vom DMA erfasst ist.

Im Kontext von Hybridplattformen sind insbesondere zwei Arten des Marktmachtmissbrauchs relevant. Zum einen ist es Betreibern derartiger Plattformen möglich, eigene Dienste gegenüber den Diensten von ebenfalls auf der Plattform vertretenen Wettbewerbern zu begünstigen. Zwar ist die Bevorzugung eigener Dienste grundsätzlich zulässig, doch gilt anderes, wenn im Einzelfall von einer erheblichen Gefährdung des Wettbewerbs auszugehen ist. Besonders kritisch für die Aufrechterhaltung eines effektiven Wettbewerbs ist es, wenn ein Plattformbetreiber seine Marktmacht auf dem Markt für Plattform-Dienstleistungen mithilfe einer Hebelwirkung auf den nachgelagerten Markt überträgt. Dies gilt insbesondere dann, wenn der Plattformbetreiber neben der Selbstbevorzugung aktiv Maßnahmen ergreift, um Dienste der Wettbewerber zu benachteiligen. Das Wettbewerbsschädigungspotenzial besteht in diesen Konstellationen vor allem in der Gefahr einer manipulativen Steuerung der Auswahlentscheidungen der Nachfrageseite. Wettbewerber können nicht im Rahmen eines fairen Leistungswettbewerbs mit den Diensten des Plattformbetreibers konkurrieren, wodurch der Innovationsanreiz, der bei einem funktionierenden Wettbewerb grundsätzlich am höchsten ist, gesenkt wird.

Die Selbstbevorzugung lässt sich in zwei Fallgruppen unterteilen. Erstens können eigene Dienste begünstigt werden, indem diese präsenter und visibler dargestellt oder in anderer Form beim Ranking bevorzugt werden als Dienste der Wettbewerber. Die bevorzugte Darstellung ist aus wettbewerbsrechtlicher Sicht von großer Bedeutung, da die Sichtbarkeit den Erfolg einer Leistung maßgeblich beeinflusst. Die Bevorzugung kann im Ergebnis dazu führen, dass Wettbewerber vom Markt gedrängt werden, wodurch der Wettbewerb eine Beeinträchtigung erfährt. Zweitens können eigene Angebote vorinstalliert oder integriert werden. Dies kann dazu führen, dass unter Umgehung des Leistungswettbewerbs eine größere Reichweite für die eigenen Angebote erzielt und hierdurch die Marktstellung des Unternehmens gefestigt oder erweitert wird. Zulasten der Nutzer ist in diesen Fällen weniger die Frage, welches Angebot die höchste Qualität aufweist, als die Frage, welcher Dienst vorinstalliert ist. Da den Wettbewerbern der Zugang zu Nutzern erschwert wird, kann es zu einer Wettbewerbsbeschränkung durch eine Verminderung des Wettbewerbs- und Innovationsdrucks kommen.

Eine Selbstbevorzugung kann grundsätzlich aufgrund ökonomischer Effizienzen gerechtfertigt sein, doch sind an eine derartige Rechtfertigung hohe Anforderungen zu stellen, da kurzfristig effizienzsteigernde Verhaltensweisen, die langfristig die Aufrechterhaltung eines funktionierenden Wettbewerbs gefährden, keinesfalls zur Rechtfertigung einer missbräuchlichen Verhaltensweise ausreichen können.

Als zweite Fallgruppe hat sich die Behinderung durch Datenverarbeitung herauskristallisiert. In dieser Konstellation sammelt der Betreiber einer Hybridplattform Daten, die durch die Vermittlung auf der Plattform anfallen, um diese als Händler bzw. Dienstleistungserbringer auf dem nachfolgenden Markt zu nutzen und seine dortige Position sowie die Stellung der Plattform im Markt abzusichern. Für den Wettbewerb ist problematisch, dass der Plattformbetreiber mithilfe von Daten über die Leistung der Wettbewerber seine eigenen Leistungen auf dem nachgelagerten Markt verbessern kann, während Wettbewerber nur auf Daten ihrer eigenen Dienste zurückgreifen können. Mit zunehmender Zeit entsteht ein wachsender Qualitätsunterschied, der eine Marktmacht des Plattformbetreibers auf dem nachgelagerten Markt begründen oder verstärken kann.

G. FALLBEISPIELE MARKTMACHTMISSBRAUCH DURCH HYBRIDPLATTFORMEN

Die vorangehenden Ausführungen zur materiellen Rechtslage werden nachfolgend anhand missbräuchlicher Verhaltensweisen der Unternehmen Amazon und Google näher erläutert.

I. Amazon

Amazon steht aufgrund verschiedener Verhaltensweisen im Fokus der Wettbewerbsbehörden. Eine Vielzahl der wettbewerbsrechtlichen Bedenken ist dabei auf Amazons Doppelrolle als Plattformbetreiber und Anbieter eigener Leistungen zurückzuführen. Die Problemstellung beschreibt der Präsident des Bundeskartellamts, *Andreas Mundt*, wie folgt:

> *„Amazon ist selbst der größte Online-Händler und das Unternehmen betreibt den mit Abstand größten Online-Marktplatz in Deutschland. Viele Händler und Hersteller sind beim Online-Vertrieb auf die Reichweite des Amazon Marktplatzes angewiesen. Amazon fungiert so als eine Art „gatekeeper" gegenüber den Kunden. Die* ***Doppelrolle als größter Händler und größter Marktplatz birgt das Potenzial für Behinderungen von anderen Händlern auf der Plattform****. Aufgrund der vielen uns vorliegenden Beschwerden werden wir prüfen, ob Amazon seine Marktposition zu Lasten der auf dem Marktplatz tätigen Händler ausnutzt. Die Geschäftsbedingungen und Verhaltensweisen von Amazon gegenüber den Händlern werden damit umfassend auf den Prüfstand gestellt."*[1]
>
> (Hervorhebungen hinzugefügt)

Auch *Margrethe Vestager* äußerte ihre Bedenken gegenüber Amazons Marktposition und den daraus resultierenden Wettbewerbsrisiken.

---

[1] Bundeskartellamt - Homepage - Einleitung eines Missbrauchsverfahrens gegen Amazon, abrufbar unter https://www.bundeskartellamt.de/SharedDocs/Meldung/DE/Pressemitteilungen/2018/29_11_2018_Verfahrenseinleitung_Amazon.html, zuletzt abgerufen am 23.08.2024.

> „*Wir müssen verhindern, dass Plattformen mit Marktmacht, die auch selbst über die Plattform verkaufen, wie etwa Amazon, den Wettbewerb verzerren.* ***Daten über die Tätigkeit unabhängiger Verkäufer sollten von Amazon nicht zum eigenen Vorteil genutzt werden****, wenn das Unternehmen mit diesen Verkäufern konkurriert. Die Wettbewerbsbedingungen auf der Amazon-Plattform müssen fair sein. Die* ***Regeln sollten nicht künstlich die eigenen Angebote von Amazon*** *oder die Angebote von Verkäufern, die die Logistik- und Versanddienste von Amazon nutzen,* ***begünstigen****. Der elektronische Handel boomt und Amazon ist die führende Plattform in diesem Bereich. Deshalb ist ein fairer Zugang zu Online-Kunden ohne Verzerrung des Wettbewerbs für alle Verbraucher wichtig.*“[2]
>
> (Hervorhebungen hinzugefügt)

1. Selbstbevorzugung (Amazon Buy Box)

Amazon steht in letzter Zeit vermehrt wegen potenziell missbräuchlicher Selbstbevorzugungspraktiken im Fokus der Wettbewerbsbehörden. Kartellrechtlich besonders relevant ist das Verfahren *Amazon Buy Box*.

a) Sachverhalt

Der Verkauf auf den europäischen Amazon Webseiten wird weitgehend durch ein System mit der Bezeichnung *Buy Box* bestimmt.[3] Hierbei handelt es sich um ein Feld, mit dem Nutzer ihre Waren sowohl in den Einkaufswagen legen als auch mithilfe des „*Jetzt-kaufen-Feldes*“ sofort erwerben können. Die *Buy Box* erscheint, sobald der Nutzer ein Produkt auf der Plattform ausgewählt hat. Sie ist für die Drittanbieter von enormer Bedeutung, da bezüglich jedes Produktes jeweils nur das Angebot eines einzigen Anbieters an hervorgehobener Stelle angezeigt wird. [4] Amazon wählt hierzu

---

[2] Europäische Kommission, Pressemitteilung IP/20/2077 vom 10.11.2020, abrufbar unter https://ec.europa.eu/commission/presscorner/detail/en/ip_20_2077, zuletzt abgerufen am 23.08.2024.

[3] Hierzu im Gesamten: Europäische Kommission, Beschl. v. 20.12.2022, C(2022) 9442 final, Rn. 36 ff. – *Amazon Marketplace* und *Amazon Buy Box*.

[4] Hierzu im Gesamten: Europäische Kommission, Beschl. v. 20.12.2022, C(2022) 9442 final, Rn. 37 – *Amazon Marketplace* und *Amazon Buy Box*.

mithilfe eines Algorithmus aus einer Vielzahl an Drittanbietern anhand verschiedener Kriterien einen *Buy Box*-Gewinner aus. Die Angebote aller anderen Händler bezüglich des gleichen Produktes erscheinen im Ranking an einer weitaus weniger prominenten Stelle. Seit der Umsetzung von Verpflichtungszusagen ist Amazon dazu verpflichtet, neben dem Gewinner der *Buy Box* mindestens ein weiteres Angebot hervorgehoben anzuzeigen.[5]

Die immense Bedeutung der *Buy Box* für die Wahrscheinlichkeit einer Transaktion zeigen die *Marketplace*-Verkaufszahlen. Die durchschnittliche *Buy Box* Rate liegt *Laskowski* zu Folge in Deutschland bei ca. 75 %.[6] Dies bedeutet, dass drei von vier Verkäufen auf der Amazon Webseite auf das Produkt in der *Buy Box* entfallen. Amazon selbst stellt in den Veröffentlichungen an die Drittanbieter sogar fest, dass mehr als 90 % aller Verkäufe über die *Buy Box* getätigt werden.[7] Neben den Verkaufszahlen ist auch die Sichtbarkeit der außerhalb der *Buy Box* angezeigten Produkte erheblich herabgemindert. Der Anteil der Kundenbesuche aufseiten, auf denen der Kunde direkt auf den Link zur Angebotsseite geklickt hat, betrug im Zeitraum zwischen 2017 und 2019 weniger als 10 %. Nach den Feststellungen der Kommission führte auch die Einführung des *All Offer Display*, bei dem alle Angebote auf einer Seite angezeigt werden, zu keiner signifikanten Veränderung der Sichtbarkeit.[8]

Die Auswahl des *Buy Box*-Gewinners erfolgt in einem zweistufigen Prozess.[9] Zunächst ist eine *Buy Box*-Qualifizierung notwendig. Hierbei werden alle Drittanbieter ausgeschlossen, die von Amazon festgelegte Mindestkriterien in Bezug auf ihre Fähigkeit, die Anforderungen der Nutzer zu

---

[5] Amazon Services Inc., Verpflichtungszusagen v. 22.11.2022, Rn. 7 f.

[6] *Laskowski*, Is Amazon exploiting its dominant market position at Corona times? Evidence from office supplies and Stationery in Germany, Doctoral Students Conference at the University of Finance and Administration 2022, 50 (56).

[7] Europäische Kommission, Beschl. v. 20.12.2022, C(2022) 9442 final, Rn. 40 – *Amazon Marketplace* und *Amazon Buy Box*.

[8] Europäische Kommission, Beschl. v. 20.12.2022, C(2022) 9442 final, Rn. 43 – *Amazon Marketplace* und *Amazon Buy Box;* das „*All Offer Display*" ist ein Pop-up-Fenster, das sich über der *Buy Box*-Seite mit der Liste aller konkurrierenden Angebote öffnet.

[9] Hierzu im Gesamten: Europäische Kommission, Beschl. v. 20.12.2022, C(2022) 9442 final, Rn. 43 – *Amazon Marketplace* und *Amazon Buy Box*.

erfüllen, nicht erreichen. In einem zweiten Schritt ermittelt Amazon aus den Angeboten aller qualifizierten Drittanbieter den *Buy Box*-Gewinner. Das dieser Entscheidung zu Grunde liegende Auswahlverfahren erfolgt mithilfe eines Algorithmus, den Amazon kontinuierlich überarbeitet und verbessert.

Da es für eine Ungleichbehandlung voneinander unterscheidbare Verkäufertypen bedarf, sind die auf der Plattform vertretenen Drittanbieter in drei Kategorien einzuteilen.[10] Zum einen erfolgt ein Eigenvertrieb durch Amazon. Die zweite Kategorie bilden Drittanbieter, die den *Fulfillment-by-Amazon-Service* (*FBA*) nutzen und daher als *FBA*-Verkäufer bezeichnet werden. Die *FBA*-Verkäufer und der Amazon Eigenvertrieb werden gemeinsam als *AFN*-Verkäufer bezeichnet. Die dritte Gruppe bilden Drittanbieter, die nicht auf die *FBA*-Dienste zurückgreifen. Diese Drittanbieter werden, da sie das *Merchant Fullfilled Network* nutzen, als *MFN*-Verkäufer bezeichnet.[11]

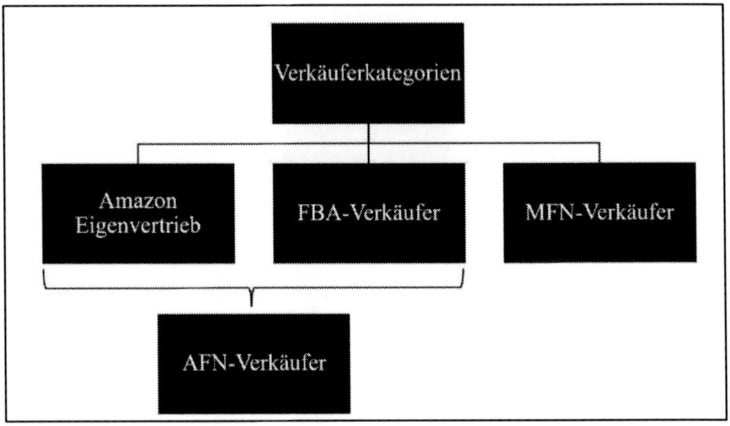

Abbildung 16: Verkäuferkategorien Amazon

[10] Zu den verschiedenen Verkäufertypen im Gesamten: Europäische Kommission, Beschl. v. 20.12.2022, C(2022) 9442 final, Rn. 27 ff. – *Amazon Marketplace* und *Amazon Buy Box*.

[11] Ausnahmsweise wird statt dem Begriff Drittanbieter der Begriff Verkäufer verwendet, da dieser Terminus dem der Kommission entspricht.

b) Verfahrensablauf

Im November 2020 leitete die Kommission gegen Amazon ein Verfahren im Hinblick auf den Erlass eines Beschlusses nach Kapitel III der Verordnung (EG) Nr. 1/2003 ein.[12] Die vorläufige Beurteilung wurde Amazon im Juni 2022 schriftlich bekannt gegeben. Daraufhin übermittelte Amazon der Kommission im Juli 2022 Verpflichtungszusagen, die nach vorangehender Abänderung aufgrund von Stellungnahmen interessierter Dritter mit Beschluss der Kommission vom 20. Dezember 2022 für verbindlich erklärt wurden.[13] Amazon hat sich darin im Hinblick auf die *Buy Box* verpflichtet, die Sichtbarkeit des zweiten Angebots durch eine stärkere Hervorhebung zu verbessern. Bei der Auswahl des hervorgehobenen Angebots sollen diskriminierungsfreie Bedingungen und Kriterien angewandt werden, die für alle Wettbewerber gleichermaßen gelten. Außerdem wurde ein Überprüfungsmechanismus für den Fall eingeführt, dass die Präsentation die Aufmerksamkeit der Kunden nicht hinreichend gewährleistet. Das Bundeskartellamt hat trotz Beschwerden von *Marketplace*-Drittanbietern auf eine Untersuchung hinsichtlich des Rankings und der *Buy Box* verzichtet und dies mit der bereits laufenden Untersuchung der Kommission begründet.[14]

c) Rechtliche Würdigung der Kommission

Die Kommission geht davon aus, das Amazon seine beherrschende Stellung mithilfe der *Buy Box* ausgenutzt und hierdurch gegen Art. 102 AEUV verstoßen hat.[15] Die rechtlichen Bedenken bestehen sowohl hinsichtlich des Auswahlverfahrens des *Buy Box*-Gewinners als auch hinsichtlich der Bedingungen und Kriterien für die Auswahl von Angeboten und Drittanbietern zum *Prime*-Verkauf. Durch die beanstandeten Verhaltensweisen hat Amazon nach Auffassung der Kommission seine eigenen Angebote

---

[12] Zum Ablauf des Verfahrens im Gesamten: Europäische Kommission, Beschl. v. 20.12.2022, C(2022) 9442 final, Rn. 15 ff. – *Amazon Marketplace* und *Amazon Buy Box*.

[13] Europäische Kommission, Beschl. v. 20.12.2022, C(2022) 9442 final, Rn. 290 ff. – *Amazon Marketplace* und *Amazon Buy Box*.

[14] BKartA, Fallbericht v. 17.07.2019, Rs. B2-88/18, 2 – *Amazon*.

[15] Zusammenfassend: Europäische Kommission, Beschl. v. 20.12.2022, C(2022) 9442 final, Rn. 153 ff. – *Amazon Marketplace* und *Amazon Buy Box*.

künstlich bevorzugt und *MFN*-Verkäufer, die den *FBA*-Service nicht nutzen, unzulässig diskriminiert.

(1) Ungleichbehandlung

Die Kommission identifiziert zunächst eine Ungleichbehandlung zugunsten der *AFN*-Verkäufer. Bei der Bestimmung des *Buy Box*-Gewinners kommen aus Sicht der Kommission für *AFN*-Verkäufer andere Bedingungen als für die *MFN*-Verkäufer zur Anwendung.[16] Die Ungleichbehandlung ergibt sich aus der Tatsache, dass *MFN*-Verkäufer bestimmte Qualifikationskriterien erfüllen müssen, während die *AFN*-Verkäufer standardmäßig als qualifiziert gelten. Auch bei der Identifizierung des *Buy Box*-Gewinners wendet Amazon nach Ansicht der Kommission unterschiedliche Kriterien an.[17] Im Gegensatz zu den Leistungen von Drittanbietern kann der Amazon Eigenvertrieb nicht von Kunden auf der Website bewertet werde. Stattdessen nimmt Amazon automatisch eine 100 %ige Bewertung an. Dass diese perfekte Bewertung nicht den tatsächlichen Gegebenheiten entspricht, schlussfolgert die Kommission aus den bei der Untersuchung gewonnenen Erkenntnissen. Aufgrund von technischen Fehlern ist es bei tausenden Transaktionen versehentlich zu einer Bewertung des Amazon Eigenvertriebs gekommen. Hierbei wurde der Eigenvertrieb in der Regel nur zwischen 80-90 % und 90-100 % bewertet und schnitt oftmals schlechter ab als vergleichbare Angebote von *MFN*-Verkäufern. Auch hat die Anpassung der Angebotsattribute und die Kriterien, die Amazon auf diese Anpassung anwendet, einen größeren negativen Einfluss auf die Angebote der *MFN*-Verkäufer als auf die der *AFN*-Verkäufer. Darüber hinaus bevorzugt Amazon die *AFN*-Händler im Hinblick auf den voraussichtlichen Liefertermin. Amazon passt das Lieferversprechen der Drittanbieter einseitig an, wenn das Risiko besteht, dass der geschätzte Liefertermin nicht eingehalten wird. Obwohl ähnliche Anpassungsbedingungen auch für die Angebote der *AFN*-Verkäufer gelten, zeigen die Untersuchungen der Kommission, dass eine bedeutendere Anpassung der *MFN*-Angebote erfolgt, selbst wenn *MFN*- und *AFN*-Verkäufer denselben

[16] Hierzu im Gesamten: Europäische Kommission, Beschl. v. 20.12.2022, C(2022) 9442 final, Rn. 124 f. – *Amazon Marketplace* und *Amazon Buy Box*.
[17] Hierzu im Gesamten: Europäische Kommission, Beschl. v. 20.12.2022, C(2022) 9442 final, Rn. 126 ff. – *Amazon Marketplace* und *Amazon Buy Box*.

Bedingungen ausgesetzt sind. Die Angabe eines späteren Liefertermins wirkt sich negativ auf die Gesamtattraktivität für die Nutzer aus.

Neben dem Verhalten bezüglich der *Buy Box* hält die Kommission auch Amazons Verhalten in Bezug auf den Zugang zu *Amazon Prime* für missbräuchlich.[18] Wie oben näher dargelegt, ist das *Prime*-Siegel für Drittanbieter von essenzieller Bedeutung, da *Prime*-Kunden auf dem Marktplatz erheblich aktiver sind als Kunden, die nicht über die Premiummitgliedschaft verfügen.[19] *Amazon Prime* spielt darüber hinaus bei der Bestimmung des *Buy Box*-Gewinners eine erhebliche Rolle, da die Mitgliedschaft als Kriterium in den Algorithmus einfließt. Die Kommission hat festgestellt, dass sich *MFN*-Verkäufer über das *Fulfilled Prime-Program* für Drittanbieter („*SFP*-Programm") zunächst qualifizieren müssen, während *AFN*-Verkäufer automatisch für das *Prime*-Programm infrage kommen. Hierbei werden Drittanbieter gezwungen, sich für einen professionellen Verkaufsplan von Amazon zu entscheiden, für den von Amazon nur ein Anbieter zugelassen wurde. Während *AFN*-Verkäufer auf mehrere Spediteure zurückgreifen können, haben *SFP*-Verkäufer keine Auswahlmöglichkeit und müssten sich auf den von Amazon ausgewählten Spediteur zu den von Amazon ausgewählten Bedingungen verlassen. Dies führt nach Ansicht der Kommission im Ergebnis dazu, dass für *MFN*-Verkäufer ein erhöhtes Risiko besteht, dass ihre Angebote in Bezug auf die Lieferbedingungen schlechtere Leistungen, höhere Kosten und/oder weniger wettbewerbsfähige Angebote aufweisen, was sich im Endeffekt unmittelbar auf die *Prime*-Förderfähigkeit ihrer Angebote auswirkt.[20]

(2) Missbrauch der marktbeherrschenden Stellung

Die Kommission geht davon aus, dass Amazons Verhalten geeignet ist, den Wettbewerb zu verfälschen. Hierbei ist es erforderlich, dass die beanstandete Verhaltensweise nicht nur eine diskriminierende Wirkung aufweist, sondern zugleich geeignet ist, den Wettbewerb zu verfälschen,

---

[18] Hierzu im Gesamten: Europäische Kommission, Beschl. v. 20.12.2022, C(2022) 9442 final, Rn. 147 ff. – *Amazon Marketplace* und *Amazon Buy Box*.

[19] Hierzu ausführlich: B.I.2.a)(2)(c); ebenso Europäische Kommission, Beschl. v. 20.12.2022, C(2022) 9442 final, Rn. 139 – *Amazon Marketplace* und *Amazon Buy Box*.

[20] Europäische Kommission, Beschl. v. 20.12.2022, C(2022) 9442 final, Rn. 157 – *Amazon Marketplace* und *Amazon Buy Box*.

indem die Wettbewerbsposition von Wettbewerbern auf demselben oder nachgelagerten Märkten beeinträchtigt wird.[21] Die günstigeren Bedingungen für *AFN*-Verkäufer gegenüber *MFN*-Verkäufern sowohl hinsichtlich der *Buy Box* als auch hinsichtlich der Zulassung zum *Prime*-Programm sind nach Auffassung der Kommission geeignet, den Wettbewerb zu verzerren und die Wettbewerbsposition der Wettbewerber zu beeinträchtigen.[22] Die vorteilhafte Einstufung und Anzeige der *AFN*-Angebote mithilfe der Anwendung unterschiedlicher Bedingungen für gleichwertige Angebote führt nach Auffassung der Kommission zu einem strukturellen Wettbewerbsnachteil der *MFN*-Verkäufer, der geeignet ist, den Wettbewerb zwischen diesen Verkäufergruppen zu verfälschen.

Hinsichtlich der möglichen Auswirkungen des *Buy Box*-Verhaltens geht die Kommission davon aus, dass die bevorzugte Auswahl der *AFN*-Angebote zu einer künstlichen Erhöhung von Datenverkehr und Transaktionen führen kann, wodurch *MFN*-Angebote benachteiligt werden.[23] Da die *AFN*-Angebote auch dann den Vorzug erhalten, wenn die konkurrierenden *MFN*-Angebote im Hinblick auf die wichtigsten Angebotsparameter wie Preis, Drittanbieterbewertung und Lieferzeit mithalten können, besteht die Gefahr, dass die Wahlmöglichkeit der Nutzer künstlich beeinträchtigt wird.[24] Wird – aufgrund der systembedingten Verzerrungen – nicht das beste Angebot angezeigt, sondern das bevorzugte *AFN*-Angebot, so ist der Preis typischerweise höher als er wäre, wenn der *AFN*-Verkäufer nicht von den Vorzugsbedingungen profitiert. Im Ergebnis bestehe damit die Gefahr, dass Nutzer dazu verleitet werden, *AFN*-Angebote zu erwerben, selbst wenn diese nicht das qualitativ beste verfügbare Angebot darstellen.

---

[21] Europäische Kommission, Beschl. v. 20.12.2022, C(2022) 9442 final, Rn. 164 – *Amazon Marketplace* und *Amazon Buy Box*; wie bereits zuvor u.a. EuGH, Urt. v. 15.03.2007, Rs. C-95/04 P, ECLI:EU:C:2007:166, Rn. 144 – *British Airways/Kommission*.

[22] Europäische Kommission, Beschl. v. 20.12.2022, C(2022) 9442 final, Rn. 173 ff. – *Amazon Marketplace* und *Amazon Buy Box*.

[23] Europäische Kommission, Beschl. v. 20.12.2022, C(2022) 9442 final, Rn. 203 – *Amazon Marketplace* und *Amazon Buy Box*.

[24] Hierzu im Gesamten: Europäische Kommission, Beschl. v. 20.12.2022, C(2022) 9442 final, Rn. 205 ff. – *Amazon Marketplace* und *Amazon Buy Box*.

Auch die Festlegung ungleicher Bedingungen und Kriterien für die Zulassung von Drittanbietern zum *Prime*-Programm führt nach Ansicht der Kommission zu einer künstlichen Benachteiligung der *MFN*-Verkäufer.[25] Der Wettbewerbsnachteil betrifft insbesondere die Sichtbarkeit von *MFN*-Angeboten und die Fähigkeit der *MFN*-Verkäufer, Transaktionen zu generieren, wodurch der Wettbewerb auf der Handelsplattform verzerrt wird. Der Wettbewerbsnachteil ist nicht das Ergebnis eines fairen Leistungswettbewerbs, sondern resultiert aus den ungleichen Zugangsbedingungen. *Prime*-Nutzer könnten verleitet werden, *AFN*-Angebote zu erwerben, die qualitativ nicht dem besten Angebot entsprechen.

d) Stellungnahme

Legt man die tatsächlichen Feststellungen der Kommission zugrunde, stellt sowohl Amazons Verhalten hinsichtlich der *Buy Box* als auch bezüglich des *Prime*-Programms einen Marktmachtmissbrauch dar. Amazon nutzt seine Stellung als Betreiber der Hybridplattform aus, um sich selbst und Drittanbieter, die Dienstleistungen von Amazon beziehen, zu bevorzugen. Da die von Amazon angebotenen Dienstleistungen wie Logistik oder Lagerung für das Unternehmen äußerst lukrativ sind, werden Drittanbieter dazu bewegt, Teil des *FBA*-Netzwerks zu werden. Amazon erreicht dies, indem die Angebote von Drittanbietern, die keine *FBA*-Dienste in Anspruch nehmen, systematisch benachteiligt werden.

Da die Untersuchungen der Kommission ergeben haben, dass nahezu ausschließlich Gewinner der *Buy Box* relevante Verkaufszahlen auf der Handelsplattform aufweisen, sind Drittanbieter faktisch dazu gezwungen, alles zu unternehmen, um den Wettbewerb um die *Buy Box* zu gewinnen. Da Amazon die Mitgliedschaft im *FBA*-Netzwerk indirekt zu einem wesentlichen Kriterium für den Gewinn der *Buy Box* gemacht hat, haben Unternehmen faktisch keine andere Wahl, als den von Amazon angebotenen Service zu nutzen. Hierdurch verfälscht Amazon den Leistungswettbewerb zu Lasten der Nutzer. Gewinnen *MFN*-Angebote die *Buy Box* nicht, obwohl sie den vergleichbaren Angeboten der Wettbewerber überlegen sind, werden hierdurch sowohl die *MFN*-Verkäufer als auch die Nutzer benachteiligt. Die *MFN*-Verkäufer, die unter fairen Wettbewerbsbedingungen die

---

[25] Hierzu im Gesamten: Europäische Kommission, Beschl. v. 20.12.2022, C(2022) 9442 final, Rn. 217 ff. – *Amazon Marketplace* und *Amazon Buy Box*.

Buy Box gewonnen hätten, werden um die Möglichkeit einer Transaktion gebracht, während die Nutzer ein Produkt erwerben, das unter fairen Wettbewerbsbedingungen zu günstigeren Konditionen verfügbar gewesen wäre.

Auch das beeinflusste Zulassungsverfahren zum *Prime*-Programm ist dazu geeignet, den Wettbewerb negativ zu beeinflussen und stellt eine missbräuchliche Verhaltensweise dar. Da Angebote, die nicht über das *Prime*-Siegel verfügen, auf der Handelsplattform systematisch benachteiligt werden, sehen sich viele Drittanbieter gezwungen, Teil des *FBA*-Netzwerks zu werden, um in den Genuss der Vorteile des *Prime*-Verkaufs zu gelangen. Die Wettbewerbsbeeinflussung ist Amazon nur möglich, da das Unternehmen als Betreiber der Hybridplattform über die Möglichkeit verfügt, die Zugangsparameter selbst zu bestimmen. Auf diese Weise kann Amazon den Wettbewerb beeinflussen, ohne selbst Wettbewerbsnachteile zu erfahren. Neben den Drittanbietern, die mit Amazon im Wettbewerb stehen, können auch Nutzer durch Amazons Verhalten benachteiligt werden. Es besteht die Gefahr, dass Nutzer Produkte erwerben, die bei Bestehen eines fairen Leistungswettbewerbs zu einem niedrigeren Preis oder günstigeren Konditionen verfügbar gewesen wären.

Die von Amazon abgegebenen Verpflichtungszusagen sind grundsätzlich geeignet, die wettbewerbsrechtlichen Bedenken der Kommission kurzfristig auszuräumen. Insbesondere die Verpflichtung, für alle Wettbewerber, gleichermaßen geltende, diskriminierungsfreie Bedingungen und Kriterien anzuwenden, führt zu gerechteren Wettbewerbsbedingungen. Es bleibt jedoch abzuwarten, ob und wie effektiv diese Kriterien in der Praxis überprüft werden können. Die wettbewerbsrechtliche Gefahr basiert nicht allein auf der besseren Positionierung eigener Angebote, sondern vielmehr auf der grundsätzlichen Gefahr, dass Amazon seine Marktmacht auf dem Plattformmarkt mit einer Hebelwirkung auf die nachgelagerten Märkte überträgt. Da Amazon auf riesige Mengen an nicht öffentlichen Geschäftsdaten zugreifen kann, besteht die Gefahr, dass diese Daten zur Verbesserung der eigenen Marktstellung sowohl auf den nachfolgenden Märkten als auch auf dem Plattformmarkt genutzt werden. Der Mechanismus muss demzufolge präzise identifizieren, wann Amazon die Kriterien zur Platzierung eines Unternehmens in der *Buy Box* zugunsten seiner eigenen Dienste beeinflusst. Dies dürfte in der Praxis mit erheblichen Schwierigkeiten verbunden sein. Ohne weiteres erkennbar ist, wenn der Mechanismus Amazons eigene Produkte oder die von Anbietern, die Servicedienstleistungen von Amazon beziehen, direkt bevorzugt. Schwieriger gestaltet sich die Bewertung hingegen, wenn Amazon den Wettbewerbsvorteil ausnutzt, über den das Unternehmen aufgrund der Kenntnis der Auswahlparameter verfügt. Im Gegensatz zu den Drittanbietern auf dem nachgelagerten Markt, die keinen Einblick in die Auswahlkriterien haben, kann Amazon die Kenntnis der Kriterien nutzen, um die Angebotsparameter für besonders lukrative Produkte und Dienstleistungen an diesen Kriterien auszurichten. Da die Offenlegung der Kriterien nur gegenüber der Kommission erfolgt, wäre eine informatorische Trennung notwendig, um gleiche Wettbewerbsbedingungen herbeizuführen. Anderenfalls müsste Amazon verpflichtet werden, die Auswahlkriterien, die wichtiger Bestandteil von Amazons Geschäftsmodell sind, gegenüber direkten Wettbewerbern offenzulegen.

Die Verpflichtung zur Anzeige eines zweiten Angebots ist als unzureichend zu bewerten. Während das Angebot der *Buy Box* hervorgehoben dargestellt ist und über eine unmittelbare Kauffunktion verfügt, wird das zweite Angebot wesentlich weniger sichtbar unterhalb der *Buy Box* angezeigt. Es ist davon auszugehen, dass selbst sorgfältige Kunden diese Auswahloption nicht wahrnehmen und sich stattdessen – trotz möglicherweise für sie günstigeren Bedingungen – für das Angebot des *Buy Box*-Gewinners entscheiden. Es ist nicht nachvollziehbar, weshalb die Kommission Amazon nicht verpflichtet hat, andere Angebote ebenso präsent darzustellen wie den *Buy Box*-Gewinner. Jedenfalls wäre es erforderlich gewesen, einen gut sichtbaren Hinweis auf das Bestehen weiterer Angebote des gleichen Produktes zu verlangen, damit sich Kunden ihrer Auswahlentscheidung bewusst werden.

e) Bewertung auf Grundlage des DMA und § 19a GWB

Der DMA enthält in Art. 6 Abs. 5 DMA ein umfassendes Verbot der Selbstbevorzugung, das neben der bevorzugten Behandlung beim Ranking die bevorzugte Darstellung eigener Dienste erfasst.[26] Verboten ist jegliche Differenzierung, sodass Art. 6 Abs. 5 DMA als strenges

[26] *Heinz*, in: Podszun, Digital Markets Act, 1. Aufl. 2023, DMA Art. 6 Abs. 5, Rn. 95, 97.

Gleichbehandlungsgebot auszulegen ist.[27] Neben dem Ranking selbst kann sich eine Selbstbevorzugung vor allem auf die Organisation der Ergebnisse, also nach welchen Kriterien die Rangliste erstellt wird, beziehen.[28] Insbesondere ist es verboten, eigene Produkte der Anwendung der Kriterien zu entziehen oder die Kriterien so auszugestalten, dass die eigenen Produkte profitieren, während die Produkte von Wettbewerbern herabgestuft werden.[29] Amazons Verhalten ist unter dieses Verbot zu subsumieren. In den Genuss der bevorzugten Darstellung des eigenen Angebots in der *Buy Box* kommt ganz überwiegend Amazon selbst oder Unternehmen, die Leistungen in nicht unerheblichem Umfang von Amazon beziehen. Andere Angebote erscheinen an einer weitaus weniger prominenter Stelle. Verkaufszahlen zeigen, dass die anderen Angebote faktisch nur selten aufgefunden werden, da der Gewinner der *Buy Box* einen Großteil der Verkäufe auf sich vereint. Hieran dürfte auch die Darstellung eines weiteren Angebots neben dem *Buy Box*-Gewinner nur wenig ändern. Die Benachteiligung von Wettbewerbern erfolgt, indem diesen eine bevorzugte Darstellung ihrer Angebote vorenthalten wird. Amazons Verhalten ist auch von § 19a Abs. 2 S. 1 Nr. 1 lit. a GWB erfasst, der die bevorzugte Darstellung eigener Angebote untersagt und sich insoweit inhaltlich mit den Bestimmungen des DMA überschneidet.

2. Datenverarbeitung (Amazon Marketplace)

Neben der Selbstbevorzugung hat die Kommission in einem zweiten Verfahren einen potenziellen Marktmachtmissbrauch mithilfe der Nutzung nicht öffentlicher Geschäftsdaten von Marktplatzverkäufen überprüft.

a) Sachverhalt

Die Arbeitsabläufe und internen Entscheidungsmechanismen des Amazon Eigenvertrieb sind weitgehend automatisiert.[30] Entscheidungen werden nicht von einzelnen Mitarbeitern getroffen, sondern von Amazons

---

[27] *Bueren/Weck*, in: Münchener Kommentar zum Wettbewerbsrecht, 4. Aufl. 2023, DMA Art. 6, Rn. 115.

[28] Hierzu im Gesamten: *Heinz*, in: Podszun, Digital Markets Act, 1. Aufl. 2023, DMA Art. 6 Abs. 5, Rn. 96.

[29] *Heinz*, ebd. Rn. 96.

[30] Hierzu im Gesamten: Europäische Kommission, Beschl. v. 20.12.2022, C(2022) 9442 final, Rn. 98 f. – *Amazon Marketplace* und *Amazon Buy Box*.

automatisierten Systemen, die zur Entscheidungsfindung auf riesige Datensätze zurückgreifen. Unter anderem bestimmen die speziellen algorithmischen Tools über den Ein- oder Ausstieg in bestimmte Produktmärkte oder die Preise der angebotenen Produkte oder sie identifizieren Sortimentslücken oder neue Lieferanten. Die Untersuchungen der Kommission haben ergeben, dass Drittanbieter, die ihre Produkte auf dem *Marketplace* anbieten wollen, verpflichtet sind, mit Amazon ein *Business Solutions Agreement* abzuschließen.[31] Im Rahmen dieser Geschäftsvereinbarung gewähren Drittanbieter Amazon und seinen verbundenen Unternehmen weitreichende gebührenfreie Nutzungsrechte an den eingebrachten Daten. Hinsichtlich der generierten Transaktionsdaten wird Amazon das ausschließliche Eigentum eingeräumt, sodass für Drittanbieter nur begrenzte Nutzungsrechte verblieben. Intern wurden Mitarbeiter von Amazon verpflichtet, vertrauliche Informationen nur zu nutzen und weiterzugeben, wenn dies für die Erfüllung ihrer beruflichen Aufgaben erforderlich ist. Ungeachtet dieser Richtlinie hat jeder Mitarbeiter Zugang zum zentralen Datensystem, das alle Informationen auf Drittanbieterebene enthält.

Für die Annahme einer missbräuchlichen Verhaltensweise sind sowohl Daten, die Drittanbieter Amazon direkt zur Verfügung stellen als auch Daten, die aus Produktangeboten und Transaktionen von Drittanbietern auf der Handelsplattform generiert werden bzw. darauf basieren von entscheidender Bedeutung.[32] Insbesondere ist relevant, dass Amazon über die Möglichkeit verfügt, diese Daten in Echtzeit abzurufen und hieraus Rückschlüsse zu ziehen. Zwar besteht für Drittanbieter die Möglichkeit, selbst allgemein zugängliche Daten zu sammeln und auszuwerten, doch ist ein großer Teil der Amazon zu Verfügung stehenden Daten hiervon nicht erfasst. Da Drittanbieter nur Zugriff auf ihre eigenen Verkaufsdaten haben, während Amazon auf individuelle Echtzeitdaten aller Drittanbieter zugreifen kann und Drittanbieter nicht in der Lage sind, diese Daten zu replizieren, besteht ein Datendelta zwischen Amazon und den Drittanbietern. Bei den nicht öffentlich zugänglichen Daten über Produktangebote und Transaktionen von Drittanbietern handelt es sich insbesondere um Beginn und Ende des Verkaufs eines Produktes, die Preisgestaltung, die Planung und

---

[31] Nachfolgend als „*Geschäftsvereinbarung*" bezeichnet.

[32] Hierzu im Gesamten: Europäische Kommission, Beschl. v. 20.12.2022, C(2022) 9442 final, Rn. 109 ff. – *Amazon Marketplace* und *Amazon Buy Box*.

Verwaltung der Bestände sowie die gezielte Auswahl bestimmter Drittanbieter als Lieferanten von Amazon.[33]

Die wettbewerbsrechtlichen Bedenken der Kommission beruhen auf Amazons Doppelfunktion als Betreiber einer Hybridplattform.[34] Neben dem Betrieb des *Marketplace* verkauft Amazon eigene Produkte und steht diesbezüglich mit den Drittanbietern in direktem Wettbewerb. Außerdem hat Amazon als Plattformbetreiber Zugang zu großen Datensätzen an nicht öffentlichen Geschäftsdaten der Drittanbieter, die unter anderem Aufschluss über die Anzahl der bestellten und versandten Produkteinheiten, die Einnahmen der Drittanbieter auf dem Marktplatz sowie die Anzahl der Besuche von Angeboten von Drittanbietern geben.[35]

b) Verfahrensablauf

Bereits im Juli 2019 hat die Kommission in der Rechtssache *Amazon Marketplace* kartellrechtliche Untersuchungen gegen Amazon eingeleitet.[36] Im Rahmen der Mitteilung der Beschwerdepunkte im November 2020 setzte sie Amazon darüber in Kenntnis, dass sie zur vorläufigen Auffassung gelangt ist, dass Amazon durch Verfälschung des Wettbewerbs auf Online-Einzelhandelsmärkten gegen EU-Kartellvorschriften verstößt. Die von Amazon im Juli 2022 vorgeschlagenen Verpflichtungszusagen wurden auf Grundlage von Stellungnahmen interessierter Dritter angepasst und in abgeänderter Version mit Beschluss der Kommission vom 20. Dezember 2022 für verbindlich erklärt.[37] Amazon hat sich hierbei verpflichtet, technische und/oder manuelle Kontrollmechanismen einzurichten, um den Zugang seines Einzelhandelsgeschäfts zu den Daten von Drittanbietern zu

---

[33] Bezüglich Amazons Zugriff auf wettbewerbsrelevante Daten ausführlich: E.III.2.a)(4).

[34] Hierzu im Gesamten: Europäische Kommission, Beschl. v. 20.12.2022, C(2022) 9442 final, Rn. 121 ff. – *Amazon Marketplace* und *Amazon Buy Box*.

[35] Europäische Kommission, Pressemitteilung IP/20/2077 vom 10.11.2020, abrufbar unter https://ec.europa.eu/commission/presscorner/detail/de/ip_20_2077, zuletzt abgerufen am 23.08.2024.

[36] Zum Ablauf des Verfahrens im Gesamten: Europäische Kommission, Beschl. v. 20.12.2022, C(2022) 9442 final, Rn. 15 ff. – *Amazon Marketplace* und *Amazon Buy Box*.

[37] Europäische Kommission, Beschl. v. 20.12.2022, C(2022) 9442 final, Rn. 290 ff. – *Amazon Marketplace* und *Amazon Buy Box*.

prüfen und zu überwachen. Diese Verpflichtung, die auch als Datensilo-Verpflichtung bezeichnet wird, stellt nach Ansicht der Kommission sicher, dass Amazon die nicht öffentlichen Daten von Drittanbietern zukünftig nicht mehr für eigenen Zwecke nutzen wird.

c) Rechtliche Würdigung der Kommission

Die Kommission geht davon aus, dass Amazon seine marktbeherrschende Stellung durch die Nutzung nicht öffentlicher Geschäftsdaten von Drittanbietern missbraucht hat.[38] Der systematische Rückgriff der automatisierten Systeme und Mitarbeiter von Amazon auf nichtöffentliche Daten der Drittanbieter, die im Zusammenhang mit der Erbringung von marktbeherrschenden Marktplatzdiensten für diese Drittanbieter gewonnen wurden, schützen Amazon vor Risiken und Kosten des Einzelhandelswettbewerbs. Amazon hat folglich durch den Rückgriff auf leistungswettbewerbsfremde Methoden den Wettbewerb mit Drittanbietern verzerrt und damit seine beherrschende Stellung auf dem Marktplatzdienstleistungsmarkt über eine Hebelwirkung auf Online-Einzelhandelsmärkte übertragen. Aufgrund der Ausprägung der Marktmacht gelangt die Kommission zu dem Ergebnis, dass das Datennutzungsverhalten geeignet war, den Wettbewerbsprozess auf den Online-Einzelhandelsmärkten zu verfälschen, indem – zum Nachteil der Wettbewerber und Nutzer – ein struktureller Wettbewerbsvorteil für Amazon geschaffen wurde.

Amazons Datennutzungsverhalten hat nach Ansicht der Kommission vielfältige wettbewerbswidrige Auswirkungen.[39] Zunächst beeinträchtigt Amazon mit diesem Verhalten die Wettbewerbsfähigkeit von Drittanbietern, die aufgrund des Angebots vergleichbarer Produkte mit Amazon in direktem Wettbewerb stehen. Amazon erobert systematisch einen großen Teil der Einnahmen der meistverkauften Produkte auf der Handelsplattform. Dies gilt selbst dann, wenn Amazon erst kurze Zeit zuvor mit dem Produkt auf den Markt eingetreten ist. Durch die Abschöpfung lukrativer Transaktionen werden den Drittanbietern Skaleneffizienzen in den Bereichen Beschaffung, Bestandsmanagement und Versand entzogen und diese

[38] Hierzu im Gesamten: Europäische Kommission, Beschl. v. 20.12.2022, C(2022) 9442 final, Rn. 167 ff. – *Amazon Marketplace* und *Amazon Buy Box*.
[39] Hierzu im Gesamten: Europäische Kommission, Beschl. v. 20.12.2022, C(2022) 9442 final, Rn. 183 ff. – *Amazon Marketplace* und *Amazon Buy Box*.

hierdurch geschwächt.[40] Die Markteintrittsentscheidungen, bei denen Amazon aufgrund der vorher bekannten Rentabilitätsschwelle nur geringen Risiken unterliege, führen nach Auffassung der Kommission automatisch und systematisch zu einer geringeren Präsenz von Drittanbietern und damit zu einem geringeren Wettbewerbsdruck. Wettbewerbsschädlich ist auch, dass Amazon Preise, Lagerbestände sowie die Entscheidung über die Auswahl der Lieferanten aufgrund der überlegenen Datenmacht effizienter gestalten kann, wodurch sich Amazon dem Risiko von Transaktions- und Einnahmeverlusten entzieht. Dies kann zu einer Einstellung des Verkaufs entsprechender Produkte von Drittanbietern führen, sobald Amazon in den Markt eintritt. Langfristig ist nach Einschätzung der Kommission eine Marginalisierung der Anzahl an Drittanbietern und ein geringerer Wettbewerbsdruck auf Amazon zu erwarten.

d) Stellungnahme

Unter Zugrundelegung der tatsächlichen Feststellungen der Kommission stellt Amazons Verhalten in Bezug auf die Datennutzung eine missbräuchliche Verhaltensweise dar. Durch den Rückgriff auf nicht öffentliche Geschäftsdaten wird es Amazon ermöglicht, sich den Risiken eines fairen Leistungswettbewerbs zu entziehen. Hierbei ist es insbesondere wettbewerbsschädlich, wenn sich Amazon mit Geschäftsdaten von Drittanbietern gerade diesen gegenüber einen Wettbewerbsvorteil verschafft.

Ermöglicht wird die missbräuchliche Verhaltensweise durch die vertikale Integration des Amazon-Eigenvertriebs. Amazon erlangt die nicht öffentlichen Geschäftsdaten allein aufgrund seiner Stellung als Plattformbetreiber. Drittanbieter, die auf dem nachgelagerten Markt als direkte Wettbewerber fungieren, haben keine Möglichkeit, selbst an diese Daten zu gelangen. Der Datenvorsprung ist für sich gesehen zwar nicht wettbewerbsschädlich, doch gilt anderes, wenn die ausschließliche Verfügbarkeit wertvoller Daten dazu genutzt wird, sich gegenüber seinen Wettbewerbern einen Vorteil zu verschaffen.

Amazon verschafft sich einen derartigen Wettbewerbsvorteil, indem die nicht öffentlichen Geschäftsdaten zur Risikominimierung und

[40] Hierzu im Gesamten: Europäische Kommission, Beschl. v. 20.12.2022, C(2022) 9442 final, Rn. 186 ff. – *Amazon Marketplace* und *Amazon Buy Box*.

Profitmaximierung eingesetzt werden. Da Amazon durch die Optimierung des Preises und anderer Leistungsparameter den Nutzern ein Angebot unterbreiten kann, ohne hierbei sämtlichen Risiken des Leistungswettbewerbs zu unterliegen, können Einnahmeverluste minimiert werden. Aufgrund dieser Effizienz wird es Amazon ermöglicht, die Produkte günstiger anzubieten, als dies Drittanbietern möglich ist. Für Amazons Wettbewerbsvorteil spielt auch das Zusammenspiel mit der *Buy Box* eine wichtige Rolle. Da nur ein einziger Anbieter in der *Buy Box* erscheint und dieser einen Großteil der Transaktionen eines Produktes auf sich vereint, reicht es aus, wenn Amazon die Leistungsparameter so anpasst, dass das Eigenvertriebsprodukt den Wettstreit um die *Buy Box* für sich entscheidet. Amazons Verhalten beeinträchtigt die Wettbewerbsfähigkeit der Drittanbieter, da diesen aufgrund Amazons optimierter Angebote lukrative Transaktionen entgehen. Die hieraus resultierenden Umsatzeinbußen können existenzbedrohend sein, wenn sich die betroffenen Drittanbieter auf das Angebot eines oder weniger Produkte spezialisiert haben.

Auch die Nutzer werden durch Amazons Verhalten langfristig geschädigt. Zwar können sie kurzzeitig von günstigeren Angeboten profitieren, doch wirkt sich das Datennutzungsverhalten langfristig negativ auf das verfügbare Angebot aus. Zum einen werden relevante Wettbewerber vom Markt gedrängt, wenn es diesen nicht gelingt, Amazons Datennutzungsvorteil und die daraus resultierenden günstigeren Angebote auszugleichen. Sobald Amazon einen Großteil der relevanten Wettbewerber von der Handelsplattform verdrängt hat, besteht die Gefahr, dass die Preise nach oben angepasst und im Endeffekt über dem Ausgangspreis angesetzt werden. Zum anderen verhindert Amazon durch sein Verhalten Investitionen in Innovation. Da es Drittanbietern zum Nachteil gereichen kann, wenn diese zu erfolgreich sind und aus diesem Grund von Amazon aus dem Markt gedrängt werden, besteht die Gefahr, dass Drittanbieter auf Innovationen verzichten. Dieser Umstand kann sich langfristig negativ auf die Auswahlmöglichkeit und Qualität der Angebote auswirken.

e) Bewertung auf Grundlage des DMA und § 19a GWB

Amazons Verhalten in Bezug auf die Nutzung nicht öffentlicher Geschäftsdaten wird zukünftig vom Art. 6 Abs. 2 DMA erfasst. Bei dessen

Schaffung fungierte das Verfahren *Amazon Marketplace* als Inspirationsquelle.[41] Art. 6 Abs. 2 DMA verbietet es Torwächtern, nicht öffentlich zugängliche Daten, die von gewerblichen Nutzern im Zusammenhang mit der Nutzung zentraler Plattformdienste oder von im Zusammenhang damit erbrachten Diensten generiert oder bereitgestellt werden, im Wettbewerb mit diesen gewerblichen Nutzern zu nutzen. Das Verbot zielt speziell auf Hybridplattformen wie Amazon ab, da sich aus deren Doppelrolle ein Interessenskonflikt ergibt.[42] Amazon kann einen Vorteil aus seiner Doppelrolle ziehen, indem es Daten, die von gewerblichen Nutzern generiert oder bereitgestellt werden, für die Zwecke eigener Dienstleistungen oder Produkte verwendet. Dass Amazon als Marktplatzbetreiber von der Regelung des Art. 6 Abs. 2 DMA erfasst sein soll, zeigt der 46. Erwägungsgrund des DMA, der Online-Marktplätze als typisches Beispiel eines gefährdeten zentralen Plattformdienstes aufführt.[43] Im deutschen Recht werden derartige Verhaltensweisen zukünftig neben § 19 GWB von § 19a Abs. 2 S. 1 Nr. 4 GWB erfasst. Dieser ermächtigt das Bundeskartellamt den Normadressaten zu untersagen, mithilfe der Verarbeitung von wettbewerbsrelevanten Daten Marktzutrittsschranken zu errichten oder spürbar zu erhöhen oder andere Unternehmen in sonstiger Weise zu behindern. Eine Wettbewerbsbehinderung gem. § 19a Abs. 2 S. 1 Nr. 4 GWB kann sich insbesondere ergeben, wenn ein Plattformbetreiber Daten zum eigenen Vorteil im Wettbewerb mit den gewerblichen Nutzern einsetzt.[44]

---

[41] *Wolf-Posch*, in: Podszun, Digital Markets Act: DMA Gesetz über digitale Märkte, 1. Aufl. 2023, DMA Art. 6, Rn. 4.

[42] 46. Erwägungsgrund VO (EU) 2022/1925 (DMA); *Wolf-Posch*, in: Podszun, Digital Markets Act, 1. Aufl. 2023, DMA Art. 6 Abs. 2, Rn. 4.

[43] 46. Erwägungsgrund VO (EU) 2022/1925 (DMA): „*Die Daten des gewerblichen Nutzers können auch Daten umfassen, die von seinen Endnutzern generiert oder bei deren Tätigkeiten bereitgestellt werden. Dies kann beispielsweise der Fall sein, wenn ein Torwächter gewerblichen Nutzern einen Online-Marktplatz oder ein Geschäft für Software-Anwendungen bereitstellt und zugleich als Unternehmen auftritt, das Online-Einzelhandelsdienstleistungen oder Software-Anwendungen anbietet.*"

[44] *Bueren/Weck*, in: Münchener Kommentar zum Wettbewerbsrecht, 4. Aufl. 2023, DMA Art. 6, Rn. 52.

II. Google

Auch Google steht unter strenger Beobachtung der Wettbewerbshüter. Sowohl die Kommission als auch das EuG haben in den Entscheidungen *Google Shopping* und *Google Android* festgestellt, dass Google wettbewerbswidrig eigene Dienste bevorzugt.

1. Selbstbevorzugung (Google Shopping)

Der Fall *Google Shopping* hat die Bewertung eines Marktmachtmissbrauchs in Gestalt einer Selbstbevorzugung geprägt. Die von Kommission und EuG gewonnenen Erkenntnisse dienten als Vorbild und Grundlage sowohl für die Einführung des Regelbeispiels aus § 19a Abs. 2 S. 1 lit. a GWB,[45] als auch für die Regelung aus Art. 6 Abs. 5 DMA.[46] *Margarete Vestager* beschreibt die wettbewerbsrechtlichen Bedenken, die zu einer Verurteilung geführt haben, wie folgt:

> „*Google hat viele innovative Produkte und Dienstleistungen entwickelt, die unser Leben verändert haben. Das ist eine gute Sache. Aber die Strategie von Google für seinen Preisvergleichsdienst bestand nicht nur darin, Kunden zu gewinnen, indem es ein besseres Produkt anbietet als seine Wettbewerber. Google hat vielmehr* ***seine marktbeherrschende Stellung als Suchmaschinenbetreiber missbraucht, indem es seinen eigenen Preisvergleichsdienst in seinen Suchergebnissen ganz oben platziert und Vergleichsdienste der Konkurrenz herabgestuft hat****. […]Vor allem aber hat es verhindert, dass die europäischen Verbraucher wirklich zwischen verschiedenen Diensten wählen und die Vorteile der Innovation voll nutzen können.*“[47]
>
> (Hervorhebungen hinzugefügt)

---

[45] Reg.Begr. zur 10. GWB-Novelle, BT-Drs. 19/23492, S.75.

[46] *Bueren/Weck*, in: Münchener Kommentar zum Wettbewerbsrecht, 4. Aufl. 2023, DMA Art. 6, Rn. 116.

[47] Europäische Kommission, Pressemitteilung IP/10/1624 vom 30.11.2010, abrufbar unter https://ec.europa.eu/commission/presscorner/detail/de/IP_10_1624, zuletzt abgerufen am 23.08.2024.

a) Verfahrensablauf

Die Kommission leitete im November 2010 ein Verfahren bezüglich des Missbrauchs einer marktbeherrschenden Stellung nach Art. 102 AEUV ein.[48] Im März 2013 informierte die Kommission Google im Rahmen einer vorläufigen Beurteilung darüber, dass sie der Ansicht ist, dass Google auf seinen allgemeinen Ergebnisseiten Links zu eigenen spezialisierten Suchdiensten gegenüber denen von konkurrierenden spezialisierten Suchdiensten bevorzugt behandelt und dieses Verhalten möglicherweise gegen Art. 102 AEUV verstößt. Google unterbreitete der Kommission bis Ende Januar 2014 drei Bündel an Verpflichtungszusagen. Nach Prüfung der Stellungnahmen von 19 Beschwerdeführern revidierte die Kommission ihre vorläufige Beurteilung und informierte Google im September 2014 darüber, dass sie sich nicht in der Lage sieht, einen Beschluss über die Annahme von Verpflichtungszusagen zu erlassen. Sie nahm daraufhin im April 2015 das Verfahren zur Feststellung einer Zuwiderhandlung wieder auf und erließ eine an Google gerichtete Mitteilung der Beschwerdepunkte, in der sie zu der vorläufigen Beurteilung kam, dass die in Rede stehenden Praktiken einen Missbrauch einer beherrschenden Stellung darstellen und daher gegen Art. 102 AEUV verstoßen. Nach weiteren Stellungnahmen der Beschwerdeführer, ergänzenden Mitteilungen der Kommission zu den Beschwerdepunkte und diversen Stellungnahmen durch Google erließ die Kommission am 27. Juni 2017 schließlich einen Beschluss aufgrund eines Verstoßes gegen Art. 102 AEUV und verhängte eine Geldbuße in Höhe von insgesamt 2.424.495.000 Euro, davon 523.518.000 Euro gesamtschuldnerisch mit Alphabet.[49] Google erhob gegen diesen Beschluss der Kommission im September 2017 Klage vor dem EuG.[50] Das EuG wies die Klage mit Urteil vom 10. November 2021 im Wesentlichen ab und bestätigte die Höhe der mit dem angefochtenen Beschluss verhängten

[48] Zum Verfahrensablauf im Gesamten: Europäische Kommission, Beschl. v. 27.06.2017, C(2017) 4444 final, Rn. 38 ff. – *Google Shopping*.
[49] Europäische Kommission, Beschl. v. 27.06.2017, C(2017) 4444 final – *Google Shopping*.
[50] EuG, Urt. v. 10.11.2021, Rs. T-612/17, ECLI:EU:T:2021:763, Rn. 79 – *Google Shopping*.

Geldbuße.[51] Google hat gegen dieses Urteil Einspruch eingelegt. Dieses Verfahren ist derzeit in höchster Instanz beim EuGH anhängig.[52]

b) Feststellung der Kommission und Ansicht Googles

Die Kommission ist der Ansicht, dass Google auf der allgemeinen Suchergebnisseite den eigenen Preisvergleichsdienst *Google Shopping* gegenüber konkurrierenden Preisvergleichsdiensten bevorzugt positioniert und präsentiert hat.[53] Hinsichtlich der Positionierung geht die Kommission davon aus, dass die von Google eingeführten Anpassungsalgorithmen, insbesondere der Algorithmus namens *Panda*, zu Unterschieden in der Sichtbarkeit geführt haben. *Google Shopping* unterliegt trotz ähnlicher Merkmale nicht denselben Ranking-Mechanismen. Die Ergebnisse der konkurrierenden Preisvergleichsdienste können aufgrund bestimmter Anpassungsalgorithmen an das Ende der ersten Seite oder auf eine Folgeseite verdrängt werden, während eine Herabstufung von *Googles Shopping* durch die Anpassungsalgorithmen nicht möglich ist.[54] Die Ergebnisse von *Google Shopping* werden stattdessen an prominenter Stelle positioniert.[55]

Die Präsentation betreffend stellt die Kommission fest, dass das Angebot der anderen Preisvergleichsdienste in den allgemeinen Suchergebnissen nur in Form generischer Suchergebnisse erfolgen kann, während die Ergebnisse von *Google Shopping* oftmals mit zusätzlichen Bildern und Informationen eingeblendet werden.[56] Diese reichhaltigeren grafischen Elemente führen zu höheren Klickraten und damit zu höheren Einnahmen für Google. Um den missbräuchlichen Charakter dieser Praktiken nachzuweisen, hat die Kommission den Wert des Verkehrsaufkommens für die Preisvergleichsdienste untersucht und hierbei festgestellt, dass das

---

[51] EuG, Urt. v. 10.11.2021, Rs. T-612/17, ECLI:EU:T:2021:763, Tenor – *Google Shopping..*

[52] Beim EuGH anhängige Rs. C-48/22 P.

[53] Hierzu im Gesamten: Europäische Kommission, Beschl. v. 27.06.2017, C(2017) 4444 final, Rn. 379 ff. – *Google Shopping.*

[54] Europäische Kommission, Beschl. v. 27.06.2017, C(2017) 4444 final, Rn. 512 – *Google Shopping.*

[55] Europäische Kommission, Beschl. v. 27.06.2017, C(2017) 4444 final, Rn. 379 – *Google Shopping.*

[56] Hierzu im Gesamten: Europäische Kommission, Beschl. v. 27.06.2017, C(2017) 4444 final, Rn. 371 f. – *Google Shopping.*

Verkehrsaufkommen für die Wettbewerbsfähigkeit eines Preisvergleichsdienstes von großer Bedeutung ist.[57] Händler stellen dem Preisvergleichsdienst bei einem hohen Verkehrsaufkommen mehr Daten über ihre Produkte zur Verfügung, wodurch mehr Produkte verglichen und höhere Einnahmen generieren werden können. Außerdem ermöglich der Datenverkehr dem Preisvergleichsdienstanbieter, den eigenen Dienst durch maschinelles Lernen zu optimieren.

Nach Ansicht der Kommission sind diese Verhaltensweisen wettbewerbsbeeinträchtigend, da sie den Verkehr von *Google Search* zu konkurrierenden Preisvergleichsdiensten verringern und den Verkehr zu *Google Shopping* erhöhen.[58] Die Kommission untermauerte diese Auffassung mit der Feststellung, dass Suchnutzer wesentlich öfter auf Ergebnisse klicken, die nach einer Suche auf der *Google Search* weiter oben erscheinen. Die Untersuchungen der Kommission habe ergeben, dass auf die zehn höchstplatzierten Angebote etwa 95 % aller Klicks entfallen, wenn die Suche auf einem Computer vorgenommen wird.[59] Auf mobilen Geräten ist der Effekt aufgrund des kleineren Bildschirms sogar noch ausgeprägter.[60] Als Folge dieser Verhaltensweise ist ein Rückgang der Zahl der Wettbewerber zu verzeichnen. Die Kommission stellt fest, dass von den anfänglich 361 konkurrierenden Preisvergleichsdiensten 62 % ihren Dienst eingestellt haben.[61] Der Rückgang der Wettbewerberzahl führe zu einem Rückgang der Innovation und zu einer geringeren Wahlmöglichkeit für Nutzer.[62]

---

[57] Hierzu im Gesamten: Europäische Kommission, Beschl. v. 27.06.2017, C(2017) 4444 final, Rn. 444 ff. – *Google Shopping*.
[58] Hierzu im Gesamten: Europäische Kommission, Beschl. v. 27.06.2017, C(2017) 4444 final, Rn. 452 ff. – *Google Shopping*.
[59] Europäische Kommission, Beschl. v. 27.06.2017, C(2017) 4444 final, Rn. 457 – *Google Shopping*.
[60] Europäische Kommission, Beschl. v. 27.06.2017, C(2017) 4444 final, Rn. 579 – *Google Shopping*.
[61] Europäische Kommission, Beschl. v. 27.06.2017, C(2017) 4444 final, Rn.452 – *Google Shopping*; an anderer Stelle geht die Kommission gar davon aus, dass lediglich 21 % der Konkurrenten auf dem Markt verblieben sind: Europäische Kommission, Beschl. v. 27.06.2017, C(2017) 4444 final, Rn. 604 – *Google Shopping*.
[62] Europäische Kommission, Beschl. v. 27.06.2017, C(2017) 4444 final, Rn 594 f. – *Google Shopping*.

Die beschriebenen Verhaltensweisen haben wettbewerbsbeeinträchtigende Auswirkungen auf die Märkte für spezialisierte Preisvergleichsdienste und die Märkte für allgemeine Suchdienste.[63] Auf den Märkten für spezialisierte Preisvergleichsdienste können die Praktiken dazu führen, dass konkurrierende Preisvergleichsdienste ihre Dienste einstellen.[64] Außerdem kann sich das Verhalten negativ auf die Innovationsbereitschaft auswirken und damit zu einem Nachteil für Nutzer führen. Hierdurch werden die Wettbewerbsstruktur dieser Märkte negativ beeinflusst.

Google wehrte sich mit sechs Klagegründen gegen den angefochtenen Beschluss.[65] Nach Googles Auffassung wird *Google Shopping* gegenüber den anderen Preisvergleichsdiensten nicht begünstigt und der Suchverkehr nicht umgelenkt. Außerdem hat das Verhalten keine wettbewerbswidrigen Auswirkungen. Stattdessen stellen die beanstandeten Praktiken Qualitätsverbesserungen im Rahmen eines Leistungswettbewerbs dar. Hinsichtlich der Positionierung und Präsentation stellt Google die gerügten Verhaltensweisen grundsätzlich nicht in Abrede. Stattdessen argumentiert Google, es fehle an einer Diskriminierung.[66] Zum einen stellen die Mechanismen zur Generierung der Produktergebnisse und der generischen Ergebnisse unterschiedliche Sachverhalte dar, die unterschiedlich behandelt werden dürfen. Zum anderen wendet Google ein, dass auf spezialisierte und generische Ergebnisse dieselben Relevanzstandards in einheitlicher Weise angewendet werden. Die Ergebnisse des eigenen Preisvergleichsdiensts werden nur dann eingeblendet, wenn diese relevanter sind als die darunter platzierten generischen Ergebnisse. Google schlussfolgert hieraus, dass keine Begünstigung vorliegt, wenn die Einstufung anhand der Relevanz vorgenommen.

Google bestreitet weiter, dass die in Rede stehenden Praktiken zu einem Rückgang des Verkehrs für konkurrierende Preisvergleichsdienste geführt hat. Nach Googles Auffassung hat die Kommission hierfür keinen

---

[63] Hierzu im Gesamten: Europäische Kommission, Beschl. v. 27.06.2017, C(2017) 4444 final, Rn. 589 ff. – *Google Shopping*.

[64] Hierzu im Gesamten: Europäische Kommission, Beschl. v. 27.06.2017, C(2017) 4444 final, Rn. 594 f. – *Google Shopping*.

[65] Hierzu im Gesamten: EuG, Urt. v. 10.11.2021, Rs. T-612/17, ECLI:EU:T:2021:763, Rn. 120 – *Google Shopping*.

[66] Hierzu im Gesamten: EuG, Urt. v. 10.11.2021, Rs. T-612/17, ECLI:EU:T:2021:763, Rn. 272 ff. – *Google Shopping*.

Nachweis erbracht. Zwar ist ein Verkehrsrückgang zu verzeichnen, doch fehlt es an einem Nachweis des Kausalzusammenhangs zwischen dieser Entwicklung und Googles Verhalten.[67] Die Kommission habe darüber hinaus nicht nachgewiesen, dass die in Rede stehenden Praktiken zu einem Anstieg des Verkehrs von *Google Search* zu *Google Shopping* geführt hat.[68] Die Kommission habe zu Unrecht verlangt, Google müsse den konkurrierenden Preisvergleichsdiensten Zugang zu verbesserten Diensten gewähren, ohne hierbei die im Bronner-Urteil des EuGH aufgestellten Voraussetzungen zu berücksichtigen.[69] Der Vorwurf der Begünstigung trifft in Wirklichkeit den Zugang der konkurrierenden Preisvergleichsdienste zu den Technologien und Designs von Google, da die Kommission Google vorwirft, ihre Dienste nicht in gleicher Weise zu positionieren und anzuzeigen.[70] Google meint, dass die Kommission die fraglichen Praktiken als Lieferverweigerung behandelt hat, ohne hierbei zu prüfen, ob der Zugang zu den allgemeinen und spezialisierten Ergebnissen für die Nutzer unerlässlich ist. Die Berücksichtigung der im Bronner-Urteil aufgestellten Anforderungen sei für die Annahme der Unzulässigkeit einer Lieferverweigerung aber zwingend erforderlich.[71]

Google vertritt auch die Ansicht, dass die beanstandeten Praktiken eine Qualitätsverbesserung im Rahmen des Leistungswettbewerbs darstellen, die nicht als missbräuchlich angesehen werden können.[72] Die gruppierten Produktergebnisse und Produktanzeigen sind nicht – wie von der Kommission behauptet – eingeführt worden, um den Verkehr auf den eigenen Preisvergleichsdienst umzulenken, sondern um die Qualität des allgemeinen

---

[67] EuG, Urt. v. 10.11.2021, Rs. T-612/17, ECLI:EU:T:2021:763, Rn. 358 ff. – *Google Shopping*.

[68] EuG, Urt. v. 10.11.2021, Rs. T-612/17, ECLI:EU:T:2021:763, Rn. 396 ff. – *Google Shopping*.

[69] Hierzu im Gesamten. EuG, Urt. v. 10.11.2021, Rs. T-612/17, E-CLI:EU:T:2021:763, Rn. 199 ff. – *Google Shopping*; zu den Anforderungen: EuGH, Urt. v. 26.11.1998, Rs. C-7/97, ECLI:EU:C:1998:569 – *Bronner*.

[70] EuG, Urt. v. 10.11.2021, Rs. T-612/17, ECLI:EU:T:2021:763, Rn. 201 – *Google Shopping*.

[71] EuG, Urt. v. 10.11.2021, Rs. T-612/17, ECLI:EU:T:2021:763, Rn. 214 – *Google Shopping*.

[72] Hierzu im Gesamten: EuG, Urt. v. 10.11.2021, Rs. T-612/17, E-CLI:EU:T:2021:763, Rn. 139 ff. – *Google Shopping*.

Suchdienstes zu verbessern. Die Praktik ist damit Ausdruck eines zulässigen Leistungswettbewerbs. Insbesondere argumentiert Google damit, dass die Mechanismen zur Anpassung der generischen Ergebnisse wettbewerbsfördernd sind, da sie die Qualität der Ergebnisse wahren. Die Positionierung und Präsentation sowie die dahinterstehenden Technologien bringen nach Googles Einschätzung einen wettbewerbsfördernden Vorteil mit sich, da sie zugunsten der Nutzer und Händler sicherstellen, dass der Suchdienst von höchster Qualität ist. Im Übrigen werde der Wettbewerb eingeschränkt, wenn Google verpflichtet ist, die Ergebnisse der Wettbewerber gleichermaßen zu präsentieren, da dies die Möglichkeit verringert, Bereiche der allgemeinen Ergebnisseiten zu monetarisieren.[73]

c) Rechtliche Würdigung des EuG

Das EuG hat hinsichtlich der Positionierung und Präsentation zunächst festgestellt, dass die Kommission eine unterschiedliche Behandlung von *Google Shopping* im Vergleich mit den konkurrierenden Preisvergleichsdiensten beanstandet hat und nicht – wie Google meint – die Anwendung unterschiedlicher Mechanismen zur Auswahl von Suchergebnissen.[74] Das EuG kommt darauf aufbauend zu dem Ergebnis, dass Google den eigenen Preisvergleichsdienst gegenüber den konkurrierenden Diensten bevorzugt hat. Nur die spezialisierten Suchergebnisse könnten in den „*Boxen*“ auf der allgemeinen Suchseite von Google erscheinen, in einem angereicherten Format präsentiert werden und sich den von den Anpassungsalgorithmen vorgenommenen Herabstufungen entziehen. Umgekehrt können die Ergebnisse der konkurrierenden Preisvergleichsdienste selbst bei besonderer Relevanz niemals eine vergleichbare Behandlung erfahren, da die sowohl die vorteilhaft positionierten „*Boxen*“ als auch die vorteilhafte Darstellung allein *Google Shopping* vorbehalten sind.

Im Hinblick auf die Umleitung des Verkehrsaufkommens folgt das EuG Googles Einschätzung ebenfalls nicht.[75] Da es sich bei dem Sachverhalt

---

[73] Hierzu im Gesamten: EuG, Urt. v. 10.11.2021, Rs. T-612/17, E-CLI:EU:T:2021:763, Rn. 557 – *Google Shopping;* Europäische Kommission, Beschl. v. 27.06.2017, C(2017) 4444 final, Rn. 655 ff. – *Google Shopping*.

[74] Hierzu im Gesamten: EuG, Urt. v. 10.11.2021, Rs. T-612/17, E-CLI:EU:T:2021:763, Rn. 284 ff. – *Google Shopping*.

[75] Hierzu im Gesamten: EuG, Urt. v. 10.11.2021, Rs. T-612/17, E-CLI:EU:T:2021:763, Rn. 368 ff. – *Google Shopping*.

um eine Kombination aus Praktiken handelt, hätte Google nachweisen müssen, dass tatsächlich keine der in Rede stehenden Praktiken angewandt wurde. Außerdem durfte sich die Kommission auf Erkenntnisse stützen, die sie durch die Beobachtung der Marktentwicklung gewonnen hat und die geeignet sind, einen Kausalzusammenhang zwischen den Praktiken und der Entwicklung des Marktes nachzuweisen. Google ist es nicht gelungen, den von der Kommission festgestellten Kausalzusammenhang hinreichend infrage zu stellen.

Auch eine Zugangsverweigerung ohne Beachtung der im Bronner-Urteil aufgestellten Voraussetzungen lehnt das EuG ab.[76] Zwar weisen die streitgegenständlichen Praktiken eine gewisse Parallele zu einer Zugangsproblematik auf, doch unterscheidet sich der Sachverhalt in wesentlichen Merkmalen von den Merkmalen einer Zugangsverweigerung. Zunächst hält das EuG fest, dass jedenfalls die allgemeine Suchergebnisseite Charakteristika aufweist, die denen einer wesentlichen Einrichtung insofern ähneln, als derzeit keine tatsächliche oder potenzielle Alternative verfügbar ist, die *Google Search* in wirtschaftlich tragfähiger Weise auf dem Markt ersetzen kann.[77] *Google Search* stellt daher eine „*Quasi-wesentliche-Einrichtung*" dar, die für Suchnutzer mangels effektiv austauschbarer und wirtschaftlich lebensfähiger Alternativen unverzichtbar ist.[78] Entgegen der Auffassung von Google fällt jedoch nicht jede Verhaltensweise, die den Zugang zu einer solchen Einrichtung betrifft, in den Anwendungsbereich der Bronner-Kriterien. Zum einen setzt eine Zugangsverweigerung nach Bronner einen ausdrücklichen Antrag auf Zulassung voraus. Zum anderen besteht der die Verdrängungswirkung auslösende Umstand hauptsächlich in der Verweigerung des Zugangs. Im streitigen Verfahren ist jedoch nicht auf die Lieferverweigerung abzustellen, sondern darauf, dass Google seinen eigenen Preisvergleichsdienst gegenüber allen anderen bevorzugt behandelt hat. Das zu beanstandende Verhalten besteht demnach in einer eigenständigen

---

[76] Hierzu im Gesamten: EuG, Urt. v. 10.11.2021, Rs. T-612/17, ECLI:EU:T:2021:763, Rn. 229 ff. – *Google Shopping.*

[77] EuG, Urt. v. 10.11.2021, Rs. T-612/17, ECLI:EU:T:2021:763, Rn. 224 – *Google Shopping*: „*It must be noted that Google's general results page has characteristics akin to those of an essential facility.*".

[78] Hierzu im Gesamten: EuG, Urt. v. 10.11.2021, Rs. T-612/17, ECLI:EU:T:2021:763, Rn. 227 ff. – *Google Shopping.*

Form der Hebelwirkung, das eine aktive und positive Diskriminierungshandlung beinhaltet.[79]

Das EuG wies auch Googles Argumentation zurück, die Verhaltensweisen würden eine Qualitätsverbesserung im Leistungswettbewerb darstellen und seien aus diesem Grund nicht missbräuchlich.[80] Zum einen ist die Herabstufung zahlreicher Wettbewerber nicht geeignet, eine Effizienzsteigerung durch eine Verbesserung des Nutzererlebnisses zu erzielen, welche die erheblichen nachteiligen Auswirkungen dieser Praktiken auf den Wettbewerb und die Verbraucher ausgleichen kann. Zum anderen weist das EuG die Argumentation zurück, Google hätte für eine einheitliche Einstufung die Ergebnisse der anderen Preisvergleichsdienste technisch in eigene Preisvergleichsergebnisse verwandeln müssen, wozu es technisch nicht in der Lage gewesen sei. Nach Ansicht des EuG hat die Kommission Google nicht vorgeworfen, für den Vergleich der Produktergebnisse mit den Produktergebnissen der konkurrierenden Preisvergleichsdienste dieselben Verfahren und Methoden anzuwenden, die Google für die eigenen spezialisierten Recherchen einsetzt. Stattdessen hat die Kommission zu Recht beanstandet, dass Google die Ergebnisse des eigenen Preisvergleichsdienstes besser positioniert und präsentiert hat. Dies kann nach Einschätzung der Kommission im Ergebnis zu höheren Gebühren für die Händler, höheren Preisen für die Verbraucher und einem Rückgang der Innovation sowohl für die konkurrierenden Preisvergleichsdienste als auch für den eigenen Preisvergleichsdienst von Google führen.

d) Stellungnahme

Im Folgenden wird das Urteil des EuG rechtlich eingeordnet und seine Bedeutung für den zukünftigen Umgang mit einem Missbrauch der Marktmacht in Form einer Selbstbevorzugung bewertet.

(1) Rechtliche Würdigung des Urteils des EuG

Zunächst ist der Auffassung des EuG zu folgen, dass Googles Verhalten eine Ungleichbehandlung gegenüber anderen Preisvergleichsdiensten

---

[79] EuG, Urt. v. 10.11.2021, Rs. T-612/17, ECLI:EU:T:2021:763, Rn. 240 – *Google Shopping*.

[80] Hierzu im Gesamten: EuG, Urt. v. 10.11.2021, Rs. T-612/17, E-CLI:EU:T:2021:763, Rn. 565 ff. – *Google Shopping*.

darstellt. Während die Ergebnisse des eigenen Vergleichsdienstes in einem hervorgehobenen Darstellungsformat und an bevorzugter Stelle präsentiert wurden, erfahren die Dienste der Wettbewerber keine gleichwertige Behandlung. Da Google seinen eigenen Preisvergleichsdienst anders kategorisiert als den der Wettbewerber, wurde *Google Shopping* nicht von den Herabstufungskriterien erfasst. Zwar ist es richtig, dass die Generierung von allgemeinen und spezialisierten Suchergebnissen grundsätzlich unterschiedliche Sachverhalte darstellen, doch stützen weder die Kommission noch das EuG ihre Entscheidung auf diese Unterscheidung. Stattdessen kommt es auf die Konkurrenz zwischen *Google Shopping* und den Ergebnissen anderer Preisvergleichsdienste an.

Die Ungleichbehandlung war auch geeignet, Wettbewerber potenziell vom Markt zu verdrängen. Entgegen der Annahme Googles bedarf es keiner tatsächlichen Verdrängungswirkung. Stattdessen muss es ausreichen, wenn – wie vom EuG – nachgewiesen werden kann, dass das fragliche Verhalten geeignet ist, den Wettbewerb zu beschränken. Würde man von der Kommission verlangen, im Rahmen einer kontrafaktischen Analyse zu belegen, dass der Online-Verkehr sich bei einem Ausbleiben der streitigen Verhaltensweise positiv entwickelt hätte, so dürfte das Vorgehen gegen eine missbräuchliche Verhaltensweise hierdurch unzumutbar erschwert werden. Insbesondere auf digitalen Märkten wird es kaum möglich sein, zu prognostizieren, wie sich ein Markt beim Ausbleiben einer bestimmten Verhaltensweise entwickelt. Stattdessen muss es ausreichen, wenn die Kommission anhand tatsächlicher Feststellungen aufzeigt, dass das streitige Verhalten zu einer Schwächung des Wettbewerbs führt. Im Fall *Google Shopping* ist hierfür insbesondere ausschlaggebend, dass sich die Anzahl der Wettbewerber nach der Einführung der streitigen Verhaltensweisen mehr als halbiert hat.

Auch hinsichtlich der tatsächlich beanstandeten Verhaltensweise ist der Ansicht des EuG grundsätzlich zu folgen. *Google Shopping* stellt zwar eine Einrichtung dar, die aufgrund ihrer herausgehobenen Bedeutung als „*wesentlich*" qualifiziert werden kann, doch kommt es auf diese Feststellung im Rahmen der beanstandeten Verhaltensweise nur in eingeschränktem Umfang an. Das EuG stellt richtigerweise nicht auf das Vorliegen einer Zugangsverweigerung ab, die nach Ansicht des EuGH nur in außergewöhnlichen Umständen als missbräuchlich zu qualifizieren ist,[81] sondern darauf, dass Google seinen eigenen Preisvergleichsdienst gegenüber den Diensten der Wettbewerber bevorzugt behandelt hat. Das beanstandete Verhalten liegt nicht darin, dass Google einem Wettbewerber auf dem nachgelagerten Markt den Zugang zu einer wesentlichen Einrichtung verwehrt hat, sondern in der bevorzugten Behandlung eigener Dienste. Im konkreten Fall hat Google die Marktmacht auf dem Markt für allgemeine Suchmaschinen mithilfe einer Hebelwirkung auf den Markt für Preisvergleichsdienste übertragen, indem die *Google Shopping*-Ergebnisse bevorzugt dargestellt wurden. Kritiker der Entscheidung wenden ein, dass die bloße Bevorzugung eigener Produkte gegenüber der gänzlichen Zugangsverweigerung als geringerer Eingriff erst recht zulässig sein muss.[82] Dem ist entgegenzuhalten, dass eine derartige vertragliche Verpflichtung schon deshalb nicht ohne weiteres vergleichbar ist, da der Vertragspartner in der Regel einen wirtschaftlichen Nutzen aus der vertraglichen Beziehung zieht.[83] Außerdem bleibt die Frage, ob es sich bei den Diensten des Marktbeherrschers um eine wesentliche Einrichtung handelt, nicht unberücksichtigt, wenn man der Ansicht des EuG folgt. Im Rahmen der Prüfung der Marktbeherrschung kommt es auch darauf an, in welchem Verhältnis das potenziell marktbeherrschende Unternehmen zu seinen Wettbewerbern steht.

Zu widersprechen ist dem EuG hingegen, soweit dieses davon ausgeht, dass keine austauschbaren Alternativen zum allgemeinen Suchdienst bestehen. Insbesondere Microsofts Suchmaschine *Bing* dürfte trotz des aktuell im Verhältnis zu *Google Search* geringen Marktanteils aufgrund der technischen Ähnlichkeit aus Sicht der Marktgegenseite eine nahezu gleichwertige und daher austauschbare Alternative zu *Google Search* darstellen.

---

[81] EuGH, Urt. v. 06.04.1995, verb. Rs. C-241/91 P und C-242/91 P, ECLI:EU:C:1995:98, Rn. 50 – *RTE*; EuGH, Urt. v. 05.10.1988, Rs. 238/87, ECLI:EU:C:1988:477, Rn. 7 ff. – *Volov/Veng*.

[82] *Vesterdorf*, Theories of Self-Preferencing and Duty to Deal - Two Sides of the Same Coin?, Competition Law & Policy Debate, Volume 1, Issue 1 2015, 4 (9); ähnlich Googles Argumentation siehe Europäische Kommission, Beschl. v. 27.06.2017, C(2017) 4444 final, Rn. 645 – *Google Shopping*.

[83] Vgl. *Hoffer/Lehr*, Onlineplattformen und Big Data auf dem Prüfstand – Gemeinsame Betrachtung der Fälle Amazon, Google und Facebook, NZKart 2019, 10 (16).

Selbst wenn Googles Suchdienst aufgrund der hohen Nutzerzahlen und der hierdurch verbesserten Algorithmen aktuell einen Leistungsvorsprung aufweist, so könnte sich dieser bei einem Wechsel der Nutzer zu einem Wettbewerber schnell marginalisieren. Dies gilt insbesondere, da Microsoft als Betreiber von *Bing* über ähnlich starke finanzielle Ressourcen verfügt.

Zu Recht angenommen hat das EuG, dass Googles Vorbringen hinsichtlich einer Rechtfertigung des beanstandeten Verhaltens abzulehnen ist. Wie oben näher ausgeführt, unterliegt die Rechtfertigung einer missbräuchlichen Verhaltensweise auf Grundlage von Effizienzvorteilen hohen Anforderungen. Zwar ist es vorstellbar, dass Googles Preisvergleichsdienst bei einer Verpflichtung zur Gleichbehandlung der konkurrierenden Dienste an Qualität einbüßt, doch rechtfertigt selbst dieser Umstand keinesfalls eine Ungleichbehandlung der konkurrierenden Dienste. Soweit Google einwendet, die Suchnutzer und Händler würden von einer hervorgehobenen Präsentation profitieren, kann hiergegen vorgebracht werden, dass dies in einem noch größeren Umfang der Fall wäre, wenn alle Preisvergleichsdienste die gleiche Möglichkeit auf eine derartige Präsentation hätten. In diesem Fall ist vielmehr zu erwarten, dass alle Wettbewerber großen Wert auf Innovation legen, um einen hervorgehobenen Präsentationsplatz zu erlangen.

(2) Bedeutung des Urteils für die Selbstbevorzugung von Hybridplattformen

Die Entscheidung des EuG im Fall *Google Shopping* gilt bezüglich der Einstufung missbräuchlicher Verhaltensweisen von Betreibern von Hybridplattformen zu Recht als wegweisend. Beachtenswert ist insbesondere, dass das EuG in seiner Begründung keine der zu Art. 102 AEUV herausgearbeiteten Fallgruppen heranzieht, sondern darauf abstellt, dass Googles Verhalten „*die Aufrechterhaltung oder den Ausbau des auf dem Markt noch bestehenden Wettbewerbs oder die Entwicklung dieses Wettbewerbs durch die Verwendung von Mitteln zum Nachteil der Verbraucher behindert*“ und die Verhaltensweisen von denen eines normalen

Leistungswettbewerbs abweichen.[84] Hierbei ist hervorzuheben, dass das EuG nicht allein auf die Missbräuchlichkeit der beanstandeten Verhaltensweisen abstellt, sondern zugleich Googles Position an Markt für entscheidungserheblich hält. Nach Ansicht des EuG begründet Googles *„super-dominante"* bzw. *„ultra-dominante"* Stellung eine besondere Verantwortung zur Absicherung eines unverfälschten Binnenmarktes und verpflichtet im konkreten Fall zur Gewährleistung der Chancengleichheit im Suchmaschinenranking.[85]

Mit seiner Begründung hat das EuG eine neue Fallgruppe geschaffen, die für die zukünftige Bewertung der Missbräuchlichkeit einer Selbstbevorzugung von Hybridplattformen herangezogen werden kann. Für die Qualifizierung einer Verhaltensweise als missbräuchlich ist es entscheidend, ob das Verhalten noch Ausdruck eines *„normalen"* Leistungswettbewerbs ist oder darüber hinausgeht und zu einer unbilligen Behinderung des Wettbewerbes führt. Diese Wertungsfrage kann nicht pauschal beantwortet werden, sondern bedarf einer Betrachtung des jeweiligen Einzelfalls. Hierbei liefern die Ausführungen des EuG wichtige Anhaltspunkte für zukünftige Verfahren. Das Übertragen einer Marktmacht auf einen anderen Markt mithilfe einer Hebelwirkung ist dabei nicht *per se* wettbewerbsschädlich. Bei der Bewertung ist stets zu berücksichtigen, ob das beanstandete Verhalten vom *„normalen"* oder *„leistungsbezogenen"* Wettbewerb abweicht.[86] Hierbei schließt auch eine Verbesserung der Dienste einen Marktmachtmissbrauch nicht aus, wenn das Verhalten allein durch die besondere Stellung des Marktbeherrschers ermöglicht wird.

Kritisch zu hinterfragen ist die neu geschaffene Fallgruppe im Hinblick auf das Gebot der Rechtssicherheit. Die Entscheidung des EuG beruht auf Erwägungen, die dem Wortlaut des Art. 102 AEUV so nicht zu entnehmen sind. Insbesondere der unbestimmte Rechtsbegriff des *„normalen"* oder

---

[84] EuG, Urt. v. 10.11.2021, Rs. T-612/17, ECLI:EU:T:2021:763, Rn. 151 – *Google Shopping*; unter Hinweis auf EuGH Urt. v. 27.03.2012, Rs. C-209/10, ECLI:EU:C:2012:172, Rn. 24 – *Post Danmark* und die dort aufgeführte Rechtsprechung.

[85] EuG, Urt. v. 10.11.2021, Rs. T-612/17, ECLI:EU:T:2021:763, Rn. 183 – *Google Shopping.*

[86] Vgl. EuG, Urt. v. 10.11.2021, Rs. T-612/17, ECLI:EU:T:2021:763, Rn. 143 – *Google Shopping.*

„*leistungsbezogenen*" Wettbewerbs bereitet Probleme. Für marktbeherrschende Unternehmen ist es nicht ohne weiteres erkennbar, ob ein Verhalten gerade noch im Rahmen des normalen Wettbewerbs liegt oder bereits ein Marktmachtmissbrauch vorliegt. Dem kann entgegengehalten werden, dass gerade Art 102 AEUV von unbestimmten Rechtsbegriffen geprägt ist, die einer Ausgestaltung durch die zuständigen Behörden und Gerichte bedürfen. Auch die anderen Fallgruppen des Marktmachtmissbrauchs wurden mithilfe der Rechtsprechungspraxis geschaffen und sind heute allgemein anerkannt. Der europäische Gesetzgeber hat sich vor diesem Hintergrund bewusst gegen eine nähere Ausgestaltung des Art. 102 AEUV entschieden, wie sie beispielsweise der deutsche Gesetzgeber in § 19 Abs. 2 GWB und § 19a Abs. 2 GWB vorgenommen hat. Anhaltspunkte für die Zukunft liefern können die neu geschaffenen Normen des DMA und § 19a GWB. Zwar ist gerade beim DMA stets zu berücksichtigen, dass es sich hierbei nicht um eine kartellrechtliche, sondern um eine regulierungsrechtliche Vorschrift handelt, doch können die dort normierten Kriterien jedenfalls Anhaltspunkte dafür liefern, welche Verhaltensweisen nicht mehr als Teil des normalen Leistungswettbewerbs anzusehen sind. Abzuwarten bleibt, ob die neu geschaffene Fallgruppe des Art. 102 AEUV aufgrund weiterer Entscheidungen der nationalen und europäischen Gerichte überhaupt eine nähere Konkretisierung erfährt oder ob die Kommission und das Bundeskartellamt zukünftig ausschließlich den Weg über die neu geschaffenen Vorschriften des DMA und des § 19a GWB gehen.

Neben der Qualifizierung der Missbrauchspraktiken ist der Entscheidung des EuG zu entnehmen, dass die Position des Marktbeherrschers auf dem jeweiligen Markt für die Bewertung von Relevanz ist. Grundsätzlich kann diesbezüglich festgehalten werden, dass ein Missbrauch umso wahrscheinlicher ist, je dominanter ein Unternehmen auf dem Markt agiert und je stärker andere Unternehmen von ihm abhängig sind. Auch muss berücksichtigt werden, ob der Marktbeherrscher lediglich die Förderung eigener Dienste anstrebt oder ob er versucht, die Auswahlentscheidung der Nachfrager durch den Einsatz manipulativer Praktiken zu steuern. Da diese Kriterien weit weniger unspezifisch sind als die Frage nach einem normalen Leistungswettbewerb, ergeben sich hieraus keine nennenswerten Probleme für die Praxis.

e) Bewertung auf Grundlage des DMA und § 19a GWB

Dass das Inkrafttreten des DMA auf den vorliegenden Sachverhalt erhebliche Auswirkungen hat, ergibt sich bereits aus der Tatsache, dass Art. 6 Abs. 5 DMA auf das Verfahren *Google Shopping* zurückzuführen ist.[87] Der Folgenabschätzungsbericht der Kommission nennt als Beispiel die Bevorzugung eigener vertikal integrierter Dienste durch eine Suchmaschine z.B. durch Anzeige von Shopping- oder Reisediensten oberhalb der Suchergebnisseite.[88] Hierbei wird unmissverständlich auf Googles Verhalten in Bezug auf den Preisvergleichsdienst *Google Shopping* abgestellt. Art. 6 Abs. 5 DMA beinhaltet insbesondere das Verbot, eigene Dienste beim Ranking zu bevorzugen, wobei neben dem Ranking selbst auch eine besondere Platzierung wie in separaten Kästen, die oberhalb oder neben den organischen Ergebnissen erscheinen, erfasst ist.[89] Google hat mit seinem Verhalten in Bezug auf *Google Shopping* gegen dieses Verbot verstoßen. Zum einen hat der Anpassungsalgorithmus zu einer bevorzugten Positionierung der eigenen Dienste geführt. Trotz ähnlicher Merkmale unterlag Google nicht den gleichen Rankingkriterien. Zum anderen wurden die eigenen Dienste in bevorzugter Gestaltungsform präsentiert. Während das Angebot der anderen Preisvergleichsdienste in den allgemeinen Suchergebnissen nur in Form generischer Suchergebnisse erfolgen konnte, wurden die Ergebnisse von *Google Shopping* oftmals mit zusätzlichen Bildern und Informationen eingeblendet. Diese reichhaltigeren grafischen Elemente führten zu höheren Klickraten und damit zu einer Besserstellung der eigenen Dienste. Wie oben bereits erläutert, überschneidet sich Art 6 Abs. 5 DMA im Hinblick auf die bevorzugte Darstellung eigener Angebote mit § 19a Abs. 2 S. 1 Nr. 1 lit. a GWB, sodass Googles Verhalten auch von der deutschen Regelung erfasst ist.

---

[87] *Bueren/Weck*, in: Münchener Kommentar zum Wettbewerbsrecht, 4. Aufl. 2023, DMA Art. 6, Rn. 116.

[88] Europäische Kommission, Folgenabschätzung, SWD(2020) 365, Tabelle 2, S. 57.

[89] *Heinz*, in: Podszun, Digital Markets Act, 1. Aufl. 2023, DMA Art. 6, Rn. 97.

2. *Selbstbevorzugung (Google Android)*

Im Verfahren *Google Android* haben Kommission und EuG eine Selbstbevorzugung durch Vorinstallation und Integration eigener Angebote beanstandet.

a) Verfahrensablauf

Die Kommission leitete im April 2015 ein Marktmachtmissbrauchsverfahren ein und übermittelte Google im April 2016 die Mitteilung der Beschwerdepunkte.[90] Nach dem Erhalt von Stellungnahmen zur Mitteilung der Beschwerdepunkte von elf Beschwerdeführern und interessierten Dritten übermittelte die Kommission Google bis Mai 2018 verschiedene tatsächliche Umstände, um ihre Schlussfolgerung zu stützen. Am 18. Juli 2018 erließ die Kommission sodann einen Beschluss gegen Google und Alphabet wegen eines Verstoßes gegen Art. 102 AEUV und verhängte einer Geldbuße in Höhe von insgesamt 4,343 Milliarden Euro. Google erhob gegen diesen Beschluss im Oktober 2018 Klage vor dem EuG. Das EuG wies die Klage mit Urteil vom 14. September 2022 im Wesentlichen ab und setzte eine Geldbuße in Höhe von 4,125 Milliarden Euro, davon 1,520 Milliarden Euro gesamtschuldnerisch mit Alphabet fest.[91]

b) Feststellung der Kommission und Ansicht Googles

Um den Anforderungen und Entwicklungen im Bereich des mobilen Internets sowie den erwarteten Veränderungen im Nutzerverhalten bei allgemeinen Online-Suchen gerecht zu werden, erwarb Google 2005 das Unternehmen Android, das ursprünglich ein Betriebssystem für intelligente Mobilgeräte[92] entwickelt hatte.[93] Während Google den *Android*-Quellcode offenlegte, um Dritten eine Veränderung und Erschaffung einer neuen Software zu ermöglichen, blieben die *Android*-Anwendungen und -Dienste im geistigen Eigentum von Google. Die Originalgerätehersteller, die Anwendungen und Dienste von Google beziehen wollten, mussten hierfür

---

[90] Zum Verfahrensablauf im Gesamten: Europäische Kommission, Beschl. v. 18.07.2018, C(2018) 4761 final, Rn. 10 ff. – *Google Android.*

[91] EuG, Urt. v. 14.09.2022, Rs. T-604/18, ECLI:EU:T:2022:541 – *Google Android.*

[92] Im Folgenden als „*Betriebssystem*“ bezeichnet.

[93] Zum Sachverhalt im Gesamten: Europäische Kommission, Beschl. v. 18.07.2018, C(2018) 4761 final, Rn. 123 ff. – *Google Android.*

Nutzungsverträge mit Google abschließen. Im Jahr 2016 wurden rund 96,4 % der weltweit genutzten intelligenten Mobilgeräte mit Googles Betriebssystem *Android* betrieben.[94]

Die Kommission geht davon aus, dass Google seine marktbeherrschende Stellung missbraucht hat, indem Google Herstellern von Mobilgeräten wettbewerbswidrige vertragliche Beschränkungen auferlegt hat. Insbesondere hat Google in den Vertriebsvereinbarungen verlangt, dass die Hersteller von Mobilgeräten Googles allgemeine Such-App (*Google Search*) und ihren Browser (*Chrome*)[95] vorinstallieren müssen, um von Google eine Lizenz für die Nutzung seines *App Store* (*Play Store*) zu erhalten.[96] Da es nicht möglich gewesen ist, die Google Such-App auf Mobilgeräten zu deinstallieren, konnte ein konkurrierender allgemeiner Suchdienst höchstens erreichen, dass seine allgemeine Such-App neben der bereits vorinstallierten Such-App von Google erscheint.[97] Die Nutzung alternativer Vertriebskanäle – wie Downloads – kann den Wettbewerbsvorteil, den Google durch die Kopplung erreicht, nach Auffassung der Kommission nicht ausgleichen. Dies ist darauf zurückzuführen, dass Nutzer im Durchschnitt seltener alternative allgemeine Such-Apps herunterladen, wenn bereits eine allgemeine Such-App auf dem Mobilgerät vorinstalliert sind. Dies gilt insbesondere dann, wenn die vorinstallierte App bereits die gewünschte Funktionalität bietet.[98]

Die Kopplung der Such-App und des Browsers mit dem *Play Store* war geeignet, den Wettbewerb zu beschränken, da Google sich hierdurch einen erheblichen, nicht ausgleichbaren Vorteil gegenüber den Wettbewerbern

---

[94] Europäische Kommission, Beschl. v. 18.07.2018, C(2018) 4761 final, Rn. 446 – *Google Android.*

[95] Die nachfolgenden Ausführungen bezüglich des Missbrauchs der marktbeherrschenden Stellung durch Google in Gestalt einer Vorinstallation eigener Dienstleistungen bezieht sich ausschließlich auf die Installation der Google Such-App. Die Ausführungen können auf die Installation des Google Browsers Chrome übertragen werden, da hierfür inhaltlich nahezu identische Erwägungen gelten.

[96] Hierzu im Gesamten: Europäische Kommission, Beschl. v. 18.07.2018, C(2018) 4761 final, Rn. 752 ff. – *Google Android.*

[97] Europäische Kommission, Beschl. v. 18.07.2018, C(2018) 4761 final, Rn. 801 – *Google Android.*

[98] Europäische Kommission, Beschl. v. 18.07.2018, C(2018) 4761 final, Rn. 805 – *Google Android.*

verschafft hat.[99] Dieser hat dazu beigetragen, dass Google seine marktbeherrschende Stellung aufrechterhalten und verstärken konnte, wodurch sich die Marktzutrittsschranken erhöht haben sowie Innovation behindert und Verbraucher direkt oder indirekt geschädigt wurden. Nach Ansicht der Kommission verfolgte Google hierbei das Ziel, mit der Stärkung der marktbeherrschenden Stellung auf dem Markt für allgemeine Suchdienste die Einnahmen aus Werbeanzeigen im Zusammenhang mit diesen Suchen zu schützen.[100] Die Kommission sieht auch die Umsatzbeteiligungen, die Google bestimmten Geräteherstellern unter der Bedingung gewährt hat, dass diese keine konkurrierenden allgemeinen Suchdienste auf einer Reihe von Mobilgeräten installieren, als missbräuchlich an.[101] Die Ausschließlichkeitszahlungen verringern den Anreiz für Gerätehersteller, konkurrierende allgemeine Suchdienste vorzuinstallieren. Dies erschwert Wettbewerbern den Zugang zum Markt für allgemeine Suchdienste. Den Wettbewerbern ist es nicht möglich, die durch diese Verhaltensweise erlangten Wettbewerbsvorteile durch alternative Vertriebskanäle wie Downloads auszugleichen.

Google geht davon aus, dass sein Verhalten den Wettbewerb nicht eingeschränkt hat. Zum einen habe die Kommission nicht nachgewiesen, dass ohne das beanstandete Verhalten ein stärkerer Wettbewerb bestehen würde.[102] Zum anderen ergebe die Bewertung des Verhaltens im Gesamtkontext sogar, dass die beanstandete Praxis den Wettbewerb im Ergebnis fördern. Eine Vorinstallation kann den Wettbewerb schon deswegen nicht beeinträchtigen, weil Nutzer konkurrierende allgemeine Suchanwendungen herunterladen und einen anderen allgemeinen Suchdienst als Google als Standard einstellen können.[103] Außerdem meint Google, dass für Wettbewerber ebenfalls die Möglichkeit besteht, Vorinstallationsvereinbarung

[99] Hierzu im Gesamten: Europäische Kommission, Beschl. v. 18.07.2018, C(2018) 4761 final, Rn. 773 u. 896 f. – *Google Android.*

[100] Europäische Kommission, Beschl. v. 18.07.2018, C(2018) 4761 final, Rn. 739 – *Google Android.*

[101] Hierzu im Gesamten: Europäische Kommission, Beschl. v. 18.07.2018, C(2018) 4761 final, Rn. 1192 ff. – *Google Android.*

[102] Hierzu im Gesamten: Europäische Kommission, Beschl. v. 18.07.2018, C(2018) 4761 final, Rn. 867 f. – *Google Android.*

[103] Hierzu im Gesamten: Europäische Kommission, Beschl. v. 18.07.2018, C(2018) 4761 final, Rn. 802 – *Google Android.*

mit den Geräteherstellern oder Mobilfunkanbieter anzuschließen. Dem hält die Kommission entgegen, dass es unwahrscheinlich ist, dass Gerätehersteller neben den Google Such-App eine weitere Such-App vorinstallieren.[104] Hierfür spricht, dass die Einnahmen der Installation gegenüber den Transaktionskosten zumeist nicht erheblich sind. Außerdem muss der Gerätehersteller in diesem Fall viele Google Apps duplizieren, was sich negativ auf die Nutzererfahrung auswirken kann. Bezüglich der Umsatzbeteiligungen, die Google für die Verpflichtung zur Ausschließlichkeit gewährt, bringt Google vor, dass die hierzu getroffenen Vereinbarungen keine Ausschließlichkeitsvereinbarungen darstellen. Eine solche kann nach Googles Auffassung nur dann vorliegen, wenn der gesamte Bedarf eines Kunden von der Vereinbarung abgedeckt ist.[105]

c) Rechtliche Würdigung des EuG

Das EuG hat in seiner Entscheidung zunächst festgestellt, dass Google auf den für die Beurteilung der missbräuchlichen Verhaltensweisen relevanten Märkten eine marktbeherrschende Stellung innehat.[106] Der Abgrenzung sind vier relevante Märkte zugrunde zu legen. Erstens besteht ein weltweiter Markt (mit Ausnahme Chinas) für die Lizenzierung von Betriebssystemen für Mobilgeräte, zweitens ein weltweiter Markt (mit Ausnahme Chinas) für *Android App Stores*, drittens die verschiedenen nationalen Märkte für allgemeine Suchdienste im EWR und viertens ein weltweiter Markt für nicht betriebssystemspezifischen Internetbrowser für Mobilgeräte. Im Hinblick auf den in diesem Abschnitt untersuchten Marktmachtmissbrauch durch eine Vorinstallation oder Integration eigener Dienste sind die ersten drei Märkte von Relevanz.

Auf den nationalen Märkten für allgemeine Suchdienste besteht eine marktbeherrschende Stellung Googles, da das Unternehmen in der Lage gewesen ist, sich in erheblichem Umfang unabhängig von seinen

[104] Hierzu im Gesamten: Europäische Kommission, Beschl. v. 18.07.2018, C(2018) 4761 final, Rn. 824 ff. – *Google Android.*

[105] EuG, Urt. v. 14.09.2022, Rs. T-604/18, ECLI:EU:T:2022:541, Rn. 652 – *Google Android.*

[106] Hierzu im Gesamten: EuG, Urt. v. 14.09.2022, Rs. T-604/18, E-CLI:EU:T:2022:541, Rn. 120 ff. – *Google Android.*

Wettbewerbern, Kunden und den Verbrauchern zu verhalten.[107] Auch hinsichtlich des Marktes für die Lizenzierung von Betriebssystemen ist von einer marktbeherrschenden Stellung auszugehen.[108] Google hatte hiergegen vorgebracht, dass die Kommission sowohl den Wettbewerbsdruck durch nicht-lizensierbare Betriebssysteme – wie insbesondere Apples *iOS* – als auch den Wettbewerbsdruck durch die offene Natur des *Android* Quellcodes nicht ausreichend berücksichtigt hat.[109] Dieser Auffassung schloss sich das EuG nicht an, sondern bestätigte die Ansicht der Kommission, dass Apple mit seinem nicht-lizensierbaren Betriebssysteme *iOS* keinen Wettbewerbsdruck ausgeübt hat, der geeignet gewesen ist, Google daran zu hindern, sich in nennenswertem Umfang unabhängig von ihren Wettbewerbern, ihren Kunden und den Verbrauchern zu verhalten.[110] Auch die offene Natur des Quellcodes verursacht keinen Wettbewerbsdruck, der einer marktbeherrschenden Stellung entgegensteht.[111] Zwar reicht allein die Tatsache, dass die Marktanteile von Google seit 2011 kontinuierlich auf ein sehr hohes Niveau gestiegen sind zur Begründung der Marktbeherrschung nicht aus, doch muss berücksichtigt werden, dass die Entwicklung eines eigenen Betriebssystems immense Kosten verursacht. Dies hat zur Folge, dass das neue Betriebssystem – im Gegenteil zu dem Betriebssystem von Google – aller Voraussicht nach kostenpflichtig angeboten werden muss, was der Erlangung von signifikanten Marktanteilen entgegensteht. Darüber hinaus ist auch die Nachbildung von Googles Anwendungen und der zugehörigen Programmierschnittstellen nur schwer zu erreichen. Auch hinsichtlich des Marktes für Vertriebsplattformen für *Android*-Anwendungen bestätigte das EuG die Feststellung der Kommission, dass Google auf

[107] EuG, Urt. v. 14.09.2022, Rs. T-604/18, ECLI:EU:T:2022:541, Rn. 125 – *Google Android.*

[108] EuG, Urt. v. 14.09.2022, Rs. T-604/18, ECLI:EU:T:2022:541, Rn. 125 – *Google Android*, wie bereits zuvor Europäische Kommission, Beschl. v. 18.07.2018, C(2018) 4761 final, Rn. 440 ff. – *Google Android.*

[109] Europäische Kommission, Beschl. v. 18.07.2018, C(2018) 4761 final, Rn. 567 ff. – *Google Android.*

[110] EuG, Urt. v. 14.09.2022, Rs. T-604/18, ECLI:EU:T:2022:541, Rn. 147 ff. – *Google Android.*

[111] Hierzu im Gesamten: Europäische Kommission, Beschl. v. 18.07.2018, C(2018) 4761 final, Rn. 226 ff. – *Google Android.*

diesem Markt eine beherrschende Stellung innehat.[112] Insbesondere übt Apples *iOS* nur unzureichenden Wettbewerbsdruck auf *Android* aus, sodass von Apples *App Store* ein vergleichbar geringer Druck auf den *Play Store* ausgeht.

Das EuG geht davon aus, dass Google seine marktbeherrschende Stellung missbraucht hat. Hierbei schloss sich das Gericht der Ansicht der Kommission an, wonach Vertriebsvereinbarungen, in denen Hersteller von Mobilgeräten verpflichtet werden *Google Search* bzw. Google *Chrome* zu installieren, um einen Zugang zum *Play Store* zur erhalten, geeignet sind, den Wettbewerb zu beschränken.[113] Das EuG stellt klar, dass Google weder das Vorliegen eines Kopplungsproduktes noch die Tatsache, dass Verbraucher das Kopplungsprodukt nicht ohne das gekoppelte Produkt beziehen können, infrage gestellt hat.[114] Stattdessen hat Google allein geltend gemacht, dass die Kommission nicht nachgewiesen hat, dass die Vorinstallationsbedingungen der Vertriebsvereinbarungen *„den Wettbewerb verdrängt hätten*“.[115] Keine der von Google vorgebrachten Rügen ist nach Auffassung der Kommission geeignet, die Feststellungen der Kommission zu widerlegen. Zum einen stellen die Argumente von Google den sich aus der Vorinstallation von *Google Search* ergebenden Wettbewerbsvorteil nicht in Frage.[116] Zum anderen haben die Vertriebsvereinbarungen nach Ansicht des EuG dazu geführt, dass es andere Anbieter von Suchdiensten nicht gelungen ist, Vorinstallationsvereinbarungen mit den Geräteherstellern abzuschließen.[117] Weiter ist der Auffassung der Kommission zuzustimmen, dass Nutzer von der bestehenden Möglichkeit, andere Browser

---

[112] Hierzu im Gesamten: EuG, Urt. v. 14.09.2022, Rs. T-604/18, ECLI:EU:T:2022:541, Rn. 243 ff. – *Google Android.*

[113] EuG, Urt. v. 14.09.2022, Rs. T-604/18, ECLI:EU:T:2022:541, Rn. 260 ff., ebenso Rn. 300 f. – *Google Android.*

[114] EuG, Urt. v. 14.09.2022, Rs. T-604/18, ECLI:EU:T:2022:541, Rn. 301 – *Google Android*; unter Bezugnahme auf die Entscheidung EuG, Urt. v. 17.09.2007, Rs. T-201/04, ECLI:EU:T:2007:289, Rn. 869 – *Microsoft.*

[115] EuG, Urt. v. 14.09.2022, Rs. T-604/18, ECLI:EU:T:2022:541, Rn. 317 ff. – *Google Android.*

[116] Zusammenfassend: EuG, Urt. v. 14.09.2022, Rs. T-604/18, ECLI:EU:T:2022:541, Rn. 418 – *Google Android.*

[117] Zusammenfassend: EuG, Urt. v. 14.09.2022, Rs. T-604/18, ECLI:EU:T:2022:541, Rn. 537 f. – *Google Android.*

herunterzuladen oder als Standard einzustellen, aufgrund dieser Vereinbarungen nur unzureichend Gebrauch gemacht haben.[118] Das EuG wies auch die Rüge zurück, die Kommission habe nicht alle Umstände analysiert, die für die Beurteilung der behaupteten Auswirkungen des streitigen Verhaltens relevant sind.[119] Entgegen der Annahme Googles hat die Kommission allein die Vorinstallationsbedingungen der Vertriebsvereinbarungen beanstandet und nicht die generelle Zusammenarbeit von Google mit den Geräteherstellern.[120] Schließlich kommt das EuG zu dem Schluss, dass Google nicht nachweisen kann, dass die Vorinstallationsbedingungen objektiv gerechtfertigt sind.[121]

Bezüglich der Umsatzbeteiligungen gegen Gewährung einer ausschließlichen Installation der *Google Search-App* geht das EuG davon aus, dass es sich hierbei um eine Ausschließlichkeitsvereinbarung handelt.[122] Google bestreitet nicht, dass die Umsatzbeteiligung einen finanziellen Vorteil darstellt, der einen Anreiz schafft, den Bedarf bei Google zu decken und einen erheblichen Teil der Mitbewerber auszuschließen. Die Ausschließlichkeit ist jedoch nicht anhand des Verhaltens der Nutzer, sondern anhand des Verhaltens der Kunden des marktbeherrschenden Unternehmens zu beurteilen. Aus diesem Grund ist das EuG der Meinung, dass Googles Argument, Nutzer könnten durch das Herunterladen anderer Such Apps auf andere Suchdienste zurückgreifen, ins Leere greift.

d) Stellungnahme

Das EuG hat die Vorinstallationsvereinbarungen, die Google mit den Geräteherstellern abgeschlossen hat, richtigerweise als missbräuchliche Verhaltensweise eingestuft. Die ausschließliche Vorinstallation der eigenen

---

[118] Zusammenfassend: EuG, Urt. v. 14.09.2022, Rs. T-604/18, ECLI:EU:T:2022:541, Rn. 567 – *Google Android.*

[119] EuG, Urt. v. 14.09.2022, Rs. T-604/18, ECLI:EU:T:2022:541, Rn. 587 ff. – *Google Android.*

[120] EuG, Urt. v. 14.09.2022, Rs. T-604/18, ECLI:EU:T:2022:541, Rn. 594 – *Google Android.*

[121] Hierzu im Gesamten: EuG, Urt. v. 14.09.2022, Rs. T-604/18, ECLI:EU:T:2022:541, Rn. 599 ff. – *Google Android.*

[122] Hierzu im Gesamten: EuG, Urt. v. 14.09.2022, Rs. T-604/18, ECLI:EU:T:2022:541, Rn. 651 ff. – *Google Android.*

Such-App auf den Mobilgeräten hat dazu geführt, dass Google unter Umgehung des Leistungswettbewerbs Reichweite auf dem Markt der allgemeinen Suchdienstleistungen generieren konnte. Wie die Kommission nachgewiesen hat, war es Google möglich, den Marktanteil auf dem allgemeinen Suchdienstmarkt auf Mobilfunkgeräten nach Einführung der streitigen Praxis im Jahr 2011 schnell auf über 95 % Marktanteil zu steigern. Es ist nicht davon auszugehen, dass Google dieses Wachstum ohne die beanstandeten Vorinstallationsvereinbarungen erreicht hätte.

Da Google auch auf den Märkten für *Android App Stores* und für die Lizenzierung von Betriebssystemen für Mobilgeräte eine marktbeherrschende Stellung eingenommen hat, konnte die Nutzung des *App Stores* an die Bedingung der Vorinstallation der eigenen Such-App geknüpft werden. Diese Kopplungspraktik ist möglich, weil Google auf den betroffenen Märkten aufgrund seiner vertikalen Integration als Betreiber einer Hybridplattform agiert. Zum einen betreibt Google das Betriebssystem *Android*, das unter anderem als Plattform für Apps fungiert. Zum anderen ist Google mit einer Vielzahl an eigenen Apps Nutzer dieser Plattform und tritt auf dem Markt für Apps für Mobilgeräte in Wettbewerb mit anderen Betreibern von Apps. Dies gilt insbesondere auch für Such-Apps, bei denen Google mit anderen Anbietern wie *Yahoo* und *Bing* konkurriert.

Zu der vertikalen Integration kommt hinzu, dass Google mit *Google Play* einen eigenen *App Store* betreibt. Das Zusammenspiel aus marktbeherrschenden Stellungen auf verschiedenen Märkten ermöglichte es Google, die Nutzung des *App Stores* an die Bedingung zu knüpfen, dass ausschließlich Googles Such-App vorinstalliert sein darf. Hierbei kommt erschwerend hinzu, dass Google Herstellern von Mobilgeräten Umsatzbeteiligungen angeboten hat, wenn diese ausschließlich Googles Such-App installieren. Diese Maßnahme erfolgte allein zu dem Zweck, einen erheblichen Teil der Mitbewerber vom nachfolgenden Markt auszuschließen und die marktmächtige Stellung von Google auf dem allgemeinen Suchmarkt weiter auszubauen.

Das aufgeführte Verhalten ist missbräuchlich, da hierdurch die Auswahlentscheidung der Nachfragerseite manipulativ gesteuert wird. Zwar besteht für Nutzer die Möglichkeit, andere Suchdienste im Nachhinein herunterzuladen, doch haben die Untersuchungen der Kommission gezeigt, dass Nutzer diese Möglichkeit in der Praxis nur selten wahrnehmen. Auch die

Möglichkeit der Gerätehersteller, Vorinstallationsvereinbarungen mit anderen Anbietern abzuschließen, wird in der Praxis nur selten genutzt und ist daher nicht geeignet, Googles Verhalten zu rechtfertigen. Dies gilt insbesondere, da an die nur in besonderen Ausnahmefällen greifende Rechtfertigung hohe Anforderungen zu stellen sind. Für Gerätehersteller ist es schlichtweg nicht lukrativ, einen zweiten Suchdienst auf dem Gerät vorzuinstallieren. Außerdem besteht die Gefahr, dass die Nutzererfahrung unter einer zu großen Anzahl an vorinstallierten Apps leidet.

e) Bewertung auf Grundlage des DMA und § 19a GWB

Vorinstallationsvereinbarungen, wie sie Google im Hinblick auf seinen Dienst *Android* abgeschlossen hat, sollen zukünftig durch Art. 6 Abs. 6 DMA verhindert werden. Diese Norm verbietet jegliche Beschränkungen von Endnutzern in ihrer Möglichkeit, zwischen verschiedenen Software-Anwendungen und Diensten, auf die über den Plattformdienste des Torwächters zugegriffen wird, zu wechseln oder solche Dienste zu abonnieren.[123] Neben den technischen Maßnahmen zur Beschränkung von Endnutzern sind auch anderweitige Verhaltensweisen zur Verhaltenssteuerung vom Verbot des Art. 6 Abs. 6 DMA erfasst.[124] Dazu gehören auch vertragliche Maßnahmen, die der Festlegung auf bestimmte Dienste dienen. Hierbei ist es schwer, die Grenze zwischen einem normalen wettbewerblichen Verhalten und einer unzulässigen Beschränkung zu ziehen, da ausweislich der Erwägungsgründe das Anbieten eines bestimmten Produkts oder einer bestimmten Dienstleistung durch eine Vorinstallation nicht *per se* als Hindernis eines Anbieterwechsels gelten darf.[125] Googles Verhalten in Bezug auf die Vorinstallationsvereinbarungen geht jedoch über dieses noch zulässige Maß an Selbstbevorzugung hinaus. Hierfür spricht insbesondere, dass Google nicht lediglich eine Vorinstallation vorgenommen hat, sondern von den Herstellern die Vorinstallation der eigenen Dienste *Google Search* und *Chrome* als Voraussetzung für eine Lizenz für die Nutzung des *Play Store*s verlangt hat. Der Schwerpunkt des Verhaltens lag – entgegen Googles eigener Darstellung – nicht auf der Verbesserung eigener Dienste, sondern auf der Behinderung anderer Angebote.

---

[123] *Herbers*, in: Podszun, Digital Markets Act, 1. Aufl. 2023, DMA Art. 6, Rn. 125.
[124] Hierzu im Gesamten: *Herbers*, ebd. Rn. 128.
[125] 53. Erwägungsgrund VO (EU) 2022/1925 (DMA).

Googles Verhalten ist neben Art. 6 Abs. 6 DMA auch von § 19a Abs. 2 S. 1 Nr. 2 lit. a GWB erfasst. Die Vorschrift soll verhindern, das Unternehmen mit einer marktübergreifenden Bedeutung Maßnahmen ergreifen, die zu einer ausschließlichen Vorinstallation oder Integration von Angeboten des Unternehmens führen. Anders als § 19a Abs. 2 S. 1 Nr. 2 lit. a GWB wird hierbei nicht die Vorinstallation oder Integration des Angebots auf der eigenen Plattformen erfasst, sondern sämtliche Maßnahmen, die zu einer Vorinstallation oder Integration auf fremden Geräten führen.[126] Hiervon sind insbesondere vertragliche Absprachen wie die Vorinstallationsvereinbarungen von Google mit den Geräteherstellern erfasst, die allein dazu dienen, die Marktstellung abzusichern bzw. auszuweiten.

III. Zwischenfazit Fallbeispiele Marktmachtmissbrauch durch Hybridplattformen

Die Fallbeispiele zeigen, dass sowohl Amazon als auch Google mit den beanstandeten Verhaltensweisen ihre Marktmacht missbraucht haben. Während die Verfahren gegen Google gerichtlich entschieden wurden, ist eine derartige Entwicklung in den Verfahren gegen Amazon vorerst nicht zu erwarten. Stattdessen ist davon auszugehen, dass sich Amazon an die beschlossenen Verpflichtungszusagen hält und so einer gerichtlichen Feststellung des Marktmachtmissbrauchs aus dem Weg geht. Eine Abschreckungswirkung dürften insoweit die nicht unerheblichen Bußgelder haben, die Google für seine Verstöße gegen Art. 102 AEUV zu entrichten hat. Obwohl beide Verfahren mangels Entscheidung durch den EuGH noch nicht rechtskräftig sind, ist eine abweichende Auffassung des EuGH auf Grundlage der festgestellten Sachverhalte nur schwer vorstellbar.

Grundsätzlich ist davon auszugehen, dass derartige Missbrauchsverfahren in Zukunft Seltenheitswert aufweisen. Stattdessen ist zu erwarten, dass die Wettbewerbsbehörden auf den DMA und § 19a GWB zurückgreifen. Zum einen sind diese Regelungen inhaltlich auf die Besonderheiten digitaler Plattformen zugeschnitten und zum anderen ist hierbei eine erhebliche Verkürzung der Verfahrensdauer zu erwarten. Insbesondere diese lange

---

[126] *Schweitzer*, in: Immenga/Mestmäcker, Wettbewerbsrecht, 7. Aufl. 2024, GWB § 19a, Rn. 166.

Verfahrensdauer hat in der Vergangenheit dazu geführt, dass missbräuchliche Verhaltensweisen erst abgestellt wurden, nachdem diese sich bereits massiv auf die betroffenen Märkte ausgewirkt hatten. Abzuwarten bleibt, welche Wege die Digitalkonzerne finden, um sich mithilfe anderer Verhaltensweisen einen Vorteil zu verschaffen. Erst dann wird sich zeigen, wie effektiv die Regelungen des DMA und § 19a GWB wirklich funktionieren und ob sie ohne größere Schwierigkeiten auch auf bisher unbekannte Sachverhaltskonstellationen anwendbar sind

H. FAZIT, AUSBLICK UND THESEN

Die vorliegende Untersuchung hat gezeigt, dass sich aus der Möglichkeit des Hybridplattformbetreibers, den Wettbewerb zu beeinflussen, schwierige Rechtsfragen im Hinblick auf den Missbrauch der beherrschenden Stellung ergeben. Im Folgenden werden die Erkenntnisse dieser Arbeit in einem Fazit zusammengefasst (I.). Hierbei wird insbesondere die Forschungsfrage beantwortet, ob auf Hybridplattformen eine erhöhte Gefahr eines Marktmachtmissbrauchs besteht und welche Schlussfolgerungen sich hieraus ergeben. Anschließend folgt ein Ausblick auf die zukünftige Entwicklung (II.). Zum Abschluss werden die gewonnenen Erkenntnisse in 17 Thesen zusammengefasst (III.).

I. Fazit

Zu Beginn der Untersuchung war zu erörtern, unter welchen Voraussetzungen eine Plattform als Hybridplattform einzuordnen ist. Anschließend wurde anhand des Schemas aus Marktabgrenzung, Marktbeherrschung und Marktmachtmissbrauch untersucht, welche Auswirkungen eine hybride Plattformstruktur auf die einzelnen Tatbestandsmerkmale hat. Hierbei wurde den neuen Regelungen des DMA und § 19a GWB besondere Beachtung geschenkt. Der Fokus der Prüfung eines Missbrauchs der Marktmacht durch einen Hybridplattformbetreiber lag auf der Herausarbeitung hybridplattformtypischer missbräuchlicher Verhaltensweisen.

1. Hybridplattformen

Für das Vorliegen einer Plattform im kartellrechtlichen Sinne müssen drei Voraussetzungen kumulativ vorliegen. Erstens müssen auf einer Plattform mehrere Nutzergruppen vertreten sein. Zweitens bedarf es einer Interaktion zwischen diesen Nutzergruppen und drittens müssen indirekte Netzwerkeffekte vorliegen, durch die die Nutzergruppen miteinander verbunden sind. Die Bestimmung indirekter Netzwerkeffekte – denen innerhalb der Marktmachtmissbrauchsprüfung an mehreren Stellen eine entscheidende Bedeutung zukommt – kann im Einzelfall Schwierigkeiten bereiten. Derartige Effekte sind immer dann anzunehmen, wenn eine Nutzergruppe mittelbar von einem Mitgliederzuwachs innerhalb ihrer Gruppe profitiert, da hierdurch der Anreiz für eine andere Nutzergruppe entsteht, stärker auf der Plattform vertreten zu sein. Zum anderen liegen indirekte Netzwerkeffekte vor, wenn eine Nutzergruppe von einem Zuwachs der anderen Nutzergruppe profitiert. Im Unterschied zu direkten Netzwerkeffekten wirken sich indirekte Netzwerke auf unterschiedliche Nutzergruppen aus.

Innerhalb der Gruppe der Plattformen sind verschiedene Plattformarten zu differenzieren. In der Literatur wird teilweise zwischen Transaktionsplattformen und Nicht-Transaktionsplattformen unterschieden. Diesem Ansatz ist nicht zu folgen, da diese Unterscheidung lediglich die Folge der Plattformleistung beschreibt. Stattdessen ist eine Einteilung in *Matching*-Plattformen und Aufmerksamkeitsplattformen vorzugswürdig, da diese Unterscheidung die tatsächliche Plattformleistung betrifft. Die Leistung einer Plattform liegt nicht in der Durchführung einer Transaktion, sondern in der Vermittlung zwischen zwei Nutzergruppen oder darin, Aufmerksamkeit zu generieren.

Hybridplattformen stellen eine Untergruppe der Plattformen dar, die insbesondere in der Digitalökonomie vorzufinden ist. Zusätzlich zu den allgemeinen Kriterien zur Bestimmung einer Plattform bedarf es einer vertikalen Integration des Plattformbetreibers. Eine solche ist immer dann gegeben, wenn der Plattformbetreiber mit einer auf seiner Plattform vertretenen Nutzergruppe im Hinblick auf deren auf der Plattform angebotene Leistung im Wettbewerb steht. Während ein solcher Wettbewerb bei *Matching*-Plattformen bezüglich des Angebots eigener Waren oder Dienstleistungen besteht, bedarf es auf Aufmerksamkeitsplattformen des Strebens des Plattformbetreibers nach Aufmerksamkeit.

Die gewonnenen Erkenntnisse lassen sich in folgender Definition zur Bestimmung einer Hybridplattform zusammenfassen:

> *Als Hybridplattformen sind Unternehmen anzusehen, die als Intermediäre eine direkte Interaktion zweier oder mehr Nutzerseiten ermöglichen, während sie zugleich auf dieser Plattform vertikal integriert sind. Die zwischen den Nutzerseiten bestehenden positiven oder negativen indirekten Netzwerkeffekte können sowohl wechselseitig als auch einseitig ausgeprägt sein.*

2. *Missbrauch einer marktbeherrschenden Stellung durch Hybridplattformen*

Der Missbrauch einer marktbeherrschenden Stellung wird klassischerweise in einem Dreischritt geprüft, an dem auch diese Untersuchung ausgerichtet ist. Grundstein bildet die Marktabgrenzung. Hierauf aufbauend muss untersucht werden, ob ein Unternehmen über eine marktbeherrschende Stellung auf dem relevanten Markt verfügt. Abschließend ist zu analysieren, ob das betroffene Unternehmen seine Marktmacht missbraucht hat. Das Fazit dieser Untersuchung beschränkt sich auf die Darstellung der Erkenntnisse, die für Hybridplattformen von Belang sind.

a) Marktabgrenzung auf Plattformmärkten

Grundlage der Marktabgrenzung bildet auch auf Plattformmärkten das Bedarfsmarktkonzept. Bei der Bestimmung der funktionalen Austauschbarkeit spielen indirekte Netzwerkeffekte eine hervorgehobene Rolle, da sich ihr Vorliegen unmittelbar auf die Substitutionsmöglichkeit der Marktgegenseite auswirkt. Gerade auf digitalen Märkten ist der Nutzen, den ein Nutzer aus einer bestimmten Ware oder einer Dienstleistung zieht, umso größer, je mehr andere Nutzer diese Ware oder Dienstleistung ebenfalls nachfragen.

Die Untersuchung hat gezeigt, dass sich in drei Konstellationen Abgrenzungsschwierigkeiten ergeben. Zum einen stellt sich die Frage, ob auf Plattformmärkten von einem einheitlichen Markt auszugehen ist oder ob beide Seiten der Plattform getrennten Märkten zuzuordnen sind. Hierbei ist festzuhalten, dass die Abgrenzung nicht pauschal anhand der Plattformart vorgenommen werden darf, sondern eine genaue Betrachtung der Ausprägung indirekter Netzwerkeffekte erfordert. Im Grundsatz ist – unter Zugrundelegung des Bedarfsmarktkonzepts – von getrennten Märkten auszugehen, da jede Nutzerseite ihre eigenen Bedürfnisse hat und eine andere Leistung als funktional austauschbar ansieht. Ein einheitlicher Markt kann ausnahmsweise dann angenommen werden, wenn beide Seiten einer *Matching*-Plattform eine einheitliche Vermittlungsleistung anstreben. Dies gilt jedoch nur, wenn die Vermittlungsleistung – wie beispielsweise im Falle von Dating-Plattformen – das Kernelement der Plattformleistung darstellt. Im Falle von Hybridplattformen ist von einer getrennten Marktabgrenzung auszugehen, da die Leistung des Plattformbetreibers auf dem nachgelagerten Markt von der Vermittlungsleistung zu unterscheiden ist. Die vertikale Integration kann die Annahme eines einheitlichen Marktes mangels ausreichender Verknüpfungswirkung nicht begründen.

Die zweite Abgrenzungsfrage betrifft die Einordnung von Nutzern, die eine Plattformleistung erhalten, ohne hierfür ein Entgelt zu entrichten. Teilweise wird bereits angezweifelt, ob es sich überhaupt um eine unentgeltliche Leistung handelt, wenn eine Nutzerseite keinen monetären Preis bezahlt, da Nutzer als Gegenleistung persönliche Daten preisgeben, die der Plattformbetreiber anschließend monetarisieren kann. Unabhängig von dieser Definitionsfrage ist die betroffene Nutzerseite als eigenständiger Markt zu qualifizieren. Bei der Frage der Monetarisierung handelt es sich um eine Unternehmensentscheidung, die keinen Einfluss auf die Marktqualität der betroffenen Nutzerseite hat. Der deutsche Gesetzgeber hat in § 18 Abs. 2a GWB ausdrücklich klargestellt, dass es der Annahme eines Marktes nicht entgegensteht, wenn eine Leistung unentgeltlich erbracht wird.

Die dritte Problematik betrifft die Anwendbarkeit der für Nicht-Plattformmärkte entwickelten Abgrenzungstests. Die Untersuchung hat ergeben, dass der *SSNIP*-Test auf Plattformmärkten nur eine untergeordnete Rolle spielt. Er stößt an seine Grenzen, da er Netzwerkeffekte nicht ausreichend abbilden kann. Dies gilt insbesondere auf Märkten, auf denen eine Seite keinen monetären Preis bezahlt, da hier die Auswirkungen einer Preiserhöhung nicht darstellbar sind. Auch der modifizierte *SSNIP*-Test führt aufgrund praktischer Anwendungsschwierigkeiten zu keinem zufriedenstellenden Ergebnis. Die Angebotsumstellungsflexibilität kann als zusätzliches Abgrenzungskriterium wertvolle Erkenntnisse liefern. Bei der Bewertung ist jedoch zu berücksichtigen, dass es in der Praxis oftmals nicht möglich ist, auf einem Markt bestehende Netzwerkeffekte auf einen anderen Markt zu übertragen.

b) Marktbeherrschende Stellung auf Plattformmärkten

Zur Bestimmung einer marktbeherrschenden Stellung sind auch auf Plattformmärkten die allgemeinen Marktbeherrschungsindikatoren wie Marktanteil, Finanzkraft oder Zugang zu wettbewerbsrelevanten Daten heranzuziehen. Ihre Aussagekraft ist jedoch eingeschränkt, da die Dynamiken indirekter Netzwerkeffekte die Feststellung der Marktposition erschweren. Aus diesem Grund bedarf es weiterer Marktbeherrschungsindikatoren.

Eine besondere Bedeutung kommt dem Bestehen und der Ausprägung indirekter Netzwerkeffekte zu. Diese Effekte können die Entstehung einzelner großer Plattformen begünstigen und zu einem *Market-Tipping* führen, bei dem nach und nach alle Wettbewerber aus dem Markt ausscheiden. Das Bestehen indirekter Netzwerkeffekte auf einer Plattform hat zur Folge, dass sich der Nutzen der Plattform mit steigender Nutzerzahl erhöht. Die Plattform zieht infolgedessen weitere Nutzer an, die den *Tipping*-Effekt verstärken. Der Effekt kann zur Bildung eines Monopols führen. Neben der Gefahr des *Market-Tipping* können indirekte Netzwerkeffekte als Marktzutrittsschranke fungieren, wenn eine Plattform auf die Akquise mehrerer Nutzergruppen angewiesen ist. Bestehen auf einer Plattform starke indirekte Netzwerkeffekte, fällt es schwer, die Nutzer dieser Plattform von einem Wechsel zu überzeugen. Während wechselseitige indirekte Netzwerkeffekte – die zumeist bei *Matching*-Plattformen auftreten – über einen starken Selbstverstärkungseffekt verfügen, sind die Effekte bei Aufmerksamkeitsplattformen wesentlich weniger stark ausgeprägt. Besondere Bedeutung kommt den indirekten Netzwerkeffekten auf Hybridplattformen zu. Zum einen können die Effekte durch die vertikale Integration des Plattformbetreibers verstärkt werden, zum anderen können sie einem Abbau von Marktzutrittsschranken Vorschub leisten.

Neben den indirekten Netzwerkeffekten hat die Ausgestaltung der Plattformnutzung einen großen Einfluss auf die Bewertung der Marktposition. Insbesondere die Frage, ob Nutzer *Single-Homing* und *Multi-Homing* betreiben, ist von besonderer Relevanz. Während *Multi-Homing* einen konzentrationsbremsenden Effekt aufweist, kann *Single-Homing* zur Verstärkung der Marktmacht einer Plattform beitragen. Die Analyse der Plattformnutzung ist insbesondere in der Konstellation eines *competitive bottlenecks* relevant, in der eine Nutzergruppe *Single-Homing* und die andere Nutzergruppe *Multi-Homing* betreibt. Die *Single-Homing* betreibende Nutzergruppe bekommt in diesem Fall einen exklusiven Zugang zur Nutzergruppe, die *Multi-Homing* betreibt. Die hierdurch begründete Abhängigkeit der Nutzergruppe, die *Single-Homing* betreibt, verschafft der Plattform im Verhältnis zu dieser Gruppe eine starke Marktposition. Auch *Lock-in*-Effekte, die die fehlende Bereitschaft der Nutzer, die Plattform zu wechseln, beschreiben, können zur Analyse herangezogen werden. Je geringer *Lock-in*-Effekte ausgeprägt sind, desto intensiver ist der Wettbewerb um wechselbereite Nutzer und desto geringer ist die Marktmacht einer Plattform. Im Gegenzug sprechen starke *Lock-in*-Effekte für eine marktbeherrschende Stellung, da die Plattform einem geringeren Wettbewerbsdruck unterliegt.

Als weitere Marktbeherrschungsindikatoren auf Plattformmärkten zählen Größenvorteile, der innovationsgetriebene Wettbewerbsdruck sowie der Zugang zu wettbewerbsrelevanten Daten. Größenvorteile können den Selbstverstärkungsprozess indirekter Netzwerkeffekte unterstützen und eine Marktzutrittsschranke bilden. Da auf digitalen Märkten die Fixkosten aufgrund der kostenintensiven Forschung und Entwicklung hoch sind, die variablen Kosten jedoch gering, können marktstarke Unternehmen wesentlich kosteneffizienter agieren. Im Gegensatz hierzu steht ein starker innovationsgetriebener Wettbewerbsdruck einer Marktbeherrschung grundsätzlich entgegen, da Wettbewerber die beherrschende Stellung mithilfe disruptiver Innovationen angreifen können. Dem Zugang zu wettbewerbsrelevanten Daten kommt auf digitalen Plattformmärkten eine besondere Bedeutung zu. Hierbei ist stets zu berücksichtigen, dass eine rein quantitative Betrachtung unzureichend ist. Stattdessen müssen die Art und Qualität der Daten, ihre Marktrelevanz sowie die Fähigkeit, die Daten auszuwerten, in die Bewertung einfließen. Gerade der letzte Aspekt ist von besonderer Relevanz, da erst den aus diesen Daten gewonnenen Informationen ein entscheidender wirtschaftlicher Wert beizumessen ist. Von besonderer Bedeutung ist der Zugang zu wettbewerbsrelevanten Daten, da einem Hybridplattformbetreiber aufgrund seiner vertikalen Integration der exklusive Zugang zu Daten seiner direkten Wettbewerber offensteht. Das sich hieraus ergebende Ungleichgewicht kann zur Begründung oder Verstärkung einer marktbeherrschenden Stellung beitragen.

c) Marktmachtmissbrauch auf Plattformmärkten

Bis zur Einführung der plattformbezogenen Missbrauchsvorschriften standen den Wettbewerbsbehörden zur Sanktionierung eines Marktmachtmissbrauchs ausschließlich die allgemeinen Missbrauchsnormen § 19 Abs. 1 GWB und Art. 102 AEUV zur Verfügung. Insbesondere die Verfahren *Google Shopping* und *Google Android* haben gezeigt, dass die Generalklauseln der Missbrauchsnormen geeignet sind, derartige

Sachverhaltskonstellationen abzudecken, obwohl die heute vorherrschenden plattformspezifischen Gefahren für den Wettbewerb bei Inkrafttreten dieser Normen nicht erkennbar waren. Gleichwohl haben diese Verfahren auch offenbart, dass die Generalklausel im Hinblick auf plattformtypische missbräuchliche Verhaltensweisen an ihre Grenzen stößt. Allen voran verhindert eine überlange Verfahrensdauer die effektive Bekämpfung der auf diesen Verhaltensweisen beruhenden Wettbewerbsgefahren. Vor diesem Hintergrund haben sowohl der europäische als auch der deutsche Gesetzgeber plattformbezogene Missbrauchsvorschriften erlassen, die missbräuchliche Verhaltensweisen vorbeugen sollen.

Der europäische Gesetzgeber hat auf eine Erweiterung oder Ergänzung des Art. 102 AEUV verzichtet und stattdessen mit dem DMA ein neues Regelungsinstitut geschaffen, das aufgrund seiner regulatorischen Rechtsnatur auch als „*kartellrechtsnahe Regulierung*“ bezeichnet wird. Bei der Anwendung soll wesentlich weniger stark als im Kartellrecht oder der wirtschaftspolitischen Ausrichtung an einem Effizienzparadigma festgehalten werden. Stattdessen sollen normative Entscheidungen herbeigeführt werden, um die Hauptziele des DMA, das Gebot der Fairness und die Bestreitbarkeit der Märkte zu verwirklichen. Der DMA richtet sich ausschließlich an Torwächter, die Nutzern wichtige digitale Plattformdienste bereitstellen, da diese kleine Gruppe großer Unternehmen über Jahre hinweg eine beträchtliche Wirtschaftsmacht aufgebaut hat. Wird ein Unternehmen von der Kommission als Torwächter benannt, unterliegt das betroffene Unternehmen fortan den spezifisch und präzise ausgestalteten Verhaltenspflichten des DMA.

Im deutschen Recht wurde mit § 19a GWB eine kartellrechtliche Norm geschaffen, die die allgemeinen Missbrauchsnormen auf digitalen Märkten ergänzt. Grund hierfür war die Befürchtung, dass die bislang gültigen Regeln der Missbrauchsaufsicht die Gefährdungspotenziale auf digitalen Märkten nicht ausreichend abdecken. Abzustellen ist dabei nicht auf die marktbeherrschende Stellung, sondern auf die marktübergreifende Bedeutung des betroffenen Unternehmens. Wird eine derartige Bedeutung festgestellt, kann das Bundeskartellamt das beanstandete Verhalten mit einer Verbotsverfügung nach § 19 Abs. 2 GWB untersagen. Anhaltspunkte, wann ein Verhalten sanktionswürdig ist, liefert ein Katalog mit sieben enumerierten Verhaltensweisen, die durch nicht abschließende Regelbeispiele konkretisiert werden. Teilweise wird bezweifelt, ob § 19a GWB seit der Einführung des DMA aufgrund des Vorrangs der unionsrechtlichen Vorschrift ein Anwendungsbereich verbleibt. Diesen Zweifeln ist eine Absage zu erteilen, da § 19a GWB jedenfalls dann zur Anwendung kommt, wenn der Adressat oder die betroffenen Dienste nicht vom DMA erfasst sind. Außerdem erlaubt die deutsche Vorschrift aufgrund der abstrakt formulierten Untersagungstatbestände eine flexible und schnelle Reaktion auf neu aufkommende marktschädigende Verhaltensweisen und geht damit über die Verhaltenspflichten des DMA hinaus.

d) Marktmachtmissbrauch durch Hybridplattformen

Im Kontext von Hybridplattformen sind zwei marktmachtmissbräuchliche Verhaltensweisen von besonderer Bedeutung. Die Selbstbevorzugung betrifft die Bevorzugung eigener Dienste gegenüber den Diensten der auf der Plattform vertretenen Wettbewerber. Zwar ist eine derartige Selbstbevorzugung grundsätzlich zulässig, doch gilt anderes, wenn hierdurch im Einzelfall eine erhebliche Gefährdung des Wettbewerbs entsteht. Besonders kritisch für die Aufrechterhaltung eines effektiven Wettbewerbs ist es, wenn ein Plattformbetreiber seine Marktmacht auf dem Markt für Plattform-Dienstleistungen mithilfe einer Hebelwirkung auf einen nachgelagerten Markt überträgt. Dies gilt insbesondere dann, wenn der Plattformbetreiber aktiv Maßnahmen ergreift, um Dienste der Wettbewerber zu benachteiligen. Die manipulative Steuerung der Auswahlentscheidungen der Nachfrageseite bedingt ein erhebliches Wettbewerbsschädigungspotenzial. Zum einen wird hierdurch die Entstehung marktmächtiger Unternehmen begünstigt, da Wettbewerber vom Markt gedrängt werden. Dies wirkt sich nachteilig auf die Auswahlmöglichkeit der Nutzer aus. Zum anderen werden durch die Beeinträchtigung des fairen Leistungswettbewerbs Innovationsanreize gesenkt, die bei einem funktionierenden Wettbewerb grundsätzlich am höchsten sind.

Bislang haben sich zwei Fallgruppen der Selbstbevorzugung herausgebildet. Zum einen können eigene Dienste bevorzugt werden, indem sie präsenter und sichtbarer dargestellt oder vorteilhafter gerankt werden als die Dienste von Wettbewerbern. Die bevorzugte Darstellung ist aus wettbewerbsrechtlicher Sicht von entscheidender Relevanz, da die Sichtbarkeit den Erfolg einer Leistung maßgeblich beeinflusst. Schlechter dargestellte Wettbewerber können aufgrund ausbleibender Nutzer vom Markt gedrängt werden. Außerdem können eigene Angebote vorinstalliert oder integriert werden. Der Plattformbetreiber kann – unter Umgehung des fairen Leistungswettbewerbs – eine größere Reichweite der eigenen Angebote erzielen und hierdurch seine Marktstellung festigen oder erweitern. Der erschwerte Zugang zu Nutzern kann zu einer Verminderung des Wettbewerbs- und des Innovationsdrucks und infolgedessen zu einer Beschränkung des Wettbewerbs führen. Grundsätzlich kann eine Selbstbevorzugung aufgrund ökonomischer Effizienzen gerechtfertigt sein. An eine derartige Rechtfertigung sind jedoch hohe Anforderungen zu stellen, da kurzfristig effizienzsteigernde Verhaltensweisen, die langfristig die Aufrechterhaltung eines funktionierenden Wettbewerbs gefährden, keinesfalls zur Rechtfertigung einer missbräuchlichen Verhaltensweise ausreichen können.

Als zweite Fallgruppe hat sich die Behinderung durch Datenverarbeitung herausgebildet. Hierbei sammelt der Betreiber einer Hybridplattform Daten, die durch die Vermittlung auf der Plattform anfallen, um diese als Händler oder Dienstleistungserbringer zu nutzen und die Position der Plattform im Markt abzusichern. Die Wettbewerbsgefahr beruht auf der Möglichkeit des Plattformbetreibers, seine Leistung auf dem nachgelagerten Markt mithilfe der Nutzung von Daten über die Leistung der Wettbewerber zu verbessern. Da Wettbewerber keinen Zugang zu diesen Daten haben, entsteht ein Datendelta, das langfristig eine Marktmacht des Plattformbetreibers auf dem nachgelagerten Markt begründen oder verstärken kann, wenn dieser in der Lage ist, mithilfe der Daten einen Qualitätsunterschied zu erzeugen. Das Wettbewerbsschädigungspotenzial liegt hierbei in der Gefahr der Verdrängung von Wettbewerbern, die über keinen derartigen Datenvorteil verfügen. Hierdurch kann eine Marktmacht des Plattformbetreibers begründet oder verstärkt werden. Außerdem wird die Auswahlmöglichkeit für Nutzer negativ beeinflusst. Darüber hinaus werden Innovationsanreize gesenkt, wenn die Gefahr besteht, dass das marktbeherrschende Unternehmen die durch Innovationen generierten Vorteile unter Verwendung der ihm zur Verfügung stehenden Daten replizieren kann.

II. Ausblick

Die Untersuchung des Missbrauchs von Marktmacht durch Hybridplattformen befindet sich noch in ihren Anfängen. Während Plattformen seit der Jahrtausendwende in der wissenschaftlichen Literatur Beachtung gefunden haben, ist die Untergruppe der Hybridplattformen erst vor wenigen Jahren in den Fokus gerückt. Hierzu hat maßgeblich die politische Rolle beigetragen, die derartigen Plattformen in einer immer digitaler werdenden Gesellschaft zukommt. Die großen Digitalkonzerne beeinflussen gesellschaftspolitische Entscheidungen maßgeblich mit und stehen nicht zuletzt aus diesem Grund unter besonderer Beobachtung der Wettbewerbshüter. Insbesondere die GAFAM-Unternehmen haben eine vor wenigen Jahren noch schwer vorstellbare Größe erreicht, die es ihnen ermöglicht, die Entwicklung der von ihnen beherrschten Märkte zu kontrollieren. Vor diesem Hintergrund sahen sich sowohl der europäische als auch der deutsche Gesetzgeber zu Recht gezwungen, neue Regeln für den Wettbewerb zu erlassen, um den Gefahren für die Aufrechterhaltung eines funktionierenden Wettbewerbs entgegenzuwirken.

Es ist zu erwarten, dass die Einführung des DMA und § 19a GWB missbräuchlichen Verhaltensweisen auf Hybridplattformen sowohl vorbeugen als auch deren Verfolgung und Abstellung erleichtern wird. Zwar bleiben Detailfragen in Bezug auf die Umsetzung und Wirksamkeit einzelner Bestimmungen offen, doch werden zahlreiche Entscheidungen der Wettbewerbsbehörden und Gerichte zur Konkretisierung der Normen beitragen. Hervorzuheben ist die durch beide Neuregelungen herbeigeführte Verfahrensbeschleunigung. Gerade die überlange Verfahrensdauer hat in der Vergangenheit eine wirksame Durchsetzung der Missbrauchsnormen verhindert.

Sowohl der DMA als auch § 19a GWB adressieren die Fallgruppen der Selbstbevorzugung und Behinderung durch Datenverarbeitung, die in der Literatur und Rechtsprechung als Hauptgefahren einer Marktbeherrschung durch Hybridplattformen ausgemacht wurden. Die Bewertung der Neuregelungen fällt positiv aus. Die Erkenntnisse aus den umfassenden kartellrechtlichen Untersuchungen im Rahmen der Missbrauchsverfahren gegen Google, Amazon und andere Betreiber großer Hybridplattformen haben dazu beigetragen, dass die erlassenen Regelungen auf die konkreten

Wettbewerbsgefahren zugeschnitten werden konnten. Nichtsdestoweniger bedarf es einer genauen Beobachtung der weiteren Entwicklung, da zu erwarten ist, dass die Plattformbetreiber versuchen werden, die Regelungen zu umgehen oder neue Wege zu finden, um ihre Marktmacht zu kapitalisieren. Vor diesem Hintergrund ist es begrüßenswert, dass der europäische Gesetzgeber im DMA die Möglichkeit vorgesehen hat, weitere Verhaltensweisen in die Ver- und Gebotstatbestände aufzunehmen. Auch der deutsche Gesetzgeber ermöglicht durch seine abstrakt formulierten Untersagungstatbestände eine flexible und schnelle Reaktion auf neu aufkommende, marktschädigende Verhaltensweisen.

Ein Verfahren nach den allgemeinen Missbrauchsnormen dürfte sowohl im deutschen als auch europäischen Recht zukünftig nur in Ausnahmefällen in Betracht kommen. Die bislang geführten Verfahren haben gezeigt, dass ein Vorgehen aufgrund eines Verstoßes gegen Art. 102 AEUV oder § 19 GWB insbesondere aufgrund der langen Verfahrensdauer nicht zu einer effektiven Abstellung der beanstandeten Verhaltensweise führt. Sollte wider Erwarten eine vollständig neuartige Wettbewerbsgefahr zu Tage treten, der nur durch die Aufnahme einer neuen Regelung in den DMA oder das GWB im Rahmen eines ordentlichen Gesetzgebungsverfahrens begegnet werden kann, können die allgemeinen Missbrauchsnormen jedoch vorübergehend Abhilfe schaffen.

III. Thesen

Die gewonnenen Erkenntnisse lassen sich in folgenden Thesen zusammenfassen:

1. Eine Plattform im kartellrechtlichen Sinne liegt vor, wenn auf einer Plattform mehrere Nutzergruppen vertreten sind, die miteinander interagieren und durch indirekte Netzwerkeffekte miteinander verbunden sind.

2. Die zur Bestimmung einer Plattform erforderlichen Netzwerkeffekte können sowohl positiv als auch negativ sowie wechselseitig oder einseitig ausgeprägt sein.

3. Plattformen sind in Aufmerksamkeitsplattformen und *Matching*-Plattformen zu unterteilen, wobei letztere sowohl mit als auch ohne anschließende Transaktion vorliegen können.

4. Der *Amazon Marketplace* ist eine *Matching*-Plattform mit anschließender Transaktion. *Google Search* ist eine Aufmerksamkeitsplattform.

5. Hybridplattformen zeichnen sich durch die vertikale Integration des Plattformbetreibers aus, der neben seiner Rolle als Plattformbetreiber selbst Waren und Dienstleistungen auf der Plattform anbietet.

6. Bei der Marktabgrenzung auf Plattformmärkten sind bei der Anwendung des Bedarfsmarktkonzepts indirekte Netzwerkeffekte zu berücksichtigen, da diese Effekte die funktionelle Austauschbarkeit von Waren und Dienstleistungen maßgeblich mitbestimmen.

7. Die Beurteilung, ob ein einheitlicher oder getrennter Plattformmarkt vorliegt, kann nicht pauschal anhand der Plattformart erfolgen. Stattdessen sind die Ausprägungen indirekter Netzwerkeffekte entscheidend.

8. Bei Hybridplattformen sind auf Grundlage des Bedarfsmarktkonzepts grundsätzlich zwei getrennte Märkte abzugrenzen, da die vertikale Integration nicht geeignet ist, die verschiedenen Märkte miteinander zu verknüpfen.

9. Für die Bewertung der marktbeherrschenden Stellung einer Hybridplattform spielen neben den allgemeinen Marktbeherrschungsindikatoren vor allem indirekte Netzwerkeffekte, die Plattformdifferenzierung sowie der Zugang zu wettbewerbsrelevanten Daten direkter Wettbewerber eine ausschlaggebende Rolle.

10. Das Bestehen und eine starke Ausprägung indirekter Netzwerkeffekte sprechen für eine marktbeherrschende Stellung einer Hybridplattform, da indirekte Netzwerkeffekte die Konzentration eines Marktes beeinflussen und zu einem *Market-Tipping* führen können.

11. § 19a GWB verbleibt auch nach dem Inkrafttreten des DMA ein Anwendungsbereich, da § 19a GWB immer dann zur Anwendung kommt, wenn die betroffenen Dienste oder die marktschädigenden Verhaltensweisen nicht vom DMA erfasst sind.

12. Die zuständigen Wettbewerbsbehörden werden zukünftig vorrangig auf die neu eingeführten plattformbezogenen Vorschriften zurückgreifen, da diese erhebliche Anwendungserleichterungen mit sich bringen und zu einer Verfahrensbeschleunigung führen.

13. Bei Hybridplattformen weisen vor allem die Selbstbevorzugung und die Behinderung durch Datenverarbeitung ein erhöhtes Wettbewerbsschädigungspotenzial auf.

14. Die Fallgruppe der Selbstbevorzugung lässt sich in zwei Untergruppen unterteilen. Die bevorzugte Darstellung eigener Angebote sowie die Vorinstallation oder Integration eigener Angebote.

15. Im Hinblick auf eine Selbstbevorzugung ist es für die Aufrechterhaltung eines effektiven Wettbewerbs besonders kritisch, wenn ein Plattformbetreiber seine Marktmacht auf dem Markt für Plattform-Dienstleistungen mithilfe einer Hebelwirkung auf einen nachgelagerten Markt überträgt.

16. Amazon hat seine Stellung als marktbeherrschende Hybridplattform missbraucht, indem es eigene Angebote auf dem *Marketplace* bevorzugt behandelt hat und indem es systematisch auf nichtöffentliche Geschäftsdaten von Drittanbietern zurückgegriffen hat, um sich diesen gegenüber einen Vorteil zu verschaffen.

17. Google hat seine Stellung als marktbeherrschende Hybridplattform missbraucht, indem es den eigenen Preisvergleichsdienst *Google Shopping* gegenüber den Preisvergleichsdiensten der Wettbewerber bevorzugt behandelt hat und indem es Vorinstallationsvereinbarungen mit Geräteherstellern abgeschlossen hat, um unter Umgehung des Leistungswettbewerbs Reichweite auf dem Markt für allgemeine Suchdienstleistungen zu generieren.

LITERATURVERZEICHNIS

Armstrong, Mark, Competition in two-sided markets, The RAND Journal of Economics 2006, 668–691.

Bacher, Klaus / Hempel, Rolf / Wagner-von Papp, Florian (Hrsg.), BeckOK Kartellrecht, 12. Edition, München 2023, (zitiert: *Bearbeiter*, in: BeckOK Kartellrecht, 7. Edition 2023).

Baker, Jonathan, Market Definition: An Analytical Overview, Antitrust Law Journal 2007, 129–173.

Bechtold, Rainer / Bosch, Wolfgang (Hrsg.), GWB - Gesetz gegen Wettbewerbsbeschränkungen, 10. Aufl., München 2021, (zitiert: *Bearbeiter*, in: Bechthold/Bosch, GWB - Gesetz gegen Wettbewerbsbeschränkungen, 10. Aufl. 2021).

Bechtold, Rainer / Bosch, Wolfgang / Brinker, Ingo (Hrsg.), EU-Kartellrecht, 4. Aufl., München 2023, (zitiert: *Bearbeiter*, in: Bechthold/Bosch/Brinker, EU-Kartellrecht, 4. Aufl. 2023).

Becker, Björn Christian, Privatrechtliche Durchsetzung des Digital Markets Act, ZEuP 2023, 403–432.

Bien, Florian, in: Säcker, Franz Jürgen / Bien, Florian / Meier-Beck, Peter / Montag, Frank (Hrsg.), Münchener Kommentar zum Wettbewerbsrecht, 4. Aufl., München 2023, (zitiert: *Bearbeiter*, in: Münchener Kommentar zum Wettbewerbsrecht, 4. Aufl. 2023).

BKartA, Freigabe des Zusammenschlusses von Karstadt und Kaufhof, NZKart 2018, 598–600.

BKartA, Freigabe des Erwerbs des apo-rot Versandhandels der Apotheke am Rothenbaum Birgit Dumke durch DocMorris, NZKart 2018, 551.

Blaschczok, Martin, Kartellrecht in zweiseitigen Wirtschaftszweigen: Eine Untersuchung vor dem Hintergrund der ökonomischen Forschung zu „two-sided markets“, Baden-Baden 2015.

Bongartz, Philipp, § 19a GWB – a keeper?, WuW 2022, 72–82.

Böni, Franz / Regenthal, Samantha, Die Beurteilung einer marktbeherrschenden Stellung unter besonderer Berücksichtigung des „more economic approach“, WuW 2006, 1230–1237.

Bork, Robert H. / Sidak, J. Gregory, What does the Chicago school teach about internet search and the antitrust treatment of Goolge?, Journal of Competition Law and Economics 2012, 663–700.

Brauneck, Jens, Der Digital Markets Act (DMA) – das neue, bessere digitale EU-Wettbewerbsrecht?, RDi 2023, 27–35.

Budzinski, Oliver / Gaenssle, Sophia / Stöhr, Annika, Der Entwurf zur 10. GWB Novelle: Interventionismus oder Laissez-faire?, List Forum 2020, 157–184.

Burchardi, Sophie, Die Selbstbevorzugung von Plattformunternehmen im Fokus des Kartell- und Regulierungsrechts, NZKart 2022, 610–616.

Cabral, Luis / Haucap, Justus / Parker, Geoffrey / Petropoulos, Georgios / Valetti, Tommaso / van Alstyne, Marshall, The EU digital markets act: a report from a panel of economic experts., Publications Office of the European Union 2021, 1–32.

Caillaud, Bernard / Jullien, Bruno, Chicken & Egg: Competition among Intermediation Service Providers, The RAND Journal of Economics 2003, 309–328.

Colomo, Pablo Ibáñez, Self-Preferencing: Yet Another Epithet in Need of Limiting Principles, World Competition 2020, 417–446.

Crémer, Jacques / Montjoye, Yves-Alexandre de / Schweitzer, Heike, Competition policy for the digital era, 2019, 1–127.

Dauses, Manfred A. / Ludwigs, Markus (Hrsg.), Dauses/Ludwigs, EU-WirtschaftsR-HdB, 60. Aufl., München 2024, (zitiert: *Bearbeiter*, in: Dauses/Ludwigs, EU-WirtschaftsR-HdB, 60. Aufl. 2024).

de Bronett, Georg-Klaus, Gemeinschaftsrechtliche Anmerkungen zum „Orange-Book-Standard"-Urteil des BGH, WuW 2009, 899–908.

de los Santos, Babur / Koulayev, Sergei, Optimizing Click-Through in Online Rankings with Endogenous Search Refinement, Marketing Science 2016, 1–46.

Devine, Kristine Laudadio, Preserving Competition in Multi-Sided Innovative Markets: How Do You Solve a Problem Like Google, North Carolina Journal of Law and Technology 2008, 59–118.

Dewenter, Ralf / Louven, Sebastian, Plattformwettbewerb, Wert von Daten und Schadensschätzung, WuW 2023, 197–203.

Dewenter, Ralf / Rösch, Jürgen / Terschüren, Anna, Abgrenzung zweiseitiger Märkte am Beispiel von Internetsuchmaschinen, NZKart 2014, 387–394.

Dittert, Daniel, Missbrauch einer marktbeherrschenden Stellung: auf dem Weg zu einem „more economic approach" in der Rechtsprechung des EuGH? – Anmerkung zum Urteil des EuGH vom 27. 03.2012, Rs. C-209/10 (Post Danmark), EuR 2012, 570–583.

Dörr, Dieter / Natt, Alexander, Suchmaschinen und Meinungsvielfalt - Ein Beitrag zum Einfluss von Suchmaschinen auf die demokratische Willensbildung, ZUM 2014, 829–847.

Dreher, Meinrad, Die Kontrolle des Wettbewerbs in Innovationsmärkten, ZWeR 2009, 149–175.

Eilmansberger, Thomas, Verbraucherwohlfahrt, Effizienzen und ökonomische Analyse – Neue Paradigmen im europäischen Kartellrecht?, ZWeR 2009, 437–471.

Ellger, Reinhard, Digitale Herausforderungen für das Kartellrecht, ZWeR 2018, 272–291.

Emch, Eric / Thompson, T. Scott, Market Definition and Market Power in Payment Card Networks, 5 Rev. Network Econ. 2006, 1–45.

Evans, David S., The Antitrust Economics of Multi-Sided Platform Markets, Yale Journal on Regulation 2003, 325–381.

Evans, David S., Competition and regulatory policy for multi-sided plattforms with applications to the web economy, SSRN Eletronic Journal 2008, 1–31.

Evans, David S., Lightening Up Market Definition, Research Handbook on the Economics of Antitrust Law 2012, Research Handbook on the Economics of Antitrust Law, 1–37.

Evans, David S. / Noel, Michael, Defining Antitrust Markets When Firms Operate Two-Sided Platforms, Columbia Business Law Review 2005, 102-134.

Evans, David S. / Noel, Michael, The Analysis of Mergers that Involve Multisided Platform Businesses, Journal of Competition Law and Economics 2008, 663–695.

Evans, David S. / Schmalensee, Richard, The Industrial Organization of Markets with Two-Sided Platforms, Competition Policy International 2007, 151–179.

Filistrucchi, Lapo / Geradin, Damien / Damme, Eric van, Identifying Two-Sided Markets, World Competition 2013, 33–59.

Filistrucchi, Lapo / Geradin, Damien / Damme, Eric van / Affeldt, Pauline, Market Definition in two-sided markets: Theory amd practice, Journal of Competition Law and Economics 2014, 293–339.

Fischer, Iris, Zur Beobachtung der Entwicklung des E-Commerce, Statistisches Bundesamt - Wirtschaft und Statistik 2003, 314–318.

Fischer, Lena / Zerres, Thomas / Zerres, Christoph, Kritische Analyse des Geschäftsmodells von Amazon mit einem Fokus auf wettbewerbsrechtliche Aspekte, Arbeitspapiere für Marketing und Management 2021, 1–50.

Gasser, Lucas, Der Marktstrukturmissbrauch in der Plattformökonomie: Informationsasymmetrien als Ausgangspunkt eines Verstoßes gegen Art. 102 AEUV, Baden-Baden 2021.

Gebicka, Aleksandra / Heinemann, Andreas, Social Media & Competition Law, World Competition 37, 2014, 149–172.

Geradin, Damien / Kuschewsky, Monika, Competition Law and Personal Data: Preliminary Thoughts on a Complex Issue, SSRN Journal 2013, 1–16.

Gerpott, Torsten J., Neue Pflichten für große Betreiber digitaler Plattformen – Vergleich von § GWB § 19a GWB und DMA-Kommissionsvorschlag, NZKart 2021, 273–279.

Gielen, Nico / Uphues, Steffen, Regulierung von Markt- und Meinungsmacht durch die Europäische Union, EuZW 2021, 627–637.

Gloy, Wolfgang / Loschelder, Michael / Danckwerts, Rolf (Hrsg.), Gloy/Loschelder/Danckwerts, Wettbewerbsrecht, 5. Aufl., München 2019, (zitiert: *Bearbeiter*, in: Gloy/Loschelder/Danckwerts, Wettbewerbsrecht, 5. Aufl. 2019).

Grabitz, Eberhard / Hilf, Meinhard / Nettesheim, Martin (Hrsg.), Grabitz/Hilf/Nettesheim, Das Recht der Europäischen Union, 81. Aufl., München 2024, (zitiert: *Bearbeiter*, in: Grabitz/Hilf/Nettesheim, Das Recht der Europäischen Union, 81. Aufl. 2024)

Grünwald, Andreas, Gekommen, um zu bleiben? – § 19a GWB im Lichte des DMA-Entwurfs, NZKart 2021, 496–498.

Hagiu, Andrei, Merchant or Two-Sided Platform?, Review of Network Economics 2007, 115–133.

Hagiu, Andrei / Wright, Julian, Multi-Sided Platforms, International Journal of Industrial Organization 2015, 162–174.

Hampe, Isabelle, Der Begriff der vertikalen Integration als Schlüssel zum Verständnis des modernen Vertriebsrechts, ZVertriebsR 2013, 21–29.

Haucap, Justus / Kehder, Christiane, Suchmaschinen zwischen Wettbewerb und Monopol: Der Fall Google, DICE Ordnungspolitische Perspektiven 2013, 1–35.

Haucap, Justus / Schweitzer, Heike, Die Begrenzung überragender Marktmacht digitaler Plattformen im deutschen und europäischen Wettbewerbsrecht, Perspektiven der Wirtschaftspolitik 2021, 17–26.

Haus, Florian C. / Steinseifer, Sarah, Digital Markets Act (DMA) - Verhältnis zu § 19a GWB und private Rechtsdurchsetzung, ZWeR 2023, 105–127.

Haus, Florian C. / Weusthof, Anna-Lena, The Digital Markets Act – a Gatekeeper's Nightmare?, WuW 2021, 318–325.

Heider, Matthias / Kutscher, Konstantin, Die 10. GWB-Novelle und die Missbrauchsaufsicht digitaler Plattformunternehmen, WuW 2022, 134–142.

Heinemann, Andreas, Google als kartellrechtliches Problem?, sui generis 2015, 17–33.

Heinemann, Andreas / Meier, Giulia Mara, Der Digital Markets Act (DMA): Neues «Plattformrecht» für mehr Wettbewerb in der digitalen Wirtschaft, Zeitschrift für Europarecht 2021, 86–101.

Herbers, Björn, Der Digital Markets Act (DMA) kommt – neue Dos and Don'ts für Gatekeeper in der Digitalwirtschaft, RDi 2022, 252–259.

Herbers, Björn / Savary, Fiona / Gröf, Sophia Catharina, Die Revolution der Digitalregulierung in Aktion – Umsetzung des Digital Markets Act durch die EU, GRUR-Prax 2023, 151–153.

Hoeren, Thomas, Personenbezogene Daten als neue Währung der Internetwirtschaft, WUW 2013, 463.

Hoeren, Thomas / Sieber, Ulrich / Holznagel, Bernd (Hrsg.), Handbuch Multimedia-Recht, 59. Aufl. 2023, (zitiert: *Bearbeiter*, in: Handbuch Multimedia-Recht, 59. Aufl. 2023).

Hoffer, Roul / Lehr, Leo Alexander, Onlineplattformen und Big Data auf dem Prüfstand – Gemeinsame Betrachtung der Fälle Amazon, Google und Facebook, NZKart 2019, 10–20.

Höppner, Thomas, Missbräuchliche Verhinderung „neuer" Produkte durch Immaterialgüterrechte - Zur Anwendung von Art. EGV Artikel 82 EG auf Lizenzverweigerungen, GRUR Int 2005, 457–464.

Höppner, Thomas, Plattform-Regulierung light, WuW 2020, 71–79.

Höppner, Thomas / Grabenschröer, Jan Felix, Marktabgrenzung bei mehrseitigen Märkten am Beispiel der Internetsuche, NZKart 2015, 162–168.

Höppner, Thomas / Weber, Jan Markus, Die Modernisierung der Missbrauchskontrolle nach dem Referentenentwurf für eine 10. GWB-Novelle, K&R 2020, 24–51.

Hotchkiss, Gord / Alston, Steve / Edwards, Greg, Eye Tracking Study, 2005, 1-8.

Jansen, Bernard J. / Booth, Danielle L. / Spink, Amanda, Determining the informational, navigational, and transactional intent of Web queries, Information Processing & Management 2008, 1251–1266.

Jullien, Bruno, Two-sided Markets and Electronic Intermediaries, CESifo Economic Studies 2005, 233–260.

Karbaum, Christian / Schulz, Max, „Antitrust Litigation 2.0" – Private Enforcement beim DMA?, NZKart 2022, 107–112.

Katz, Michael / Sallet, Jonathan, Multisided Platforms and Antitrust Enforcement, The Yale Law Journal 2018, 2142–2175.

Kehder, Christiane, Konzepte und Methoden der Marktabgrenzung und ihre Anwendung auf zweiseitige Märkte, Baden-Baden 2013.

Kersting, Christian / Dworschak, Sebastian, Google als Marktbeherrscher? – Zur (geringen) Aussagekraft hoher Nutzerzahlen im Internet, Ifo Schnelldienst 2014, 1–8.

Kersting, Christian / Podszun, Rupprecht (Hrsg.), Die 9. GWB-Novelle, Baden-Baden 2017, (zitiert: *Bearbeiter*, in: Die 9. GWB-Novelle).

Khan, Lina M., Amazon's Antitrust Paradox, Yale Law Jounal 2017, 712–805.

Khan, Lina M., The separation of platforms and commerce, Columbia Law Review 2019, 973–1098.

King, Stephen P., Two-Sided Markets, Australian Economic Review 2013, 247–258.

Klasse, Max / Wiethaus, Lars, Digitalisierungsvorschriften in der 9. GWB-Novelle, WuW 2017, 354–362.

Kling, Michael / Thomas, Stefan, Kling/Thomas, Kartellrecht, 2. Aufl., München 2016.

Körber, Torsten, Machtmissbrauch durch *Android*? – Zum Wettbewerb auf den Märkten für mobile Betriebssysteme und Anwendungen, NZKart 2014, 378–386.

Körber, Torsten, Analoges Kartellrecht für digitale Märkte?, WuW 2015, 120–133.

Körber, Torsten, The Commission's „Next Big Thing"?, NZKart 2015, 415–423.

Körber, Torsten, „Ist Wissen Marktmacht?" Überlegungen zum Verhältnis von Datenschutz, „Datenmacht" und Kartellrecht – Teil 1, NZKart 2016, 303–310.

Körber, Torsten, Konzeptionelle Erfassung digitaler Plattformen und adäquate Regulierungsstrategien Vortrag auf dem Symposion »Internetplattformen, ZUM 2017, 93–101.

Körber, Torsten, Lessons from the Hare and the Tortoise: Legally imposed self-regulation, proportionality and the right to defence under the DMA – Part 1, NZKart 2021, 436–443.

Körber, Torsten / Schweitzer, Heike / Zimmer, Daniel (Hrsg.), Immenga/Mestmäcker - Wettbewerbsrecht, Band 1, 6. Aufl., München 2019, (zitiert: *Bearbeiter*, in: Immenga/Mestmäcker - Wettbewerbsrecht, 6. Aufl. 2019).

Körber, Torsten / Schweitzer, Heike / Zimmer, Daniel (Hrsg.), Immenga/Mestmäcker - Wettbewerbsrecht, Band 2, 7. Aufl., München 2024, (zitiert: *Bearbeiter*, in: Immenga/Mestmäcker - Wettbewerbsrecht, 7. Aufl. 2024).

Kühling, Jürgen, Unter verschärfter Beobachtung, NZKart 2020, 630–631.

Lambrecht, Anja / Tucker, Catherine E., Can Big Data Protect a Firm from Competition?, SSRN Electronic Journal 2015, 1–20.

Laskowski, Robert, Is Amazon exploiting its dominant market position at Corona times? Evidence from office supplies and Stationery in Germany, Doctoral Students Conference at the University of Finance and Administration 2022, 50-64.

Lettl, Tobias, Der neue § 19a GWB, WRP 2021, 413–424.

Lindenberg, Helen, Zeit für einen Aufbruch in eine neue Ära des Kartellrechts?, WRP 2021, 302–310.

Loewenheim, Ulrich / Meessen, Karl M. / Riesenkampff, Alexander / Kersting, Christian / Meyer-Lindemann, Hans Jürgen (Hrsg.), Kartellrecht, 4. Aufl., München 2020, (zitiert: *Bearbeiter*, in: Loewenheim/Meessen/ Riesenkampff/Kersting/Meyer-Lindemann, Kartellrecht, 4. Aufl. 2020).

Lohse, Andrea, Marktmachtmissbrauch durch Internetplattformen?, ZHR 2018, 321–358.

Louven, Sebastian, Braucht es mehr materielles Kartellrecht für digitale Plattformen?, ZWeR 2019, 154–191.

Louven, Sebastian, Kartellrechtliche Innovationstheorie für digitale Plattformen, Frankfurt am Main 2021.

Luchetta, Giacomo, Is the Google-Plattform a two-sided market?, Journal of Competition Law and Economics 2014, 185–207.

Mäger, Thorsten, Hybride EU-Plattformregulierung?, NZKart 2022, 41–42.

Manne, Geoffrey A. / Wright, Josua D., Google and the Limits of Antitrust: The Case Against the Antitrust Case Against Google, Harvard Journal of Law and Public Policy 2011, 1–74.

Marsden, Philip / Podszun, Rupprecht, Restoring Balance to Digital Competition – Sensible Rules, Effective Enforcement, Creative Commons Attribution-Share Alike 4.0 international 2020, 11–85.

Mayer-Schönberger, Viktor / Ramge, Thomas, Das Digital: Markt, Wertschöpfung und Gerechtigkeit im Datenkapitalismus, 3. Aufl., Berlin 2017.

Mestmäcker, Ernst-Joachim / Schweitzer, Heike (Hrsg.), Mestmäcker/Schweitzer, Europäisches Wettbewerbsrecht, 3. Aufl., München 2014, (zitiert: *Bearbeiter*, in: Mestmäcker/Schweitzer, Europäisches Wettbewerbsrecht, 3. Aufl. 2014).

Monopolkommission (Hrsg.), Würdigung der kartellrechtlichen Entscheidungspraxis, Bonn 2020, 216–333.

Monopolkommission (Hrsg.), Empfehlungen für einen effektiven und effizienten Digital Markets Act: Sondergutachten 82, Baden-Baden 2022.

Monopolkommission (Hrsg.), Wettbewerb 2022: XXIV. Hauptgutachten der Monopolkommission, Baden-Baden 2022.

Naumann, Stefan / Rodenhausen, Anselm, Die P2B-Verordnung aus Unternehmenssicht: Herausforderungen für europäische Plattformen am Beispiel einer Hybrid-Online-Plattform, ZEuP 2020, 768–799.

Nuys, Marcel, „Big Data“ – Die Bedeutung von Daten im Kartellrecht, WuW 2016, 512-520.

Ostendorf, Patrick / Grün, Anselm, Geltung des Konzernprivilegs im Rahmen des Missbrauchsverbots im Europäischen und Deutschen Kartellrecht, WuW 2008, 950–961.

Paal, Boris, Netz- und Suchmaschinenneutralität im Wettbewerbsrecht, AfP 2011, 521–532.

Paal, Boris / Kumkar, Lea Katharina, Wettbewerbsschutz in der Digitalwirtschaft, NJW 2021, 809–815.

Paal, Boris, Immaterialgüter, Internetmonopole und Kartellrecht, GRUR 2013, 873–881.

Peitz, Martin, Marktplätze und indirekte Netzwerkeffekte, Perspektiven der Wirtschaftspolitik 2006, 317–333.

Peitz, Martin, How to Apply the Self-Preferencing Prohibition in the DMA, Journal of European Competition Law & Practice 2023, 310–315.

Podszun, Rupprecht, Empfiehlt sich eine stärkere Regulierung von Online-Plattformen und anderen Digitalunternehmen?, Verhandlungen des 73. Deutschen Juristentages, Band 1, Teil F, 1–107.

Podszun, Rupprecht (Hrsg.), Podszun, Digital Markets Act - Gesetz über digitale Märkte, 1. Aufl., München 2023, DMA Art. 6, (zitiert: *Bearbeiter*, in: Podszun, Digital Markets Act, 1. Aufl. 2023).

Podszun, Rupprecht / Bongartz, Philipp / Kirk, Alexander, Digital Markets Act – Neue Regeln für Fairness in der Plattformökonomie, NJW 2022, 3249–3254.

Podszun, Rupprecht / Bongartz, Philipp / Langenstein, Sarah, The Digital Markets Act: Moving from Competition Law to Regulation for Large Gatekeepers, EuCML 2021, 60–67.

Podszun, Rupprecht / Franz, Benjamin, Was ist ein Markt? – Unentgeltliche Leistungsbeziehungen im Kartellrecht, NZKart 2015, 121–127.

Podszun, Rupprecht / Kersting, Christian, Eine Wettbewerbsordnung für das digitale Zeitalter, ZRP 2019, 34–38.

Podszun, Rupprecht / Schwalbe, Ulrich, Digitale Plattformen und GWB-Novelle: Überzeugende Regeln für die Internetökonomie?, NZKart 2017, 98–106.

Polley, Romina / Konrad, Friedrich Andreas, Der Digital Markets Act – Brüssels neues Regulierungskonzept für Digitale Märkte, WuW 2021, 198–206.

Prüfer, Jens / Schottmüller, Christoph, Competing with Big Data, TILEC Discussion Paper 2017, 1–50.

Richter, Ann-Christin / Görmann, Merlin, Private Enforcement des DMA – Ein Ausblick am Beispiel Amazons, NZKart 2023, 208–213.

Rochet, Jean-Charles / Tirole, Jean, Platform Competition in Two-Sided Markets, Journal of the European Economic Association 2003, 990–1029.

Rochet, Jean-Charles / Tirole, Jean, Two-Sided Markets: An Overview, 2004, 1–44.

Rochet, Jean-Charles / Tirole, Jean, Two-sided markets: a progress report, The RAND Journal of Economics 2006, 645–667.

Schmidt, Ingo, Wettbewerbspolitik und Kartellrecht: Eine interdisziplinäre Einführung, 9. Aufl., München 2012.

Scholz, Marcel, Regulierung nach § 19a GWB – Dogmatische Erwägungen zur Beweislastumkehr des § 19a Abs. 2 S. 2 und 3 GWB, WuW 2022, 128–134.

Schweitzer, Heike, The Art to Make Gatekeeper Positions Contestable and the Challenge to Know What Is Fair: A Discussion of the Digital Markets Act Proposal, ZEuP 2021, 503–544.

Schweitzer, Heike / Haucap, Justus / Kerber, Wolfgang / Welker, Robert, Modernisierung der Missbrauchsaufsicht für marktmächtige Unternehmen, Baden-Baden 2018.

Shy, Oz, A Short Survey of Network Economics, Review of Industrial Organization 2011, 119–149.

Spindler, Gerald / Seidel, Andreas, Die Regulierung von Online-Plattformen, NJW 2022, 2730–2734.

Streinz, Rudolf (Hrsg.), Streinz, EUV/AEUV, 3. Aufl., München 2018, (zitiert: *Bearbeiter*, in: Streinz, EUV/AEUV, 3. Aufl. 2018).

Thomas, Stefan, Die digitale Ökonomie zwischen vertikaler und horizontaler Wettbewerbsbeschränkung, ZHR 2020, 222–248.

Vesterdorf, Bo, Theories of Self-Preferencing and Duty to Deal - Two Sides of the Same Coin?, Competition Law & Policy Debate 2015, 4–9.

Volmar, Maximilian, Marktabgrenzung bei mehrseitigen Online-Plattformen, ZWeR 2017, 386–408.

Volmar, Maximilian, Digitale Marktmacht, Baden-Baden 2019.

Volmar, Maximilian, Die Intermediationsmacht von Competitive Bottlenecks, NZKart 2020, 170–176.

von der Groeben, Hans / Schwarze, Jürgen / Hatje, Armin (Hrsg.) Europäisches Unionsrecht, 7. Aufl. 2015, (zitiert: *Bearbeiter*, in: von der Groeben/Schwarze/Hatje, Europäisches Unionsrecht, 7. Aufl. 2015).

Wandtke, Artur-Axel / Ohst, Claudia (Hrsg.), Praxishandbuch Medienrecht, 3. Aufl., Berlin 2014, (zitiert: *Bearbeiter*, in: Praxishandbuch Medienrecht, 3. Aufl. 2014).

Ward, Patrick R., Testing for Multisided Platform Effects in Antitrust Market Definition, The University of Chicago Law Review 2017, 2059–2102.

Weber, Rolf H., Information at the crossroads of competition and data protection law, ZWeR 2014, 169–183.

Wolf, Gunnar, Kartellrechtliche Grenzen von Produktinnovationen: Lehren aus den Verfahren gegen IBM und Microsoft für die Anwendung des Kartellrechts in Hochtechnologiemärkten, Baden-Baden 2004.

Wilhelmi, Rüdiger, Lizenzverweigerung als Missbrauch einer marktbeherrschenden Stellung in der Gemeinschaftsrechtsprechung, WRP 2009, 1431–1445.

Wright, Julian, One-sided Logic in Two-sided Markets, Review of Network Economics 2004, 44–64.

Zilsdorf, Dominik, Markiert der Digital Markets Act die Endstation von § 19a GWB?, K&R 2023, 305–311.

Zimmer, Daniel / Göhsl, Jan-Frederick, Vom New Competition Tool zum Digital Markets Act: Die geplante EU-Regulierung für digitale Gatekeeper, ZWeR 2021, 29–61.

Zinndorf, Sarah, Internetsuchmaschinen in der unionskartellrechtlichen Missbrauchskontrolle: eine juristisch-ökonomische Analyse unter besonderer Berücksichtigung der vertikalen Integration eigener Dienste und Inhalte, Baden-Baden 2020.

Zober, Marcel, Durchsetzung des DMA-E und dessen Verhältnis zum Kartellrecht, NZKart 2021, 611–617.

Schriften zum Wettbewerbsrecht

hrsg. von Prof. Dr. Christian Alexander (Universität Jena), Prof. Dr. Jörg Fritzsche (Universität Regensburg) und Prof. Dr. Tobias Lettl (Universität Potsdam)

Aurel-Damian Roscher
Regulierte Selbstregulierung als Gegenstand des Marktverhaltensrechts
Eine Untersuchung zu gesetzlichen und nicht gesetzlichen Marktverhaltensregelungen im öffentlichen Medienrecht am Beispiel des NetzDG, JMStV und JuSchG
Welche Bedeutung haben durch regulierte Selbstregulierung entstandene gesetzliche und nicht gesetzliche Verhaltensregelungen im Marktverhaltensrecht? Die vorliegende Arbeit untersucht das Konzept der regulierten Selbstregulierung sowie spiegelbildlich die Merkmale der gesetzlichen und nicht gesetzlichen Marktverhaltensregelungen. Sie unterzieht die Ergebnisse einer praktischen Kontrolle mithilfe von Anwendungsbeispielen regulierter Selbstregulierung aus drei Referenzbereichen des öffentlichen Medienrechts: NetzDG, JMStV und JuSchG. Die Untersuchung schließt mit der Erkenntnis, das Marktverhaltensrecht könne de lege lata im Bereich der regulierten Selbstregulierung zwar zur Durchsetzung gesetzlicher, jedoch kaum zur Durchsetzung nicht gesetzlicher Verhaltensregelungen beitragen.
Bd. 11, 2022, 296 S., 44,90 €, br., ISBN 978-3-643-15290-9

Sandra Gyamfi
Verhaltenskodizes im UWG, Corporate Social Responsibility Standards und Rahmenwerke für die nichtfinanziielle Erklärung nach HGB
Verhaltenskodizes werden in verschiedener Ausgestaltung von vielen Unternehmen genutzt, sei es, dass solche Kodizes von Unternehmen selbst formuliert werden oder ein Verweis auf existierende Kodizes erfolgt. Seit dem Jahr 2008 ist der Begriff des Verhaltenskodex im UWG legal definiert und das UWG benennt unlautere Verhaltensweisen und Rechtsfolgen im Zusammenhang mit Verhaltenskodizes. Die Verfasserin geht der Frage nach, was unter dem Begriff des Verhaltenskodex im Sinne des UWG zu verstehen ist und ob auch CSR Standards und Rahmenwerke im Sinne von § 289d HGB hierzu zählen.
Bd. 10, 2022, 212 S., 29,90 €, br., ISBN 978-3-643-25068-1

Daniel Higer
Offenlegung von Beweismitteln nach der 9. GWB-Novelle
Die Eignung der §§33g, 89b-d GWB zur Verbesserung der privaten Rechtsdurchsetzung im Kartellrecht
Kläger in einem Kartellschadensersatzverfahren sehen sich zumeist einem Informationsdefizit ausgesetzt. Sie sind auf Informationen aus der Sphäre des vermeintlichen Kartellanten angewiesen, um ihren Anspruch substantiiert darlegen zu können. Gelingt ihnen das nicht, kann dies zu einem Prozessverlust führen. Hieran setzen die im Zuge der 9. GWB-Novelle geschaffenen Offenlegungsansprüche an. Die vorliegende Arbeit untersucht die gesetzlichen Vorschriften vor dem Hintergrund der Richtlinie 2014/104/EU und der früheren Rechtslage. Hierbei werden regelungstechnische Defizite identifiziert und durch einen Gesetzgebungsvorschlag beseitigt.
Bd. 9, 2020, 294 S., 59,90 €, br., ISBN 978-3-643-14774-5

LIT Verlag Berlin – Münster – Wien – Zürich – London
Auslieferung Deutschland / Österreich / Schweiz: siehe Impressumsseite

Massimo Bellitto-Grillo
Ausnutzen oder Beeinträchtigen der Wertschätzung durch Produktnachahmung in Deutschland, England und den Vereinigten Staaten
Bd. 8, 2017, 600 S., 54,90 €, br., ISBN 978-3-643-13717-3

Philipp Kopp
Selbstkontrolle durch Verhaltenskodizes im europäischen und deutschen Lauterkeitsrecht
Bd. 7, 2016, 278 S., 34,90 €, br., ISBN 978-3-643-13582-7

Kansak Bejrananda
Die kartellrechtliche Beurteilung unternehmerischer Strategien gegen den Markteintritt konkurrierender Arzneimittel
Bd. 6, 2016, 276 S., 39,90 €, br., ISBN 978-3-643-90835-3

Claudia Lehrfeld
Die Verkaufsförderung im europäischen und deutschen Lauterkeitsrecht
Bd. 5, 2015, 336 S., 63,90 €, br., ISBN 978-3-643-13017-4

Barbara Zecca-Jobst
Informationspflichten im Lauterkeits- und im Vertragsrecht
Bd. 4, 2015, 236 S., 39,90 €, br., ISBN 978-3-643-12992-5

Amel Sarić
Einsatz vertrauenswürdiger Dritter in der Werbung
Lauterkeitsrechtliche Beurteilung der Einsetzung von Laienwerbern und fremden Autoritäten in der Werbung
Bd. 3, 2015, 364 S., 44,90 €, br., ISBN 978-3-643-12989-5

Andrew Stanka
Die vertikale Haftungszurechnung wettbewerbsrechtlicher Zuwiderhandlungen im Konzern
Eine Betrachtung der Konzepte „wirtschaftliche Einheit" und „Einflussnahmevermutung" unter rechtsstaatlichen Gesichtspunkten und unter besonderer Berücksichtigung gemeinsam kontrollierter Unternehmen
Bd. 2, 2015, 248 S., 39,90 €, br., ISBN 978-3-643-12857-7

Philipp Maier
Die lauterkeitsrechtliche Beurteilung der Laienwerbung
Bd. 1, 2014, 264 S., 34,90 €, br., ISBN 978-3-643-12723-5